중국 톈진에서 **남아공 케이프타운**까지,

30,000㎞ 600일의 기록

자전거로도
지구는 좁다

아프리카 편

일러두기 이 책에 실린 도시 이름, 관광지명 등은 해당 국가의 발음을 기준으로 표기했으며 외래어 표기법과 다를 수 있습니다. 2015년의 기록이므로 물가나 도로 상황 등이 현재와는 조금 다를 수 있음을 미리 밝힙니다.

중국 톈진에서 **남아공 케이프타운**까지,
30,000㎞ 600일의 기록

자전거로도
지구는 좁다

아프리카 편

지중해

이집트

수단

에리트레아

에티오피아

우간다

케냐

탄자니아

잠비아

보츠와나

남아프리카
공화국

아프리카
여행 경로

CONTENTS

 이제 아프리카로 건너왔다. 이 여행을 장기간 끊김없이 계속 할 수 있었던 것은 한번 맥을 끊어버리면 다시는 여행을 할 수 없을 것이다라는 현실적인 문제가 있었기 때문이기도 하다. 몇 개월 하다가 다시 집으로 돌아가 재충전해서 다시 나오는 것도 좋은 방법이기는 했지만 나가면 다시는 못 나올 것 같은 예감이 뒷목을 잡았기 때문이기도 하다는 말이다. 때로는 스스로 자신을 궁지로 몰아넣는 것도 좋은 결과를 손에 쥐는 한 방법이다. 여행도 결국 사람이 살아가는 이야기이니까.

 이 여행의 시작부터 이 책이 나올 때까지 경애 하는 친구인 강재현 선생님과 동성중공업의 총괄 CEO인 박종대 회장님의 배려와 도움이 없었다면 불가능 했을 것이다. 그들과의 술탁 위에 붉은 술 한잔과 이 책과 함께 무한한 사랑을 보냅니다.

2023년 여름 **장호준**

가자 희망의 대륙
아프리카 로!

불가리아 소피아에서
그리스 아테네 1,000㎞를 가다.

2016년
5월

이집트	이집트	우간다	우간다
카이로	가자	엔테베	캄팔라
●	●	●	●

	우간다		
	카세세	나부간도	부웨라
	●	●	●

이집트 카이로 기자에 대한
소회

05.16.~22.
월~일요일

1.

새벽, 희뿌연 하늘 아래 내 눈에 비친 카이로 시가지는 거대한 유령의 도시 같았다. 무서웠다. 더 이상 더러울 수 없는 회색빛 건물이 도심 전체에 늘어서 있었다. 배트맨 영화에 나오는 고담시의 분위기도 아마 이보다 나았을 것이라는 생각까지 들었다. 이른 새벽이라 길거리에 사람도 없었지만 호스텔을 찾으러 들어간 골목은 공포감을 주기에 충분했다. 음울하지만 웅장한 건물 아래 쓰레기는 날리고 일찍이 보지 못했던 분위기를 풍기는 건물 사이로 들어서서 그보다 더 음침한, 크기만한 대문을 연다고 생각해 보라. 오호라, 이게 남 먼저 찬란한 문명의 꽃을 피웠던 이집트의 수도 카이로인가? 화려했던 파라오들의 영광은 간 곳이 없고 때에 절은 아파트와 길가에 어지럽게 날리는 쓰레기뿐이었다. 도심 곳곳에 보이는 모스크도 화려함과는 거리가 있었다. 이집트 사람들은 유채색에 대한 알레르기가 있나? 사람들도 아시아와 백인, 흑인을 적당히 섞어 놓은 듯 한 외양을 하고 있었다. 카이로에 머문 일주일 동안 하늘은 모래 먼지 때문인지 늘 희뿌옇기만 했다.

첫 번째로 지목해서 찾아간 프리덤 호스텔의 문 앞에서 나는 다시 한 번 긴 한숨을 뱉었다. 물색없이 크기만 한 현관문은 열어보기가 두려울 만큼 어둡고 침울했다. 육중한 문을 열자 바로 넓은 계단이 나왔지만 나는 차마 들어갈 용기가 나지 않았다. 이게 사람을 받는 숙소야, 유령집이야? 인터폰을 찾아 누르니 방이 없단다. 차라리 잘 됐어. 그러나 나는 그렇게 5번을 더 다른 곳을 찾았지만 턱없이 비싸거나 방이 없다는 말만 들었다.

오늘 새벽 공항에 내려 짐을 찾아 벤치에 앉아 시간을 보내고 있을 때에 예상내로 많은 호객꾼들이 나에게 다가왔다.

"호텔 싸고 좋은 것 있어요. 어디 갈 거야? 택시 타야지?"

나는 일단 그중 몇몇 사람에게 저희들이 부르는 값을 알아 났다. 그리고는 벤치에 누워 잠을 청했다. 그런 나를 보고 지나가던 공항 직원이 물었다.

"저 짐이 당신 짐이야? 누구를 기다리는 거야?"

나와 같은 비행기를 타고 온 사람들은 이미 다 빠져나가고 공항대합실에는 몇 사람밖에 없었다.

"나는 쉬면서 해 뜨기를 기다리고 있어."

이 신 새벽에 문을 열어놓은 호스텔은 없을 것이니까. "오 굿 굿. 해브 어 나이스데이."

자전거와 짐을 싣고 공항에서 나를 태워 온 택시 운전사가 조금씩 우려의 눈빛을 보냈다. 다섯 번이나 숙소를 찾았지만 그는 언제 끝날지 모르는 나의 결정을 기다려야 했고 자신의 이익분기점을 계산하고 있었을 것이다. 아직 시계는 7시를 넘지 않았다. 여섯 번째는 택시 기사가 나의 의견을 무시하고(그는 영어를 못했다) 자기가 아는 집에 나를 내려주며 들어가 보자 한다. 하지만 이 집도 35US달러를 달라고 했다. 여섯 번째였지만 나는 또 나와 버렸다. 도저히 그 돈을 주고 자고 싶은 방이 아니었다. 기사가 나와 대화가 안 통하니 처음 나를 호객했던 친구에게 전화를 걸어서 오라고 했다. 나와 어떤 결론을 내야 하기 때문이었다.

앱에 있는 호스텔은 이미 바닥이 났고 온라인은 안 된다. 처음 호객꾼이 왔다.

"대체 어떡하려는 거야? 어느 호텔이든 30달러에서 50달러는 다 줘야 해."

분명히 호스텔 월드에는 7달러짜리 10달러짜리가 수두룩했는데 그 호스텔들은 모두 어디 간 거야? 이집트의 경제가 그렇게 힘이 세?

"나 피라미드가 있는 기자로 가야겠어. 거기까지 태워줘요."

"거기도 여기와 금액이 같아."

"그래도 거기서 잘래요. 돌아다니기도 싫어."

결국 거기서 또 1시간을 달려서 기자 지구에 도착했다. 피라미드가 창문만 열면 보이는 45달러를 달라는 호텔 객실을 30달러에 얻었다. 그러나 정작 사람을 더 지치게 하는 것은 따로 있었다. 짐을 객실에 부려놓고 물을 사기 위해 리셉션룸으로 내려왔을 때 이 집 사장이 나를 불러 조근조근 이야기했다.

"길거리에 가다가 누가 말을 걸어도 대답하지 말아요. 물건도 아무 곳에서나 사지 말아요."

그러면서 자기 직원에게 근처 마켓으로 안내하라고 말하는 것이었다. 경거망동하지 말고 자기만을 믿으라는 말이다. 그래 인상도 좋더니 매사에 손님에게 마음을 쓰는 사람이로구나. 그러나 사람은 겪어봐야 안다.

2.

호텔 앞에 있는 작은 슈퍼마켓에 들어가 물 3병을 30이집트 파운드를 주고 샀다. 물을 사서 나오니 호텔 직원인 무하마드가 얼마를 줬느냐고 물었다.

"30파운드 줬는데."

그는 아무 말 않고 고개를 끄덕였다. 근데 그 끄덕임 속에 입술을 무는 것이 보이는 것이었다. 찰나였지만 나는 그걸 봤다. 무언가 있다. 호텔 직원인 무하마드는 24살 청년이었다. 그는 영어를 거의 못했지만 한눈에 그는 순진하고 바른 청년이었다. 물가를 모르는 외국인을 속이려고 들면 어쩔 수 없이 속을 수밖에 없다. 그리고 어느 정도는 나도 감수한다. 세상에

정직한 사람만 있으라는 것
은 무리다. 길을 가다 보면
온갖 사람들이 말을 걸며 오
라고 손짓했다.

"하이 마이 프렌드."

"니하오 차이니스."

하지만 여긴 정도가 너무
심했다. 그냥 지나가게 내버
려 두지를 않는 것이다. 공
항에선 호객꾼이 하도 덤비
는 바람에 배낭을 검색대에
두고 나와서 놀다가 1시간

쯤 지난 뒤에 그 사실을 알았을 때 느꼈던 서늘함이라니…. 말할 수 없는
묘한 기분이었다. 다행히 배낭을 찾아 나왔지만 잠시나마 지옥을 경험한
기분이었다.

다음 날 나는 호텔 앞 슈퍼를 다시 찾았다. 주인은 어제의 청년이 아니고
청년의 아버지가 가게를 지키고 있었다. 같은 물이 5이집트파운드였다. 어
제 딱 2배를 준 것이다. 무하마드가 입술을 문 이유가 바로 이것이었구나.

3.

결정적인 것은 호텔 주인에게 레스토랑을 소개해 달랬고 했을 때였다.

"뭘 먹고 싶어요? 물고기? 소고기?"

그래서 '물고기' 했더니 좋은 곳이 있다며 안내를 했다. 마침 늦은 점심
때라 그에게도 점심을 권했으나 그가 사양을 했다. 그래도 나 혼자 먹기가
불편해서 돈은 내가 낼 테니 당신도 하나 잡수세요. 해서 둘이 같은 것을

시켜 먹었다. 다 먹고 계산을 하려고 하니 돈을 자기에게 달라는 것이었다. 왜? 내가 주면 안 돼? 얼마야? 210파운드. 식대를 분명 1인당 45파운드라는 말을 들었는데…. 그래도 설마하고 돈을 줬다. 왜냐하면 어제 무하마드와 같이 가서 산 음식, 치킨라이스는 질은 형편 없었지만 돈은 110파운드를 줬기 때문이었다. 그리고 그 사실을 50대로 보이는 이 호텔 주인에게 이야기를 했었다. 그땐 별 말이 없었다. 음식은 깨끗하고 맛있었다. 그러니 이런 질 좋은 음식이라면 210파운드 할 수도 있을 것이다 라고 생각을 한 것이다. 하지만 그렇다고 상황에 대한 의문이 가신 것은 아니었다. 왜 자기가 계산해야 해? 이상하잖아?

4.

다음 날 혼자서 나는 그 레스토랑을 찾아갔다. 같은 음식을 시키고 45파운드에 봉사료해서 50파운드를 지불하고 나왔다. 내 생각이 맞았어. 결코 내 짐작이 맞고 싶지 않았는데 말이야. 정말 먹은 음식이 입 밖으로 튀어 나올 만큼 분노가 끓어올랐다.

"이 썩을 놈이."

사람을 가지고 놀아? 바보로 만들어? 물 등 다른 것은 여지가 있다. 그러나 이건 다르다. 나는 그를 위해 식사 한 끼를 대접했다. 이 동네에선 최고의 식당에서 말이다. 나는 그의 호텔 고객이 아닌가. 그는 더구나 호텔 사장이다. 도저히 이해할 수 없는 행동이었다. 이놈이~~~~ 사지 멀쩡하고, 인상도 온화하고, 말도 조용조용해서 너는 누가 보더라도 젠틀맨처럼 보인다. 그런데 그런 야비한 행동을 해? 코란을 외우며 기도를 드리면 뭐 하냐. 자신의 손님을 보호해 줘야 할 녀석이 그 신뢰를 이용해서 사기를 치다니. 더 이상 이집트에 있고 싶은 마음도 없어졌다.

5.

다음 날 오후, 자전거로 피라미드 밖을 한 바퀴 돌고 들어오니 직원 무하마드와 사장인 압둘의 아들 두 녀석이 같이 앉아 있었다. 나는 무하마드를 불러내었다.

"나 방금 말이야. 우리가 어제 같이 갔던 그 슈퍼에서 물 한 병을 5파운드에 샀어. 그리고 그저께 내가 50파운드를 주고 샀던 수박을 오늘 20파운드를 주고 샀다. 여긴 모든 사람들이 사람을 속인다. 바가지를 씌운다. 어떻게 된 거야?"

무하마드의 얼굴이 벌겋게 달아올랐다. 이어서 사장인 압둘에게 갔다.

"너 내 돈 돌려줘!"

"무슨 돈?"

"레스토랑에서 네가 쳐 먹은 내 돈 말이야. 야, 너 그러면 안 돼. 나는 너의 집 손님이야. 너는 나를 보호해도 시원찮은데. 그런데 어떻게 그럴 수 있어?"

나는 차분히 말해야겠다는 다짐을 잊고는 길길이 뛰었다. 치고받아도 좋다. 그는 내가 준 210파운드 중에 밥값 90파운드를 뺀 120파운드를 제 주머니 속으로 넣은 것이다. 물값을 알고 난 다음 나는 사장에게 경고를 했었다. 너는 그러지 말라고. 사장이 이끄는 대로 찾아간 호텔옆의 말 승마 가게에서 피라미드를 보기 위해 타고 갈 말과 가이드를 흥정하는 자리에서 너는 그러지 말라는 뜻으로 그런 사실을 이야기한 것이었다. 피라미드도 혼자서 걸으며 볼 작정이었는데 피라미드 간다는 말을 끄집어내자마자 호텔 바로 옆에 있는 말 승마 가게로 데려가 돈도 자기가 흥정을 해서 내게 일사천리로 맡긴 것이었다. 물론 300파운드를 주고 말을 타고 이끌려 피라미드를 돌면서 보니 모두가 낙타 아니면 말을 타고 와서 보는 것이구나, 여기는 저것이 정석이구나 하는 것으로 이해를 했지만 말이다.

6.

그렇게 일련의 사건들이 이어지다 보니 이집트에 대한 흥미가 없어지는 것이었다. 관광지가 아무리 훌륭하면 뭘 해. 거기 구성원들이 손님들을 인격체로 대우하지 않는다면 그걸 볼 마음이 나겠느냐는 말이지. 멍청한 호갱이 되는 것은 싫었다. 물론 나는 호텔 주인에게 따지기 전에 먼저 자전거를 타고 나가서 근방에 있는 다른 호텔을 알아놓았다. 싸움이 커져 호텔을 걷어차고 나와야 할 순간이 닥칠 때 여유 있게 걸어 나오기 위해서였다. 사장의 변명을 이야기하자면 이렇다. 여긴 모두가 그렇게 산다. 여행자에겐 부르는 것이 값이다. 말 타는 것만 해도 600파운드, 800파운드를 받을 수 있다. 그런데 나는 300파운드만 주게 하지 않았느냐. 식당도 그렇다. 100파운드도 받을 수 있고 45파운드만 받을 수도 있다. 여행자이기 때문이다. 나는 듣다가 한심해졌다. 어쩌다가 마호메드의 자손들이 이 지경까지 되었나. 더 웃긴 것은 녀석은 아주 진지하게 그걸 설명하는 것이었다. 마치 움직일 수 없는 진리인 것처럼. 나는 듣다가 즉시 귀를 닫아버리고 녀석의 나불거리는 입만을 바라봤다. 이미 인식이 이렇게 박힌 사람에겐 백약이 무효인 것이다. 개전의 정이 있어야 이야기를 나눠 볼 맛이나 있지. 이 녀석아 이 세상 사람들에겐 공통적으로 가지는 보편적인 가치라는 것이 있다.

그건 문화가 다르니 어쩌니 해도 어느 나라를 막론하고 공감하는 생각이 있다는 말이다. 이른바 통설이라는 것이다. 그것을 기본으로 해서 세상이 돌아가는 것이다.

7.

여행을 하면서 느낀 것이지만 지구라는 것을 여러 사람이 모여 사는 유일한 촌으로 바라보면 어디는 무엇이 있어서 좋고 우리는 이것이 없어서 불평등하다는 생각이 들지 않았다. 지구라는 것을 공동의 재산으로 내가 마음껏 놀 수 있는 것으로 생각한다면 문제 될 것이 없는 것이다. 그것이 오히려 당연한 것이고 그래서 어떤 곳은 특별한 것이 되는 것이다. 어디에 있든 우리들의 것이고 내 것이니까. 국경은 사람이 만들어 놓은 것이고, 공평이고 불공평이고는 누가 우리에게 선별적 시혜를 베풀 때나 비교할 수 있는 말이다. 누가 우리에게 베풀었는가? 자연이 자연히 있을 뿐이다.

Mena inn pyramid 호텔에선 시간이 그렇게 흘러갔다. 인터넷은 느려빠져서 뉴스 검색도 겨우 할 수 있었고 블로그는 손도 못됐다. 네팔보다 더 느린 인터넷 환경이었다. 그렇다고 내가 할일이 없는 것은 아니었다. 여행을 떠난 이후에 두 손 놓고 쉬어 본 일은 정말이지 없다. 왜냐하면 나는 끊임없이 움직이는 것을 좋아하기 때문이었다. 사람이 쉰다는 것은 뇌가 활동을 잠시 멈추는 것이다? 그래서 잠을 죽음의 연습이라고 말하는 것이다. 자전거를 타고 피라미드 주위를 도는 것도 내겐 하루도 빠질 수 없는 일정이었다. 다음은 어디로 가야 하나? 이미 이집트는 내가 그리던 아프리카는 아니라는 결론을 내렸다. 물론 나는 내가 그리던 아프리카는 이미 이 세상에 존재하지 않을 수도 있다는 것을 짐작하고 있었다. 여긴 아프리카가 아니다. 그렇지. 아프리카의 북부 지역은 지리적, 역사적으로 유럽의 지중해 문명과 맞닿아있고 끊임없는 전쟁과 무역으로 인해 합쳐졌다가 분열하고 분열했다가 합쳐졌다. 여긴 유럽과 더 가까운 문명권이고 사실이 그랬다.

이집트를 떠나야 한다. 나에겐 더 이상 여유롭게 여행할 시간도 돈도 없었기 때문이다. 아프리카의 초원을 달려 보려면 여기에서 한시바삐 벗어나야 한다. 어떤 방향으로든. 그러나 돈이 떨어지면 돌아갈 수밖에 없는 것이다. 더 이상 고민만 할 수 없었다. 이제 마지막 코너에 몰린 것이다. 여행을 끝내야 하는가에 대한 답변은 이 친구에게 들을 수밖에 없었다.

"후원 좀 해줄 수 있나?"

거두절미하고 친구에게 문자를 보냈다. 라일락 형제이고 우리 중 누구도 그의 사회적 경제적 성공을 의심하지 않는 친구다.

'지금 쪼달리제.'

달랑 한 문자와 함께 기다리고 있었다는 듯 2시간 만에 친구는 거금을 입금시켜 줬다. 그는 고맙고 든든하게도 나의 블로그를 따라오고 있었다. 사실 블로그에는 '라일락'이나 가족 혹은 형제자매, 가까운 선후배들은 누구도 댓글을 달지 않는다. 하지만 그들은 어둠 속에 숨어있는 나의 강력한 후원자들이었다. 나는 댓글 하나 없는 그들의 행태에 '댓글 하나 달면 어디가 덧나나?' 하고 입을 삐죽거렸지만 말이다. 하지만 그건 내게 더 자유로운 환경을 제공했다. 그러고 보니 평생을 이 친구에게 신세를 졌다. 평생 급할 때마다 신세를 진 것이다. 근데 이 친구는 돈을 아무렇게나 쓰는 친구가 아니었다. 검약의 표본 같은 친구다. 그저 고마울 따름이었다. 나는 감격했다. 고맙네, 친구야. 잘 쓸게. 나이 들어갈수록 그 옛날 문지방이 닳도록 들락거리던 많은 친구들은 이제 보이지도 않을 만큼 멀어져 있다. 나이 들수록 삭막해지고 나이 들수록 좁아진다는 말이지. 그건 스스로부터 시작된다. 스스로가 문을 걸어 잠그는 것이다. 그게 늙음이다. 하지만 그건 당연한 이치다.

8.

이 호텔에선 숙박비에 조식이 포함되어 있었다. 한 뼘쯤 되는 빵 다섯 개와 물 한 병, 버터, 잼, 치즈, 과일 주스 한 병을 준다. 아침 9시쯤 직원인 무하마드가 방문 앞까지 가져온다. 식당이 따로 없기 때문이다. 그러나 그때쯤이면 나는 배가 고파서 사다 놓은 빵으로 이미 아침 식사를 끝낸 시간인 것이다. 나는 그걸 받아 놨다가 점심으로 먹는다. 그리고 한 끼 정도는 레스토랑으로 가서 먹으려고 노력했다. 하지만 가는 곳마다 왕바가지를 들고 설치니 아무데나 들어가는 것이 겁이 나는 것이다.

낮에 무하마드에게 물건 값을 일러 바치고 이집 사장에게 돈 내어놓으라고 한 날 저녁 늦게 뜻하지 않는 시간에 무하마드가 내 방문을 두드렸다.

"무슨 일이야?"

나는 이 친구에겐 감정이 없다. 왜냐하면 그가 수박값이나 밥값 혹은 물값을 무하마드 자신의 술수로 그렇게 했다고 보지 않기 때문이었다. 자신을 포장해서 정의로운 체하더라도 조금만 주의 깊게 살피면 그 사람의 본 모습을 알아 볼 수 있기 때문이다.

이집트 기자의 여자아이들.

"워터루."

여기 발음은 물이 워터루이다. Frist는 프리스트 라고 발음했다. 처음엔 발음 때문에 애를 먹었다. 상황과 문맥을 생각해 보고 알아들어야 했기 때문이었다. 그는 가져온 쟁반 위의 물을 가리키며 Sorry를 연발했다. 그는 영어를 못한다. 무슨 뜻인가 하면 자신과 같이 물을 사러 가서 5파운드 짜리를 10파운드를 주고 산 것을 자신이 막지 못했다고 사과하는 것이었다. 그리고 가게 청년이 한 짓을 자기가 한 것처럼 부끄러워하는 것이다. 그러면서 쟁반 위에 물 3병을 가져온 것이었다. 그가 제 돈으로 그걸 사왔든 호텔 것을 가져왔든 그것은 문제가 아니다. 진흙 속에도 피는 꽃이 있고 쓰레기 더미에서도 맑은 샘물이 나는 곳이 있는 것이다.

떠나기 하루 전날 나는 길거리에서 말을 모는 아이들과 협상을 했다.

"나 기자 피라미드 바깥 사막을 돌고 싶어. 얼마 하면 되겠어?"

호텔 사장인 압둘은 흥정을 해서 가더라도 나중에는 돈을 더 내라 하니까 이용하지 말라고 했지만 이미 그는 내 신뢰를 잃은 사람이었다.

"150파운드 줘요."

"100파운드면 안 될까?"

녀석은 그 자리에서 Ok다. 말을 타고 사막으로 가서 기자 피라미드를 바라볼 수 있었다. 가는 길은 온통 쓰레기 천지였다. 여기선 담배든 담뱃갑이든 그냥 말을 타고 가다 길거리에 버리면 된단다.

9.

돌아오는 길엔 말의 주인이 대금을 받으러 왔다. 그는 대금을 지불하라 하면서 200파운드짜리를 내 손에서 그냥 **빼가려** 했다. 현지 돈을 여행자가 금방 가려낼 수 없는 것을 이 녀석들이 알고 있는 것이다. 스무살짜리의 행동이다. 말은 아버지의 말이다. 깜빡하면 속이려 드는 것이다.

"너 까불래? 잔돈 100파운드 가져와."

가이드나 말 주인이나 아직 청소년티를 못 벗은 아이들이다. 거기다가 가이드에게 줄 팁을 자기에게 달란다. 물론 처음 말을 탈 때도 가이드와 흥정을 해서 탄 것이다. 팁을 왜 자기에게 달래?

"너한테 주지 않겠어. 이 친구에게 바로 줄 것이야."

가이드가 내 말을 듣더니 고마워하는 것이 눈에 보였다. 잔돈을 내어주고 주인은 갔다. 근데 가이드가 마을 길로 나서기 전에 팁을 달란다. 어차피 줄 것, 생각하고 있던 팁 50파운드를 줬더니 가이드가 또 용렬을 부리는 것이다. 적다는 것이다. 저를 조금이나마 더 챙겨주려 했던 내가 무색해졌다. 이 녀석은 방금 내게 고맙다는 눈길을 보낸 그 녀석이다.

"안 받으려면 이래 내."

나는 차갑게 돈을 뺏어 버렸다. 시간이 지나자 당황한 녀석이 그것이라도 달란다. 이 녀석아 이 돈이면 네가 한 시간 반 정도 움직인 값으로는 많은 돈이야. 나는 돈을 다시 주었다. 조금 가더니 이 녀석이 부탁을 했다. 10파운드짜리를 내게 건네며 저기 가서 말을 건네줄 때 사람들이 보는 곳에서 이 돈을 팁으로 주는 척 해 달라는 것이었다. 그런 녀석이 50파운드가 적어? 팁은 네가 강요하는 것은 아니야. 이제 스무살짜리 아이들이 이렇게 용렬한 세상을 배워 가는 것이다.

이 가이드가 돈을 받고 나선 나에게 주기적으로 물은 말이 있다.

"아 유 해피 해피?"

이 말을 몇 번이나 반복을 하면서 불량스럽게 묻는 것이었다. 그러면서 행복하다고 말하라는 것이다. 그렇게 강권을 하는 것이다. 처음엔 '그래 행복해' 하고 말했다가 드디어 나는 폭발했다.

"그런 말하지 마 이놈아. 듣기 싫어. 나는 행복하지 않아. 그건 너 때문이야."

처음에는 그러려니 하고 넘어 갔지만 그 말을 자꾸 들으면 기분이 정말 나빠지는 것이었다. 이 가이드 녀석도 처음에는 사진을 찍어주고 하면서 아주 친절하게 굴었다. 그러다가 지나가는 말 탄 다른 가이드가 채찍질을 심하게 하는 것을 보고는 말했다.

"저렇게 하는 것은 나쁜 짓이야. 저 사람은 나쁜 사람이야."

라고 말하여 나를 감격하게 했다. 성인 4명을 수레에 태워 끌던 말이 모래 언덕을 힘 겨워 못 올라가자 사정없이 채찍질하는 가이드를 봤을 때는 나까지 화가 났었다. 근데 그게 아 유 해피니 팁을 더 달라느니 하면서 돈 앞에서 얼굴을 바꾸며 이상한 방향으로 내 마음을 더러워지게 하고 있는 것이었다.

말은 순한 동물이었다. 사람에게 절대적으로 복종을 했다. 한 자리에 서 있으라면 하염없이 서서 움직이지 않았고 기수가 오른쪽으로 고삐를 당기면 오른쪽으로…. 처음 보는 내가 제 얼굴에 내 얼굴을 비벼 대도 그냥 가만히 있었고 눈꼽을 떼어줘도 그냥 그대로였다. 얼마나 사랑스러운 동물인지. 물론 나는 말을 길들이는 것이 얼마나 힘이 들고 가혹한지는 알지 못한다. 기자 피라미드 거리를 거닐다 보면 많은 사람들이 말을 걸어왔다. 아직 대가리 피도 안 마른 아이 녀석들도 외국인을 보면 한마디 거드는 것이다.

"헤이 마이 프렌드."

"야, 이 녀석아. 내가 네 친구가?"

바가지 몇 번 쓰고 나니 사람이 이렇게 용렬스럽게 변하는 것이다.

"니하오 차이니스."

그러면서 자기에게 오라고 손짓한다. 예전 같으면 나는 이렇게 말했을 것이다. 나 코리안이야. 반가워라고 했지만 지금은 들리지도 않는 것처럼 무시하고 지나간다. 이들이 바라는 것은 돈 뿐이었다. 나 돈 없어. 이 녀석아.

10.

이제 이글을 마치면 나는 카이로 공항으로 간다. 밤 2시 20분에 출발하는 비행기를 탈 것이다. 거기서 에티오피아 아디스아바바 공항을 경유해서 우간다 엔테베 공항으로 갈 것이다. 자전거 루트를 짜 봐도 별 뾰쪽한 수가 나오지 않았다. 이집트는 너무 큰 나라다. 대부분이 쓸모없는 땅이기는 하지만. 거기다가 나에게는 만정이 뚝 떨어지는 나라였다.

카이로를 보면서 든 생각은 여기는 인종적 구성으로 봐서 아프리카보다 유럽 쪽이 더 가까운 나라가 아닐까 하는 생각이었다. 물론 풍경이야 너무나 달랐지만 말이다. 나는 아프리카 같은 아프리카를 보고 싶었다. 유럽에 물들지 않은 희망의 대륙 아프리카를 보고 싶다는 말이다.

내가 호텔 주인에게 아스완까지 자전거를 타고 가면 한 달 정도 안에 갈 수 있을까 라면서 거기서 '수단'으로 넘어가고 싶다고 했을 때 "너무 위험해요." 하면서 극구 말렸다.

왜요? 당신은 수염이 없어서. 수염? 저도 없으면서. 수염이 이슬람의 표시인가? 수염이 강한 남자의 상징인가? 외국인이라서 강도를 당할 위험이 많다는 것이었다. 우간다는 카이로에서 남쪽으로 내려가야 있는 나라다.

케이프타운까지는 더구나 까마득하다. 자전거로 가자면 쉬지 않고 달려도 몇 개월이 걸릴 것이다. 우간다는 한때 이디아민이라는 괴물이 8년 동안 정권을 잡고는 제나라 국민 30만 명인지 50만 명인지를 학살한 나라다. 그는 복싱헤비급 우간다 챔피언이었고 세번째 부인을 잔혹하게 살해했으며 참수한 인간의 머리를 병에 넣어두고 바라보며 즐겼으며 인육을 먹었다는 뉴스를 예전에 본 적이 있는 기이한 독재자였다. 엔테베 공항은 이스라엘 특공대의 인질 구출 작전이 성공해서 세계적으로 유명해진 공항이기도 하다. 거기서 나는 어떻게 자전거 여행을 해야겠다는 말을 이제 삼가련다. 현장에 도착하고 보면 그런 말이 휴지조각처럼 허무하게 버려지는 것을 여기서 경험했기에 아껴두는 것이다.

우간다
엔테베 공항

05.23.
월요일

5월 22일 12시 카이로 공항에 도착했다. 호텔에서도 시간을 보낼 마땅한 방법이 없어 나는 자전거 포장을 끝낸 즉시 출발을 했다. 호텔 주인의 친구가 택시를 불러줄까 했지만 나는 거절했다. 그는 호텔 주인의 친구다. 친구는 유유상종이다. 호텔 건너 있는 택시와 흥정을 해서 카이로 공항으로 갔다. 이 도시는 왜 회색을 주로 사용하는 도시가 되었을까? 현재시간 낮 12시. 출발시간까지는 14시간을 기다려야 한다. 체크인을 해 놓으려고 이리저리 사무실을 기웃거렸으나 에티오피아 항공 사무실이 없단다. 이집트 항공사의 직원에게 에티오피아 항공사를 물으면 사람마다 말이 각기 달랐다. 결국 안내소에 가서 밤 11시에 검색대 안쪽에서 체크인을 할 수 있다는 것을 알았다.

짐을 일찍 보내면 좋은데 체크인 시간까지는 짐을 끌고 다녀야 했다. 빵 하나 먹고, 커피 한잔 마시고 하다가 결국은 노트북을 꺼내어 공항 바닥에 자리를 폈다. 4시간 동안 작업을 해서 글을 마무리했지만 공항은 '와이파이'가 되지 않았다. 여행을 시작하고 나서 나는 묵묵히 끝없이 기다릴 줄 아는 사람이 되었다. 이는 14시간쯤은 이젠 아무것도 아닌 것이 되었다는 슬픈 고백이다. 밤 11시 검색대를 통과해서 항공표를 받으려는데 50대쯤 되어 보이는 백인 직원이 브레이크를 걸었다.

"당신은 못 간다."

왜? 리턴 티켓이 없다. 리턴 티켓이 뭐야? 이 항공사는 에티오피아 항공사이고 나는 우간다로 간다. 그리고 내 조국은 한국이야. 내가 왜 여기로 다시 오는데? 에티오피아는 더구나 아니잖아? 아무리 생각해 봐도 억지다. 이 친구가 돈을 바라는가? 나는 줄 마음이 전혀 없다.(백인 옆에 앉아 있던 항공사 젊은 직원이 내게 슬쩍 돈을 주라는 이야기를 하는 것 같았지만 사안이 사안인지라 다시 묻기도 뭣하고 해서 모르는 척했다) 나는 팀욕에 동참할 생각이 전혀 없어. 처음 검색대에서 만난 같은 항공사 젊은 흑인 직원은 내게 자전거를 랩으로 싸라고 했다. 그리고 자전거 운임을 100달러를 내야 한다면서 갈 거냐고 물었다. 카이로로 올 때 125유로나 준 경험이 있는지라 나는 두말없이 주겠다고 했다. 지금 가는 곳은 거기보다 다섯 배가 더 멀다. 포장한 자전거를 랩으로 싸는데 30파운드를 지불했다. 그리고 기다리는 데 이 백인 친구가 자기 검색대로 오라는 것이었다. 그는 아마 이 검색대에 있는 직원 중에 계급이 가장 높은 사람인 모양이었다. 그는 내 티켓을 보더니 자전거 운임을 75달러로 책정했다. 25달러가 내려갔다. 거참 웃기는 일이군. 75달러는 좋은데 대체 왜 안 된다는 거야? 나는 우간다로 가고 너희 나라는 에티오피아인데 이게 대체 무슨 말이야? 나는 아디스아바바에 내리라고 해도 안 내려 이놈아. 통과 안 시키면 안 가. 다른 나라 가면 되지. 공항에서 숙박비 받는 것은 아니니까 오늘 여기서 자도 좋아. 나도 배짱이 있어 이놈아.

이 친구는 내가 별 반응이 없이 자신의 부하 직원하고 자전거 이야기를 나누며 태평스럽게 서 있자 다시 나를 불렀다. 우간다 현지에 머무를 주소가 있냐는 것이었다. 나는 마침 예약해 놓은 호스텔에서 내게 온 문자 메시지를 보여줬다.

"당신 돈은 얼마나 있어?"

"내 통장에 1억 원쯤 있는데, 왜 그래?"

옆에 있는 직원에게 통과를 시키란다. 물론 1억 원은 생거짓말이다. 아프리카가 뭐 뇌물까지 줘가면서 가야 할 나라야?

6시간 비행 끝에 에티오피아 아디스아바바에 도착, 다시 3시간을 기다려 엔테베행 비행기를 갈아타고 2시간 후 우간다 엔테베 공항에 도착했다. 오후 12시. 꼬박 24시간을 투자한 셈이다. 좌석은 좁고 불편해서 선잠을 자는 둥 마는 둥 했다.

입국 수속은 길고 지루했다. 일단의 중국인 노동자들과 긴 줄을 서서 기다린다. 황열 예방접종서를 요구했다. 내 앞의 중국인이 무슨 말인지 몰라 쩔쩔맨다. 내가 노란 황열 예방접종 증명서를 보여주었더니 중국인도 그걸 낸다. 그제야 통과. 다시 오른손 왼손 지문을 찍고 비자값을 요구했다. 카이로에서부터는 검색대를 통과할 때는 신발까지 벗으라고 요구했었다. 귀찮더라도 나의 안전을 위하는 것이니까 당연히 협조를 해야지. 비자비용은 100달러였다. 불과 얼마 전에 20달러에서 50달러 그리고 지금은 100달러로 뛴 것이다.

"나는 케냐와 탄자니아, 우간다의 세 나라 비자를 받고 싶어."

"그건 안 돼요. 오직 우간다 90일 비자만 되는데요."

"나는 세 나라 비자가 되는 걸로 알고 있어. 나는 그걸 줘요."

여직원이 고개를 갸웃거리너니 열외에 잠시 서 있으란다. 보스를 불러 확인을 해 보겠다면서. 그래서 받은 것이 케냐와 우간다 두 나라 90일 비자였다. 근데 비자에는 케냐와 함께 탄자니아가 아니라 르완다가 들어있다. 그 세 나라였나? 그동안 우간다의 환율은 곤두박질쳤다. 1달러에 2천 실링에서 3천실링으로 하락한 것이다. 근데 최근의 환율은 3,300실링으로 또 내려갔다.

엔테베 공항은 세계에서 세 번째로 크다는 빅토리아 호수(남한의 2/3의 크기)를 끼고 있는 공항이다. 우간다 수도인 캄팔라까지는 40㎞ 정도 떨어져 있었다. 우간다의 첫인상은 마음에 들었다. 푸른 하늘에 유럽을 닮은 구름, 그리고 숲을 이룬 나무들. 하지만 막상 인터내셔널 유스호스텔에 도착해보니 와이파이가 터지지 않았고 냉장고는 문도 열리지 않았으며 따뜻한 물은 먼나라의 이야기였다. 하루에 25달러나 줘야 할 방이었다. 매니저가 나와서 내 짐을 옮겨주고 어떻게 하든 환심을 사려고 하는 것이 눈에 보였기에 내일이면 된다는 '와이파이'를 믿어 보기로 했다. 짐을 들여 놓고 나

우간다 캄팔라 시의 지선도로는 비포장이다.

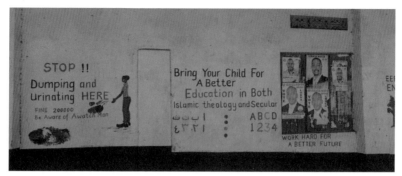

이슬람 학교 담벼락의 광고.

서 매니저가 여기서 조금만 가면 인터넷 카페가 있으니 거기로 가자 했지만 막상 내가 그렇게 연락을 급하게 해야 할일도, 목 놓아 기다리는 사람도 없다는 것을 알고는 홀로 쓸쓸해져서 내일 '와이파이'가 된다니 기다릴게 하고 거절을 했다. 호텔 아래층 슈퍼에 가서 식품을 조금 준비해 올라와 나는 잠 속으로 빠져들었다. 씻지도 않은 채.

캄팔라는 1990년대 초의 필리핀과 닮았다. 라오스의 루앙프라방과도 닮은 것 같았다. 영어로 쓰인 간판들이 일단 반가웠다. 시내 길은 구릉지대에 건설된 도시라 마냥 오르막 내리막이었다. 시내의 간선도로를 제외하곤 대부분 벌건 황토가 드러난 비포장 황토길이었다. 각종 하수에 쓰레기에 사람들은 그 속에서 억척같이 살아가고 있었다. 각종 수목들이 도열해 있는 골목길로 들어서면 여기가 도시인가 싶을 정도로 나무가 우거져 아름다운 숲길을 이루고 있었다. 흠~~ 풍경이 아름답다는 것은 그 속에 사람들이 얼마나 힘겹게 살아 가는지 와는 별개의 것이군. 가까이 가보면 한눈에 찌질이 궁상이 흐르는 것이 보이는데 어떻게 아름답다는 말이 나오겠는가.

일단 아침을 먹고 오늘을 어떻게 보낼까 궁리하고 있는데 매니저인 바루쿠가 들어왔다.

"오늘은 어디를 가려고 합니까?"

그래서 그와 의논한 끝에 일단 근처의 인터넷 카페에 들러 잠깐 메시지를 확인하고 Kasubi와 우간다 박물관 Caba 비치로 가기로 결정했다.

"근데 가이드 비용은 얼마요?"

"양심껏 주세요."

세상에서 가장 무서운 말이다. 하지만 가장 웃기는 말이기도 하다. 알았어. 그건 나중에 정하기로 하자. 그러면서 그가 제안했다. 자신의 고향이 Kasese인데 거기를 가볼 생각은 없느냐면서 자기의 고향 사진을 보여주는 것이었다. 바로 이 방에서 묵은 독일인과 자신의 고향에 가서 자기 집에 묵으면서 퀸 엘리자베스 국립공원도 가고 학교도 갔다면서 당신의 의향은 어떠냐는 것이었다. 한마디로 구미가 당기는 제안이 아닐 수 없었다. 우간다의 민가에서 시간을 보낸다는 것은 내가 원하는 여행 스타일과도 딱 맞는 일이 아닌가. 나는 캄팔라를 출발해서 말라부에 있는 케냐와의 국경을 넘어 나이로비까지 가는 걸로 잠정 결정하고 있었다. 캄팔라에서 말라부 국경까지는 221㎞. 거기서 케냐의 수도 나이로비까지는 440㎞. 그걸 달려볼까 하고 루트를 잡고 있던 중이었다. 700㎞쯤 달려야 할 거니까. 그리 멀지 않았다. 정보에 의하면 퀸 엘리자베스 국립공원은 우간다에서 자전거로 지나갈 수 있는 유일한 공원이란다. 퀸 엘리자베스 공원이 근처에 있는, 바루쿠의 고향 카세세까지는 여기서 360㎞다. 콩고와 국경을 맞대고 있는 카세세에 갔다가 나는 다시 캄팔라로 돌아와 말라부를 통해 케냐 국경을 넘어야 하는 것이다. 하지만 자전거는 가져갈 수 없었다. 자전거는 호스텔에 맡겨놓고 갔다 와야 한다.

"퀸 엘리자베스 공원은 정말 아름다워요. 코끼리에 하마 얼룩말 사자. 모두 볼 수 있어요. 잠은 우리 집에서 자면 돼요. 공짜예요."

공짜 잠에 귀가 열린 것이 아니라 바루쿠와 같이 가면 아프리카의 민가에서 자기도 하고 많은 사람들을 만날 수 있지 않을까하는 기대감에 나는 바로 승낙을 했다. 이는 또한 바루쿠가 보이는 인간적인 측면이 나를 움직이게 한 면도 있었다.

우간다 캄팔라의 교통

호스텔을 나와 택시를 타고 인터넷 카페에 들렀다. 우간다의 택시는 봉고를 닮은 차다. 돈을 받는 조수가 있고 작은 차에 18명까지 태웠다. 요금은 일인당 500실링(150원). 거리가 조금 멀면 더 받는 식이었다. 나는 이 날 8번 정도 이 택시를 이용했다. 이 택시가 캄팔라의 대중교통을 담당하고 있었다. 앞에 앉아서 가면 뒤쪽에 앉은 사람들이 내릴 때마다 차에서 내렸다가 다시 타야 했다. 특이한 것은 이집트 카이로엔 거의 대부분 차들이 기아나 현대차였는데 이곳 우간다는 거의 일제 도요타 일색이었다. 인터넷 카페에는 10명 정도의 사람들이 낮은 칸막이 안에서 화면에 코를 박고 있었다. 40분간 1,000실링(300원)이었다. 바루쿠가 옆에 기다리는 바람에 나는 서둘러 메시지를 확인하고 밖으로 나왔다. 왜 1시간이 아니고 40분 단위로 끊을까? 캄팔라 중심가의 교통 상황은 바늘 하나 꼽을 자리가 없을 만큼 택시와 오토바이, 사람들이 뒤섞여 상황은 한마디로 대혼란. 그 자체였다. 그러나 사람들은 묵묵히 그 상황을 견디며 잘도 그 사이를 헤치고 다녔다. 도로 상황도 중심가를 제외한 곳은 포장도 하는 둥 마는 둥 해 놓았고 그것마저 파이고 뜯기고 엉망이었다. 물론 나는 열외자이기 때문에 이 상황들을 흥미진진하게 지켜보며 시간 가는 줄을 몰랐다.

카수비 정상에는 커다란 교회(카데드랄)가 있었다. 교회 입구에 총을 든 군인이 지키고 있었다.

"저기 교회로 좀 들어가면 안 돼?"

"사진은 안 돼요."

아프리카인들은 사진을 싫어한다는 말을 들었지만 나는 특정 개인을 찍는 것이 아니기 때문에 카메라를 들이대는 것을 주저하지 않았다. 하지만 자꾸 경고가 들어오는 것이었다. 시비가 붙는 것은 싫다. 택시가 정류장이 터질 듯이 빼곡이 들어찬 것이 신기해 셔터를 누르고 있으니 지나가던 젊은이가 또 한마디한다.

"사진을 찍으면 안 돼요."

대체 이들은 왜 이러는 것일까? 군사기밀도 아니다. 그럼, 오랜 독재의 그늘에서 사진을 찍힌다는 것은 무엇인가 불이익이 온다는 것을 체험했기 때문일까? 아니면 검은 피부 때문에 받았던 멸시와 천대, 식민과 노예의 역사가 외국인을 혐오하게 된 것일까. 아프리카의 지도를 보면 국경선을 자를 대고 그어놓았다. 서구 열강들의 만행이었다. 검은색은 저주의 색인가? 어쨌든 나는 이방인이니까 눈치를 보지 않을 수 없었다.

가는 길에 Kasubi Tomb를 찾아갔다가 문이 닫혀 있어서 들어가 보지도 못하고 바루쿠와 둘이서 카수비의 정상까지 걸어 올라갔는데 경사도 경사지만 길이가 무척 길었다. 맨 자전거로도 끌바를 할 수밖에 없을 만큼 긴 도로였다. 오르막 내리막이 시내가 이 정도여서 앞으로의 길이 은근히 걱정이 되는 것이었다. 배낭 하나 달랑 지고 올랐는데 정상에 도착했을 때는 온몸이 폭삭 젖어 있었다. 바루쿠가 한국에 대해 물었다. 우리가 걷고 있던 비포장 지선 길을 가리키면서.

"한국도 이러냐(비포장)?"
이 친구는 그날 내게 3번이

카수비 교회에서 만난 소년.

나 같은 질문을 했었다. 내 대답이 도저히 믿기지 않는 듯했다. 그래서 내가 물었다.

"바루쿠, 이웃나라 케냐에 가봤냐?"

자기는 오직 우간다에서만 살았단다. 그는 성격도 꼼꼼해서 우리가 무슨 문제에 대하여 대화를 나눌 때는 반드시 메모를 했다. 그의 나이는 50살이었다. 대학을 나온 친구였다. 눈이 어두워서 작은 글씨를 보지 못해 쩔쩔매기에 다리가 벌어져서 불편해진 내 돋보기를 버리지 않고 비상용으로 보관해 왔었는데 그걸 이 친구에게 선물했다.

"이걸 써 봐, 잘 보여?"

"아하! 잘 보여요."

바루쿠는 크리스찬이었다. 카데드랄에 도착해 이 친구는 안으로 들어가 예배를 보고 나는 근처에 있던 몸이 마르고 눈이 선하게 생긴 귀여운 소년과 노닥거리고 있었다. 그의 정강이에는 상처가 나서 곪고 있는 중이었다. 후시딘을 내어 듬뿍 발라주고 초콜릿 한 개를 찾아서 먹으라고 줬더니 주위에 있던 어른이 달려와 그 초콜릿을 조금 떼어 맛을 봤다. 소년은 아껴가며 그걸 먹었다. 내 스마트폰에 흥미를 보이기에 건네줬더니 금방 빠져서 화면에 코를 박는다. 바루쿠가 늦어서 총을 든 군인에게 몸수색을 당하고 교회 안으로 들어갔더니 신자들이 몸을 흔들며 음악에 맞춰 찬송가를 부르고 있었다. 모두가 눈을 감고 신을 찬미하고 있었다. 힘겨운 인생살이를 뒤로 하고 어쩌면 이 순간만은 사람들이 스스로 최면에 걸려 행복감에 젖어 있는 것 같았다. 교회가 그 부분을 감당하고 있구나.

소년과 헤어져 나오며 길을 가다가 보니 길거리에서 한 여자가 고래고래 소리를 지르고 있었다.

"뭐라는 거야, 저 여자?"

바루쿠는 스와힐리어와 영어를 쓴다. 우간다의 공용어는 영어다. 우간다는 오랜 영국의 식민지였었다. 그곳에 지금 외국인은 오직 나 혼자였다. 사람들은 외국인에게 마음을 열지 않는 것 같았다. 무시하거나 적대시하거나 다.

"저 여자 지금 예수 믿으라는 거지?"

"네. 맞아요."

그러면서 그는 웃었다.

"한국에서는 무슨 교를 믿나요?"

"가톨릭, 프로테스탄트, 불교, 이슬람 다 있어. 한국에도 저런 사람들이 있어."

바루쿠는 내 말이 믿기지 않는 모양이었다. 사람들은 대부분 자기가 알고 있는 인식의 범위 안에서만 남을 이해하려고 든다. 캄팔라에도 모스크와 교회, 힌두교당 등이 혼재하고 있는데도 아시아의 나라는 다를 것이라고 생각했던 모양이었다.

카수비에서 내려와 인근의 우간다 박물관을 관람했다. 아주 소박하고 조그마한 박물관이었다. 사진까지 찍을 수 있는 티켓이 10,000실링(3,000원)이었다. 호모 사피엔스, 호모 하빌리스, 오스트렐리안 피데쿠스 등의 두개골을 전시해 놓았는데 두개골의 크기가 아주 작았다. 흥미로웠다. 이날 바루쿠는 나보다 더 열심히 박물관을 구경하는 것이었다. 이 친구도 이 박물관이 처음인가?

"호모 하빌리스가 뭐예요?"

뜻하지 않게 그가 질문도 했다. 나는 땀을 흘리며 질문에 답을 했다. 젠장, 그런 건 왜 물어? 그리고는 내가 가이드인 것처럼 내 뒤를 따라다녔다.

박물관을 나와서 길 건너편에서 보아 둔 레스토랑으로 가자고 하니 바루쿠는 자기는 전시장 안에 있을 것이라면서 갔다 오라는 것이었다. 그는 밥값이 없는 것이었다. 라오스가 생각났다. 그럴 수는 없다. 가자, 내가 한 그

룻 살 테니까. 이게 한국식이다. 우리는 길을 건너 레스토랑으로 들어갔다. 캄팔라에서는 고급인 레스토랑이었다. 넓은 정원에 거목들 우리는 야외 벤치에 자리를 잡았다. 나도 밥을 좀 먹어야 된다. 피시와 라이스를 시키니 치킨을 먹고 싶어 하던 바루쿠가 가격을 보더니 저도 같은 걸 시킨다. 일인당 20,000실링(7,000원)이었다. 맥주 한 병 곁들여 살코기를 다 발라먹었다. 바루쿠는 살점 한 점 남기지 않고 열심히 먹었다. 그리고 말했다.

"정말 고마워요."

아니야, 잘 먹는 것을 보니 내가 기분이 좋아 계산을 할 때 나는 거스름돈 1,000실링(300원)이 남는 것을 우리에게 서빙을 해준 아가씨에게 주었다. 300원을 팁으로 줘도 되나?

"고마워요."

윤기 나는 까만 피부에 말씨도 조용조용한 매우 아름다운 아가씨였다.

레스토랑을 나와 빅토리아 호숫가의 카바비치로 갔다. 사진을 함부로 찍지 못한다는 것도 스트레스였다. 바루쿠는 카바비치에서 장사를 하고 있는 고향 여자의 가게를 방문해 수다를 떨었고 나는 멀찌감치 서서 이 광경을 지켜보며 빅토리아 호를 감상했다. 삐끼들이 달려와 보트를 타지 않겠느냐고 물었다. 흥미 없어. 여긴 그래도 이집트만큼 집요하진 않았다. 승용차를 몰고 오던 중국인이 차 안에서 웃으며 내게 손을 흔들었다. 아마도 나를 중국인으로 착각한 모양이었다. 그는 차를 세우고 창문을 열었다. 내가 먼저 인사를 했다.

"니 하오 워드 한궈런."

그는 잠깐 실망의 빛을 보이더니 인사를 하곤 갔다. 여긴 동양인이 아주 드물었고 서양인도 그날 종일 시내를 다니면서 박물관에서 한 사람을 봤을 뿐이었다. 하지만 지금 세계는 도처에 중국인이 득실거린다. 거기다가 시진핑이 아프리카에 들이는 공도 대단하다고 들었다. 호스텔로 돌아오면서

캄팔라 시내의 택시정류장(봉고). 우리의 버스 역할을 한다.

택시에서 내려 조금 걸었는데 바루쿠가 조금 반반한 아스팔트를 가리키며
또 물었다.

"한국이 이래요?"

내 눈에 보기엔 우리의 도로완 비교조차 불가능한 열악한 도로 사정이
다. 파이고 찢어지고 포장도 반쯤하다가 그만 둔…. 자꾸 같은 것을 묻는
걸을 보니 이 친구가 내 말에 자존심이 상했남?

호스텔로 돌아와 계산을 했다. 가이드비를 지금 달라는 것이었다. 물론
줘야지. 나는 오늘 만족했다. 자전거를 끌고 혼자 시내를 돌아다니는 것은
도로와 교통사정을 볼 때 불가능해 보여서 내심 만족하고 있던 참이었다.
그가 아니었으면 이렇게 많은 곳을 보지는 못했을 것이다.

"얼마를 원해?"

"마음대로 주세요."

또 같은 말이다. 참 나, 아직도 그대는 그 말의 참뜻을 모르는 군. 네가 원
하는 돈을 말해.

"15달러 주세요."

그래 알았어. 나는 15달러에 해당되는 45,000실링을 줬다. 그는 카데드랄에서는 25달러, 20달러 정도를 남들은 받는다고 말했는데 많이 내렸다. 물론 여기 경제 규모로 봐서 일당이 그렇지 않으리라는 걸 안다. 바루쿠가 돈을 받아 넣고는 내게 깊은 포옹을 했다. 감격했다는 말이다.

"내일 아침 일찍이 올게요."

다음 날 아침 조식을 가지고 호스텔 직원이 왔다. 근데 차 한 잔에 싸구려 빵 달랑 1개다. 어젠 그나마 삶은 달걀 3개가 왔었다. 나는 화가 치밀어 소리를 질렀다.

"야, 이걸 아침 식사라고 가져 온 거야?"

브레드에 잼, 버터에, 커피에, 에그후라이, 썸 타임 비프에 치킨도 준다더니 그건 어디 가고 노 잼에 노 버터에 대체 이게 뭐야? 어떻게 먹으라는 거야? 숙박료에 비해 너무 성의가 없잖아. 와이파이는 오늘 저녁에 될 거야. 저녁이 되면 내일은 꼭 될 거야. 뜨거운 물도 스위치만 올리면 돼. 바루쿠와 직원이 내게 간절히 설명한 말이다. 아무것도 안 된다. 도대체 왜 거짓말을 하는 거야? 내 고함에 직원이 깜짝 놀랐다가 실실 웃으며 쳐다보더니 에그를 가져 온다면서 가더니 바나나 한 송이를 달랑 들고 왔다. 도대체가

빵 한개,
차 한 잔이 아침 식사다.

호스텔 월드 앱에 나와 있는 댓글 '아주 좋았다'는 뭐가 좋았다는 말이며 호텔이 제공하는 서비스에 '와이파이'와 온수는 대체 누가 써놓은 말이야?

'와이파이 됩니까?' 여행객들이 호텔로 들어서며 가장 먼저 묻는 말이다. 쟁반을 복도에 팽개치고 싶은 마음을 간신히 참았다. 나는 이미 호텔비를 모두 지불한 상태였다. 이 호텔엔 '와이파이 시설'이 없는 것 같았다. 호스텔 월드에 나와 있는 이 호스텔 사진에는 멋진 수영장과 좋게 보이는 객실이 사람을 유혹하고 있었다. 사진에 좀처럼 나는 속지 않지만 수영장은 그렇게 속일 수 있는 물건이 아니다. 이해가 안 되는 상황이었다. 바루쿠를 불러줘. 그는 자신이 이 호텔 매니저라고 했었다. 조금 있으면 올 거예요. 벌써 11시인데? 연락을 해봐. 전화번호는 모른단다. 바루쿠가 매니저 맞아? 맞아요. 매니저 전화번호를 몰라? 여직원이고 남자 직원이고 도대체 책임지는 놈이 없다. 실실 웃으며 피하는 것이었다.

도대체 누가 책임자인지 누가 주인인지도 분간이 안 되는 이 시스템. 내가 바루쿠를 보자고 하는 것은 조식의 부실함이나 와이파이가 안 되는 것을 따지기 위함이 아니었다. 그건 이미 내 나름대로의 대책을 실행할 계획을 세워 두었다. 나는 하루 먼저 카세세에 가려고 그걸 의논하고 싶었던 것이다. 근데 이 친구 봉급을 받으면서 일하는 것이 맞나? 이 호텔 예약을 하고 나서 공항에 택시를 보낼터이니 알아서 하시라는 문자를 보낸 사람이 이제 보니 바루쿠였다. 그걸 사람 이름인 줄 내가 알았나. 호스텔 예약을 할 때 나는 8인실을 했었다. 근데 호텔에 도착하자 그들은 1인실을 줬다. 예약을 할 때도 1인실과 8인실이 가격이 같기에 이상하다 생각했지만 내 나름 적당한 가격을 고른다고 고른 것이었다. 이 호텔은 도미토리룸이 없는 것 같았다. 그건 손님을 끌기 위한 미끼인 것이다. 이집트에서의 뜨거운 경험을 밑천 삼아서 고른다고 골랐는데. 쩝.

이 호스텔에 들어 온 이후 나는 손님들을 보지 못했다. 길고 긴 어둠침침

한 복도에서 외국인도 내국인도 손님으로 보이는 사람을 마주친 적이 없었다. 전기 사정도 나빴다. 수시로 정전이 되었다. 호텔의 손님은 오직 나 혼자뿐인 것 같았다. 그러니까 지금 나 혼자 이 집을 먹여 살리는 것이다. 헐, 수영장도 갖춘 커다란 4층 건물에 이름도 거창한 인터내셔널 유스호스텔인데 말이다. 바루쿠는 종일 코빼기도 보이지 않았다. 이 친구는 늘 아내한테 전화가 오고 아들한테 전화가 와도 안 받았다. 그는 삼성 2G 휴대폰 아주 작은 것을 들고 다녔다. 무슨 문제가 있는 것이 틀림없다. 세상에 피할 사람이 따로 있지, 아내와 아이들을? 의문이 갔지만 사생활이기에 물어보지는 않았다. 이상하게 생각하면서도 말이다. 내 눈이 사람을 헛 본 것인가? 아니면 이들의 생활 실상은 이미 그런 것을 초월한 곳에 있는가?

배가 고파 점심때엔 1㎞쯤 떨어진 근처의 시장으로 고기를 사러갔다. 닭고기를 사서 삶아서 먹어야겠다는 일념으로.

길은 아름다웠다. 아름드리 나무들이 늘어서 있고 부드러운 황톳길은 보는 길, 걷는 길로서는 그만이었다. 도심과는 달리 여긴 다른 세상같이 한적했다. 그렇지만 아무래도 지나다니는 우간다인들의 눈치가 별로 우호적이지 않았다. 흑인 특유의 눈빛 때문인가? 하지만 나는 무시하고 황톳길을 걸어 시장에 도착했다. 난민촌 같은 시장엔 닭은 고사하고 병아리 한 마리 보이지 않았고 파란 색깔의 바나나 외에는 과일도 없었다, 다시 터벅터벅 길을 걸어서 돌아왔다. 가난하더라도 자존심을 버려야 하겠나? 자존심이란 것이 그저 얻어지는 것이 아니다. 약속을 개똥 같이 여기고 남을 속이기를 손바닥 뒤집는 것처럼 쉽게 한다면 자긍심이 붙을 자리가 없단 말이다.

"여기는 아프리카니까."

궁색할 때마다 바루쿠는 이 말을 썼다. 아프리카라고 모든 게 용서되는 것은 아니다.

그렇지만 나도 요즘 이상해. 한국에 있는 친구들이 전에 없이 보고 싶고 소주를 마시던 술자리가 그리워지는 것이다. 향수병에 걸렸나? 그래서 요즘 신경질을 자주 내는 것이 아닐까? 아무래도 이상해. 여유가 없다. 딸아이의 출산을 앞두고 삼칠일은 지나고 출발한다고 기다렸다가 왔는데 그 아이가 지금은 뛰어다닌다. 내가 돌아가는 날까지 아이가 더 커버리면 귀여울 때의 모습을 영영 놓쳐버리는 것이 아닐까 하는 생각에 조바심이 나는 것이다. 오는 말이 고와야… 부터 시작하자. 그렇게 생각을 바꿔먹자 가슴이 뻥 뚫렸다. 이들은 나보다 경제 사정이 어렵다. 나는 또 이들보다 더 경제적으로 나은 나라에 태어나지 않았는가. 당장 내일부터 아침을 가져오면 나는 입을 있는 대로 찢으며 웃으며 맞이해야지. 어깨도 두드려 줘야지.

부조리는 인간 세상의 숙명이다.

05.26. 목요일 캄팔라
인터넷 카페

아침 9시쯤 되어 바루쿠 자피에리(Baluku Zapiele 프랑스식 이름이라고 했다)가 도착해 나를 찾아왔지만 나는 어제의 약속과 와이파이나 샤워에 대해 말을 하지 않았다. 이미 지난 일이기 때문이다. 그와 함께 인터넷 카페를 찾아갔다. 고개를 두 개나 넘으며 걸었다. 인터넷 카페도 세 군데나 찾아갔다. 첫 번째 집은 전기가 나가서 아웃, 두 번째 집은 와이파이 시설이 안 되어 있어서 아웃, 세 번째 집에서 자리를 잡고 컴퓨터를 켜며 말했다.

"바루쿠, 여기 인터넷 비용은 네가 내. 알겠지?"

농치는 것이지만 지켜 보겠다는 말이기도 하다. 바루쿠가 얼굴을 붉히며 우물쭈물한다. 우간다 캄팔라의 인터넷 카페는 작았다. 컴퓨터를 열 대 혹은 다섯 대쯤 가져다 놓고 아무리 봐도 전문가의 솜씨는 아닌 듯한 사람이 어설프게 만들어 놓은 칸막이 안에서 사람들이 인터넷을 즐기고 있었다. 게임을 할 수 있는 시설은 아니었다. 인터넷 속도는 일찍이 본 적이 없는 속도였다. 지금까지 다닌 나라 중 가장 느린 것 같았다. 유럽에서 인터넷을 쓸 때와는 비교조차 할 수 없었다. 유럽에선 블로그 글 하나에 40~50장씩 사진을 올리던 것을 여기에선 10장에서 15장 정도로 줄이고 글 두 개를 올리는데 무려 여섯 시간이 걸렸다.

"더 이상 못 올리겠어. 배가 고파서."

오후 4시가 가까워 오고 있었다. 나는 아침으로 빵 한 개를 먹었다. 바루쿠한테 너는 필요 없으니 이제 돌아가라고 박절히 할 수 없어 보고 있었더니 그도 할일이 없는지 그 시간을 옆에서 기다렸다. 너무 속도가 늦으니 주인이 내게 제안을 했다.

"제가 사진의 크기를 확 줄여서 드릴게요. 그럼 잘 올라가지 않을까요?"

"내 컴에 지금 포토샵이 없는데."

"내게 포샵 아니라도 줄이는 게 있어요."

주인은 청년이었다. 말씨도 조용하고 행동거지도 진중한 청년이었다. 그래서 내가 올릴 사진크기를 확 줄였는데 그래도 올라가는 속도가 별로 더 나아지지 않았다. 인터넷 비용은 12,000실링(3,500원)이 나왔다. 폰과 컴퓨터 두 대에 와이파이를 받아서 번갈아가며 동시에 썼는데도 그랬다. 40분에 1,000실링(300원)이었나? 결국 블로그 글 하나는 못 올리고 나왔다.

"줄인 내 사진 그대로 둬요. 나중에 올 테니까."

"넵."

캄팔라의 중국집

"사진 다 올리고 나서 중국집으로 밥 먹으러 갑시다."

캄팔라
중국집.

　내 옆에 앉아서 내게 말을 걸던 한 청년이 우간다의 한국인 교회를 이야
기하기에 바루쿠에게 위치를 들어 놓으라고 하면서 식당 이야기로 화제가
옮겨가서 물었더니 중국 식당을 가르쳐 주는 것이었다. 그래서 내가 제안
을 했던 것이다. 점심시간이 한참 넘어간 걸 보고 기다리는 그에게 내가 그
렇게 제안했더니 바루쿠는 진작부터 침을 꼴딱이고 있었다. 캄팔라로 가기
위해 택시를 타고 복잡한 시내에 나와 중국집을 찾았다. 근데 몇 번이나 도
심을 찾으면서 드는 의문이 도심만 그렇게 사람이 붐비는 것이었다. 사람
들이 떠밀려 다닐 정도였다. 그런데 왜 시외버스 주차장을 이전하지 않고
왜 사람들은 복잡하다는 말로도 설명이 안 되는 여기를 찾을까 라는 의문
이 들었다. 이 복잡한 곳을 진절머리가 나서도 사람들은 다른 곳으로 발길
을 옮기게 되어 있다. 그래서 다시 다른 곳이 발전해 가는 것이 도시 발전
의 형태가 아닌가. 근데 여기는 왜 이래?

　중국집 손님은 우리 둘뿐이었다. 캄팔로가의 중심에 있는 캄팔라에선 보
기 드문 큰 건물에 있는 이 중국집을 몸수색까지 당하고 들어갔다. 여기도
도심인데 한산했다. 복잡한 도심과 몇 발자국 떨어지지 않는 곳인데도 그
랬다.

중국집도 시간이 어중간해서 그런지 손님이 없었다. 직원들은 현지인들이었다. 이들은 손님이 와도 가도 인사가 없다. 마파두부 하나에 돼지고기 한 접시, 밥 한 그릇을 시켰다. 바루쿠가 자기 것도 시키려 한다. 중국집이 처음인 것이다. 내가 말렸다. 이 친구야 자네까지 시키면 나는 파산이야.

"바루쿠. 이것만 해도 충분해. 둘이 먹기에."

맥주 두 병에 음료수 두 병 해서 89,000실링(27,000원 정도)이 나왔다. 나야 알고 있었지만 바루쿠가 깊은 한숨을 쉬었다.

"중국 음식이 이렇게나 비싸요?"

중국 음식이 비싼 게 아니라 여기가 비싼 거야. 그는 돈이 장소에 따라 다른 가치에 대해 충격을 받은 듯했다. 바루쿠는 진지하고 성실하게 먹었다. 살점 한 점, 국물 한 숟갈 남기는 법이 없었다. 그는 내가 베어 먹다 남긴 과일도 서슴없이 잘라내고 먹었고 내가 먹다 남긴 빵 한 점도 버리지를 않았다. 히말라야 안나푸르나를 오르면서 닭 한 마리 먹을 생각에 종일 기뻐하던 가이드와 포터 사그리가 생각이 났다. 아아 그땐 나도 저녁에 닭 먹을 생각에 그들 못지않게 기뻤었다.

"가자. 내일은 카세세로 가는 거야."

내 머릿속에 있던 아프리카로.

05.27.
금요일

카메라를 소매치기 당하다

1.

아침 9시 바루쿠가 왔다. 나는 이미 짐을 싸놓고 내가 챙겨갈 물건들을 분류를 해 놓았다. 17kg쯤 되는 짐이다.

"가자, 바루쿠. 카세세로."

짐과 자전거를 호스텔에 맡겨놓고 출발을 했다. 택시를 타고 캄팔라 중심가에 있는 버스정류장에 도착했다. 버스터미널로 가는 길은 사람들의 물결 속에 그냥 떠밀려 가는 형국이었다. 이 와중에 나는 카메라를 소매치기 당했다. 배낭을 지고 침낭이 든 가방을 손에 들고 낑낑거리며 버스에 올라타서 '아차' 하고 카메라를 찾으니 없는 것이다. 조끼 앞주머니에 넣어 놓은 카메라를 빼간 것이다. 돌이켜 보니 불과 5분 전쯤에 소매치기를 당한 것이다. 군중에 떠밀려 오는 도중에 몇몇 청년들이 나를 둘러싸고 나와 걸음을 같이하며 말을 걸었다. 어디 가느냐? 택시를 타겠느냐? 라면서 나의 주의를 분산시키는 작전이었다. 그들이 바람잡이였고 그사이 기술 부리는 녀석이 내 카메라의 끈을 잡았을 것이다. 터미널은 매우 복잡하고 사람들이 많았다. 그렇다고 해도 어이없이 까맣게 모르고 당하다니 너무 부주의했다. 이젠 어쩌나?

당장엔 화도 나지 않았다. 내면 뭘 해? 언젠가 카메라도 한 번 당할 것이라는 예감을 하고 있었는데 올 것이 온 것이었다. 다이빙 선배인 이석근 님이 후원을 해 준 수중카메라인 올림포스TG-3였다. 소나기가 와도 안심하고 쓸 수 있는 카메라다. 충격에도 강해서 지난 여행 동안 수없이 떨어뜨리고 부딪히고 했지만 끄떡없었던 카메라인데 이젠 어쩌나 하는 암담한 생각이 드는 것이었다. 폰과 DSLR이 남았지만 DSLR은 배터리 충전기가 고장 났다. 그러지 않더라도 무겁고 불편해서 자주 사용할 수가 없었다. 잃어버린 카메라는 그 성능의 문제점에도 불구하고 편리하기가 그만이었다. 아니, 바루쿠 너는 이런 것을 예상해서 내게 사전에 경고를 해 주거나 뒤에서 관찰을 해야 될 것이 아니냐. 내 말이 틀려? 여기 사정은 자네가 알잖아. 하고 죽은 아이 불알 만지는 식으로 하나마나한 소리를 한마디 하려다 그것도 그만두었다. 깨진 독인데 뒤돌아보면 속만 상하지. 하지만 앞으로 사진을 어쩔 것이냐? 휴대폰으로 찍으려면 불편하기 짝이 없다.

2. 카세세행 버스

Kampla에서 Kasesse까지는 361㎞다. 사람이 버스에 꽉 차야 그때가 출발하는 시간이었다. 한 시간쯤 찜통 버스에 앉아 기다리다가 출발, 카세세까지 7시간 30분 걸렸고 거기서 다시 바루쿠의 고향인 Nyabugando까지는 한 시간 반이 걸렸다. 도로 포장 상태는 엉망이었다. 거기다 길이 뱀처럼 꾸불꾸불한데다 끊임없는 오르막 내리막길이었다. 좌석은 좁고 불편해 버스가 움직이는 동안 이래도 불편 저래도 불편하고 용변을 위해 쉬는 시간도, 밥을 먹으라고 주는 식사 시간도 없었다. 차가 서고 기사가 자리를 비우면 그때 적당히 알아서 하는 식이었다. 하지만 사람들은 말없이 불편을 묵묵히 감수했다. 버스요금은 두 사람에 60,000실링(20,000원)이었다. 점심 때쯤 한 정거장에 들렀을 때 벌떼처럼 달라붙는 음식을 파는 장사치에게 닭다리 하나를 샀다. 3,000실링, 바루쿠도 하나 받아들었다. 밥값은 가이드비에 포함되지 않는다. 바루쿠는 내 눈치를 살피며 식탁에 같이 앉았다. 구운 닭다리는 먼지 풀풀 날리는 정류장에서 이 버스 저 버스로 손님들에게 팔려고 다니던 것이니 먼지가 오죽이나 앉았을까? 거부 반응이 왔지만 배가 고픈데 어째?

나는 버스 운전기사 옆에 자리를 잡았었다. 기사는 조는 것처럼 보여 불안했었는데 오르막이고 내리막이고 사정없이 밟아대었다. 다 낡은 버스의 엔진의 힘이 이렇게 좋으냐 싶을 정도로 오르막을 잘 올랐고 작은 차들을 끊임없이 추월했다. 카세세에서 내려 담배 한 대 피울 시간도 없이 택시(봉고)에 올랐다. 요금은 두 사람에 4,000실링(1,200원), 택시는 57㎞를 한 시간 반에 걸려 달렸다. 출입문이 고장 나서 조수도 없는 이 택시는 사람이 내릴 때는 운전사가 내려서 반대편 출입문을 바깥에서 열어 줘야 했다. 그래도 이 운전사는 사람을 끊임없이 태웠다. 그가 오너인 모양이었다. 세 사람 앉는 자리에 다섯 사람, 그게 다 차면 제일 뒷자리 등받이를 눕혀서 또 몇 사람 하는 식이었다. 내심 뭐 이렇게 까지 해야 하나 하는 마음이 일었으나 아무도 그런 것에 불평하는 사람이 없었다. 그게 이곳에선 당연한 것이었다. 버스고 택시고 에어컨은 물론 없다. 택시나 버스나 하나같이 고물이었는데 이는 아마도 유럽에서 폐차하는 것을 사 와서 쓰는 모양이었다. 상용차는 단 한 대도 새 차를 못 봤다. 불가리아가 유럽의 폐차장이라더니 아프리카는 불가리아의 폐차장인가? 차들은 일제 일색이었다. 가끔 벤츠도 눈에 띄었다. 9시간이 걸려 바루쿠의 고향에 도착해서 다시 1㎞ 정도를 걸어 집에 도착 했을 때는 나는 피곤에 절어서 흔들거리고 있었다. 근데 이곳은 그의 집이 아니었다. 그의 처갓집이었다. 내가 잘 집은 세 칸으로 나눠서 쓰고 있었다. 전체가 5~6평 정도 되는 집이었다.

빨간 양철지붕에 창고 하나, 침실 하나, 탁자 하나에 의자 2개 있는 때로는 학교 교실로 쓰기도 한다는 방 하나가 있었다. 이 집 뒤에 밥을 해 먹는 키친룸이 있는 집이 있고 이 집 왼쪽으로 사람들이 자는 역시 5평 정도 되는 집이 바루쿠의 처갓집이었다. 부속 건물로 화장실이 있고 닭장과 비둘기장, 돼지우리가 있었다. 침대 있는 방은 내가 쓰고 그는 시멘트 바닥(다른 집은 그냥 흙바닥이었다) 위에 매트리스 한 장 깔고 잤다. 화장실은 물론 재래식이고, 베스룸은 물통에 물을 떠다가 ㄷ자 모양의 지붕도 없는 칸막이 안에서 물바가지를 뒤집어쓰도록 되어 있었다.

전기도 수도도 물론 없었다. 물은 1㎞쯤 가서 사서 온다. 20L들이 플라스틱 물통 하나에 300실링(10원)이라고 했다. 하루의 시작은 아이들이 이 물통을 들고 물을 사 가지고 오는 데서 시작되었다. 10살도 체 되어 보이지 않는 아이들이 물통을 지고 맨발로 이 물을 사서 지고 이고 오는 것이다. 이 물로 밥도 하고 샤워도 하는 것이다. 형편이 이러니 세수도 고양이 세수를 해야 하고 거기 머무는 동안 샤워는 한 번을 했는데 물을 묻히는 수준으로 했고 그 물로 빨래를 했다. 근데 나중에 보니 불과 700~800m 떨어진 곳에는 전기가 들어와 있었다.

"너희는 왜 전기가 없어?"

그 집의 19살짜리 아들 헬론이 말했다. 헬론이 사는 동네부터 전기가 없는 것이었다.

"돈이 없어서요."

나는 나흘을 그 집에서 잤다. 그중 이틀에 걸쳐 밤에 몇 시간씩 비가 왔었다. 많이 온 비는 아니었으나 대지를 적실만큼 왔었다. 길을 가다 보니 시냇물도 제법 많이 흘러가고 있었다. 인근에는 커다란 호수도 있고 강도 있다. 그렇다면 여긴 물이 없는 것이 아니라 물을 이용하지 못하고 있는 것이다.

3. 우간다의 아이들

그날 저녁 내가 도착하고 나서야 돈을 좀 달라더니 저녁 준비가 시작되었는데 모닥불을 피워서 하는 저녁이 빨리 될 리가 없다. 아마 돈이 없어 식사 준비를 못한 모양이었다. 컴컴한 방에 앉아 있으니 배터리를 쓰는 엘

키친룸. 저녁을 하고 있다.

오베디.

이디 등을 하나 가져다 놓고 그의 장인과 아이들 둘 모두 나와 다섯이 앉아 저녁을 기다렸다. 그때 바루쿠가 빵을 꺼내어 내가 가져 온 잼과 버터를 발라서 먹었다. 몹시 시장했던 모양이었다. 아이들과 그의 장인은 아무 말 없이 앉아 있었다. 나도 배가 몹시 고팠지만 제대로 된 저녁을 먹을 생각으로 빵을 입에 대기가 싫었다. 근데 아이들 둘도 아무 말 없이 앉아 있었지만 침을 삼키는 소리가 들린다. 빵은 내 식사대용으로 사 온 것이었다. 그래서 빵을 내어 잼과 버터를 발라 아이들 둘에게 주었더니 '감사합니다' 하면서 그걸 아주 아껴서 조금씩 베어 먹는다. 어른이라고 그걸 먹고 싶지 않겠냐 싶어서 장인에게도 하나 만들어 주었더니 감사하다며 베어 먹었다. 여기는 먹는 것이 이렇게 귀하구나 하는 것이 보여 그만 마음이 짠했다.

아이들에게 하나씩 더 만들어 주었더니만 내건 없다. 나야 저녁 먹으면 되지. 근데 밥과 반찬을 가져왔다. 그래도 손님이라고 중국제 자기에 담아 들어오는데 비린내가 확 풍긴다. 물고기를 조리한 것이었다. 물고기 조림에 밥 한 그릇이었다. 비위가 틀려서 도저히 먹을 수가 없었다. 결국 밥에다가 가지고 다니는 소금만 뿌려서 먹고 저녁 식사를 마쳤다.

바루쿠는 도착하자마자 하루 밥값 얘기를 꺼내었다. 그래서 끼당 우리돈

손.

집의 외부벽인데 내부도 똑같다.

3,000원 정도로 결정을 봤었다. 나도 아직 우간다 물가를 몰라서 비싼지 어떤지도 모르고 또 여기서 신세를 지면서 많다 적다 할 수가 없어서 그냥 하자는 대로 하는 것이었다. 여기 아이들은 맨발이었다. 어른들은 신을 신었으나 아이들은 대부분 맨발이었다. 그들이 입고 있는 옷은 형태도 제대로 남아있지 않았다. 새벽이면 어린 여자아이들이 집 밖으로 나와서 집 앞을 쓸었다. 지난밤에 떨어진 잎들과 쓰레기들을 치우는 것이었다. 그럼 아주 말끔하게 마당과 골목이 정리되는 것이다. 그 예쁜 아이의 눈망울처럼 말이다. 그러고 나면 아이들이 나와 거기를 방바닥처럼 사용하며 노는 것이다. 눕고 엎드리고 흙을 만지고 쓰다듬고 그렇게 노는 것이다. 흙은 우리처럼 만지지 말아야 될 것이 아니라 흙속에서 흙과 더불어 사는 것이었다. 새 옷은 아마도 나들이할 때나 입을 것이다.

여기 아이들은 '기브 미 어 마니' 란 말을 하지 않았다. 그런 문화가 없었다. 그게 나는 기뻤다. 내가 먹고 있는 것을 봐도 하나 달라 할 줄도 모르고 침만 삼키며 앉아 있다가 주면 아주 감사히 받아먹는 것이다. 다음 날 학교로 가는데 동네 아이들이 동양에서 온 노란 원숭이 소문을 듣고 와서 내 뒤를 졸졸 따라다녔다. 대개는 부끄러워 말을 걸면 사람 뒤로 숨거나 몸을 꼰다. 물론 그러지 않고 자기 의견을 개진하는 아이들도 있었지만 대개가 순진하고 점잖은 아이들이었다.

짓다 만 학교도, 동네 가정집도 가보고 했지만 수업을 하고 있는 곳은 없었다. 그러다 보니 배가 고파 왔다. 그래서 바루쿠에게 '슈퍼가 여기 근처에 있나?' 하고 물으니 선도를 잡는다. '아이들 빵을 좀 사 줍시다.' 하니 바루쿠가 활짝 웃었다. 슈퍼까지 길이 멀어서 가다가 보니 뒤에 따라오던 조무래기들은 집이 멀어지니 돌아가 버리고 11살 먹은 오베디와 그 또래 아이 한 명이 따라왔다. 슈퍼에 가서 빵이 여러 개가 든 봉지 3개를 사니 그 집의 빵이 바닥이 난다. 물 두 병에 환타 한 병 더 넣고 '모두 얼마고?' 했더니 12,500실링이란다. 우리 논 3,500원인데 바루쿠가 그걸 담은 두 봉지를 자신이 든다. 동네 아이들에게 한 개씩 나눠주면 스무 명도 먹을 수 있을 것이다. 뒤따라가며 봉지를 보는 마음이 기뻐서 부자가 부럽지 않았다. 그래. 내 아무리 개털 여행자이지만 이만한 돈 한 번 못 쓸까? 눈앞에 어제 저녁 빵 하나 받아 들고 그걸 아껴가며 천천히 먹던 아이들이 어른거린다. 카메라를 들고 따라오던 오베디와 그 친구에게 먼저 하나씩을 주었다. 그랬더니 얘들이 역시 눈곱만큼 떼어서 입에 넣고는 맛있게 먹는다. 저게 정말 그렇게 맛이 있나 싶어 조금 떼어 맛을 봤더니 아무 맛도 없다. 닝닝하다. 좀 달게라도 만들지.

집으로 돌아오는 중에 앞장서 가던 오베디가 작은 아이 둘을 만났는데 오베디와 인사를 하기에 나는 비켜 지나가다 보니 그 아이들 손에 오베디가 먹던 빵이 조금씩 들려있었다. 오베디가 제가 먹던 빵을 아이들 손에 쥐여 준 것이었다. 참나 원. 온 동네 아이들 모두에게 줄 순 없지만 우짜노?

뽈소.

공원에서 처음 만난 코끼리의 우람한 덩치가 나를 들뜨게 했다.

불러 세워 빵을 나눠주고 오베디와 그 친구에게도 한 개씩 더 주었다. 그래
내일은 내가 수박파티를 한 번 열어주마. 내일은 퀸 엘리자베스 공원으로
야생동물들을 보러 가기로 일정이 잡혀 있다. 거기서 돌아오며 Buwera엔
수박 파는 곳이 있다하니 거기서 너희들이 맛이라도 볼 수 있게 수박을 사
다 주마. 아이들이 수박을 맛있게 먹는 것을 보는 생각만으로도 나는 행복
해졌다.

하루에
두끼

Nyabugando에서의 식사

간밤에 물고기 조림이 비린내가 많이 나 한 숟갈도 못 먹고 물렸었다. 결
국 밥에 소금을 뿌려 밥만 한 그릇을 먹었었다. 다음 날 아침 가져온 아침
식사 차림은 국수였다. 국수 한 그릇에 기름을 뿌려 가져 왔다. 음식을 앞
에다 놓고 좋다 싫다 할 수도 없어 비벼서 맛있게 먹고 바루쿠와 학교로 가
기 위해 길을 나섰는데 배가 살살 아파 오더니 결국 주저앉았다. 설사가 난
것이다. 여행 떠나고 처음이었다. 식은땀이 뻘뻘 흐르고…. 화장실에 갔다
온 뒤 운기조식을 좀 하고 바루쿠로부터 짓다 만 학교에 대한 현장 설명을
들었다.

바루쿠 처갓집에서 내게 만들어 주는 음식은 염소고기와 물고기 그리고
밥과 국수였다. 국수 한 그릇에 물고기 한 토막, 혹은 염소고기 세 토막에
밥 한 그릇 등이었다. 간이 맞지 않아서 매번 거기에다 소금을 뿌리고 고
춧가루를 뿌려 비벼서 먹었다. 소스도 없는 국수만 달랑 들고 오는데 어떡
하나? 고춧가루 뿌리고 소금 뿌려 먹었지. 내가 소금이라도 가지고 갔으니

다행이있다. 근네 밥을 해 올 때만은 밥의 양이 몇 인분이나 되는 것이다. 그걸 어떻게 다 먹나? 몇 번이나 반 이상 남겼는데도 양은 줄지 않았다. 그리고 다시 가져가는 것이다. 이들은 반찬 없이 밥을 많이 먹는 것이다.

퀸 엘리자베스 국립공원을 다녀 온 날 저녁엔 나는 드디어 화를 냈다.

"아니 바루쿠 지금 몇 시야? 아직도 밥이 안 됐어? 우리가 도착한 시간이 오후 6시야!"

배가 고파 참다 참다 고함을 질러버린 것이다. 밤 9시 40분이었다. 나는 바루쿠와 있을 때는 매번 내가 그의 식사를 챙겨줬다. 아무리 불을 때어서 만드는 저녁이라지만 달랑 밥이나 국수에 반찬 한 가지 가져오는 저녁이 너무 성의가 없다 싶어서 고함이 터진 것이다. 이날만이 아니었다. 드디어 밥이 와서 기가 팍 죽어 나의 눈치만 보는 바루쿠와 말없이 밥을 먹고 난 후 내가 물었다.

"여기 사람들이 하루 세 끼 밥을 다 먹나?"

짚이는 것이 있어서 물어 본 것이다. 아무리 봐도 식구들이 둘러앉아 밥을 먹는 것을 한 번도 못 봤기 때문이었다.

"아니요. 두 끼만 먹어요. 아프리카에는 아침밥을 안 먹어요."

물론 아프리카 전체가 먹는지 안 먹는지를 우간다에서만 살아온 바루쿠의 말만 듣고 믿을 수는 없다. 점심과 저녁만 먹는다는 것이었다. 많든 적든 나는 그들이 해준 세 끼 음식을 꼬박꼬박 챙겨 먹었다. 하루 두 끼만 먹는 아이들이 해주는 음식을 먹은 것이다. 모가지에 뭔가 켁 걸리는 느낌이었다. 나의 단점은 고함을 질러놓고는 뒷수습을 내가 하는 것이다. 그들로서는 최상의 손님인 내게 가져오는 식사가 그것뿐인데 그들이 먹는 것은 보지 않아도 뻔한 것일 것이다.

다음 날 나는 바루쿠를 따라 그의 어머니가 입원한 병원을 찾았다. 일흔인 어머니가 심장에 문제가 있단다. 그가 같이 가볼래요? 했을 때에 나는 흔쾌히 수락했다. 왜냐하면 그게 내 여행의 큰 부분이니까. 나는 그들의 일상생활을 따라가는 것이 좋았다. 병원은 집에서 3㎞쯤 떨어진 곳에 있었다. 그가 '오토바이를 타고 가실래요?' 하기에 거절하고 걸어가기로 한 것은 걸어가면서 더 많이 가질 수 있는 우간다를 내가 왜 피하겠나. 돌아올 때도 그는 '타고 갈래요?' 하고 또 묻기에 일언지하에 거절하고 걸었다. 바나나 숲 사이를 걷고 황톳길 부드러운 흙을 밟으며 새들이 지저귀는 정글의 자연 속으로 걸어가는 길은 행복한 일이다. 물론 바루쿠는 죽을 맛이었을 것이다. 하지만 그건 너의 의무다. 우간다의 오지에선 오토바이는 골목골목 다닐 수 있는 유일한 교통수단이었다. 캄팔라 시내에도 무수한 오토바이들이 손님을 기다리다 뒤에 싣고 달리는 것이다. 사람만 싣는 것도 아니다. 큰 짐도 싣고 한 명만 태우는 것이 아니라 세 명도 태우고 다니는 교통수단이었다. 외국인들도 결국은 이 교통수단을 이용하지 않을 수 없다. 백인 뚱보여성을 뒤에 태우고 달리는 바짝 마른 흑인을 보면 묘한 기분이 들었다.

　부웨라에서 가장 큰 병원에 입원한 그의 어머니 병상에 갔을 때 바짝 마른 할머니가 일어나 나를 반겼다. 20명쯤 입원해 있는 병실이었다. 바닥에 침상에 사람들이 누워 있었지만 낮인데도 불이 없어서 어두워 사람 얼굴이 보이지 않았다. 나는 목례만 하고 밖으로 나와 문병객들과 환자 보호자들이 모여 수다를 떠는 곳 옆에 자리를 잡고 앉았다. 모든 사람들의 시선이 내게로 쏠렸지만 보거 말거 나는 내 할일을 했다. 흑인들, 그들이 말하는 블랙피플은 과연 대부분 못 생겼다. 여자들도 곱슬머리들은 머리칼을 기르지 못해 남자처럼 짧게 하고 다니는 사람들이 대부분이었다. 그중에서도 코가 살짝 들리고 입이 약간 튀어 나오면 영락없이 침팬지처럼 보인다. 백인의 침략을 받아 그들에 눌려 지내면서 생긴 용모에 대한 열등의식도 그들의 정신이나 생활에 많은 영향을 끼쳤을 것이다. 체격도 지금의 우리나라와 비교하면 전체적으로 작다. 밥이 부실한데 체격이 어찌 클 수가 있나. 근데 정말로 못 생겼는가? 내가 관찰한 바로는 '아니다'였다. 여기서 '아니다'는 우리와 같다는 말이다. 우리와 다를 바가 없었다. 가령에 내 친구 누구를, 혹은 내가 아는 여자 누구의 얼굴을 가져와 거기에다 검은 피부를 입히면 바로 저 얼굴이 나오는 것이었다. 불평등이 검은색에서 나온 것이다. 아프리카가 사람을 검게 만들었고 한때 백인들은 이들을 짐승과 마찬가지 취급을 했었다. 하지만 내가 만나본 그들은 바로 우리나라 어디에 있는 이웃집 사람들과 다를 것이 없었다. 오직 피부색만 다를 뿐이었다. 색의 고전이 검은색이라는데.

병원은 마침 점심시간이라 아주머니들이 집에서 싸가지고 온 음식들을 내어놓고 먹으며 수다가 늘어진다. 나는 옆에 앉아 있던 학생에게 물었다.

"저게 고구마야?"

"네."

"맛 좀 볼 수 있어?"

"넵."

크게 달지는 않았다. 여긴 열대지만 과일이 귀했다. 오베카도와 바나나, 토마토와 수박 정도인데 수박은 동네의 큰 시장으로 나가야 살 수 있었다. 바루쿠는 약 한 시간 반 정도 어머니의 병실에 머물렀다. 나는 나올 때 약간의 부조금을 건넸다. 나는 한국 사람이니까.

"어머니를 위해 써요."

바루쿠의 여동생이 보호자로서 어머니를 돌보고 있었다. 돌아오는 길에 나는 바루쿠에게 말했다.

"정육점이 이 근처에 있나? 염소고기를 좀 사고 싶어. 나도 먹고 당신 가족들도 먹게."

바루쿠의 처가에서 해준 음식 중에 염소고기는 맛있었다. 그러나 고기

정육점. 크린 정육점이다.　　　　　　과일의 왕이라는 두리안.

는 아마 나와 바루쿠만 먹었을 것이다. 염소고기 3kg(27,000실링 우리 돈 9,000원 정도)을 샀다. 3kg을 사자는 내 말에 바루쿠가 놀란다. 고기를 사면서 내가 바루쿠에게 말했다.

"정육점 사진 한 장 찍어도 돼?"

바루쿠가 그럼요 한다. 갑의 위치에 있을 때는 괜찮다는 말이다.

어제는 퀸 엘리자베스 공원에 갔다 오면서 수박 10덩이를 샀었다. 26,000실링(9,000원 정도). 한 개는 종일 나를 데리고 불평 없이 퀸 엘리자베스 공원에서 야생 동물을 찾아 돌아다닌 운전기사에게 주고 바루쿠의 가족들에게도 한 덩이 따로 주고, 나도 한 덩이 먹고 나머지는 '동네 아이들에게 나누어 줍시다.' 그렇게 약정을 했는데 가만히 보니 바루쿠가 내가 없는 사이에 수박 두 덩이를 처가로 빼돌리다가 내게 들켰다. 물론 나는 그 순간 못 본 척 했다. 저 친구를 부패 혐의로 입건을 해? 하다가 아무 말도 하지 않았다. 한 덩이가 식구 수에 비해 적었구나. 한 덩이 더 줄 걸. 바루쿠에게 수박을 좀 나누지? 했더니 겨우 한 덩이를 쪼개서 동네 아이들에게 준다. 그러면서 남은 것을 자기 와이프에게도 하나 주겠단다. 여기서 400km 떨어진 캄팔라에 있는 아내에게 가져가 주겠다는 말에 나는 거절도 못 했다. 저 수박 두 덩이를 들고 캄팔라까지. 나는 그가 잠깐 나간 사이에 두

수박을 먹기 위해 아이들이 모여들었다.

덩이를 놔두고 다 쪼개 버렸다.

"얘들아, 이리 와서 이것 먹어."

그들은 내가 여기 와서 지내는 며칠 동안 나를 친절히 반겨준 동네 아이들이었다. 신기한 것은 내가 창고 탁자 위에서 컴 작업을 하는 몇 시간 동안 아이들은 숨소리도 크게 내지 않고 눈 한 번 떼지 않고 그걸 보며 서 있는 것이었다. 도대체 너희들이 한글을 아는 것도 아니고 동영상도 아니고 지루하지도 않니? 컴퓨터가 너희들에게는 신기한 물건이구나.

오베디는 조용한 아이였다. 바루쿠가 수박을 아이들에게 나눠주는 동안 열외에 앉아서 이를 바라만 보고 있는 친구에게 가더니 망설이는 아이를 데리고 오는 것이었다. 안 먹고 있는 아이가 마음에 걸렸던 것이다. 아이들도 먼저 받으려고 손을 내밀거나 안 받았다고 앙탈을 하지도 않았다. 주면 공손히 받아서 조용히 먹는 것이었다. 그게 내 마음을 더 짠하게 했다. 아껴가면서. 나는 며칠 동안 이들이 낮 시간 동안 놀면서 간식을 먹는 아이를 보지 못했다. 뭐든지 먹이고 싶었다.

바루쿠는 심성이 부드러운 사람이었다. 그는 또 기가 약한 사람이기도 했다. 내가 조금 안 좋은 기색을 보이면 그는 쩔쩔맸다. '예스 플리스, 예스 플리스'라는 그의 말도 듣기 싫었다. 그의 몇 가지 부분이 한 번씩 사람을 열 받게 했지만, 아시아 변방에서 온 나와 만리나 떨어진 아프리카에 사는 그가 궁합이 척척 맞기를 바라는 것은 무리다.

여유로운 한때

나는 낮 시간 할일이 없을 때는 집 밖의 의자에 조용히 앉아 있었다. 그럼 새들이 지저귀고 하늘에는 구름이 수시로 그림을 바꾼다. 그리 덥지도 않았다. 할일도 없으면서 분주하게 살아 온 내게 이런 시간들이 이렇게 행복할 줄은 정말 예전엔 미처 몰랐었다. 시간을 더듬어 본다는 것. 흘러가는 시간을 만져보는 기쁨. 그 속에서 모두가 흘러가고, 흘러가는 그 시간 속에 내가 이렇게 존재하고 있구나 하는 것을 느껴보는 순간은 특별한 것이었다. 그러고 있으면 곧 아이들이 몰려와서 내 옆자리에 조용히 앉아 있거나 내 앞에 둘러앉아 나를 쳐다보는 것이었다. 맞아, 아이들에게 가난은 아무 것도 아니구나. 부모님만 있다면 만족한 세상이 아이들의 세상이다.

앞집에 사는 열서너 살 먹은 여자아이는 종일 동생을 업고 다녔다. 동생은 한시도 언니의 등에서 떨어지지 않았다. 그게 기특해서 물었다.

"얘, 너는 힘들지 않니?"

절대 힘들지 않단다. 저녁이면 별들이 하늘에서 쏟아졌다. 수많은 별들을 이렇게 가까이서 본 것이 얼마만이냐 대체. 저녁이 되면 전기가 없는 동네는 그야말로 깜깜했다. 그 속에서도 아이들은 재잘거리며 잘 놀았다. 어두운 밤길도 아이들은 더듬지도 않고 잘만 다녔다. 어둠 속에서 퍼지는 말들. 아이들의 귀여운 목소리 아아, 도대체 무엇이 우리를 괴롭게 하는가?

기부에 대한 갈망

바루쿠가 나를 데리고 학교를 보여주는 이유를 왜 내가 모르겠는가. 캄

팔라로 출발하기 전날 바루쿠의 장인이 나를 찾았다. 그 전엔 그의 처남이
또 나를 찾았었다. 장인은 내게 염소고기와 수박에 대해 고맙다는 인사를
전했다. 그러면서 그는 학교에 대해 이런저런 말을 바루쿠를 통해 전해왔
다. 벽돌과 지붕까지 쌓아 놓은 학교에 돈이 없어 공사를 못하고 있다. 창
문도 달아야 하고 바닥에 시멘트도 쳐야 한단다. 내가 말했다.

"나도 학교를 위해 기부를 했으면 좋겠지만 알다시피 나는 여행 중입니
다. 돌아가서 생각해 보겠습니다."

물론 새빨간 거짓말이다. 말하기 쪽 팔리지만 돌아가면 당장 내 입부터
걱정을 해야 하는 처지인 것을 어떻게 이들에게 설명을 할 수 있겠나. 물론
인생은 모른다. 홍콩에서 배가 들어온다면 나도 생각해 볼 여지가 있겠지
만 말이다. 하지만 그런 헛소리를 이제는 못하는 나이다. 그러나 그가 하는
말이 말짱 도로묵이 되는 것은 아니다. 내가 여행 중에서 지껄인 말들이 누
군가에 의해서 실천이 될 수도 있는 것이니까.

퀸 엘리자베스 내셔널 파크의 동물들

퀸 엘리자베스 공원을 가기 위해 맞춰 놓은 택시가 왔다. 도요타 코로나
새 차였다. 하루 렌트 비용은 운전기사 포함 30US달러였다. 엔테베 공항에
서 40㎞ 거리에 있는 유스호스텔로 오는 한 시간도 안 되는 거리에 40달러
를 줬으니 엄청 바가지를 쓴 것이다. 이는 내가 호스텔 월드와 바루쿠가 보
낸 문자를 이유 없이 신뢰했기에 그 보답으로 돌아 온 '바가지' 였던 것이
다.

퀸 엘레자베스 공원은 '죠지 레이크'와 '에드워드 레이크'를 양 옆으로
끼고 있다. 입장료는 40달러. 보트를 타고 에드워드 레이크를 따라 2시간
을 관람하는 데 뱃삯은 30달러였다. 그 외 차 입장료와 가이드 입장료가 몇
달러 더 붙었다. 돈은 그렇고. 하지만 자전거는 입장 불가였다. 사나운 개

호수로 나가는
어부.

코원숭이들이 놀고 집채만한 코끼리가 아기 코끼리들을 데리고 먹이를 먹고 있는 곳을 지나간다는 것은 위험한 일일 것이다. 결정적인 것은 자전거가 들어갈 수 있다고 하더라도 그 넓은 공원 어디에서 야생동물들을 찾아낼 수 있을 것인가. 퀸에 들어가서 자동차로 야생동물들을 찾아 헤매다가 처음 만난 동물은 가젤이었다. 순한 눈망울을 가진 겁 많은 동물이었다.

하지만 '동물의 왕국'과 같은 영국 BBC 다큐멘터리의 웬만한 프로그램은 모두 섭렵한 내 눈에 그런 것이 큰 감동으로 다가올 리가 없었다. 몇 시간을 그렇게 돌아다니다가 숲속에서 먹이를 먹고 있는 코끼리 가족을 만났을 때에야 나는 그 우람한 덩치에 비로소 감동했다. 아기 코끼리의 귀여운 모습도 그렇고 아기 코끼리를 중앙에 두고 보호하며 가고 있는 코끼리들의 가족애도 뭉클하게 다가왔다. 뻔뻔스럽게도 사람을 우습게 아는 개코원숭이 가족들을 만났을 때는 겁이 나서 창문도 올려야 했다. 배는 에드워드 레이크에서 출발해 천천히 호숫가를 두 시간에 걸쳐 돌면서 호수 주변에 서식하는 동물들을 관찰하는 것이었다. 버팔로, 하마, 코끼리, 독수리, 워터

박스 등이 떼를 지어 몰려서 물을 마시고 혹은 수영을 하고 있었다. 호숫가에 사는 우간다 어부들이 노를 저어 출어를 하는 모습도 색다른 것이었다. 두 명이 한 조를 구성해 그물을 싣고 노를 저어 고기를 잡으러 호수 중앙으로 가는 것이었다. 관람선의 승객은 흑인 한 가족과 서양인 열 명쯤과 동양인인 나 한 사람이었다. 퀸 엘리자베스 공원은 서식처를 인간에게 빼앗겨 버린 동물들이 그나마 생명을 유지해 가고 있는 곳이었다. 근데 우간다는 왜 아직도 에드워드니 죠지니 하는 식민시대의 지배자들 이름들을 사용하고 있을까?

캄팔라의 인터넷 사정

캄팔라로 돌아 온 다음 날 아침 나는 자전거를 조립해서 인터넷 카페로 갔다. 아예 몇 시간을 보낼 작정으로 갔지만 이날의 인터넷 사정은 더욱 나빠서 문자 외에는 아무것도 보낼 수 없었고 검색도 되지 않았다. 겨우 몇 사람의 문자만 확인하고 답장을 보냈을 뿐이었다. 블로그를 올리려고 사진

짐을 장착하고 나면
자전거를 세울 수
있는 곳이 한정된다.

을 올리다가 한 장도 올리지 못하고 포기해야 했다. 페북에 온 인사에 답장
도 못했다. 당분간 아프리카에선 그럴 것이다. 카메라를 도둑맞아 사진을
올리는 데도 많은 문제점이 나왔다. DSLR에서 컴퓨터로 받아서 올리려면
몇 단계를 거쳐야하기 때문이었다. 그 작업을 여기 인터넷으로 한다는 것
은 끔찍한 형벌이 될 것이다. 내일 새벽 나는 캄팔라를 출발해 케냐의 나이
로비로 간다. 전과는 달리 아침 일찍 출발하는 이유는 낮의 더위를 피해 조
금 선선할 때 달리려는 것이다. 나이로비까지는 700㎞가량이다. 그간에 익
혀놓고 느낀 아프리카에 대한 나의 감각이 맞아 나갈지는 나도 모른다. 그
냥 달려가면서 아프리카를 볼 것이다.

자전거로도 지구는 좁다

2016년
6월

캄팔라	마비라 포레스트	진자	국경 말라바	케냐 키수무
●	●	●	●	●

케리초	나쿠루	나이바사	나이로비	마사이마라
●	●	●	●	●

06.02. 목요일 조무래기 **청년**의 **시비**를 받다

어제 저녁, 나는 그날 아침에 사다 놓은 염소고기 1.5kg 조리에 들어갔었다. 염소고기를 삶아서 자전거에 싣고 다니려고 한 것이다. 근데 고기가 많아 한 번에 다 삶지를 못하고 나누어 삶다가 전자자가 고장이 나버렸다. 전자자는 중국 시안에서 택배로 받은 내게는 정말 귀중한 물건이었다. 다행인 것은 그나마 삶던 것은 충분히 삶아지고 난 뒤였다. 전자자를 어쩔 수없이 버려야 했다. 고칠 곳이 없으니 짐만 될 뿐이다. 아침에 호스텔을 나올 때 아침마다 내게 식사를 가져다 준 젊은 직원을 불러 바루쿠에 주라고 했더니 자기가 쓰겠단다. 기어코 자기를 달란다. 그래 그대가 가지게. 내가지금 떠나면 그대의 맘에 따라 주인이 바뀔 것인데 내가 지금 하는 말이 무슨 소용이 있겠나. 큰 고장은 아니다. 하지만 나는 버릴 수밖엔 없다. 안녕전자자여.

새벽 6시 20분에 나와 짐을 옮겨 자전거에 장착을 하고 출발을 했다. 호스텔을 나오면 바로 오르막이고 카메라를 도둑맞은 시내 중심가의 그 복잡한 길을 지나 도시를 빠져나가야 했다. 코스는 말라바를 버리고 Busia로 정했다. 우간다와 케냐 국경엔 두 군데의 검문소가 있는데 부시아는 그중 하나다. 말라바로 가기로 하다가 부시아로 변경한 것은 말라바로 가면 큰 산을 넘어야 한다기에 바꾼 것이다. 케냐의 나이로비까지는 대략 700km의 여정이 될 것이다. 출발해서 시내 중심가를 지나갈 때에는 벌써 온몸은 푸욱젖었고 그 시간에도 거긴 복잡하기 이를 데가 없었다. 시내를 빠져나가는것을 넉넉잡아 15km 정도로 잡았는데 20km를 달렸는데도 아직도 도시 같다. 도무지 언제쯤 시골길이 나오나? 우간다의 도시 형태로 봐서 그런 길은 없는 게 아닐까 하는 불안한 마음이 들었다.

3시간 30분을 달렸는데도 겨우 20㎞다. 길이 내리막 오르막의 반복이었다. 몸도 잔뜩 지쳐 길가 적당한 곳을 찾아 그늘에 쉬고 있는데 청년 둘이 내게로 다가왔다. 손을 내민다. 악수를 하자는 건데 앉아 있는 내게 뻣뻣하게 서서 눈길을 내리깔며 알아듣지도 못할 말을 내뱉는 것이다. 물론 나는 일어서지 않았다. 왜냐하면 상대가 기 싸움을 걸어온 것이기 때문이다. 20살쯤 되었나? 그리고 몇 마디 하고 골목 안으로 들어가더니 조금 있다 다시 나왔다. 한눈에 불량기가 줄줄 흐르는 녀석이었다. 그러더니 내 앞에 떡 버티고 서서 두 손가락을 입에 댔다가 손가락을 내 코앞에 내밀며 담배 하나 달란다. 담배를 줬다. 물론 나는 다리가 아파 앉아 있었다. 주면서 내가 피식 웃으며 말했다. "허! 이 녀석 봐라. 어른한테 건방지게…." 물론 한국말이다. 이 친구도 말의 뜻은 모르지만 별로 좋은 말이 아니다. 라는 것을 느끼라고 한 말이다. 이놈아!! 내가 너희 같은 떨거지들이 무서웠으면 여행을 나서지를 않았다. 그 옆에 선 친구는 실실 웃다가도 불안한 눈빛을 보내며 우리가 하는 모양을 보고 있다. 녀석이 다시 담배 내민 손은 내 코앞에 두고 다른 손으로 라이터 켜는 시늉을 하며 불을 달란다. 라이터를 꺼내 녀석의 담배에 불을 갖다 댔다. 녀석은 고개를 숙여 입으로 빨지도 않았다. 그러거나 말거나 나는 잠깐 있다가 라이터를 거둬들였다. 녀석이 담배를 입으로 가져간다. 그러면서 저만치 가던 녀석이 다시 돌아와 불을 달란다. 불이 붙지 않았기 때문이었다. 나는 다시 움직이지 않고 불만 켰다.

　"고개 숙여 빨아라! 이 놈아."

　녀석이 그제야 고개를 숙여 담뱃불을 붙인다. 물론 어떤 분들은 이런 나의 행동을 스스로 위험을 자초하는 것으로 생각할 수 있다. 하지만 나의 생각은 다르다. 순순히 받아주면서 기에서 눌리면 다시 무슨 요구가 나올지 모르기 때문이었다. 자신에게 만만하게 넘어갈 사람이 아니구나 하는 것을 알게 해주는 것이다. 드잡이질이 나오면 어떡하느냐고? 그때는 할 수 없는 거다. 붙는 거다.

한 번도 걱정해 본 일이 없는 일이, 처음으로 벌어진 것이다. 사람들이
많이 모인 곳을 지나가다 보면 별별 말이 다 나온다. 하이 차이니스, 하우
아 유, 아니면 재팬 어쩌고. 오라고 손짓을 하던가 한다. 욕을 하는 사람도
있다. 그러면 나는 웃거나 더 큰 소리로 말하거나 하면서 천천히 지나간다.
집단으로 모여 욕을 하는 이들은 집단에 숨은 약한 개인이다. 그래도 더이
상의 시비는 없었다. 집단 전체를 건드리지 않으면 된다.

민가에 머무는 행운(?)을 잡다

37㎞ 지점을 지나가는데 소나기가 쏟아졌다. 그대로 맞으며 갈 수는 없
었다. 길거리에 바나나 파는 가게가 몇 개 서 있는 곳에 차를 세웠다. 배도
고팠다. 오후 1시였다. 출발한 지 7시간이 지났다. 아침에 염소고기 세 토
막과 빵 한 조각을 먹었고 나머지 삶지 못한 생고기는 전자자에 넣어서 직
원에게 줘버렸다. 마침 차를 세우고 길 약간 아래쪽에 있는 가게를 내려다
보니 할머니 한 분이 오라고 손짓하며 자기가 앉아 있던 의자 위의 물건들
을 치우며 자전거를 세우라고 손짓을 했다. 나는 그게 당장에 마음에 들어
차를 끌고 내려갔다. 일단 자신이 하던 장사보다는 비를 맞으며 가는 사람
에게 먼저 피할 자리를 제공하는 것이다. 자전거를 옆집 가게 안으로 밀어
넣어 놓고 바나나 한 덩이를 샀다. 아이들이 외국인을 보자 우르르 몰려들
었다. 바나나 두 개 먹고 나머지는 아이들 먹으라고 주고 처마가 없어 나무
아래 앉았다. 계속 비가 내렸다. 어떡하나? 비는 곧 그칠 것이다. 근데 나는
이곳이 좋아진 것이다. 오늘은 여기에서 자야겠다는 생각을 했다. 이 집에
서 자도록 해보자. 할머니와 협상에 들어갔다.

"나 오늘 여기서 자면 안 될까요? 몸도 고단하고 비도 오고…."

할머니는 자신은 영어를 못한다면서 딸을 데려왔다. 그리하여 이 집에서

아이들은 어딜가나 거리낌 없이 맞이해 준다.

일단 옆 줄의 가게에 비를 피해 자전거를 넣고.
이날 오후 내내 3가게가 우리 돈 30원어치를
팔았다.

자게 되었다. 지금 자기가 사용하는 이 가게에 자라는 것이다. 기다란 의자 위에. 그래요? 좋아요. 돈은 10,000실링(3,000원)을 달란다. 내가 들은 정보에 의하면 이 돈은 게스트하우스 비용이다. 하지만 게스트하우스라고 여기보다 더 좋은 건 없다. 비는 곧 그쳤다. 남은 시간 더 달릴 수 있는데 하는 아까운 생각이 들었지만 달리기만 하면 여행인가? 나는 곧 아이들과 어울렸다. 아이들의 질문도 받아주고 사진도 찍어주며 노는데 옆집 바나나 가게 아가씨들이 나를 부르더니 자기들도 찍어 달란다. 20대 초반으로 보이는 아름다운 아가씨 둘이었다. 사진을 찍어주고 나와서 화단에 앉아 아이들과 이야기를 나눈다. 하늘은 금세 맑아져서 구름의 꽃을 피운다. 할머니에게 밥도 부탁을 했다.

"밥만 한 그릇 해 줄 수 있어요?"

"좋아요."

근데 움직임이 없다. 한참을 지나 '밥하고 있어요?' 라고 물었더니 재료를 살 돈이 없단다. 3,000실링(900원)짜리 밥을 하며 그 재료를 살 돈이 없단다. 아차 싶어서 방값과 밥값 13,000실링을 먼저 지불했다. 할머니의 얼굴이 확 펴진다.

'꽃을 사세요.' 가난과 매춘

화단에 앉아 아이들과 놀고 있는데 아가씨들이 자기들과도 사진 한 장 찍잔다. 그러면서 자기들 폰을 꺼낸다. 응? 폰이 있었어? 두 아가씨와 각각 사진을 찍어주고 그 가게에서 나와 다시 화단 울타리에 걸터앉아 놀고 있는데 한 아이가 뛰어와 아가씨들이 나를 좀 보잔다는 연락을 했다. 그래 하고 잠시 뒤에 갔더니 내게 물었다.

"오늘 어디서 잘 거냐?"

여기서 잘 건데 왜? 이 아가씨 중 하나는 내가 자는 옆집에 사는 사람이지만 집은 같은 집이고 방은 붙어 있었다. 둘 중 한 아가씨가 내게 말했다.

"이 아가씨가 오늘 저녁 같이 자고 싶대요."

켁, 그건 안 돼. 라면서 나는 순간적으로 일어섰다. 내가 잘못 들었나? 바나나 가게 아가씨가? 이는 대체 무슨 말이야? 거길 물러 나와 생각한다. 딸내미보다 어린아이다. 아프리카의 성은 이렇게 개방적인가? 그래, 숙량흘이 나이 얼마에 공자님을 낳았나? 하하하, 하루 저녁 인연으로 공자님이 나올지 누가 아나? 하지만 아무래도 이상해. 젊은 아가씨는 나와 눈이 마주치면 야릇한 미소를 짓고는 했었다. 쯧쯧.

할머니가 해준 밥과 염소고기를 비닐에서 꺼내어 바나나 가게에 앉아 혼자 먹었다. 밥은 많아서 반은 남겨 비닐에 싸서 도로 넣었다. 내일까지 상하지 않으면 먹고 상하면 버리면 된다. 그러고 있는데 할머니의 딸이 오더니 말했다.

"우리 집 방 침대에서 자세요."

방을 구경시키는데 어두워서 보이지를 않았지만 이들이 사는 집에서 하룻밤 잘 수 있다는 것에 나는 기분이 좋아져서 킬킬 웃으며 고맙다고 인사를 했다.

방은 평 반 정도의 공간에 나무 침상 하나, 조그마한 가구 하나, 찌그러진 양은 밥그릇 몇 개. 그리고 한곳에 모아 놓은 옷가지 몇 개. 구멍이 군데 군데 뚫린 양철지붕이다. 벽과 지붕 사이는 마무리가 없어 공간이 휑하고 거미줄에 바닥은 흙바닥이었다. 벽도 외벽과 마찬가지로 다 떨어진 흙벽이 다. 이들의 가난한 현실이다. 전기는 들어와 있으나 등을 살 돈이 없어 내 게 등을 하나 사란다.

"나는 상관없어요. 괜찮아."

바나나 가게에 있던 자전거를 방 안에 겨우 들여놓고 침낭을 꺼내 침대 위에 폈다. 냄새가 고약했지만 그건 각오한 바다. 근데 그때부터 할머니와 딸이 번갈아 드나든다. 부스럭부스럭. 이 방은 내가 오늘 저녁 주인인데. 뭐라 할 수도 없었다. 저녁쯤에는 46살이라는 이 집 아들이 와서 나와 통성 명을 하고 모기장을 가져와서 쳐준다.

"저널리스트예요?"

어쩔까 할 새도 없이 그렇다고 했다. 그러다 잠이 들어서 자고 있는데 누 가 깨웠다. 시계를 보니 밤10시 20분이다. 흐릿한 램프 불을 등지고 남자 한 사람이 서서 뭐라고 말을 한다.

"여기 좋은 여자 있어. 나가서 같이 자라."

할머니는 벽에 기대어 우리의 수작을 보고 있었다. 그제야 낮에 같이 자 자는 여자가 한 말이 무슨 말인지 의문이 풀렸다. 말 그대로 였어? 여기 나 가서 게스트하우스에 가서 자면 돼. 싫어, 싫어요? 왜 안 가려고 해? 아가 씨가 기다리는데, 예쁜 아가씨야. 돈이 없어? 남자는 가기 싫다고 거부하 는 나를 이해 못하겠다는 듯이 고개를 갸웃거렸다. 그는 여행하는 사람이 돈이 없으면 죽음인데. 말이나 돼? 하면서 믿지 않는다면서 끈질기게 권했 다. 그래, 돈 없다. 제발 관심 없으니 나가줘. 나는 누구를 향한 것인지 모를 분노가 폭발해서 고함을 질렀다. 싫어 이놈아. 이 집 할머니는 그냥 벽에 기대어 앉아 이 상황을 지켜보고 있었다. 벽 하나 사이에 둔 옆집 아이다.

옆방에선 이 말들이 들릴 것이다. 왜냐하면 벽을 사이에 두고 할머니가 옆방과 이야기를 나누는 것을 들었기 때문이었다. 남자가 그 아가씨의 가족인지는 확실하지 않다. 잔인하게 내가 그걸 물을 수 있겠는가? 하지만 누구든 온 동네가 매춘을 묵인하며 권장하고 있는 것이다. 밥 앞에서 매춘이 무슨 빌어먹을 못된 짓인가. 배고픔 앞에 죄는 없다지만 치근대던 남자가 가고 나니 할머니가 돗자리를 가져와 흙바닥에 편다.

"나는 여기서 잘 거야."

엥, 할머니 여긴 내 방인데 하려다가 그만두었다. 이건 틀림없이 할머니 방이고 할머니는 내게 방을 내주고 잘 곳이 없는 것이다. 그러더니 담요를 달란다. 신경질이 났으나 담요가 없으면 새벽은 추위를 견디기가 힘들다. 할머니가 그걸 어떻게 견뎌? 어둠 속에서 꼼지락거려 깔려 있던 담요를 내어줬다.

"걱정 말아요. 아무 걱정 말아요."

할머니가 말했다. 자신이 들어와서 자니까 걱정하지 말라는 말이다. 어째 이상해!!!!

케냐 나이로비로

가난은 정말 무서운 것이구나. 그들은 오늘 굶어야 하는 것은 아닐까? 나는 주제넘은 걱정을 하다가 날이 새기도 전에 짐을 쌌다. 담요를 푹 뒤집어쓰고 흙바닥 위에서 자고 있던 할머니에게 잘 있으라는 말을 남기고 잔차를 끌고 밖으로 나오니 그사이 이 집 할머니의 손녀가 마당에 있다. 내게 많은 관심을 보이던 영리한 열 살 남짓 되어 보이던 아이다. 아이가 인사를 하고는 내게 가까이 오더니 배가 고프다면서 먹을 것이나 돈을 좀 줄 수 있느냐고 조용히 물었다. 그래? 기다려봐. 나는 자전거 세팅을 다하고 빵 한 개를 끄집어내어 주니 아이 얼굴이 확 펴진다. 근데 금방 아이가 셋이 더

늘있다. 뺑은 없고 어제 이 집 할머니의 소개로 폰 충전을 하러 들어간 가게에서 삶아달라고 한 달걀 10개 4,000실링(1,300원) 중에서 5개를 꺼내어 아이들에게 쥐여 줬다.

페달을 밟는다. 날은 그리 더운 편이 아니지만 길은 여전히 파도타기다. 가다가 바나나 가게가 나오기에 들어가 바나나와 고구마를 샀다. 식량이다. 마침 주머니에 동전이 있기에 이만큼 달라 했더니 양이 제법 많다. 우간다의 동전에는 금액이 아라비아 숫자로 적혀 있지 않아 얼마 짜리인지 나는 모른다. 아직 이른 아침이라 아이 하나가 저쪽 집 아래서 눈을 비비며 서 있기에 음식을 주려고 부르니 부끄러워 근처까지 와 놓고도 내게 다가서지 못한다. 할 수 없이 이 모습을 보고 웃고 있는 바나나 가게 주인 아주머니에게 이걸 주라면서 한 봉지를 통째로 주고 나는 또 페달을 밟는다.

다음 가게에선 우선 1.5L짜리 물 3병과 어린애 주먹만 한 사과 3알을 샀다. 9,000실링. 이 친구는 내게 13,000실링을 불렀다가 내가 사과를 내려놓자 금방 가격을 깎았다. 전날 같으면 던지고 나왔을 것을 나는 강권하는 듯한 그의 절실한 눈을 보고 돈을 지불했다. 그는 그래도 가게가 번듯한(?) 이 동네의 부자다. 바나나를 파는 가난한 가게의 사람들은 누구도 바가지를 들지는 않았었다. 아직도 나는 물값을 모른다. 그걸 알아본다는 것이 왠지 이 나라에선 죄를 짓는 기분이 들어서다.

다시 페달을 밟았다. 동네를 지나면 잠깐 시골길이 되다가 금방 다른 동네가 나타나고 그 길은 온갖 오물과 사람들로 넘쳐났다. 제일 많이 보이는 풍경이 택시 역할을 하는 오토바이들이다. 이들은 한 곳에 차를 대 놓고 있다가 내가 지나가면 그중 꼭 한 사람은 폭력적인 말을 했다. 나는 대부분 그냥 못 들은 척 지나가다가도 어떨 때는 한 번씩 대거리를 했다.

가난, 가난

또 가다가 보니 언덕 위에 한 청년이 사탕수수 나무를 씹으며 서 있다가 웃음을 건넨다. 나도 다리가 아파 그 자리에 멈췄다. 빈 플라스틱 물병을 줍는 청년이었다. 길옆에는 계량하면 100kg은 넘을 듯한 물병이 큰 포대에 담겨있다. 외진 길을 다니며 주워 놓은 것이다.

"사탕수수야? 맛이나 좀 봅시다."

그가 반색을 하며 한 뼘 정도 나무를 잘라서 준다. 사탕수수 나무의 즙은 정말 달다.

"이걸 주워서 얼마에 파는 거야?"

"kg당, 200실링."

그럼 대체 얼마야? 60원? 내가 간다며 일어서려 하니 청년이 부끄럼을 타며 조용히 말했다. "나 지금 배가 고픈데 1,000실링 줄 수 있어요?" 줄게. 나도 한동안 돈 없고, 돈 나올 구멍도 보이지 않던 암울한때에 농활을 갔다 오다가 동행했던 사람이 휴게소에 들어가서 이것저것 손쉽게 사는 것을 보고 처음으로 돈이 서럽다는 것을 체험한때가 있었지. 아직도 그때가 가끔씩 생각이 나지. 1,000실링(300원)을 주고 길을 나선다. 돈도 없고 일자리도, 먹을 것도 없어요. 청년의 말이 자꾸 귀에서 맴돌았다. 다시 또 가다 보니 숲속 정거장이 나오고 거기에는 사람들이 빼곡이 서있다. 손에 들린 것은 먹거리였다. 치킨, 바나나, 빵 등등. 그 숫자가 몇 백 명은 족히 되어 보인다. 전부 젊은이와 소녀들이었다. 근데 서 있는 차들은 겨우 봉고 서너대. 마침 그때 택시(봉고)가 한 대 들어오니 일제히 택시를 따라 이들이 택시 양옆으로 뛰어가는 것이다. 택시는 아직 서지도 않았고 사람들이 손에 손에 팔 것을 들고 그 택시가 설 때까지 양옆에서 뛰어가는 것이었다. 손에 든 물건을 팔기 위한 경쟁인 것이다. 저러다 사고 나겠다 싶을 정도로 필사적이었다. 너무나 기가 차고 어이가 없어 나는 그 자리를 빨리 빠져나왔다. 뭔가 슬슬 가슴에 지밀어 올라오는 무엇이 나를 답답하게 했다.

할머니와의 식사

Mabira Forest라고 쓰인 숲을 지난다. 정글이 이런 것이군. 요즘 나는 길을 가다가 때때로 이곳에 내가 잘 곳이 있을까 하고 계산해 보는 버릇이 생겼다. 그 길도 다 끝나갈 무렵 오르막을 힘들여 올라가고 있는데 저 멀리 오르막을 오르는 머리에 무엇을 인 한 여자가 아주 천천히 다리를 절룩거리며 오르는 모습이 눈에 들어왔다. 맨발이었다. 그녀의 발걸음은 아주 천천히 일정한 리듬으로 올라가고 있지만 저런 발걸음의 내공을 나는 안다. 중단하지 않고 걸으면 지구 한 바퀴를 돌아 이 자리에 설 수 있는 깊은 내공을 가진 발걸음이다. 근데 그럼에도 불구하고 그 걸음엔 피곤과 인내가 치열한 싸움을 벌이고 있는 것이 눈에 보였다. 나는 그 할머니 곁을 지나 고개 정상에 서서 자전거에서 음식 보따리를 내놓고 할머니가 올라오기를 기다렸다.

천천히 아주 규칙적으로 할머니가 발걸음을 옮기며 올라왔다. 그 걸음은 마치 세상의 모든 것들에 대한 거부와 수용을 동시에 가지고 있는 저승의 긴 터널 속 같은 어둠을 포함하는 것 같았다. 이름을 알 수 없는 뜨거운 분노가 치밀어 올라서 나는 울었다. 할머니가 가까이 오자 나는 뭐 좀 먹고 가라는 시늉을 했다. 할머니는 바로 알아차리고 희미한 웃음을 흘렸다. 머리에 진 짐을 받아 내리고 우리는 길가에 퍼질러 앉았다. 우선 할머니에게 물을 건넸다. 할머니가 땀을 훔치며 물병을 입에 대고 마신다. 물을 다 마신 걸 보고 빵을 건넸다. 할머니가 아무 말 없이 빵을 받아먹는다. 할머니는 빵을 다 먹고 겨우 입을 떼서 '쌩큐'라는 말을 뱉었다. 목소리는 갈라져 있었고 깊은 피로가 묻어 있었다. 빵 남은 것 챙겨서 보따리에 넣어 머리에 얹어주고 할머니를 보냈다. 식민지와 수탈, 개인과 국가란 무슨 차이가 있는가? 개인이 하면 도둑질이고 강도요, 국가가 하면 정복이고 영토 확장인가?

나일강의 시원지 진자로 들어서다

숲을 빠져나와 Jinja라는 도시로 들어섰다. 48㎞를 탔다. 여기서 멈추자.출발한 지 9시간이 지났다. 나일강이 시작되는 수원지가 바로 이 우간다의 진자라는 도시다. 뒷 브레이크가 말을 안 들어 앞 브레이크만을 사용해 왔다. 하지만 이 도시에 이 자전거를 고쳐줄 만한 곳이 없을 것이다. 나이로비로 가야 한다. 길거리에 보이는 푯말을 보고 비포장 황톳길을 가리키며 건물 경비를 서는 경찰관에게 호텔이 어디 있느냐고 물었다. "나일 호텔이 어디 있어요?"

그는 대답 전에 내 신상부터 물었다.

"저널리스트예요?"

두 번째 듣는 말이었다. 외국인 여행객 중엔 저널리스트가 많았던가? 하지만 그 이후에도 며칠간을 더 머물면서 나는 외국인 관광객을 몇 사람

우간다 현지인 여성들이 나일 시원지에서 민속공연하는 중이다.

밖에 보지 못했다. 나일 호텔에 도착해 리셉션룸으로 들어갔다. "빈방 있어요?" 방은 50,000실링부터 8만, 10만실링짜리가 있었다. 5만실링짜리를 택했더니 와이파이가 안 된단다. 방도 호텔 바깥에 있단다. 8만실링이면 29US달러다. 하지만 나는 그걸 선택했다. 더 이상 싼 곳을 찾아다닐 기분도 없었다. 오늘은 더이상 가난 속으로 들어가기 싫어. 무섭고 피곤하다. 나는 가난하지 않다. 나는 가난한 척하는 것이다. 편안하게 쉬면서 일단 가난의 대가리가 어디 있는지 찾아보고 싶어. 샤워부터 하고 말이야.

나일강의
시원지 진자

06.04.~07.
토~화요일

어제 도착해 8만실링짜리 방에 들어가 와이파이를 켜니 넘어가지를 않았다.

"나 방 바꿔줘요. 5만실링짜리로. 내가 8만실링짜리 방을 들어간 것은 오직 와이파이 때문이야."

직원들이 상의하더니 10만실링짜리 2층방으로 가란다. 거긴 와이파이가 잘돼요. 그 방을 같은 가격으로 해 드릴게요. 2층방으로 옮겼는데 마찬가지다. 짐까지 다 옮겼다. 다시 직원을 불러 옮기기가 귀찮아 내일 방을 바꿔야지 했는데 저녁이 되니 제대로 터진다. 잘 되는 시간대가 있군.

아침을 먹으러 식당으로 내려갔더니 식빵 두 조각에 차 한 잔, 달걀 프라이 하나가 모두다. 호텔 고객은 중국인 3명과 나뿐이었다. 중국인들은 이곳에 일하러 온 기술자들인 것 같았는데 어쩐 일인지 나만 보면 슬슬 피했다. 왜 그래? 피하지 말아요. 나 중국인 좋아해. 영어 울릉증이 있나?

아침을 먹고 소스 오브 나일로 자전거를 타고 갔다. 나일은 세계에서 가

진자의 거리.

진자의 재래시장. 수박을 사러 몇 번을 들렀다.

장 긴 강이다. 6,690㎞를 우간다, 수단, 자이르, 이집트를 통하며 흘러 지중해로 들어가는 강이다. 시원지까지는 호텔에서 5㎞. 1만실링(3,000원) 입장료를 내고 들어갔더니 선착장 앞에 우간다 현지인 여자들이 민속공연을 하고 있었다. 보트맨들이 우르르 달려들었다.

"얼마예요?"

"30US달러."

배를 타고 시원지에 갔다가 돌아오는데 30분 정도 걸린단다.

"1분에 1달러네. 대체 거기 볼 게 뭐가 있는데?"

물론 내 머릿속엔 아무것도 볼 게 없다고 이미 결론을 내렸다. 호수 바닥에서 물이 솟는다나? 호객꾼들도 내 질문에 눈빛이 흔들린다.

"몽키도 있고…."

탈 마음이 없어졌다. 내가 안 타겠다고 하자 가격이 자꾸 내려가더니 10유로(13,000원)만 내란다. 그래도 타기 싫어. 이튿날 찾은 폭포에서도 배를 타는데 30US달러를 내란다. 입장료는 3,000실링 이었다. 보트를 타는 곳에는 아낙네들이 나와서 강물에 빨래를 하고 잔디 위에 그 빨래를 널어놓았다. 사진으로 본 폭포 높이는 1~2m 수준이었다. 그것도 폭포야? 나는 빨래하는 옆에다가 멸치를 잡아 말리는 곳에서 한참을 앉아서 아이들과 아

낙들이 빨래를 하는 모습들을 지켜보다 돌아왔다. 그래도 기특한 것은 우
간다의 호객꾼들은 그리 집요하지 않다는 것이다. 상대가 싫어하는 의지를
보이면 곱게 물러나는 것이었다. 15㎞를 달려 왔는데…. 볼 마음이 없다는
것은 슬픈 일이었다.

우간다의 모기

진자의 다운타운 시장에 가서 몇 가지 식품들을 사들였다. 출발 준비를
하는 것이다. 제법 큰 슈퍼여서 들어갔더니만 진열대는 때가 꼬질꼬질하고
빵이라고 손에 잡아 봐야 먹고 싶은 마음이 전혀 생기지 않을 만큼 조악했
다. 그동안 밀린 블로그도 올렸다. 아침 식사 시간에 내려갔더니 음식은 조
금 나아졌다. 손님이 몇 사람 더 들어 온 것이다. 여직원을 불러서 머리도
깎았다. 알뜰히 깎지를 않아서 마무리는 거울을 보며 내가 했다. 바리캉은
여기 아이들 머리를 깎아주겠다는 생각도 있었는데 아이고 어른이고 깎을
머리가 없었다. 여자아이들도 대개가 머리카락이 남자처럼 깎은 막머리였
다.

캄팔라와 카세세에서는 거의 모기에 신경 쓰지를 않고 잤었다.

"우간다에는 모기가 없나?"

바루쿠에게 물었더니 아니란다. 근데 진자에 들어와 10만 실링짜리 방에
서 자는 나흘 동안 나는 밤마다 모기에 시달렸다. 모기장도 있었는데 양옆
으로 절개가 되어 있고 지퍼가 없다 보니 침대 틈새에 모기장을 쑤셔 넣어
도 자다가 보면 그게 벌어져서 모기들이 잔치를 벌이는 것이었다. 시장에
서 식품을 준비하고 다음 날 떠날 준비를 한 날 밤에는 어찌나 물렸던지 아
침에 늦게 일어나 결국 다음 날로 출발을 미루기까지 했다. 밤새 몇 번이나
깨서 모기를 잡는다고 북새통을 피우다 잠이 달아나 잠이 모자랐기 때문이
었다.

우간다의 과일

진자에 있는 동안 하루에 한 번꼴로 나는 자전거를 타고 다운타운으로 내려갔다. 시장도 보고 내가 가야 할 부시아 국경으로 가는 길도 알아놓기 위해서였다. 돌아오는 길에 나는 시장에 들러 수박과 강냉이 구운 것을 샀다. 버릇대로 그 집을 나는 몇 번 이용했다. 수박은 2㎏ 정도도 안 되어 보이는 작은 것을 3,000실링(900원) 내외로 샀고 강냉이는 한 개당 500실링(160원)을 주고 4개쯤 사오면 식량으로서도 간식으로서도 훌륭했다. 더구나 내가 좋아하는 것들이니까. 그걸 가지고 와서 직원들에게 나누어 주고 나도 먹고 하는 것이다. 이 집을 처음 들렀을 때 아주머니에게 강냉이가 얼마냐고 물으니 500실링이란다. 4개 달라고 했더니 옆에 있던 아들이 당장에 요건 500실링이지만 그보다 약간 큰 것을 들어 보이며 이건 1,000실링이란다. 나이든 사람들은 영어를 잘못한다. 아직 학생으로 보이는 아들이었다. 그럼 안 사겠다며 강냉이를 놓아버리자 옆에 있던 남자 어른(학생의 아버지다)이 아이를 제지하고 '500실링이면 됩니다.'며 아이를 달랜다. 물론 아직 생각이 여물지 못한 청소년이기에 나는 별 말없이 그걸 샀고 이튿날부터 매일 그 집에 들렀다. 사실 열대지방에 들르면 과일 종류도 풍성하고 귀한 열대과일을 싼 가격으로 먹을 수 있지 않을까 하는 기대를 했었다. 라오스와 타이와 같을 것이라고 생각한 것이다. 근데 웬걸. 수박 하나 사 먹기도 힘들었다. 과일이라곤 바나나와 아직 신맛의 시퍼런 망고, 강냉이가 거의 전부였다. 그나마 수박이 입에 맞아 그걸 사려 해도 작은 시장에는 자취조차 없었다.

내가 애용한 강냉이 매점.

사과도 어린애 주먹만한 크기였다. 잭프루트은 너무 커서 엄두가 나지 않았다. 잭프루트을 나는 처음에는 두리안으로 착각하기도 했다. 그나마 숯불에 구운 강냉이는 맛이 있어서 식사 대용으로 많이 이용했다.

우간다도 도로를 따라 민가들이 있고 도시가 형성되어 있었다. 도로를 따라 있는 조그마한 도시마다 사람들이 넘쳤다. 하수도도 없고 수도도 없었다. 우간다의 지도를 봐도 무수한 샘들이 표기되어 있다. 절박한 물 사정이 있는 것이다. 전기도 없는 곳이 많았다. 전기가 들어와 있어도 돈이 없어 전기를 이용하지 못하는 사람들이 많았다.

진자를 출발하다

06.08. 수요일

6시 30분에 일어나 준비를 한 뒤 밥을 먹고 8시 50분에 출발을 했다. 진자 시를 빠져나와 부시아 국경을 향해 달린다. 길은 계속 오르막 내리막이었다. 오르막이 있으면 오르고 내리막이 있으면 내리꽂을 뿐이다. 가다가 나무 그늘에 앉아 쉬고 있는데 바로 옆으로 두 처녀가 나뭇단을 이고 가다가 쉬러 그늘로 들어왔다. "이게 뭐예요?" "화목이예요." "팔러가는 거예요?" 고개 너머 동네로 팔러 가는 길이란다. 얼마쯤 받느냐니까 1,000실링(900원)을 받는단다. 저 무거운 것을 이고 이 고개를 넘어간단다. 우간다에선 남자들도 짐을 머리에 이고 다녔다.

오후 1시쯤, 지쳐서 그늘을 찾아 쉬려고 보니 바로 가든이라고 쓰인 레스토랑 담벼락이다. 40㎞ 지점이었다. 제법 격식을 갖춘 레스토랑이다. 잘 됐군, 여길 들어가자. 찾아 들어가 치킨과 밥을 시켜 먹는다. 13,000실링 호텔과 같은 가격이었다. 군소리 없이 먹고 물 하나 마시고 14,500실링

(4,300원가량)이 나와 15,000실링을 줬더니 잔돈이 없어서 쩔쩔맨다.

"나머지는 아가씨 가져요.(500실링, 150원)"

레스토랑을 나서니 아가씨가 고맙다고 인사를 진하게 한다. 자네와 나의 같은 금액의 돈에 대한 가치는 이렇듯 동떨어져 있구나. 언제부턴가 나는 우리 돈으로 환산하는 버릇이 생겼다.

오후 4시엔 비가 왔다. 길옆 큰 나무 아래 차를 세우고 내려다보니 아이들이 나를 쳐다보고 있다. 그 아래 초막엔 아주머니와 아저씨가 나를 올려다보고 있다. 내려가서 들어가도 되겠느냐니까 얼른 들어오란다. 아이들에게 빵 한 봉지를 주어서 먹게 하고 비 그치기를 기다린다. 한 시간이 지나도 비는 그치지 않았다. 이미 시간은 5시다. "아주머니 여기 텐트를 치고 잘 수 있을까요?" 아주머니는 두말없이 텐트를 치고 자란다. 45km 지점이었다. 텐트 쳐놓고 아이들과 노닥거리고 있으니 이 집 아저씨와 옆집 아저씨가 들어왔다. 내가 혼자 담배를 피우고 있으니 옆집 아저씨가 "나도 담배 피울 줄 아는데…." 한다.

헐. 담배 여기 있습니다 하며 한 개비를 권하고 불을 붙이려 하니 조금 있다 피우겠단다.

우간다는 대부분 공공장소에 금연이란 표지판이 붙어 있었다. 담배를 피우는 사람이 드물었다. 건강 때문인가 생각했지만 담배를 하나 나누어주면 아주 고마워하는 것이었다. 담배 한 개비가 그만큼 귀한 것이다. 이 아저씨도 이날 내게 담배 6개비를 받아 대부분 감추고 내가 피우다 버린 꽁초를 슬쩍 주워서 손끝이 타 들어갈 정도로 피우고도 아까워하는 것이었다. 그래서 나는 피우는 족족 담배를 반쯤 남겨서 한 곳 돌 위에 모아뒀다. 초막집의 아저씨는 대장장이었다. 철판 조각을 가져와서 그걸 다듬어 그 자리에서 칼을 만들어 내는 것이었다. 그는 그걸 내게 선물했지만 나는 사양했다. 500실링에 파는 물건이란다.

자르고 다듬고 날 세우고 하는 것을 망치와 줄, 폰트 하나로 해결했나. 손잡이는 폐 플라스틱을 녹여서 만들었다. 옆집 아저씨가 주로 말했는데 그는 영어를 하기 때문이었다. 그의 직업은 돗자리 만드는 것이었다. 열 살쯤 되어 보이는 아들이 돗자리 풀잎을 다듬는 작업을 했다. 아주 능숙하게 하는 것이었다. 대여섯 살이 되면 물통을 들고 물을 뜨러 가야 하고 여자아이들은 대여섯 살이 되면 어린 동생을 업어 키워야 하는 것이다.

호롱불 아래 피어오르는 행복

저녁이 되니 일하러 갔던 어른들이 집으로 돌아왔다. 전기가 없는 이 집도 마당에 희미한 엘이디 등이 켜지고 가족들이 둘러앉아 이야기꽃을 피웠다. 웃음소리, 아이를 훈육하는 소리. 저녁 식사를 마치고도 어두운 마당에 앉아 가족들은 오랫동안 오손도손 대화를 이어갔다. 나는 그 소리를 들으며 훈훈한 마음으로 잠을 청했다. 나마저 행복했기 때문이다. 보릿짚으로 불을 때어 손수 민 칼국수를 끓여 주시던 어머니. 등잔불 아래서 땀을 줄줄 흘리며 먹던 그 여름밤. 아직도 잊지 못하는 그 여름날의 풍경. 엄마, 그땐 우리도 이리 가난했었다. 행복했었다.

06.09.
목요일

가족을
생각하는 **마음**

출발하자마자 만난 노점상에서 짜파티 2개를 사서 먹고 가다가 과일 노점에 들러 수박을 하나 쪼개었더니만 금세 아이들이 모여들었다. 그 많은 눈을 피해 혼자서 먹는 수박이 목에 넘어가나? 쪼갠 반 통을 아이들에게 주고 다시 다음 쉼터에서 아이들 4명을 만나 빵 4개를 나누어주는데 그 빵을 다 나누어주기도 전에 아이들이 배로 불어났다. 먼저 받은 아이들은 빵을 먹지 않고 속옷 사이로 집어넣는다.

"하이고 이 녀석아. 거기다 넣으면 어떡해? 안 먹어?"

아마도 가족들과 같이 먹을 심산인 것이다. 결국은 거기에서 아이들에게 아침에 산 빵을 다 빼앗겼다. 어!! 이제 이러다간 내가 굶겠다. 다음부터는 아이들이 얼마나 되는지 오래 앉아 있어 보고 빵을 내든지 말든지 결정을 해야지 계산 없이 내었다가는 안 되겠어. 뒤에 와서 못 받은 아이들에겐 미안하다. 나도 가는 곳마다 빵을 살 수는 없다.

다시 출발해 가는 도중에 많은 개코원숭이들을 만났다. 이들은 사람을 겁내지 않아 도로가 자기들 것인양 여유를 부리다가 차가 바로 앞까지 와야 마지못해 슬금슬금 피하는 것이었다. 이놈들에게 카메라를 뺏길까 싶어서 이들의 노는 행동을 관찰하다가 서서히 곁으로 다가가서 사진을 찍었다. 교활한 놈들, 내가 너희들 사촌이라는 것이 영 마음에 들지 않는다.

53㎞ 지점에서 비를 만났다. 그냥 진행할 수 있는 상황이 아니어서 길가의 나무 밑으로 들어가 차를 세워놓고 비가 그치기를 기다렸다. 30분 만에 비는 그치고 다시 출발해 가다가 아무래도 이상하다 싶어서 길가에 오토바이를 세워놓고 있는 사람에게 물었다.

그늘은 의외로 많지 않았다.

개코원숭이. 여유만만하다.

"부시아 국성이 얼마나 남았어요?"

"이 길은 말라바 국경으로 가는 길인데요."

지나왔단다. 다시 돌아가 왼쪽으로 빠지라는 것이다. 폰의 배터리를 아낀다고 중요 지점에서 확인하지 않은 나의 잘못이었다. 다시 7㎞를 돌아와 부시아 국경쪽으로 방향을 틀어 달리다가 국경 앞 5㎞ 지점에서 차를 멈췄다. 우간다 돈도 조금 남았지만 케냐 돈은 없다. 케냐 쪽으로 넘어가서 ATM 없으면 당장 곤란을 당한다. 76㎞를 탔다. 여유를 가지는 것이 상책이다. 마침 차를 세운 곳에 가든이 있었다. 나는 차를 가든으로 몰아넣었다.

"여기 캠핑 할 수 있어요?"

그럼요. 20,000실링(6,000원)이란다. 초막은 25,000실링. 초막도 결코 자고 싶은 곳은 아니었다. 텐트가 더 좋고 냄새도 없지만 전기가 없다. 그래서 결국 초막을 선택했다. 재충전기도 바닥이고 휴대폰도 바닥이다. 빵 하나 먹고 남은 수박 긁어먹고, 짐은 침낭만 풀어놓고 몸에 물만 바르고 잠을 청했다. 하지만 막상 돈을 건네고 방의 콘센트가 고장 난 것 같아서 충전할 곳을 찾았더니만 여긴 충전이 안 됩니다 한다. 응 왜? 이건 AC가 아니라 DC예요 한다. 제너레이터를 돌려 등을 밝히는 것이었다.

케냐 국경을 넘다

06.10.
금요일

아침에 주머니에 있던 우간다 실링을 톡 털어서 물 5병을 샀다. 시골로 나오면 그나마 물도 큰 병이 없었다. 작은 병 5개를 샀다. 출발 한 시간 만에 국경에 도착, 우간다 엔테베 공항에서 받은 비자를 보여줬다.

케냐 측
거리 모습.

"여기 왜 왔어?"

"놀러 왔다."

"잔차 타고?"

"응. 나는 자전거 타는 것을 좋아해. 너도 타봐라. 좋다."

"코리아에서 여기까지 타고 온 거야?"

"때로는 비행기도 타고 배도 타고 했지."

"어디 갈 건데?"

"나이로비로 해서 마사이마라를 보고 탄자니아를 지나 짐바브웨에서 빅
토리아 폭포를 보고 싶어."

"자전거로?"

"당연하지."

"좋아, 합격."

발은 그렇게 했지만 사실 나는 탄자니아를 통과할 수 있을지에 대해서도 깜깜한 마음이었다. 탄자니아!!!! 이름만 해도 뭔가 무겁고 무섭게 느껴져서. 한 시간 만에 국경을 통과해서 국경 너머 있는 케냐의 은행을 찾았다. 은행원에게 환율을 알아보고 100US달러쯤 되는 돈을 찾았다. 1달러에 97.5실링이라나? 그건 골치 아프니 1달러에 100실링으로 잡으면 된다. 우간다도 케냐도 스와힐리어와 공용어로 영어를 쓴다. 돈의 이름도 같았다. 일단 돈을 찾아 슈퍼로 들어가서 식품을 샀다. 국경은 먼지와 사람들, 쓰레기로 뒤덮여 있었다. 내가 그런 것만 본 건가? 우간다나 케냐나 내 눈에는 도진개진인데. 그래도 케냐는 아프리카의 부국이라나? 아스팔트도 없는 광장은 먼지가 난무한다. 그래도 슈퍼에 들어가니 냉방이 돌아가고 깔끔해서 한결 마음이 좋아졌다. 상품도 우간다보다는 다양했다.

10배의 바가지를 쓰다

2시간이 걸려 국경을 통과해서 한 시간쯤 달렸나? 마침 길거리에 있는 짜파티를 파는 곳으로 들어갔다. 밀가루 전병에 콩 삶은 것을 얹어주는 음식을 파는 곳이다. 길보다 약간 낮은 곳에 있기에 차를 탄체로 냉수 있어요? 하고 물었더니 아가씨가 즉각 물을 떠서 길 위로 가져오는 것이었다. 흠 재빠른 여자군, 나는 내려가 짜파티를 시켰다. 결론부터 말하면 나는 이 여자에게 10배가 넘는 바가지를 썼다. 40실링짜리 짜파티를 500실링에 먹은 것이다. 케냐의 물가를 모른다지만 아무래도 이상해서 몇 번이나 묻고 고함도 지르고 옆에 있던 흑인 청년들에게 은근히 도움을 청했지만 모두가 꿀 먹은 벙어리였다. 이 여자는 처음과는 달리 물어도 말을 못 알아 듣는 체하고 잔돈을 내놓지 않았다. 500실링이면 5달러인데 그렇게 물가가 비쌀 리는 없지만 하도 굳세게 버티기에 나중에는 정말로 500실링을 하는가 하는 생각마저 들 정도였다. 아가씬지 아줌마인지는 모르지만 낭창하게 앉아서 뭉개고 있으니 기가 찰 노릇이었다. 그래 다 바가지 쓴다고 해도 5천 원이다 싶어 그 자리를 물러 나왔지만 생각할수록 열이 받치는 것이었다.

다음 날 나는 가다가 같은 가게가 보이기에 식사시간도 아닌데 들어가서 짜파티를 시켰더니 40실링이었다. 그 순간 이런 맹랑한 것이 있나!!! 하고 온갖 욕들이 다 생각이 났지만 입 밖에 내면 뭘 해? 정말 다시 돌아가 좌판을 엎어버리고 싶은 마음이었다. 분해서다. 왜 그 순간 다른 생각이 나지 않았을까? 노점상도 사람을 속이는구나. 나는 당연한 일을 특별하게 생각하고 있었다. 노점상이 그렇게 어수룩한 척하면서 당수(태권도) 8단일 줄이야 내가 몰랐지. 그게 자꾸 생각나니 다리에 힘도 붙지 않고 피곤이 몰려와서 가다가 나는 라이딩을 접었다. 눈앞에 예쁜 교회 건물이 나타났기 때문이었다. 저기서 지친 몸을 쉬기로 하자. 오후 3시 30분이었다. 하지만 화가 조금 가라앉자 그래 내가 잃은 돈은 5,000원도 아니고 굳이 따지자면 4,500원 아니냐. 하지만 그 맹랑한 여자는 10배의 이익을 취했으니 그것으로 나는 만족할 수 있다는 부처님 같은 생각이 드는 것이다. 하하

교회로 들어서는 나를 물끄러미 바라보고 있던 영감님에게 자전거를 세우고 말을 건네며 나는 사정을 이야기하고 텐트를 치는 양해를 구했다. 일단 마당의 펌프에서 물을 퍼다가 흉내만 낸 샤워를 해서 땀을 씻고 폭삭 젖은 옷들을 벗어 빨래를 해서 교회 나무울타리에 널었다. 이젠 나만의 행복한 시간이 오겠지. 그런데? 그때부터 하교하는 학생들이 교회 앞을 지나가다 모조리 들어와서 텐트를 구경하고 질문을 했다. 나는 시달리다가 옆으로 피해 앉았다. 저녁이 가까워오자 교회의 영감님 한 분이 오시더니 말했다.

"여기는 위험해. 다른 곳으로 옮기자."

짐 다 널어놓고 빨래까지 해 놨는데, 영감님은 무슨 심산일까? 처음부터

명당이었는데 위험하다 해서 옮겨야 했다.　이게 집이에요? 그래 내 집이야.

말하지. 쳇, 나는 싫다고 했다. 여기 위험할일이 있을까라는 생각도 들었다. 영감님이 포기하고 들어가더니 한참 뒤에 다시 다른 분이 나를 불렀다. 옮깁시다. 안전한 곳으로 옮깁시다. 두 분이 말하는 데는 어쩔 도리가 없었다. 무엇인가 위험한 내가 모르는 무엇이 있다. 저녁엔 아이들이 위험해. 여기서 100m만 가면 아주 안전한 곳이 있어요. 짐을 다시 싸고 아직 축축한 빨래를 걷어서 자전거를 끌고 걸었다. 500m쯤 가니 경찰서였다. 영감님이 들어가 경찰과 이야기를 주고받더니 마당에 텐트를 치란다.

가출한 형제

저녁엔 형제로 보이는 웬 소년 둘이 경찰서 앞 의자에 앉아 있었다. 옆자리에 가서 같이 앉아있었더니 소년이 내게 말했다.

"물 좀 먹고 싶어요."

텐트를 치며 물을 옮기는 것을 본 모양이었다. 그래 알았어. 나는 물 한 병을 내어다 소년에게 주었다. 배도 고프겠지? 식빵을 반쯤 들어서 가져다줬더니 허겁지겁 먹는다. 14살 소년과 6살짜리 동생이었다. 너희들 어디가? 왜 여기 있지? 여기서 잠자려고? 아마도 집을 나온 아이들인 모양이었다. 그래, 나도 13살 때 처음 가출을 했다. 아침을 먹다가 양아버지의 모욕적인 비웃음에 자리를 박차고 뛰어나와 친가를 간다고 종일 배를 굶으며 걸어가다가 왜관 부근의 고개를 넘다가 한 여고생을 만나 그 여학생의 설득으로 같이 기차를 타고 돌아간 기억이 있다.

아버지는 그때 내가 하는 일 모두를 싫어했었다. 기대에 못 미치는 아이였던 거지. 하하. 그때의 기억이 새삼 나를 눈물짓게 했다. 그때의 아버님도, 나를 한없이 사랑해 주셨던 양어머님도 이미 오래전에 돌아가셨다. 13년을 병석에 누워 계시다가 어머님은 내 손을 붙잡고 운명하셨다. 그때 어머님이 지금 계셨더라면 나는 여행을 떠나지 않고 그 돈으로 소고기를 사다드렸을 것인데…. 너무나 궁색한 변명이다. 그렇지만 너무도 그리운 이름이다.

 경찰서장을
만나다

06.11.
토요일

아침 일찍 일어나 다시 길을 나섰다. 나는 가야 한다. 천상병 시인의 말마따나 이 세상 소풍이 끝나는 그날이 오겠지. 나는 그때 오늘을 기억해 낼까? 살아생전에는 멈출 수 없는 길, 어쨌든 가야 하는 길을 그대들과 함께 나는 걷고 있는 것이다. 가도 가도 오르막인 것만 같은 길. 길은 시원하게 한 번 달려보지도 못하고 내렸다가 올랐다가 끌고 또 밀며 걸었다. 멈추는 횟수도 잦아졌다. 너무 더워. 뙤약볕 아래 30분쯤 가면 그늘로 들어가 쉬어야 했다.

62㎞ 지점을 지나는데 소나기다. 앞엔 까마득한 언덕이었다. 그래서 잘 곳을 찾았다. 길 아래 마당에 사람이 보이는 집으로 차를 몰아넣었다. 기름에 뭔가를 튀기고 있던 여자에게 음식을 약간 사고 마당에 텐트를 칠 수 있는지 물었다. 여자는 순순히 그러라고 했다. 비가 더 쏟아졌다. 처마 아래

들어가 비가 그치기를 기다리는데 이 집 아이들이 모두 나와 내 옆에 앉아서 비가 그치기를 기다렸다. 30분 만에 비가 그치자 마당에 텐트를 치려고 하니 주인 여자가 말했다.

"여긴 위험해요."

자기 집 마당이 위험하다는 말이었다. 나도 그 말에는 당장에 오는 것이 있었다. 그렇군, 자기 집 마당도 못 믿을 곳이 이곳 케냐구나. 방에서 문고리 걸고 자는 것밖엔 믿을 수가 없구나.

나는 오면서 호텔이라고 쓰인 몇 곳을 그냥 지나쳤다. 말이 호텔이지 가정집과 다를 바 없었다. 내가 잔 우간다의 할머니 집과 다를 바 없다는 말이다. 그 내부는 이제 보지 않아도 알 수 있을 정도다. 거기에 자느니 텐트가 훨씬 깨끗하고 심리적으로도 편안했다. 치려던 텐트를 걷어 경찰서가 있다는 언덕으로 차를 몰았다. 어두워지려 하니 서둘러야 했다. 언덕 위의 경찰서라는 곳은 경찰서가 아니고 경찰과 같은 역할을 하는 정부기관인 것 같았다. 군대였나? 자전거를 타고 들어가니 총을 든 군인들이 화들짝 놀라며 내게 총을 겨누며 경계 태세를 취했다. 그러거나 말거나 차를 들이댔다. 패스포트를 내어 신원을 확인시키고 사정을 이야기했다.

"지금 나는 너무 지치고 해가 지려 해서 잠자리가 필요하다."

어디서 왔어부터 심문 같은 질문이 계속된다. 내 얘기를 듣던 사람들이 놀라며 기가 찬다는 표정이었다. 총을 든 군인들이 남녀 합해서 5명이었다.

"왜 여기를 왔지요?"

헛, 뭐 그딴 걸 물어?

"여기가 가장 안전한 장소이니까 왔지!"

마침 그때 들어 온 경찰관과 상의를 하더니 나에게 저 사람을 따라가라 했다. 그렇게 찾아간 곳이 이 지방 경찰서였다. 그는 그의 상급자에게 나를 소개시키고 그 상급자가 나를 심문하듯 하고 나서는 또 그의 상급자인 경찰서장 방으로 나를 안내했다.

"무엇을 원하나?"

인사를 나누고 나서 서장이 말했다.

"나는 텐트 칠 장소가 필요해. 다른 것은 필요 없어요."

여러 가지 질문 끝에 서장이 다시 말했다.

"이전 직업은 뭐야?"

"저널리스트."

갑자기 튀어 나온 말이다. 그러나 전혀 거짓은 아니다.

"무엇을 위해 이렇게 다니나?"

경찰서
서장실.

경찰관.

"나는 세상의 온갖 것들을 보고 싶어. 그리고 내 인생을 즐기는 것이다. 자전거 위에서 말이야."

"혁 멋지군."

서장이 나와서 텐트 칠 장소를 정해주고 화장실을 안내해주며 배터리도 충전시켜주라고 부하들에게 지시를 했다. 그래 고마워. 경찰서 마당엔 사고 난 차들, 앞길은 쓰레기에 짓다만 건물들, 화장실도 재래식이었다. 서장 방 책상 위에 있던 랩탑은 다 낡아빠진 것이었다.

불빛도 희미한 경찰서 안에서 더듬거리면서 텐트를 쳐 놓고 나는 밖으로 나왔다. 수박이 몹시 먹고 싶었기 때문이었다. 어둠 속의 경찰서 바깥 풍경은 기묘했다. 가로등이 없어 거리는 코를 베어가도 모를 정도로 어두웠다. 낡은 건물들, 수박을 판다는 상점까지 찾아가며 나는 몇 번 망설였다. 가기가 무서웠던 것이다. 상점엔 수박도 없어서 다시 돌아오는 길. 그 어둠 속에서 가녀린 촛불 하나 켜놓고 젊은 아줌마들이 사과 궤짝 같은 나무판 위에 땅콩이랑 다른 몇 가지를 올려놓고 손님을 기다리고 있는 모습이 동화 속처럼 기묘하게 다가왔다. 인생은 슬픈 개그와 같은 것이군. 어둠 속의 흑인들은 이 도시를 더욱 위험하게 만드는 부랑자들로만 보였으니. 그동안 나의 눈이 어떤 것에 세뇌되어 왔는지 무서워지기 시작했다. 나는 왜 그들, 선량한 시민들을 그런 시선으로 바라보았던 것일까? 이건 분명 백인들이 흑인들을 바라보는 시선에 내가 세뇌되어 왔기 때문일 것이다.

"여기 모든 곳이 그렇게 위험합니까?"

내가 서장에게 나를 소개시킨 중간 간부에게 물었을 때 그는 이렇게 대답했다.

"그건 아니고, 아이들이 무서워요. 그들은 여행자라면 돈이 있다고 생각해 겁 없이 나이프를 빼내들지요. 그들이 위험합니다."

케냐의 키수무에 도착하다

06.12. 일요일

물 4병을 사서 아침 6시 50분 경찰서를 출발했다. 남은 거리는 앱상으로 28㎞ 정도였다. 조금 달리다 식당이 눈에 띄어 들어가 손님이 먹는 만두처럼 생긴 밀가루 빵에 차 한 잔을 마셨다. 10㎞쯤 달리곤 축구를 하고 있는 고등학교로 들어가 잠시 구경하다가 다시 출발했다. 빨리 갈 이유가 없었다. Kisumu에 가면 좋은 호텔에 들어가야겠다는 전략도 세웠다. 최소한 우리나라 모텔 시설 정도 되는 와이파이가 되고 뜨거운 물이 나오는 호텔에서 묵으리라. 그 이하의 시설이면 차라리 안 들어가는 것이 좋다는 기준도 세웠다. 목욕과 빨래 그리고 그동안 일도 정리를 해야 하고 무엇보다 쉬어야 한다. 10㎞를 벗어난 지점부터는 내리막이었다. 처음으로 시원하게 20㎞쯤 달렸다. 시속 60㎞. 바람이 시원하게 젖은 몸을 말린다. 멀리 키수무가 보였다. 다리 아래 차를 세우고 호텔을 검색했다. 임페리얼이 가장 가까운 호텔에 속했다. 여길 가자. 이름도 고급스럽다.

이날 34㎞를 달렸다. 드디어 임페리얼 호텔에 도착했다. 총334㎞를 달렸다. 아직 나이로비까지는 400여㎞가 남았다. 호텔에 도착해 일단 가격을 알아보니 87달러와 100달러짜리 방이란다. 아무리 그래도 이건 내게 버겁다. 그간 아낀 돈이 한 번에 날아가는 것이다.

"일단 방을 봅시다."

트윈베드에 그런대로 깔끔한 호텔이었다.

"얼마까지 해 줄 수 있어요?"

"60달러까지 해드리겠습니다."

그래 그러자. 더 이상 나도 다른 곳을 찾기 싫어. 우간다와 비슷하게 가격 편차가 심하다. 작은 수영장도 갖추고 있는 호텔이었다. 여행이 길어지

키수무의 임페리얼 호텔.

면서 나의 요령도 깊어져 가는 것이겠지. 나는 빠르게 진화하고 있는가? 객실을 배정 받고 옷부터 모조리 벗어 빨래부터 했다. 피곤해도 반드시 해야 할일이다. 그리고 먹어야 한다. 잠깐 누워 있다가 배낭을 메고 밖으로 나와 슈퍼를 찾았다. 1개 남은 수박 떨이 하고, 빵도 사고 조리해 놓은 밥과 고기도 약간 샀다. 이제 돌아가면 나는 이 밥도 먹고 그리고 이 세상에서 가장 편안한 자세로 휴식을 취할 것이다. 그러다 잠시 뒤에 나는 일기를 쓸 것이다.

키수무 시 감기약

여행하는 동안 가장 자주 찾아온 불청객은 만병의 근원이라는 감기였다. 중국 쿤밍에서는 감기에 걸려 기침을 심하게 했었다. 고춧가루가 들어가도 기침, 술 먹다가도 기침, 자다가도 기침. 아마 이 시기에 나를 만났던 사람들은 저토록 기침을 심하게 하는 환자가 무슨 자전거 여행이야 하고 비웃었을 수도 있다. 라오스로 이동하고 나서야 나도 그 심각성을 깨닫고 가지고 다니던 감기약을 먹었는데 5일 정도 복용을 했더니 기침은 흔적도 없이 사라졌다. 그때 나는 감기가 떨어진 것보다 그토록 미련을 대며 약을 멀리했던 내가 이상한 놈이 아닌가 하는 자괴감에 혼란을 느꼈었다. 근데 그 이후에도 자주 감기에 걸렸다. 자전거 여행자들은 페달을 밟는 동안은 온몸에 불이 난다. 땀도 많이 흘린다. 그러다 쉬는 동안 땀이 마르면서 체온이 내려가고. 아마 이것을 반복하는 사이에 감기가 오는 것이다. 이곳 아프리카도 오뉴월인데도 우간다도 케냐도 저녁이나 새벽은 추웠다. 흐린 날씨에는 대낮에도 선선해서 옷깃을 여밀 때가 있었다. 비 오고 바람 불면 더 추웠다. 아프리카가 뭐 이래 하는 생각이 절로 들었다. 가지고 다니는 침낭이 없었으면 견디기 어려웠을 것이다. 물파스도 아주 요긴하게 쓴 약이었다. 중국에선 모기퇴치용으로 이걸 맨살에 발라놓으면 모기가 얼씬도 하지 않았다. 근데 우간다의 진자에선 무용지물이었다. 아프리카에서도 우간다 진자 모기가 제일 악질인가? 대답하라, 모기야.

식품

항상 자전거와 함께 움직여야 하는 자전거 여행자로서는 길거리에 있는 식당이나 노점에서 음식을 먹는 것이 고작이다. 가난한 나라일수록 선택의 폭은 좁아지고 식당도 노점 음식점도 없는 곳이 많았다. 결국 슈퍼에 있는 인스턴트 식품으로 해결하는 수밖엔 없었다. 그렇다 보니 대도시에 오면 제일 먼저 찾는 것이 큰 슈퍼다. 키수무에 도착한 날도 내가 처음 한 일은 슈퍼에 가는 일이었다. 가면 그동안 못 먹은 분이라도 풀듯이 식품들을 잔뜩 사들고 오곤 했다. 그러나 대개가 비슷한 식품들이었다.

진수성찬

호텔에서 주는 아침 식사를 하러 2층 레스토랑으로 내려갔다. 깜둥이, 흰둥이, 노란둥이들이 같이 모여서 식사를 했다. 호텔 아침 식사는 매우 좋았다. 뷔페식이었다. 나는 배부르게 먹고 올라와 컴 앞에 앉았다. 이날은 종일 밖에 나가지를 않았다. 골똘히 사랑에 대해서 생각하기도 했고 여행에 대해서도 많은 생각을 했다. 도대체 나는 왜 다니는가? 하지만 이런 생각들을 나는 잡념이라고 규정했다. 잡념이 많으면 여행을 못한다.

빅토리아 호수

키수무에선 어디 갈 곳이 없는가 하고 호텔 접수부 아가씨에게 물어봤더니 가이드 북을 한 권 줬는데 거기 Impala sanctuary라는 곳이 있었다. 저기나 가보자. 임팔라의 눈망울을 보는 것은 기쁜 일이 될 거야. 가는 길에 거리도 구경하고 사람들도 구경하자며 5km 정도 달려서 빅토리아 호숫가에 있는 거기에 도착했더니만 미국 돈 25달러를 달란다. 물론 사양했다. 보호구역이라 하니 호숫가를 따라 철조망 쳐놓고 임팔라 몇 마리 가둬놓은 곳일 것이다. 그걸 25달러를 주고 들어가고 싶은 마음은 없었다. 바로 호텔로 돌아가기는 뭐 해서 황톳길을 슬슬 달려 호숫가로 갔더니 한 무리의 청년들이 낚시를 하고 있었다. 나무 작대기에 실과 바늘을 달아서 무릎 정도 되는 물에 던져놓고 고기를 낚고 있었다. 그러니 눈만 붙은 고기밖에 더 잡히나!!! 나는 서슴없이 그 무리 속으로 들어가 인사를 하고 자리를 펴고 앉았다. 청년들은 새끼손가락만한 고기를 몇 마리씩 잡아 놓고 시간을 보내고 있었다. 담배 한 대씩 돌리고 하나마나한 간섭을 했다.

"여긴 물이 얕으니 큰 고기가 없잖아."

"알아. 여긴 작은 고기밖에 없어요." 하기야 그것도 숫자가 제법 되니 튀겨 먹으면 단백질 보충은 되겠다. 담배 한 대 줬으니 사진도 펑펑 찍었다. 낯이 익자

청년이 잡은 물고기들.

한 친구가 옆에 있는 사람을 가리키며 저 친구가 아침밥도 못 먹었다 하며 은근히 돈을 요구한다. 근데 그 친구는 그 말을 듣더니 얼굴을 붉히며 괜찮아 하며 손사래를 쳤다. 그래? 그럼, 점심은 네 걸 좀 나눠줘라. 난 돈 없다. 이웃이 굶는 걸 놔둔 건 너지 내가 아니다.

거리를 다니다 보면 별별 말을 다 듣는다. 대개는 그냥 지나가지만 어떨 땐 나도 모르게 신경이 긁혀서 쇳소리를 낼 때가 있다. 그때마다 나는 반성한다. 그래 농담이라도 나는 언제 지나가는 외국인에게 인사 한 번 한 적이 있었던가? 자세히 들어보면 모두가 인사를 하고 잘 왔느냐고 묻는 말일 뿐이다. 욕도 있다. 그렇다고 그게 귀찮아서 심술을 부린다면 차라리 부끄러운 일이다. 호텔 단말기가 내 카드를 거부했다. 몇 번이나 해도 결제가 안 되어 결국 은행에 가서 현금을 찾아다 줬다. 가끔씩 발생하는 일이다.

시선

　인터폰으로 사람을 보내 달라 해서 방 안에 챙겨놓은 짐들을 작은 손수레에 실었다. 팁도 200원을 줬다. 예전 같으면 그것도 아낀다고 했겠지만 호텔에 들어와서 궁상스러운 모습은 보이기 싫었다. 차라리 들어오지를 말든지. 직원들이 나와 사진을 찍잔다. 그래 좋아. 사진 몇 장 찍고 호텔 아침을 챙겨먹고 출발을 했다. 키수무 시내를 빠져나와 시골길을 달린다. 하지만 끊임없이 자동차들이 이어진다. 달리다가 쉬고 싶어도 길가에 차를 대고 쉴 만한 그늘이 있는 곳을 찾기가 어려웠다. 특히 오르막 끌바를 할 때 그늘이 없으면 죽을 맛이었다.

　끌바는 또 다른 약점이 있다. 사람들의 시선이다. 길가의 모든 사람들의 시선이 '오래' 내게로 집중되는 것이다. 아이들뿐만이 아니다. 어른들, 여자 할 것 없이 저 멀리서부터 시선을 나에게 고정시키고 강렬하게 훑어보는 것이다. 오토바이를 타고 지나가는 사람들도 나를 스쳐가며 어찌나 고개를 돌려서 보는지 사고 날까 내가 조마조마했다. 이날도 길이 그리 좋지 않아 50km쯤 지날 때엔 너무 지쳐 그냥 아무 데나 눕고 싶었다. 더 이상 갈 수 없었다. 53km 지점에서 길 건너편에 가정집과는 다른 분위기의 건물이 있고 사람들이 둘러앉아 있기에 별 기대도 않고 자는 시늉을 했더니 그중 한 명이 대문으로 오라고 손짓을 했다. 응 됐다. 여긴 뭐 하는 곳이야? 대문으로 가보니 교회다. 교회 사람들에게 사정을 이야기했다.

　"나 지금 너무 피곤해. 비도 오려 하고…."

　그리고 텐트 치고 좀 잡시다 했더니 순순히 그러란다. Boptist 교회였다. 둘러앉아 이야기를 나누던 남녀들이 우르르 몰려와 슬쩍 내게 카메라를 들이댔다. 뭐 그럴 것 있나, 나는 웃으며 온갖 포즈를 취해줬다. 이번 여행에

Baptist 교회.

그 교회 입구 캐노피 아래에 텐트치고.

서 깨우친 것이다. 카메라를 들이대면 기분 좋게 포즈를 잡아준다는 것, 누구를 막론하고 그렇게 하겠다는 것이 나의 굳은 결심이었다.

교회였지만 교회를 빙 둘러가며 철조망이 처져 있어서 안전에도 문제가 없을 듯했다. 교회 입구 캐노피 아래 텐트를 치고 사람들과 이야기를 나누었다.

"밥은 어쩌지?"

저녁이 가까워오니 아저씨가 묻는다. 밥을 주고 싶어도 밥 한 그릇도 이분들에겐 부담일 것이다.

"걱정 말아요. 나 음식을 가지고 다녀요."

비가 한줄기 지나갔다. 이 시간이면 비님이 오시는군. 며칠째 같은 현상이 반복되었다. 저녁이 가까워 오니 콧물이 질질 흐르며 춥다. 텐트를 치고 침낭 속으로 파고들었다. 그리고 나는 깊이 잠들었다.

길거리
과일

여덟 시간 동안 끌바를 했다. 30㎞를 이동해 Kericho 입구에 도착했다. 가도 가도 끝없는 오르막에 지칠 대로 지쳤다. 천리행군이 따로 없다. 그나마 경사가 크지 않은 오르막이라 다행이었지만 끝없이 이어지는 구릉이 사람을 질리게 했다. 페달을 밟다 보면 가장 절실한 것이 찬물이었다. 하지만 케냐의 국도에서 그런 것을 기대할 수는 없다. 어쩌다 가게가 있어 들어가도 덜덜거리는 냉장고에서 내가 찾는 찬물이 나올 리가 없었다. 자전거에 싣고 다니는 물을 한 입 먹으면 햇볕에 달궈져 뜨겁기까지 하다. 뜨거운 물을 먹으면 내장까지 푹푹 익는 느낌이 들었다. 이때 시원한 찬물 한 잔 먹으면 체온도 내려가고 온몸이 상쾌해 질텐데 , 과일이라도 한 입 먹고 싶어 국도변을 둘러봐도 과일 장사들이 진열해 놓은 것은 덜 익은 바나나와 오바케도, 고구마뿐이다. 아무것도 모르고 바나나를 바로 먹으려고 했더니 사흘이 지난 뒤에야 먹을 수 있단다. 그렇다고 고구마 생것을 먹을까? 호박을 먹을까. 결국 입맛만 다시며 수박이 어디 없나 찾지만 수박은 도시의 빅 슈퍼라야 있었다. 가난하다는 것은 생산 능력이 없고 물자가 부족하다는 것이다. 들판에 주인 없는 과일나무가 있는 곳이 지금 어디에 있을까? 사람이 자연에서 그냥 음식을 얻은 것은 천지개벽 후 얼마 동안이었을까?

호스텔을 찾다

계속 이러고 가다가는 소리 없이 가는 수가 있겠구나 싶었다. 정말 몸 안의 에너지가 바닥을 긁는 소리가 났다. 길거리에 있는 호텔이라고 쓰인 곳이 가정집과 같아서 저기서 어떻게 자느냐 했더니 이름만 호텔이고 자는 곳이 아니었다. 케냐의 농촌에선 호텔이 자는 곳이 아니었다. 그 호텔에 들어가서, 호텔은 망하고 글자만 남았군. 주인이 누구야? 라고 주인을 찾아도 대답은 없고 술 마시는 사람들만 있었다. 고단해서 주저앉고 싶었으나 '여긴 위험해' 하고 내 몸 어디선가 경고 신호가 왔다. 거기를 나와 다시 오르막을 오르니 길 아래 지붕에 호스텔이라고 쓰인 곳이 있었다. 규모로 봐서 가정집 같은 호텔이 아니다. 들어갔더니만 "여긴 여자들만 자는 호스텔이에요."라고 한다.

그래? 그럼 더 좋지. 하지만 들어가면 안 되겠지요. 나는 지쳤어요. 주인을 부르니 길 건너편을 안내해준다. 그래서 들어간 곳이 DREAMS 두가티 HOSTEL이었다.

하룻밤에 20,000실링(20,000원)부터 있단다. 에어컨 달린 방은 값이 더 올라간다. 와이파이가 된단다. 에어컨은 필요 없어요. 방부터 보여줘요. 아프리카로 넘어오고 도미토리 룸을 아직 만나지 못했다. 여긴 더구나 시골 소도시다. 빨래부터 해놓고 침대에 누웠다. 들어오자마자 실신할 줄 알았는데 잠은 안 오고 콧물만 흘렀다. 어제 따뜻하게 잤는데 콧물은 또 왜 나와? 오늘 땀을 너무 많이 흘렸나? 머리가 어질어질했다. 힘든 하루였다. 탄자니아가 눈앞에 아른거렸다. 거긴 누군가가 아직도 남아 있는 진정한 아프리카라고 했다. 나는 그걸 확인해 보자 하고 기쁜 마음으로 결심했었다.

근데 진정한 아프리카란 어떤 곳인가? 아마도 이를 꿈꾸고 사람들은 대부분 창을 들고 동물을 사냥하며 성기만 가린 옷을 입거나 몸에는 이상한 문신을 하고 주술사의 점괘로 부족을 다스리는 그런 사람들이 살고 있는 곳을 생각하고 있지 않을까? 그것이 원시에 대한 향수일까? 다시 한 번 생각해 보자. 사람들은 서구 문명이 들어가지 않은 여기 아프리카가 살아오던 방식대로 사는 곳이 남아있기를 바랄 것이다. 그런 곳이 지금 남아 있을까? 내 말은 왜 그런 것을 바라느냐 이 말이다. 개뿔도 존중해준 것도 없으면서 말이다. 그러면서 나도 바란다.

사흘간
휴식

06.17.~19.
금~일요일

피곤의 여파로 그냥 퍼질러 앉아 사흘을 보냈다. 슈퍼에 가서 여러 가지 식료품을 사왔다. 과자 나부랭이에 빵, 고기, 콩 통조림과 수박을 샀다. 사흘 동안 이것만 먹었다. 하루는 빵 먹고 콩 먹고 수박 먹고 닭 먹고, 다른 하루는 닭 먹고 수박 먹고 빵 먹고 콩 먹고⋯. 순서만 바꾸는 것이다. 별 수 없잖아. 그래도 먹고 나서 시간을 보내고 나면 몸은 에너지를 저축해 준다.

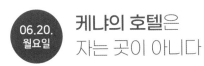

케냐의 호텔은
자는 곳이 아니다

06.20.
월요일

Kericho는 Green tea의 도시였다. 수많은 Tea 학교가 있었고 도시 주변은 온통 차밭이었다. Tea 스쿨들도 많았다. 이는 차밭에서 일하는 직원들의 자녀들을 위한 학교였다. 집들도, 사람들의 옷차림도 지금까지 본 도시보다는 윤택해 보였다. 도로도 갓길까지 깔끔하게 포장이 되어 있었다. 도로에 차선도 그어져 있었다. 신기해. 그렇다고 길의 형태가 다른 것은 아니었다. 아침부터 호스텔을 나서자마자 끌바에 개고생 시작이었다. 3시간을 끌고 오르니 11㎞다. 높은 산을 오르면 다음엔 내리막이라도 있지, 구릉은 자전거에서 내렸다 탔다가를 반복하다 보면 거기에도 지친다. 20㎞씩 끌바를 해도 정상이 높지 않기 때문에 내리막도 길지 않았다.

이날 아침 7시 15분에 출발을 해서 32㎞ 지점에 도착하니 오후 1시였으니까. 오르막 내리막길이 생각보다 많지는 않았던 모양이었다. 비가 내린다. 지금까진 오후 3시 30분에서 4시 30분 사이에 비가 내렸는데??? 비를

Kericho의
Green tea 밭.

케리쵸의 시장.

피해 있다가 보니 그냥 지나갈 비가 아닌 것 같아 우의를 꺼내 입었다. 신은 고어텍스 방수 신발이지만 종아리를 타고 들어오는 빗물에 방수가 무슨 소용. 신발 안에도 물이 철벅철벅 한다. 자전거와 옷도 지나가는 대형차들이 튕겨준 흙탕물을 뒤집어쓴 덕분에 색깔마저 변했다. 50㎞ 지점에서 더 이상 못 가겠다 싶어서 호텔이라고 쓰인 곳으로 내려가서 여기 빈방이 있느냐고 물었더니 거기 있든 손님들이 웃었다. 왜? 사람들이 여긴 자는 곳이 아니라 차나 술을 마시는 곳이라나!!! 케냐에선 호텔이 두 가지 역할을 하는 듯 했다. 대도시에 있는 호텔들, 그러니까 우리가 알고 있는 그런 호텔과 술집, 음식점, 찻집의 용도로 쓰이는 호텔이 있었다. 어쩐지, 어떤 동네는 호텔이 동네의 크기에 비해 너무 많고 입구에 도살한 동물들을 통째로 걸어 놓고 파는 정육점과 출입문이 같아서 거참, 저기에 들어가 잘 마음이 날까? 생각했더니만 호텔이 자는 곳이 아니란다.

오르막 끝바를 할 때 꼭 다정하게 인사하는 사람들이 있다. 물론 대답하기도 힘들었다. 지나가는 차량 운전사들도 경음기를 누르며 엄지를 치켜들고 인사를 하는 사람들이 있다. 외면할 수 없어서 손을 들거나 고개를 끄덕여 대답을 하지만 끝바를 할 때는 만사가 귀찮았다. 53㎞ 지점에서 나는 자전거를 멈췄다. 게스트하우스로 들어갔다. 요금은 300실링(3,000원)이란다. 침대 하나가 끝이다. 재래식 변소에 물도 없다. 내가 제일 무서워하는 것 중 하나가 재래식 그중에서도 공중변소다. 거기에 들어가면 인간에 대한 모든 것들이 무너져 내린다. 그녀의 아름다움도 그의 멋짐도 없다. 똥을 싸야 살아갈 수 있는 동물이 있을 뿐이다. 똥 중에는 인간 똥이 가장 더럽지다고 한다. 소똥은 주물러도 냄새도 별로 없고 더럽다는 생각도 별로 안 들어 연료로 쓸 수도 있고, 초식동물 똥은 다 그래. 근데 잡식동물의 똥은 더럽다.

1960년대 후반의 부산 남부민동 판자촌엔 동네 공동 화장실 앞에 아침이면 온 동네 사람들이 줄을 섰다. 남녀노소, 지금 생각해도 끔찍이도 싫은 풍경이다. 그때 나는 해양고등학교에 다니는 고향 선배의 자취방을 찾아가 신세를 지고 있던 형편이었다. 저 학교를 가면 이 현실을 피할 수 있을까 하는 마음에…. 그때 대도시 골목마다 "동포여." 하면서 똥지게를 지고 다니며 똥을 푸는 사람들이 있었다. 그래도 그 변소를 외면할 수 없다. 자전거를 끌고 가다 누고 싶을 때 장소를 못 찾으면 어째? 들어가서 콧구멍 막고 30초 안에 해결하고 나오는 거지. 하지만 그 짧은 순간에 묻은 냄새는 오래간다. 마치 '오만하게 고개를 쳐들고 살아봐야 너희도 동물과 다름없으니 요상 떨지 마.' 하는 말이 들리는 것 같았다.

때가 꼬질꼬질한 침대 매트 위에 침낭을 깔고 잠을 청했다.

**06.21.
화요일** **버너**를
주다

비를 맞아 젖은 옷과 신을 널어놓았으나 축축하다. 패니어 깊숙이 넣어 놓은 자전거용 신발을 끄집어내어 신었다. 젖은 옷은 비닐 주머니에 넣어 패니어에 넣고 7시 50분 빵 하나 먹고 출발했다. 오늘은 가다가 버너로 라면이라도 삶아 먹어야지. 케냐에서 라면을 산 것이 몇 개 있다. 다시 오르막, 길은 겸손을 모른다. 저것이 정상인가 하고 오르면 고개가 살짝 숙여지는 시늉만 내다가 다시 빳빳하게 고개를 쳐드는 것이다. 3시간을 끌었는데도 9㎞다. 10시쯤 되니 비가 내렸다. 우의 뒤집어쓰고 갈 수 있는 비가 아니었다. 근처 집 처마 밑으로 비를 피해 들어갔는데 처마가 짧아서 자전거가 반은 비를 맞는다. 자전거야 관계없지만 내가 갈치처럼 처마 아래 서 있어야 하는 것이었다. 더 이상 비를 맞으면 라이딩을 할 수가 없다. 옷도 없는데 춥다.

여자가 둘이나 차례로 내가 서 있는 처마 밑으로 찾아왔다. 20대 초반의 여자들이다. 여기서 비 맞지 말고 저기 우리 집으로 가요. '저기 우리 집'은 내가 서 있는 곳에서 20m쯤 위에 있는 상점이었다. 안 가. 나는 여기 있다가 갈래요. 자라 보고 놀란 가슴 솥뚜껑 보고 놀란다고 내가 그 짝이지만 또 '하룻밤 잡시다' 하면서 엉뚱한 소리를 하면 내가 난감하잖아. 그런 건 싫어!!! 근데, 여기가 아프리카가 맞는 거야? 아프리카가 이렇게 추워도 돼? 비는 계속 내리고 기온이 오늘은 서울보다 6도나 낮았다. 이젠 나도 예전처럼 종일 비를 맞고도 끄떡없는 그런 체력이 아니다. 처마 아래서 한 시간쯤 비를 피해 있다가 잦아들자 다시 길로 나서서 가는데 얼마 가지 않아 또다시 비가 쏟아진다. 지나가는 차를 상대로 사탕수수 벗긴 것을 들고 가서 파는 사람들이 모여 있는 곳이 있어서 우선 거기 나무 아래로 몸을

비는 계속 오고. 사탕수수는 안 팔리고.

피했다. 비는 두 시간이나 퍼부었다. 이젠 춥다. 체온이 떨어져 한기가 들면 걷잡을 수 없게 된다. 마침 아주머니가 티를 한 잔 할래요 한다.

뜨거운 차 한 잔에 콩 없는 차파티 한 장(40실링)을 먹고 나니 한결 나았다. 사탕수수 껍질을 벗겨 손가락 두 마디만 하게 자른 것 8개쯤을 이들은 20실링(200원)에 팔았다. 이들이 있는 길엔 과속 방지턱이 있어서 차들이 서행을 하는 곳이었다. 그때 이들이 우르르 달려가 그걸 파는 것이다. 여자들 7명 남자들 3명이 그야말로 불꽃 튀기는 경쟁을 하는 것이었다. 상품은 이것밖에 없었다. 씹어서 단물만 빨아먹고 내뱉는 것이다. 별 맛도 없더구만. 거기서 2시간쯤 보내고 나와서 다시 달렸다. 하늘은 언제 그랬느냐는 듯이 햇빛이 쨍쨍하다. 내리막길을 타고 15km쯤 오니 산 아래 동네가 나왔다. 숙소가 없느냐고 물으니 Nakulu까지는 25km밖에 안 남았다고 말했지만 지금 시간에 해 빠지기 전까지 나쿠루에 닿을 자신이 없었다. 길이 지금과 같다면 25km는커녕 15km도 못 가서 해가 질 것이다. 지금 입은 옷과 신이 물에 젖는다면…. 생각만으로도 아찔했다. 동네의 게스트하우스로 찾아 들었다. 게스트하우스 중에서 집 색깔이 차분하고 균형이 잡힌 집을 찾았다. 주인이 칠한 것이 저런 색이라면 주인의 성격도 점잖을 것이다.

　게스트하우스는 어제 잔 집과 구조는 같았으나 화장실이 재래식이 아니고 뜨거운 물로 목욕을 할 수 있는 집이었다. 요금은 500실링(5,000원). 와이파이는 안 되어도 화장실이 수세식인 것만 해도 너무 좋았다. 방에 들어가기 전에 일단 짐부터 풀어 패니어부터 씻었다. 자전거도 씻어야 한다.

　"빨래 있으면 해 드릴게요."

　내가 하는 꼴을 보고 있던 아주머니가 말했다. 어제 비에 젖은 아직 축축한 신과 옷, 양말들을 맡겼다. 케냐든 어디 사람이든 손으로 할 수 있는 일이면 무슨 일이든 일을 만들어서 맡으려 했다. 얼마 드리면 돼요? 알아서 주세요. 켁 그 골치 아픈 소린 관둬요. 2,000원을 주시면 안 될까요?

　주인 아주머니가 나와서 신 두 켤레를 씻어 놓고 옷을 빨래하기 시작했다. 나는 게스트하우스에 놀러온 객꾼인 듯한 한 친구와 자전거를 같이 씻었다. 그가 건드리면 돈이지만 그걸 야박하게 그만두라는 말은 못했다. 물론 주지 않아도 말을 할 사람은 아닌 것을 안다. 케냐의 호객꾼들은 안 돼, 하고 단호한 의지를 보이며 왜 그런가를 설명하면 순순히 물러나는 사람들이었다. 점점 사람들이 좋아지기 시작했다. 친절한 사람들이었다. 이제 앞브레이크도 소리가 나기 시작한다. 브레이크 패드가 어디에 하나 남았나? 나이로비에 가선 자전거를 확실하게 손 봐야 한다.

　자전거를 씻어놓고 들어와 있는데 또 비가 쏟아진다. 그대로 나쿠루로 갔다면 고생깨나 했겠군. 한 시간 후에 비가 그치더니 다시 8시쯤부터 다시 줄기차게 내린다. 웬일이야? 정말 아프리카가 이래도 되는 거야?

　라면을 끓이려고 버너를 내어 불을 피웠더니 불이 붙지 않았다. 선배가 후원해 준 버너인데 바킹이 고장 난 것을 고쳐서 지금껏 사용했는데 기어이 다시 고장이 난 것이다. 전자자는 이미 버렸고 버너도 버리고 나면 이젠 불은 없다. 그렇지만 고장 난 것을 가지고 다닐 수도 없다.

"이것 메이드 인 유에스에이예요. 콜맨 버너예요. 바킹이 고장 난 것 같은데 고쳐서 쓸래요?"

게스트하우스 주인은 예상대로 점잖고 부드러운 사람이었다. 내 라면을 끓이기 위해 물을 얹어 놓은 난로는 우리가 수십년 전에 쓰던 그런 것이었다. 대체 저 난로가 저 화력으로 과연 물을 끓일 수 있을까? 의심이 드는 그런 것이었다. 그는 미제 콜맨 버너 라는 내 말을 듣더니 반색을 했다.

"정말 고마워요. 고쳐서 쓸게요. 고마워요."

우리도 어려웠던 그 시절, 국산이라고 꼬리표가 달리면 최하급품이었고 미제라면 최상의 품질과 동격으로 치던 시절이 있었다. 그나저나 탄자니아를 통과하려면 버너는 있어야 하지 않을까? 일단 나이로비로 가서 자전거 브레이크부터 손을 보고 나서 탄자니아로 넘어갈 준비를 해야 한다.

06.22.
수요일
호스텔 주인장과의 식사

밤새도록 비가 오더니 아침엔 그쳤다. 아직 덜 마른 신과 옷을 내어 널어 놓고 자전거를 끌고 나섰다. 시장도 보고 동네도 구경하기 위해서였다. 어디 레스토랑에 가서 밥도 한 그릇 먹고 싶었다. 게스트하우스 주인 아저씨가 일러준 대로 간다고 가는데 뒤에서 보니 답답했던지 아저씨가 뛰어왔다.

"이집이에요."

멀리서 뛰어와 준 그가 고맙고 사람도 그리워서 내가 제안했다.

"점심 안 먹었으면 점심 한 그릇 합시다."

나는 치킨에 밥, 그는 짜파티를 시켰다. 하늘은 흐리고 날씨도 쌀쌀해 추운 날이었다.

'쟈니'라
불리다

케냐 사람들은 나를 Johnny라 불렀다. 우간다에서도 그렇게 불리었던 것 같다. 쟈니가 대체 무슨 뜻이야? 물론 몇 번 듣고 나니 아하 그것이구나 하면서 그 뜻을 알게 되었다. 박학다식(博學多識)한 나로서도 처음 들어 보는 말이라 약간 자존심이 상하기도 했다.

"쟈니가 무슨 말이야?"

나는 어느 날 그늘에 앉아 쉬면서 지나가는 학생에게 물어보았다. 숙식을 해결하며 다니는 장기 여행자를 그렇게 부른단다. 말하자면 집시 같은 건가?

"그게 스와힐리어야?"

"아니 영어예요. 스와힐리어로는 사파리예요."

"응 사파리? 사파리의 뜻이 그거야?"

사람들은 내가 지나가면 말했다.

"하이 쟈니, 나이스!" 혹은 '점보'라고도 말했다. 나는 처음에 '람보'라 하는 줄 알고 그 미친 양키를 나와 대비시키다니 하고 조금 놀랐다. 점보는 스와힐리어로 '안녕, 환영합니다.' 라는 말이란다.

"조심해요, 쟈니!"

우리의 머릿속에 어느새 들어 앉아 있는 것 중에 중대한 오류 하나가 있다. 할리우드 영화와 서양의 시선에 길들여 지내다 보니 흑인은 거칠고 위험하며 천박하다는 부정적 이미지다. 천만의 호떡이요 만만의 콩떡이다.

치음 아프리카로 들어서기 전에 취합한 정보도 그런 것을 부추겼다. 도둑이 우리보다 몇 수십배가 많고 폭력, 살인…. 그런 말만 듣다가 보면 아프리카로 가는 것은 바로 섶을 지고 불속으로 뛰어 들어가는 것과 마찬가지로 생각되었던 것이다. 생각해봐. 가다가 정글도를 혹은 기관총을 들이대면서 돈 내놔 하면 어쩔 거야? 고스란히 줘야 되잖아. 그럼 그때부턴 눈물 구덩이가 되는 거지 뭐. 어디선가 읽은 기억이 나는데 살인 이외에는 단순 비교로 몇 배 어쩌고 하면 안 된대. 그러나 어쨌든 우리보다는 범죄 발생건수가 높은 것은 사실인 것 같아. 집 안에서도 위험하다잖아.

그런 생각을 갖고도 케냐의 거리를 지나가 보라. 친절하고 순박한 사람들이 넘치고 넘친다. 백 미터도 넘는 거리에서 비 오겠다고 하늘을 가리키며 손짓을 하면 거기까지 뛰어와 처마 아래로 들어오라며 무거운 자전거를 밀어주고 길을 가다가 스플라켓(기어)에 고무줄이 끼어 어쩔 줄 몰라 낑낑거리고 있으면 출근하던 하이칼라풍의 시민이 자전거를 붙잡고는 그걸 다 제거할 때까지 묵묵히 참아주는 것이다. 그런 사례가 하나둘이 아니었다. 그걸 똑같이 우리에게 대입을 시키면서 우리는 어떠했을까를 생각해보면 얼굴이 붉어지는 것이다. 요즘은 누가 말을 걸어도 나는 웃으며 대꾸를 한다. 그중에 나를 놀리는 사람들도 물론 있다. 하지만 그럴 때는 '까불지 마.' 하면서 지나가면 그만이다. 특히 아이들이 인사를 하면 나는 반드시 대꾸를 해준다. 그건 나의 케냐 국민들에 대한 경의의 표시다. 오르막을 오를 때는 정말 귀찮다. 말도 제대로 할 힘이 없으면 나는 미소라도 띠며 지나간다. 그러면서 든 엉뚱한 생각. 혹시 케냐가 마라톤 일등 선수들이 많은 것은 이 오르막 덕분이 아닐까 하는 것이다.

이날 아침 일찍 게스트하우스를 나서서 오후 1시쯤 나쿠루에 도착했다. 30㎞를 탔다. 일단 숙소부터 찾아야 했고 내 선결 조건은 와이파이였다. 게스트하우스를 찾았다. 700실링부터 1,000~1,500실링까지의 네 집을 돌았

길가의 짜파티 식당.

지만 와이파이 불가였다. 결국 Pivot라는 호텔에 들어갔다. 2,000실링. 인
사이드 화장실에 와이파이는 겨우 문자만 뜨는 수준이었다. 제법 큰 호텔
이었다. 다음 날 피보트에서 잤다고 하자 케냐인들은 놀랐다. 내 꼴이 거지
같아서 그랬을 것이다. 호텔은 부지는 넓었지만 그 시설은 우리의 여인숙
과 같은 수준이었다. 강냉이를 사 와서 저녁으로 대용하고 다리를 뻗었다.

06.24. 금요일 호텔의 고무줄 요금

케냐의 상점들도 우간다와 마찬가지로 철망에다 자물쇠를 걸어놓았다.
물건들을 철망 뒤에 넣어 놓고 파는 것이다. 은행, 백화점, 슈퍼마켓, 음식
점까지 조금 큰 공중접객업소는 소총을 든 사설 경호원들이 지키고 있었
다. 슈퍼에 들어갈 때도 몸수색은 기본이었다. 한 번은 술집에 잠깐 들어
갈 기회가 있었는데 술집 안 주방에도 쇠창살을 해 놓았다. 술을 훔쳐 갈

까봐? 왜 저렇게 해 놓있을까? 이 살벌한 분위기에서 술을 마실 생각이 날까? 그래도 사람들은 모여 앉아 술을 마시고 있었다. 즐겁게. 게스트하우스도 바깥과 객실을 분리해 놓았다. 육중한 문을 열고 자물쇠를 따고 들어가야 하는 것이다. 그리고 방마다 안팎으로 자물쇠가 있었다.

저녁 때쯤 나이바샤에 도착을 해서 교통순경에게 숙소를 찾는다고 말하자 자기 차 뒤를 따라오란다. 그렇게 들어간 곳이 3way 게스트하우스였다.

"얼마요?"

3,500실링이라면서 눈도 깜빡이지 않았다. 가만히 보니 부르는 대로 주면 받고 깎이면 깎이는 대로 받는 주의인 모양이었다. 하지만 이 사람아, 나도 이젠 값을 알아서 비교할 줄도 안다.

"1,500실링 하면 안 될까?"

두말없이 시원하게 Ok 란다. 이날 75㎞를 달렸다.

케냐도 우간다도 점포마다 철망을 쳐놓고 거기 안에서 물건을 팔았다.

헬스게이트
국립공원

　Naivasha에서 Hells Gate national park의 ELSA GATE까지는 나이바샤에서 23km이다. 마지막 2km 구간은 비포장이었다. 가는 길도 살짝 오르막이었다. 카탁스와 사이프레스 나무가 우거진 길을 따라 가는 길, 한가하고 평화로운 길이었다. 아침 9시 30분에 출발을 했다. 왜냐하면 아침에 친애하는 나의 라일락 친구들로부터 뜻하지 않게 단체 카톡 방으로 초대를 받았기 때문이었다. 헛, 별꼴이야. 살다 보니 이 친구들이 이런 것을 할 때가 있군. 나는 신기해서 출발이고 뭐고 거기에 코를 박았다. 역시 사람은 마음 푹 놓고 쓸데없는 소리를 많이 해야 한다. 욕도 좀 하고 말이야. 그래야 즐거워지고 행복해 지는 것이다. 하하. 내게 아침마다 아침 편지를 보내주는 친구와 세상의 좋은 말이라는 말은 모조리 찾아서 보내 주는 사람들이 있다. 소위 성인, 현자, 박사들의 좋은 말씀을 보내주는 것이다. 보내주는 그

헬스게이트 국립공원을 지난다.

성의가 고마워서 보내지마라는 밀은 하지 잃았지만 나는 그길 한 번도 끝까지 읽지 않았다. 생긴 대로 사는 것이 좋은 인생이 아닌가?

　공원 입장료는 30달러, 캠핑 20달러, 자전거 250실링 해서 5,400실링이었다. 도착한 시간이 12시였으니까 입장해서 텐트를 칠 시간도 구경할 시간도 충분할 거라고 생각해서 일단 텐트를 치고 나서 행동을 하자고 생각해 자전거를 끌고 캠핑장으로 올라갔더니만 그냥 언덕만 있을 뿐이었다. 시설은 아무것도 없었다. 물론 사람도 없었다. 공원을 둘러보려 해도 짐을 맡길 곳이 없는 것이다. 어른 머리만한 돌에다가 캠핑A.B 라고 쓰인 돌 하나가 시설의 전부였다.가는 길 양옆 들판에는 얼룩말과 멧돼지, 임팔라들이 그나마 공원의 체면을 살리고 있었다. 나는 들판이 내려다보이는 언덕에 올라서 주위를 관찰해보고는 둘러보는 것을 포기했다. 자동차가 아니면 사실 동물들을 만나는 것이 버겁게 보였다. 맨 자전거면 몰라도 짐자전거를 타고 짧은 시간에 공원을 둘러보다가 동물들을 만나는 행운을 기대한다는 것은 무리라 생각됐고 공원을 둘러본 것만으로도 나는 만족했다. 공원 입구로 다시 나와 텐트를 칠 곳을 물색하다 입구의 매점 지붕 아래를 낙점했다. 이어서 매점 아가씨와 타협을 보고 입구의 경비원들에게도 내가 여기에 잘것이라는 것을 알렸다.

　헬스게이트는 미국의 그랜드 캐니언에 있는 헬스게이트에서 이름을 빌려왔을 것이다.

06.26. 일요일 야마초마

헬스게이트 국립공원은 나이로비로 가는 여정에서 90도 각도로 꺾어서 들어간다. 나는 이 길을 다시 제자리로 나와서 나이로비로 가야 한다. 나이바샤로 오는 길은 살짝 내리막이어서 힘도 들이지 않고 두 시간 반 만에 30km를 왔다. 나이바샤 3way 게스트하우스에 들러 사장님을 찾아서 아침 한 그릇을 먹고 출발을 했다. 이날 총 53km를 탔다. 그러니까 오전 잠깐 30km를 타고 나머지 22km를 여덟 시간을 넘게 끌바를 한 것이다. 나는 반쯤 죽었다. 오르막을 오르다가 로드용 자전거를 타는 케냐인 라이더를 만났다. 반가워서 우리는 악수를 나누고 같이 오르막을 올랐다.

"제가 옆에 따라 갈 테니까 같이 갑시다."

그는 나이로비에 살면서 일요일을 맞아 라이딩을 나온 것이었다. 하지만 나는 그가 내 옆을 지키지 못할 것이라는 것을 안다. 한 시간 정도를 달리다 나는 입간판이 있는 안내판 옆에 차를 세웠다.

"같이 가면 좋겠지만 같이는 못가. 너는 너무 빠르고 나는 느려. 그러니 너 먼저 가라. 나는 아마 오늘 나이로비엔 못 들어갈 거야."

"아니요, 갈 수 있어요. 여기서 18km는 오르막이고 그게 끝나면 60km가 내리막입니다."

그렇게 말하곤 그는 갔다. 그 18km는 22km였다. 나는 그 22km도 못 오를 것이라고 생각했다. 15km쯤 끌고 나니 입에서 게거품이 나는 것이다. 정말 더 이상은 때려죽인다 해도 못가겠어. 나는 잘 곳을 찾기 시작했다. 무슨 문제 있어? 무엇을 도와줄까? 라며 묻는 농부에게 나는 말했다. 나 지금 잘 곳을 찾고 있어. 그는 내가 자전거를 타지 않고 끌고 가는 것을 보고 말한 것이다. 그래? 그럼 여기서 몇 백 미터만 가면 경찰서가 있어. 그리로 가서 사면 될 서야. 오오, 그거 듣던 중 반가운 소리군. 하지만 그렇게 찾아간 경찰서의 경찰은 나를 데리고 간 또 다른 사람에게 타박을 하는 것 같았다. 왜 데리고 왔느냐고 말이다. 물론 나야 스와힐리어를 못 알아듣지만 그렇게 말을 하는 것 같았다. 그러면서 내가 물어도 대답을 않는 것이었다. 영어를 못하는 체 하는 것이다. 나를 데려간 청년이 조금 지능이 떨어지는 것 같아서 나는 옆으로 지나가는 사람들에게 물었다.

"여기 경찰서가 맞아요?"

왜냐하면 경찰서 간판도 없었고 경찰관이라는 사람은 경찰복도 입지 않고 있어서 물은 것이다.

"여기 맞아요."

나는 잠깐 화가 치밀었으나 곧 그 자리를 벗어났다. 더 이상 말을 한다는

야마초마를 먹고.

쉴 때는 한 번씩 셀카를 하며 시간을 보낸다. 왜냐하면 나는 성질이 급해 금방 떠나려 하기 때문이다.

것이 무의미했기 때문이었다. 어쨌든 그는 내가 반갑지 않는 것이다.

다시 끌바를 시작했다. 케냐인 청년 라이더가 손짓을 하며 저기가 오르막 마지막 지점이에요 하면서 손으로 가리킨 산의 정상이 여긴 것 같은데 하며 가다가 정상 500m쯤 앞에서 나는 또 다른 케냐인 라이더를 만났다. 그는 내 사정을 듣자 자기는 나이로비에 살기 때문에 여기 사정은 잘 모르나 저기 정상에 가면 잘 곳이 있을 겁니다 라면서 같이 자전거를 끌고 오르기 시작했다.

"내 파트너도 뒤에 따라오고 있어요."

뒤에 올라온 파트너는 자전거에 물고기 두 마리를 달고 있었다. 오면서 만난 길에서 팔고 있던 잉어였다. 헛 그는 가족을 위해 읍내에 나가 장 봐가지고 오시던 나의 아버님 생각이 나게 만드는 행색이었다. 복장도, 철티비 자전거도, 옷도 라이더 흉내만 낸 어설픈 차림이었지만 그들은 빛나는 21살이었다. 이미 날은 어두워 먼 불빛을 의지해 더듬거리며 가야 했다. 사람들이 알려 준 첫 번째 숙소에 도착했으나 방이 없단다. 추위를 참고 있던 청년들이 옷을 껴입었다.

"오늘 너무 추워요!"

아닌 게 아니라 아프리카에서 동사를 할 수도 있겠구나 하는 날씨였다. 두 번째에서 700실링(7,000원) 짜리 방을 구해놓고 그들과 나는 '야마초마'를 먹으러 식당을 찾았다. 나는 야마초마가 처음이었다. 물론 이들은 음식을 먹고는 곧 출발해야 한다. 야마초마는 염소고기를 삶은 것이다. 물론 돈은 내가 지불할 것이다. 고기는 1.5㎏에 1,650실링이었다. 야마초마는 케냐의 유명한 음식이다. 고기 굽는 연기가 자욱한 식당의 널빤지 의자 위에서 무슨 맛인지도 모르면서 사람들 속에 섞여 앉아서 고기 몇 점을 뜯었다. 맛은 없었지만 먹어놓으면 에너지가 되겠지. 그들을 보내고 나는 호텔로 돌아왔다.

드디어 **나이로비에** 도착하다

간밤에는 정전이 되어 초저녁부터 발전기를 돌리느라 게스트하우스는 발전기 돌아가는 소리로 전쟁터 같았다. 기기들 충전도 할 수 없었다. 그나마 12시가 되자 발전기도 꺼버렸다. 한밤에 화장실을 더듬더듬 벽을 더듬어 가며 가야 했다. 이젠 하도 당하는 일이라 별 느낌도 없었다. 그렇군. 전기와 온수, 화장실, 수도, 하수도, 쓰레기 등이 도시의 가장 기본적인 문제다. 이보다 더 중요한 삶의 조건은 없다. 내가 나이로비로 오면서 이용한 길은 나쿠루-나이로비 하이웨이였다. 하이웨이지만 그 갓길에 자전거도 다니고 사람도 다녔다. 차들이 다니는 길은 포장이 잘 되어 있어 속도를 낼 수 있었지만 갓길이나 갓길 옆은 파이고, 물이 고이고, 풀들이 무성한 그런 길이었다. 어떤 구간은 가로수들이 잘 자라 있어서 길을 조금만 정비를 하면 아주 아름다운 길이 되겠구나 하는 아까운 길들도 많았다. 그 길을 자전거를 타고 오는 동안 만났던 사람들은 거의 없었다. 나이로비가 가까워 오자 자전거를 탄 사람 4명을 만난 것이 고작이었다. 이날은 일요일이었으니까. 그나마 이 사람들이라도 만날 수 있었을 것이다. 물론 마을을 통과할 때는 길옆에 많은 사람들이 있었다.

산의 정상을 찍고 나선 나이로비까지의 길은 내리막이었다. 67㎞를 페달 한 번 밟지 않고 브레이크만 잡으며 나이로비에 들어왔다. 나이로비로 들어와서도 내가 목표한 YMCA YOUTH HOSTEL까지도 내리막이었다. 거꾸로 방향을 잡으면 자전거 여행자에겐 끔찍한 길이 될 것이다. 나이로비를 다녀 간 사람들은 내게 말했다.

"나이로비는 대도시입니다. 서울과 다름없어요."

서울이나 다른 대도시와 다를 바가 없다는 것이다. 나는 그 말을 거기엔

나이로비 시.
삼성 광고판이 반갑다.

내가 필요로 하는 기술과 물건들이 모두 있을 것이라는 것으로 받아들였다. 하지만 나이로비 초입부터 내 생각을 수정해야만 했다. 도시의 크기나 인구는 몰라도 한 나라의 수도라고 그 나라가 가진 문제점들을 초월할 순 없다. 그 도시의 공간을 채운 것들은 결국 케냐가 가진 수준일 수밖엔 없는 것이다. 교육의 수준이 교사의 질을 뛰어넘을 수 없듯이 케냐가 가진 형편들이 나이로비라고 해서 케냐의 수준을 뛰어넘을 수 없는 것이다. 761㎞를 달렸다. 소피아에서 그리스 아테네까진 910㎞를 달렸었다. 그 구간보다 150㎞나 짧은데도 시일은 3일이 더 걸린 16일간 달렸다.

YMCA에 여장을 풀었다. 아프리카의 유스호스텔들은 도미토리룸이 없었다. 이집트의 카이로도 우간다의 캄팔라도 마찬가지였다. 싱글침대 하나에 내부 화장실이 2,000실링(20,000원)이었다. 외국인은 나 혼자였다. 5일간을 예약했다. 자전거도 손 봐야 하고 필요한 물건들을 구입해야 하며 '마사이마라'도 갔다 와야 한다. 그리고 또 쉬어야 한다. 아프리카는 이제 시작이구나 하는 느낌이 들었다. 여기에서 탄자니아의 서울 도도마까지는 약 1,000㎞를 달려야 한다. 거기서 다시 말라위를 지나 짐바브웨의 하라레까지, 거기서 다시 빅토리아 폭포까지는 3,000㎞ 가까이 될 것이다. 나는 그

길을 달리고 싶다. 이제 시간도 얼마 남지 않았다. 기회는 언제나 한 번뿐이고 두 번 다시 같은 기회가 돌아오지 않는다는 것을 나는 알고 있다.

 **야생의 천국,
마사이마라 국립공원**

06.28.~29.
화~수요일

　나이로비의 YMCA 유스호스텔은 케냐인들이 아프리카에서 제일가는 대학이라며 자랑하는 나이로비 대학교 앞에 있었다. 위치도 나이로비의 중심이었다. 블친인 장만옥 님이 들렀던 곳이라며 정보를 줘서 일찌감치 낙점을 하고 있었다. 물론 YMCA의 공신력에 대한 믿음 때문이었다. YMCA 유스호스텔은 나이로비 대학교 정문을 왼쪽으로 끼고 가다보면 30m는 족히 되어 보이는 키 큰 나무들이 우르르 몰려 서 있는 도로 아래쪽에 자리하고 있었다. 부지도 넓고 17×30m짜리 크기의 수영장도 있는 곳이다. 인터넷 방, 식당 등도 갖추고 있었다. 하지만 첫날부터 나는 인터넷에 접속하기 위해선 옷을 껴입고 모기약을 바르고 수영장 위쪽 식당 앞에 있는 야외 테이블로 가야 했다. 방에선 신호가 잡히지 않았기 때문이었다. YMCA의 인터넷도 사진을 쉽게 올릴 수준이 아니었다.

　인터넷보다 더 급한 것은 자전거 브레이크를 손보는 일이었다. 뒷 브레이크를 고쳐야 해. 나는 도착해서 방을 정리하자마자 직원들을 상대로 자전거점을 수소문하기 시작했다. 앱에서 자전거 수리점을 찾아도 1만㎞나 더 떨어진 서울의 수리점이나 탄자니아의 수리점을 알려주는 행패를 부리는 데 그걸 말릴 기술이 내겐 없었기 때문이었다.

　"내 자전거 브레이크가 고장 났어. 수리점을 좀 알려줘. 수리점은 아주 큰 곳이라야 돼. 고급 자전거를 파는. 왜냐하면 내 자전거는 브레이크가 오일 시스템이야. 알아들었어? 허름한 곳에 가면 고치지도 못해. 알았지?"

나는 불안해서 신신당부를 했다. 오다가 만난 라이더들이 한결같이 철티비(생활자전거)를 타고 있는 것을 봤기 때문이었다. 포항의 자전거 숍에 브레이크를 고치러 가면 듣는 소리다.

"이건 서울로 올려야 돼요. 여기선 부품이 없어요."

그래서 한국에서도 일주일이나 걸려서 고친 브레이크가 내려오곤 했으니 내가 지레 겁을 먹는 것도 이상한 일이 아니다.

"하하, 걱정 말아요. 내일 아침에 내가 멋진 곳에 데려다 줄게."

하지만 다음 날 오후 찾아간 나이로비 대학교 안의 자전거 수리점의 수리기사는 망치와 뺀치를 들고 나를 기다리고 있었다.

"허, 이건 안 된다고 했잖아. 이건 하이 테크놀로지가 필요하다 이 말이야."

말을 하니 그렇다는 말이지 유압브레이크가 하이 테크놀로지야? 같이 간 세 사람과 한바탕 웃고 나서 터덜터덜 내려오니 또 다른 사람이 자기가 기술자를 바로 부르겠단다. 그래서 새로 온 새파란 기술자는 브레이크가 고장이라 했는데도 스플라켓(기어 뭉치)을 가리키며 말했다.

"이게 고장이야?"

엉뚱한 곳을 사진 찍는다. 브레이크도 모르는 것이다. 너도 탈락이다. 그나저나 답답해진 건 나였다. 다시 몇 사람을 거쳐 겨우 어디쯤 가면 있을 것이라는 답을 얻었다. 5㎞ 떨어진 수리점을 찾아 자전거를 끌고 나섰다. 물어물어 수리점을 겨우 찾아 들어갔다. 주인인 백인에게 말했다.

"블리딩을 해야 해. 할 수 있어요?"

나는 블리딩이 무엇인지 정확히 모른다. 서울의 자전거 숍 점장님이 알려주기에 바가지를 쓰지 않기 위해 아는 체 하는 것뿐이었다. 아무튼 브레이크 튜브 내에 있는 공기를 빼거나 오일을 보충하는 것이겠지? 그가 조금도 주저 없이 말했다.

"2,500실링(25,000원)이야. 한 시간 걸려."

안심이다. 그래. 해줘. 돈을 따질 계제가 아니다.

"브레이크패드도 체크해서 닳았으면 바꿔줘요."

한국에서 패드를 2개 준비했었는데 이미 다 바꿨다. 한 시간쯤 걸려 수리가 끝났다. 패드는 제 것이 없어서 비슷한 걸로 갈았다. 5,300실링이었다.

"수리한 브레이크에 다시 문제가 있으면 언제든지 와. 고쳐줄게."

가뿐한 걸음으로 수리점을 나와 카메라점으로 향했다. 아무리 생각해도 카메라 없이는 기록도 없다. 기록이 없으면 여행도 없다. 블로그에 기를 쓰고 글을 올리는 것은 이것이 내 재산이기 때문이다.

"거기가 젤로 큰 카메라점이야. 거길 가봐. 네가 찾는 올림푸스 TG-3가 있을 거야."

하지만 예상대로 거긴 없었다. 다시 호스텔로 돌아오는 길. 호스텔을 3km 앞두고 자전거 체인이 끊어졌다. 길바닥에 흘러버린 체인을 주워 담고 자전거를 끌고 터벅터벅 호스텔로 돌아왔다. 1년이 넘으니 체인도 끊어지는군.

한국을 떠날 때 이럴 경우를 대비해서 체인핀을 준비해 온 것이 있다. 어떻게 고치는지는 생각이 나지 않았다. 배우긴 배웠는데…. 나의 짱구머리가 1년이 지난 시점에서 그걸 기억해 낼 수는 없다. 하지만 이리저리 맞추다 보면 해 낼 수 있을 거니까. 체인 문제는 제쳐두고 일단 마사이마라를 다녀오자. 케냐에 와서 거길 가지 않는다면 이번 아프리카 여행은 팥소 없는 찐빵이 될 거니까. 돈에 대한 고민은 일단 꺼두자.

마사이마라 사파리

호스텔 직원의 소개로 내게 오더를 받으러 온 케냐의 여행사 아주머니는 차분한 중년 여성이었다.

"3박4일짜리가 460달러, 2박3일짜리가 375달러예요."

호스텔에서 픽업해 가서 제자리에 돌려놓을 때까지 그 사이의 밥값, 숙소, 교통을 책임지는 조건이었다. "물론 음료값은 본인이 부담하셔야 합니다." 이제까지 얻은 정보와 비교해 봐도 바가지는 아닌 것 같았다. 내 생각에 3박4일의 3박째는 사족일 것 같아서 2박3일짜리를 선택했다. 여행사 앞에 모여 있는 일행은 8명이었다. 한국인 여학생 2명, 네덜란드 커플, 에티오피아인 1명과 그의 애인인 듯한 백인여성 1명, 영국인 1명, 그리고 나였다. 차는 도요타 봉고, 지붕덮개가 열리고 무선 햄 장비가 장착된 차였다. 나이로비에서 우리가 가는 마사이마라의 캠프까지는 285㎞. 약 6시간에서 8시간이 소요가 되는 길이란다. 이날 8시간이 걸려서 마사이마라의 캠프에 도착했다. 차 한 잔 마시고 바로 초원으로 나섰다. 5시30분부터 시작된 이날의 사파리는 2시간 정도 걸렸다.

우리가 묵은 MITIMINGI ECO CAMP에는 다른 여행사에서 온 여행객들도 많이 와 있었다. 차들은 차에 장착해 놓은 무선 햄 장비로 정보를 주고받으며 초원을 누비는 것이다. 그러니까 여기 3번 길에 사자가 얼룩말 한 마리를 잡아서 잔치를 벌이고 있어요 하고 다른 차에 알리면 동물을 찾아 돌아다니던 차들이 거기로 와서 식사를 하는 사자 옆으로 여행객들을 데리고 가는 식이었다. 잔치를 벌이던 사자 입장에서야 반갑잖은 손님이지만 사자도 이젠 적응을 했는지 너거야 오든지 말든지 묵묵히 식사를 하는 형편이었다. 캠프에 설치해 놓은 군사용 천막이 우리가 자야 하는 곳이었

마사이마라
사파리.

다. 화장실과 샤워시설을 설치해 놓았으나 빛 좋은 개살구였다. 전기가 들어와야 작동을 할 것 아냐. 당연히 배터리 충전도 할 수 없어서 한 군데 전기가 들어오는 곳에 모아서 충전을 했는데 천막에 불이 들어오는 시간은 저녁에 두어 시간뿐이었다. 이는 아마도 캠프 측에서 조절을 하는 것 같았다.

다음 날 한국 여학생 둘은 풍선 타러 간다고 우리와 떨어졌다. 이제 24살 여학생들이다. 이들은 굿피플에서 케냐에 1년간 자원봉사를 하러 온 학생들이었다.

"벌룬 타러 안 가실래요?"

벌룬을 타라는 광고 사진을 본 적이 있다.

"벌룬? 얼만데?"

값부터 묻는 이 저속함.

"390달러요."

한 시간 타는데 드는 금액이었다. 사파리 비용보다 비싸고, 8시간 비행기 타는 값보다 비싸다. 나는 사양할게. 나는 BBC 다큐멘터리로 대체를 할 거야. 낮 12시쯤 여학생들이 돌아왔다. 벌룬 좋았어? 네, 좋았어요. 근데 학생들은 지금이 휴가 기간이야? 네, 1년에 15일간 휴가를 쓸 수 있어요. 이날도 우리는 해가 지고도 한참 동안 더 초원을 누비고 다녔다. 초원은 누떼들이 뒤덮고 있었다. 끊임없이 이동하는 누떼들. 얼룩말, 임팔라, 톰슨가젤, 기린, 타조, 자칼, 코끼리, 죽은 얼룩말 위에는 부쳐(독수리)떼들이 모여 정신없이 뜯어먹고, 식사를 마친 사자들은 인간들이야 오든지 말든지 그늘에 누워 배를 하늘로 향한 오만한 자세로 자고 있었다. 자칼도 몽구스도 코끼리도 저들 방식대로 주어진 생명을 살아내고 있었다. 사자도 엄청 커, 작은 황소만 하다. 누떼를 보니 사자들 몇 천 마리는 키울 수 있겠구나. 죽은 누를 온갖 동물들이 남김 없이 처리를 했다. 생명의 순환이다, 우리

마사이마라를 뒤덮은 누떼들.

역시 우리가 멸시하던 구더기들이 우리가 온 곳으로 되돌려 줄 것이다.

사람이 다른 동물보다 귀한가? 당연히 귀하다. 나도 사람 축에 드니까. 그건 그거고. 마라 강을 사이에 두고 탄자니아와 케냐가 나뉜다. 케냐 쪽 초원의 이름은 '마사이마라'이고 탄자니아 쪽 초원은 '세렝게티'로 불리는 것이다. 마라 강은 지금은 작은 하천이었다. 우기가 닥쳐 비가 내리면 엄청 크지겠지. 황토색 걸쭉한 흙탕물이 흐르는 그 하천엔 하마들이 몸을 담그고 있었다. 어찌해서 생명은 아프리카에서 시작이 되었을까?

흑인들은 동양인처럼 몸에 털이 없다. 서양인은 팔도 다리도 가슴에도 원숭이만큼이나 털이 많잖아. 진화가 덜 된 탓이야? 또 하나 특이한 것은 흑인들은 반바지를 잘 입지 않았다. 이는 순전히 다리털 때문은 아닐 것이다. 우간다에서도 케냐에서도 남자들의 반바지 차림을 거의 보지 못했다. 왜? 자연 환경 때문인가, 문화적 영향인가? 또한 우간다에서는 카메라를 들이대면 질색을 하며 적의까지 나타내는데 케냐에선 별로 신경을 쓰지 않았다.

저녁에 캠프로 돌아오면 다 같이 모여 식사를 하는 자리에 스태프들은 오지 않았다. 그러다 우리를 종일 데리고 다니는 운전기사, 사실은 사파리 전체의 질이 이들에게 달려있다. 사파리에서 대부분의 시간을 이들과 보낸다. 출발부터 도착까지 이들이 안내를 하고 수송을 책임지는 것이다. 그런데 밥은 따로 먹는 것이었다. 리차드는 우리의 운전기사였다. 자존심도 세고 성깔도 있는 사람이었다. 그가 오면 나는 맥주 한 병을 건네고는 했다. 그가 맥주를 좋아하기 때문이었다. 이 친구가 발동이 걸리면 같이 한잔 꺾을까 하는 희망을 걸었는데 그는 한 병을 마시고는 자리를 떴다. 그러면 나도 김이 새서 들어와 자는 것이다. 그리스의 테살로니카에서 이소리 군과 한 잔 한 것이 언제야? 까마득하다.

다음 날은 일출을 보러갔다. 새벽 6시에 출발을 해서 3시간 정도 돌아다녔다. 사파리가 끝나고 우린 또 나이로비로 돌아가야 한다. 돌아오는 길엔 마사이마라 공원을 한참 벗어난 곳에서 길을 건너는 기린 가족을 만났다. 그 우람한 덩치에 점잖은 발걸음. 기린은 정말 매력적인 동물이었다. 마사이마라는 동물들이 사람을 먹여 살리는 곳이다. 털털거리는 비포장길을 2시간 반을 달려 빠져 나와 나쿠루 나이로비 간 하이웨이를 타고 나이로비로 돌아왔다. 나는 다시 카메라를 알아보기 위해 주위의 다른 쇼핑몰로 갔으나 역시 아직 케냐는 내가 찾는 카메라가 들어오려면 시간이 좀 더 지나야 될 것 같았다. 온라인 쇼핑몰에도 알아보자. 사는 건 고사하고 궁금증에 불이 붙었다. 이제 탄자니아로 갈 것이다. 아직 아프리카가 우리에게 익숙

마사이마라
사파리.

마사이마라의 일출.

하지 않은 것은 아프리카 여행을 무서워하기 때문일 것이다. 이는 정보 부
족 때문이다. 또한 치안이 불안하다는 것이 많은 사람들을 주저하게 만드
는 이유이다. 나는 탄자니아로 간다. 평생 가보려고 생각도 안 해 본 나라
이다. 아프리카 어디쯤 붙어 있는지는 이제야 알았다. 거기다가 아프리카
중에서도 개발이 덜 된 나라란다. 그래 나는 원시에 가까운 아프리카를 보
고싶다.

자전거로도 지구는 좁다

2016년
7월

나이로비 　　국경
　　　　　나망가　　　탄자니아　　　아루사　　　나쿠우니　　　바바티
　●　　　　　●　　　　　●　　　　　●　　　　　●　　　　　●

　　　　　낭와　　　민진구　　　신기다　　　도도마　　　이자지
　　　　　●　　　●　　　●　　　●　　　●

화를
내다

사람이 늘 하던 짓을 못 하면 불안해진다. 마음이 찜찜해지지. 화장실 갔다가 뒤처리를 못 한 것처럼 말이야. 사진은 왜 안 올라가는 거야? 써놓은 글은 올려야 내가 움직이지. 나는 호텔을 바꿔볼까 하는 마음까지도 가지고 길을 나섰다. 전체 나이로비의 와이파이 사정이 이렇지는 않을 것이다. 틀림없이 잘 되는 데가 있을 거야. 끊어진 체인을 수리해서 자전거를 타고 나이로비 시내로 나섰다. 올림푸스가 있을 거라는 카메라점의 위치부터 알아놓았다. 일요일이라 휴점이었다. 카메라점 근처에서 인터넷 카페를 찾고 있는데 경찰관이 '뭐 도와줄 게 있어요?' 라며 물었다. 여기 와이파이가 되는 곳이 어디 있어요? 비밀번호를 아는 와이파이가 있다며 근처 호텔의 와이파이 비밀번호를 알려준다. 하지만 사진을 올릴 정도의 신호가 아니었다. 그들에게 사정을 설명하니 저기 한 번 가 봅시다 해서 찾아간 곳이 JAVA 레스토랑이었다. 시내 곳곳에서 봤던 기억이 있는 체인점이었다. 일단 들어가서 메뉴를 보고 와이파이 번호를 받아서 가져간 노트북을 내놓고 사진을 올려봤다. 잠깐 기다리니 사진이 올라갔다. 그렇다면 음식을 먹어야겠군. 햄버거를 하나 시켰는데 값이 850실링이다. 케냐도 음식 가격의 편차가 심했다. 내가 애용하는 노점 레스토랑의 식사 한 끼 대금은 짜파티 2장에 차 한 잔, 콩 한 접시 해서 50실링에서 60실링(600원)이면 먹을 수 있었다. 치킨에 라이스면 150실링, 이게 YMCA에서 치킨 스튜에 라이스면 350실링이고 여기 자바에선 950실링이 되는 것이다.

그래도 사진을 올릴 수 있다면 여기가 호텔보다는 싸겠지. 나는 즐거운 마음으로 앉아서 몇 시간을 보냈다. 두 편쯤 올리고 나니 또 이상해진다. 안 올라가는 것이다. 트래픽이 많이 걸렸나? 일단 다음 날 다시 오기로 계획을 잡고 나는 자바 식낭을 나섰다. 마음이 개운해진다. 비로소 눈앞에 나이로비가 보이기 시작하는 것이다. 여행일기는 나의 행적이고, 마음이고, 재산이다. '그 까짓 게 뭐라고'도 할 수 있겠지만 나는 이것을 기록할 수 있어 행복하다. 오늘이 언제나 내 인생 최고의 시간이라 생각하고 나는 그 시간들을 잠시 나의 일기에 붙잡아 매어두는 것이다. 나는 일기를 제날 쓰려고 노력한다.

　다음 날 아침 다시 자바를 찾아갔더니만 속도가 시원치 않아서 결국은 못 올리고 나와야 했다. 됐어, 이건 다음에 올리자. 카메라점에도 내가 찾는 것은 없었다. 그래 알았어요. 이가 없으면 잇몸으로 해결하는 거지. 식료품이나 사자. 더 이상 나이로비에 있을 이유가 없다. 나이로비의 분위기가 익숙해져서 제대로 보이기 시작하는데 나는 또 떠나야 하는 것이다. 이 날 다른 식료품과 함께 달걀을 12개 샀다. 호스텔에 가서 삶아 달라 해야지 하고 말이다. 근데 호스텔로 돌아와 사정을 설명하고 이걸 좀 삶아줘 하고는 수영장에 내려가 아이들 노는 모습을 구경하다가 올라오니 탁자 위에 그대로 있었다.

　"왜 안 삶았어?"

　"주방에서 안 삶아 준대요."

　"왜?"

　"돈을 줘야 해요."

　뭐라? 이런 경우는 처음이었다. 어디에서도 이건 그냥 삶아줬었다. 달걀을 사면서 삶아 줄 수 있느냐고 물으면 숯불을 피워서라도 삶아 줬었다. 치미는 분노를 누르고 목소리를 깔고 다시 물었다. 나는 매일 이 식당에서 밥을 사먹고 이 집에서 잠을 잔다.

　"얼마야?"

　아이들이 킥킥거리면서 야, 300실링 달라 그래, 어쩌고 하더니 어린 여직원이 300실링을 달란다.

"뭐, 뭣이 어째? 이걸 300실링이냐? 야 이 썩을….".

열이 받쳐 소리를 지르며 달걀판을 팽개치려고 어깨 위로 쳐드니 아이들이 우르르 주방으로 달아나면서도 킥킥 웃는다. 175실링을 주고 달걀 12개를 샀다. 숙박 일수로는 열흘 가까이 머물면서 나는 청년들이라고 조금도 소홀하게 대하지 않았다. 아침에 내려가면 '하이 마이 프랜드.' 어쩌고 하면서 친하게 지냈는데 그건 내 마음만이었던 것이다. 외국인이라면 돈으로 밖에 안 보이냐? 너희들 보스 어디 있어? 보스 오라고 해. 보스라고 나이든 중년 사내가 와서 목소리를 낮춰 설명했지만 결론은 마찬가지였다. 룰이 그렇단다. 이 집만의 특별 룰이다. 값은 200실링으로 내렸다. 우리 돈 2,000원이다. 내일 새벽 일찍 떠나자. 인간관계에 환멸을 느끼면 그 나라가 싫어진다. 이집트가 그래서 나는 일찍 보따리를 쌌었다. 다합으로 가서 지중해의 수중세계를 구경하고픈 마음을 접고 말이다.

07.05. 화요일
야영은 즐거워

짐을 챙겨 6시 50분 호스텔을 나섰다. 1일치 숙박비와 달걀 삶은 값 200실링을 지불했다. 새벽이라 카운터는 근무하는 직원이 바뀌어 이 200실링은 모르는 돈이다. 아직 직원들이 출근하기 전이라서 그 돈이 주방으로 전달이 될는지는 나는 모른다. 배달 사고가 날지도 모른다는 말이다. 하지만 그건 나의 소임이 아니다. 30㎞쯤 달리고 나자 도시가 끝나고 케냐의 자연이 펼쳐졌다. 답답했던 가슴이 뻥 뚫리는 느낌이었다. 나는 행복해서 콧노래를 불렀다. 근데 나무 그늘 아래 쉬면서 땀에 젖은 몸을 말리자 추워서 햇빛 아래로 나왔다. 아프리카가 뭐 이래? YMCA 유스호스텔에는 에어컨이나 선풍기는 없었다. 연중 날씨가 그렇게 덥지 않다는 말일 것이다. 우간다에서부터 호텔엔 모기장도 있었다. 하지만 다시 오르막 내리막이 계속되었다. 이날은 67km를 달렸다. 그러다 적당한 나무를 발견하고 자전거를 멈췄다. 오후 3시 30분. 8시간을 달렸다. 새로 산 돗자리를 펴고 누워 쉬면서 주위를 살폈다. 가끔 목동이 지나갔지만 인적이 드문 곳이었다. 그래 여기서 야영을 하자. 텐트보다 멋있는 집은 없다. 내가 가지고 다니는 짐들을 모두 텐트 안에 넣으면 비좁지만 이 한 몸 누이기에는 부족함이 없다. 텐트 문을 닫고 누우면 그보다 행복할 수가 없는 것이다. 텐트 주위는 평원이었지만 마침 몇 그루 서 있는 가시나무가 텐트를 은폐해 주었다. 텐트 바닥이 여러 군데 구멍이 나서 매트를 하나 구입했다. 60×180㎝의 크기인데 텐트 칠 밑바닥에 깔고 텐트를 치면 푹신한 느낌이 들고 바닥으로부터 습기도 막아주는 것이다. 새벽에 일어나도 텐트엔 이슬이 맺히지 않았다.

07.06.
수요일
다시
야영

　달리다 보면 강이 있다는 안내판이 나온다. 강이라? 자전거를 멈추고 강의 다리 위에 서면 어리둥절해진다. 다리 아래 강은 바짝 말라서 물이 없기 때문이었다. 강폭도 좁아서 그저 우리의 작은 하천 정도밖엔 되지 않았다. 지금은 건기다. 도시 주변에 황톳물이라도 흐르는 곳이 있으면 주민들이 20리터짜리 플라스틱 물통 4~6개를 자전거나 오토바이에 싣고 와서 그 물을 담아가는 것이다. 저 물을 대체 어디에 쓰는 거야? 앉아서 구경만 하다가 차마 묻지를 못했다. 식수로 쓰겠지. 아마도 가라앉혀서 먹을 것이다.

탄자니아의 국경까지 오면서 그런 강 표시를 몇 번이나 봤지만 물이 흐르는 강은 없었다. 먼지만 폭삭폭삭 나는 강. 맵스 미 앱에도 독특한 표시가 있었다. 바로 우물이다. 지도 곳곳에 우물 표시가 되어 있는 것이다. 여긴 우물이 그만큼 중요한 것이다. 이날 서 있는 도요타 지프 옆을 지나가는데 '웨이' 하고 부르는 소리가 들렸다. '어' 하고 지쳐서 대답만 하고 지나쳤더니 조금 있다 차가 내 앞에 선다. 중국인 청년 둘이 자동차 여행을 하는 중이었다. 스물넷이란다. 중국에서 여기까지 왔단다. 그래 나도 너희 나라를 가로질러 왔다. 자기들도 케이프타운으로 간단다.

"지쳐 보이는데 태워줄까요?"

"고맙지만 나는 자전거를 타고 갈래."

나이로비에서 국경까지 기껏해야 170㎞ 남짓인데 이런 속도면 아무래도 사흘은 걸리겠다. 아무렴 어때? 날짜를 정해 놓은 것도 아니고 길 형편에 맞춰서 달리면 되는 것이다. 하루 30㎞가 느림보라고요? 열흘을 달리면 300㎞고 100일을 달리면 3,000㎞가 되는 것이다. 중단하지 않고 가는 것, 그것이 바로 목적지까지 달릴 수 있는 유일한 비결이다. 아침으로 먹은 빵 때문에 아직 배가 더부룩했지만 지나다 보니 식당이 나왔다. 먹자! 기회만 있으면 먹어두는 것이다. 주유소 안이었는데 가져온 메뉴판에는 고기가 있었다. 그걸 보는 순간 눈이 뒤집어져서 시켰다. 450실링. 하지만 가져온 음식은 너무 맛이 없었다. 아니 너희들은 어쩜 이렇게 맛없는 음식을 만들 수 있니? 도대체 비결이 뭐니? 정말, 주먹만큼 주는 고기에 웬 뼈다구들은 이렇게 많아? 나 아직 이래 보여도 이빨은 전부 오리지날이야. 지금도 병마개를 이빨로 딸 수 있어. 하지만 이건 너무 심하군. 물론 그래도 나는 남김없이 다 먹는다. 입은 싫어해도 들어가면 위장이 알아서 에너지로 만들테니까 말이야. 물 두 병과 콜라 한 병을 사서 끼우고 다시 출발.

50㎞ 지점을 지나다가 쉬었다 가자 싶어 나무 아래 그늘을 찾아 들어 돗

자리 끌고 누웠더니 몸이 무거워 일어나지를 못하겠다. 시간도 3시를 넘었다. 여기서 자자. 천기를 보아하니 비도 오지 않겠다. 강물이 그렇게 바짝 말라 있는데 비는 무슨 비. 플라이는 생략이다. 너무 피곤해. 허리는 왜 이리 아파? 곰곰이 생각해보니 아마도 멜빵끈 때문일 것 같았다. 내일은 배낭 멜빵끈을 좀 조절해야겠군. 5시까지 누워서 주위를 관망하다가 텐트를 쳤더니 그때서야 이 길로 소와 목동들이 지나간다. 자리를 잘못 잡았나? 도로와는 나무 울타리가 중간을 가로막고 있어서 도로에선 보이지도 않는 장소인데 소들이 집을 찾아가는 길이군. 그렇지만 못 일어나겠다. 목동들이 낮엔 목동이고 밤엔 강도로 돌변하는 지킬과 하이드가 아니라면 별일이야 없을 것이다. 기어이 케냐인 목동 둘이서 텐트를 두드린다.

"뭐해?"

"쉬고 있다."

"어디서 왔어?"

호기심 어린 눈빛을 반짝이던 그들에게 쉬고 싶다고 했다.

"세이프 쟈니."

이윽고 어둠이 내리고 나는 침낭 속에서 잠을 청한다. 오오 행복한 이 공간이여.

 07.07.
목요일

케냐와 탄자니아 국경에 도착하다

짐을 챙겨 배낭의 멜빵끈을 조절해 출발했다. 허리가 아팠던 것은 멜빵끈 때문이었다. 배낭이 뒤에 실은 짐 위에 얹혀가니까 이렇게 편한 것을 말이야. 가도 가도 평원이다. 오늘은 길이 좋아 일찍 국경에 도착하더라도 나

목동.

알아듣지도 못하는 말을
재잘 거리다가 갔다.

는 국경을 넘지 않을 것이다. 일단 여러 가지 정보를 얻어야 하고 와이파이가 되는 곳을 찾아 일기정리를 하고 넘어갈 계획을 세웠다. 가다가 중간에 나타난 한 동네에 들러 작은 수박 한 덩이를 샀다. 수박은 먹기가 아주 편하다. 포만감도 주지. 200실링. 케냐의 아이들도 '기브 미 마니'가 없었다. 그걸 '마사이마라' 사파리를 시켜준 운전기사 리처드는 이렇게 말했었다.

"아이들이 기브 미 마니 라고 말하지 않지요?"

절대 아이들에게 그런 말을 하지 말라고 시킨다는 것이다. 교육의 힘이라는 말이었다. 그의 말 속에는 자긍심이 묻어났다. 그렇군, 무엇 하나 이유 없이 되는 일은 없다.

오후 2시 드디어 국경에 도착했다. 국경도 황량했다. 57㎞를 탔다. 내가 사전에 묵기로 작정한 호텔을 찾으니 판잣집 레스토랑이었다. 저걸 목표로 여기까지 달렸다니.

"이 동네에 가장 큰 호텔은 어디요?"

호텔을 찾다가 지쳐서 이미그레이션 오피스 앞에서 '헤이 차이니스' 어쩌고 하며 시비를 거는 사람에게 물었다. 시비를 걸다가 이 녀석들이 멀쑥해진다. 그리곤 잘 가르쳐준다. 하하. 자신의 무례를 반성하는 것이다. 오던 길을 다시 내려가 호텔로 들어섰다.

나망가와 리버사이드 호텔은 붙어 있었다. 둘 다 수목이 우거진 정원을 가지고 있는 호텔이었다. 리버사이드 호텔은 수영장까지 갖춘 대형 호텔이었고 시설도 좋았다. 키수무의 60,000원짜리 임페리얼 호텔보다도 훨씬 내 마음에 들었다.

"하루에 4,000실링(40,000원)이에요."

4,000실링에서 3,000실링으로 내려왔다. 하지만 와이파이가 되지 않았다. "나망가에서는 와이파이가 되는 곳이 없어요." 시설은 좋지만 내가 머물 곳은 아니었다. 왜냐하면 와이파이가 되지 않는다면 굳이 묵을 이유가 없다. 그렇다면 옆에 있는 나망가 호텔은 반값이면 될 것이라는 계산이 나왔다. 나망가가 내가 활동하기에는 편하다. 빨래도 그렇고…. 자전거를 끌고 나와 나망가에 들어갔다.

"1,500실링주세요."

이틀분 3,000실링을 지불했다. 일단 샤워부터 하고 빨래를 해야 한다. 신도 빨아야 한다. 나 지금 미치겠거든. 땀에 폭삭 젖은 옷을 모조리 벗고 벗어 놓았던 양말을 짐에서 찾아서 빨래를 했다. 한 시간쯤 빨래를 해서 정원에 걸어 놓았다. 신발은 내일 오후쯤 되어야 마를 것이다.

"밥 한 그릇 줘요."

소고기 덮밥이 300실링이란다.

"여기 나망가에는 와이파이 되는 곳이 없어요?"

아가씨가 대답했다.

"은행에는 아마 될 거예요."

내일은 은행으로 가 볼 것이다. 그리고 이 주위를 돌아다녀 보자. 샤워를 하고 옷을 갈아입으니 날아갈 것 같은 기분이었다. 호텔엔 히잡을 두른 무슬림 여자들만 보였다. 나이로비를 출발해서 탄자니아 국경 쪽으로 가까워지자 십자가가 쑥 들어가고 모스크가 군데군데 보이기 시작했다. 검은 옷으로 온몸을 두르고 눈만 빠꼼 내어 놓은 여자들이 많이 보이기 시작하는 것이다. 탄자니아 쪽은 무슬림이 많은가? 간혹 IS 폭탄 테러 기사를 읽다가 댓글 난을 보면 무슬림은 없어져야 할 종교니 뭐니 하는 댓글들이 보인다. 종교가 싸움을 하나? 사람들이 하는 거다.

탄자니아에서 내가 가장 보고 싶은 것은 바오밥 나무였다. 나무를 뿌리째 뽑아 거꾸로 세워 놓은 것 같다는 그 바오밥 나무. 생텍쥐페리의 '어린 왕자'에 나오는 그 바오밥 나무 말이다. 생텍쥐페리는 1944년 야간비행에 나섰다가 아직도 돌아오지 않았다. 그는 지금도 바오밥 나무 위를 날고 있을까? 어쨌든 탄자니아는 지금의 케냐와 다르리라고 나는 기대했다. 물론 케냐와 이어진 땅이지만 국경이 있다.

국경 도시 **나망가**에서, **탄자니아로**

07.08.
금요일

Nmanga는 국경사무실 주위로 촌락이 형성되어 있었다. 국경사무실로 가는 길가에는 국경을 통과할 트레일러들이 줄지어 늘어서 있었다. 촌락 입구에는 우람한 나무 몇 그루가 여행객을 맞이하고 있었다. 모스크가 있고 아이들이 뛰어놀고 검은 옷을 입고 눈만 빠꼼 내어 놓은 여인들이 여기

저기 보이는 그런 촌이었다. 호텔비에 포함 되어 있는 아침은 빵 두 조각에 에그 프라이 1개에 뜨거운 차 한 잔이었다. 군소리 없이 먹은 뒤 배낭에 랩탑을 넣어 자전거를 끌고 나섰다. 은행을 찾아가 와이파이를 쓸 수 있으면 글을 올리고 친구들과 가족들에게 안부나 전할까 하는 마음에서였다. 하지만 탄자니아 쪽엔 ATM이 있느냐부터 여러 가지를 묻고 난 뒤에 은행원에게 물었다.

"와이파이 좀 쓸 수 있어요?"

"미안합니다. 내부자들만 사용할 수 있어요."

그래도 포기를 않고 두 개 있는 은행 중 또 한 곳을 찾아가서 눈치를 보다가 전광판 환율 사진 찍었더니 한 은행원이 벼락같이 다가와서 왜 사진을 찍느냐고 제지를 한다. 헐, 환율 전광판이 일급 군사비밀이야? 사람들 보라고 만들어 놓은 것 아냐. 외우지를 못하니 찍었다 왜 그래 이 친구야? 다른 은행원들이 달려 나와 자기 직원을 자리에 앉히고 내 말을 듣고 쓴웃음을 지었다. 이 녀석 완장 채워주면 큰일 낼 놈이다.

"또 다른 문제 있어요?"

"없어요."

은행을 나와 동네를 한 바퀴 돌고 내일 출발을 위해 식료품점에 가서 물 두 병, 주스 한 병, 빵 몇 개를 사는데 각각 다른 상점에서 샀다. 상점들이 파는 종류가 한두 가지밖에 없었기 때문이었다. 물 1.5L짜리 한 병에 70실링(700원), 델몬트 망고 주스 220실링, 빵 250실링어치를 사 들고 호텔로 돌아왔다.

내일은 한국에서 라일락 친구들이 모이는 날이다. 일 년에 두 번 모이는데 올해 들어선 첫날인 것이다. 가지도 못하면서 어디서 모이는지가 궁금했다. 와이파이가 며칠만 끊겨도 고립무원이 된다. 정작 와이파이가 되어도 상대가 지금 바쁘면 별 중요한 일도 없는데 '뭐 하러?' 하면서 문자 날리는 것을 주저하면서도 그렇다. 보고 싶은 친구들이 있다는 것도 인생의 큰 축복이다. 사람은 가족과 살지만 친구는 가족과는 다른 인생의 동반자들이다. 호텔로 돌아와 점심으로 소고기 스튜와 라이스를 한 그릇 먹었다. 300실링. 새끼손가락보다 작은 땡초를 썰어 달라 해서 소스에 잔뜩 넣어 매운 맛을 즐겼다. 빨래를 만져 봤으나 아직 양말과 신은 마르지 않았다. 아프리카의 태양이 뭐 이래? 좀 쨍쨍하면 안 되나?

가만히 있으면 정신에 쥐똥이 슨다. 랩탑을 가져 나와 초막 아래 테이블에 놓고 일기를 쓴다. 매일이 같은 일상 같지만 쓰다 보면 매일이 같은 날이 없다는 것을 느낀다. 케냐 돈도 이제 2,000실링이 남았다. 내일 이미그레이션 사무실로 가면 환전상들이 벌떼처럼 달려들어 돈을 바꾸라고 할 것이다. 케냐 2,000실링(20,000원)은 탄자니아 4,000실링이란다. 그 돈만 하면 일단 탄자니아 쪽에 첫 ATM이 있는 Arusha까지 갈 수 있지 않을까 하는 계산에 돈을 찾지 않기로 했다. 아루사카지는 110㎞ 정도다. 이틀이면 도착할 것이다. 탄자니아에선 달러가 통하지 않는다는 말을 들었다. 정말일까? 아닐 것이다. 달러 싫다는 사람 아직 못 봤으니까. 하지만 다른 이유가 있을 수는 있다. 입국비자 매입요금은 이미 나이로비에서 달러로 바꿔 놓았다. 탄자니아의 땅 넓이가 한국의 10배쯤 된다는 것을 읽은 기억이 났다.

4시간 가까이 자판을 두드리고 나니 허리도 아프고 몸이 피곤하다. 방으로 들어와 누워서 가족들과 아이들, 그리운 사람들의 사진을 본다. 대체 사람이 산다는 것이 무엇인가? 수억 년을 이 땅 위에는 생물들이 기어 다녔을 것이다. 태어나서 죽고 다시 태어나서 죽고. 언제나 이 땅 위에 생물들이 우글거렸다. 언제나 살아있었다. 지금도 살아있다. 죽은 자는 없다. 어제가 오늘과 다를 것이 무언가? 몇 대를 내려왔던 오늘의 생명이 바로 어제의 생명이 아닌가. 그래도 영원은 없을 것이다. 시작이 있었으니 종말도 있겠지민 그건 사람이 예측할 수 있는 문제가 아니다. 이런 아무 쓸데 없는 생각에 빠져 있다가 내일 가야지 하는 생각에 나는 주위를 다시 한 번 돌아본다.

케냐와 탄자니아
국경을 넘다

07.09.
토요일

호텔의 식빵 두 조각와 에그 프라이 하나, 차 한 잔인 아침을 찾아 먹고 방으로 들어와 모자란 부분을 보충한다. 빵을 아귀아귀 먹는 거다. 배고프면 페달을 못 밟아. 호텔을 나서서 500m 전방에 있는 국경사무소로 가서 2,000실링(20,000원)을 탄자니아 돈(41,000실링)으로 바꾸고 출국 도장을 받아서 탄자니아 측 입국 사무실로 갔다. 한 친구가 냅다 쫓아 오더니 입국 신고서를 작성했냐고 묻는다. 내가 할 거라고 했더니 자기가 해주겠단다.

"너 돈 달라 하려고 그러지?"

"아니 절대 아니야. 내가 해줄게."

노는 꼴이 귀여워서 그래 해봐 했더니 앉아서 괴발개발 그린다. 모두 쓴 걸 보고 나서 잊고 바꾸지 않은 케냐동전 남은 것을 다 털어주었다. 500원 가량이었다. 돈은 움직여야 나온다.

비자값 50US달러를 내고 도장을 받고 9시 50분경 국경을 넘었다. 케냐는 이제 추억 속으로 멀어져 갈 것이다. 길은 두 갈래, 오른쪽으로 가면 우간다의 국경이다. 왼쪽 탄자니아 국경 쪽으로 길을 잡았다. 탄자니아 측 지형도 오르막이 시작이다. 사진을 찍으려고 잠시 멈추니 국경 근처에 사는 탄자니아 청소년들이 자전거 주위를 둘러싸고 말을 건다. 흥, 이건 해롭다. 나는 간다. 재빨리 그 속을 빠져나와 길을 잡았다. 가도 가도 평지 같은 오

지방 장날.
여행자로선 만나기 힘든 풍경.
행운이었다.
자전거여행의 묘미..

르막 직선 길이 끝이 보이지 않았다. 황무지가 계속되고 마을은 없었다. 다행히 경사각은 그리 크지 않아서 8~9㎞의 속력은 나왔다. 그렇게 28㎞ 지점을 통과할 때에야 비로소 사람들이 모여 있는 시장이 나왔다. 마을은 보이지 않았다. 우리의 5일장과 같은 것인가 보다.

이런 횡재수가 있나. 여기서 5일장을 만나다니. 잴 것 있나. 바로 들어갔다. 무엇이라도 먹어놓고 어떤 것이라도 보아야 하는 것이다. 사람들의 시선은 아예 무시한다. 그렇게 차를 몰고 시장 복판으로 들어가면 여기저기 말을 거는 사람들이 있고 그중에서 영어를 하는 사람이 다가와서 도움을 주기 마련이다. 한 사람이 다가왔다.

"원하는 것이 있나?"

"그럼 짜파티하고 차 한 잔 마시고 싶어. 콩도 있었으면 좋겠다." 내가 아는 음식은 이것뿐이다. 따라오란다. 탄자니아에도 짜파티가 있군. 친구를 따라 들어간다. 일단 일행이 생기면 말을 걸던 다른 사람들이 입을 다문다. 건드리지 않는 것이다. 시장은 제법 크게 형성되어 과일 장수, 옷 장수, 밥 장수에 각종공구 장수, 그리고 군데군데 염소고기를 굽는 곳이 있었다. 염소고기를 굽는 방법이 특이해서 나는 흥분했다. 일찍이 보지 못한 풍경이었다. 흥미로운 사진이 나오겠어. 식당을 찾았더니 누가 나를 이끈다. 이끄는 대로 천막 안으로 들어가니 선객들 몇 명이 식사를 하고 있다. 그들 사이에 끼어 앉아 기다린다. 시선이 쏠리고 마사이 족 청년이 더듬거리며 말을 건다.

"어디 가나?"

"도도마 간다."

"왜? 거긴 왜? 볼일이 있어? 왜 자전거를 타고 가나?"

"나는 자전거 여행자야. 이유는 없어."

마침 천막집 어린 주인 여자가 영어를 했다. 짜파티 두 장에 차 한 잔, 콩 한 접시가 1,550실링이란다. 맛있게 먹었다. 나무 꼬챙이에 굽는 염소고기는 먹어보려 해도 엄두가 안 나서 포기를 했는데 옆에 바나나와 고기를 섞어 끓이는 국물요리가 있었다.

"이건 얼마예요?"

"한 그릇에 2,500실링."

더 이상 들어 갈 배는 없고 먹고싶은 마음도 없어서 가격만 알아 놓고 사람들 눈치를 보며 사진을 찍었다. 근데 우간다처럼 왜 찍느냐고 하는 사람은 없었다. 물론 카메라를 바로 얼굴에다 들이대지는 못했다. 시비가 걸리면 난처해지니까. 눈이 마주치면 목례를 하는 것도 잊지 않았다. 과일장수 아주머니에게 가서 조그만 수박 한 덩이를 2,000실링(1,000원)에 사서 가방에 넣고 출발해 페달을 밟는다. 그렇게 60㎞를 달려 텐트 칠 곳을 찾

마사이족 청년들 목동. 폼을 잡아줬다.

아 들어가 차를 세워놓고 장소를 물색했으나 마땅한 곳이 없다. 케냐와는 달리 땅엔 풀들이 없었고 흙은 미세한 분말이라 발을 디디면 폭싹폭싹 먼지가 났다. 거기다가 땅바닥에 딱 붙어 있는 나무들도, 큰 나무들도 모두가 가시나무였다. 가시도 억세고 오른손에 묻은 가시를 왼손으로 털면 왼손으로 옮겨붙는 악질이었다. 이는 아마도 동물들로부터 자신의 잎을 보호하려는 자구책일 것이다. 가시 때문에 무엇보다 타이어 펑크가 걱정이고 텐트에 혹은 패니어에도 가시가 붙어 떨어지지 않을 것도 걱정이었다. 그렇지만 사방을 둘러봐도 마땅한 장소가 없었다. 거기다가 땅엔 동물들이 지나다닌 발자국이 있다. 그렇다면 좀 더 기다려 보자. 여기도 집으로 돌아가는 가축들의 길일지도 모른다.

그렇게 앉아 시간을 보내며 주위를 살피고 있는데 아나 다를까 일단의 아이들 목소리가 나더니 곧 나타났다. 근데, 아 이 녀석들이 내게 딱 붙어서 떨어지지를 않는 것이다. 말이 통하나 가라고 해도 조금 물러서서 눈치를 살피다가 내 흉내를 내다가 아주 진상을 직인다.

"야, 이놈들아! 빨리 집으로 가!"

고함을 질러도 우르르 몇 발자국 물러섰다가 또 노려보고 있다. 결국 내가 항복했다. 차를 끌고 도로로 나와도 계속 지켜본다. 나는 간다 이 녀석들아. 3㎞쯤 달리니 숲이 나오고 사슴 한 마리가 보였다. 다리 아래 구멍으로 들어가 텐트를 쳤다. 63㎞를 달렸다. 시간은 오후 5시였다,

07.10. 일요일

아프리카의 아이들

텐트를 걷고 출발해서 200~300m쯤 갔을까? 왼편 숲으로 고개를 돌리니 기린이 있었다. 움직이지 않았다. 숲에다가 웬 동물형상을 만들어 놓았을까? 그러고 지나가는데 그 형상이 움직이기 시작한 것이다. 얼라리오!!! 정말 기린이었다. 몇 마리야? 여섯 마리군, 아니 열 마리잖아!!! 멀리서 사진을 몇 장 찍었다. 가까이 가지는 못했다. 기린은 곧 사라졌다. 기린은 멋진 동물이다. 흠, 탄자니아는 길 가다가도 기린을 만날 수 있는 곳이군. 기린은 좋았는데 계속 오르막 내리막이다 보니 오후 1시까지 5시간 가까이 탔는데도 겨우 16㎞를 달렸을 뿐이었다. 달린 거리에 신경을 쓰지 않으려고 하지만 이런 속력이 나오면 지겹다. 끌다가 걷다가 또 끈다.

지나다니는 차가 많이 없다 보니 사위가 조용하다. 오직 타이어가 노면을 끌어 당기는 소리만 들릴 뿐이다. 인적도 없다. 그런 와중에 어디선가 아이들 소리가 들렸다.

"무종구, 무종구(화이트 맨)."

어디야? 둘러보니 저 멀리 숲속에서 아이들이 뛰어나왔다. 염소를 먹이는 아이들이다. 죽은 할애비라도 만난 듯 반갑게 뛰어나오는 것이다. 하이고 무서워라. 나는 속력을 내 보지만 오르막이라 금방 따라 잡힌다. 그리곤 아이들은 나와 같이 달리는 것이다. 100m를 가고 200m를 가도 아이들은 지칠 줄 모르고 따라왔다.

"너희들 대체 어디까지 갈 거야? 힘들다. 돌아가거라. 이 녀석들아."

쇠귀에 경 읽기다. 위험해서 세웠더니 짐 검사를 한다. 만져보고 들쳐보고 자전거검사 하다가 먹다 남은 콜라를 달란다. 안 돼. 그건 저녁 먹을 때 빵이 안 넘어가면 먹는 거야. 그래도 막무가내로 따라온다. 자전거와 같이

콜라 먹던 것 안 준다고
돌을 던지던 녀석들.

뛰는 거다. 아이들이 극성스럽다. 덩치도 큰 아이들이다. 고함을 질렀더니 깜짝 놀라며 물러섰다가 뒤에서 돌을 던진다. 하하하 이 놈들 내가 피해야지.

우간다도 이집트도 케냐도 탄자니아도 차들이 지나가는 걸 보고 있노라면 가끔 창밖으로 병들이 튀어 나왔다. 페트병에다 쓰레기 뭉치를 그냥 창밖으로 던져버려서 도로 위를 굴러가는 것이다. 쓰레기로 넘치는 도로라면 그럴 수도 있다 싶지만 이 한적한 도로에 저걸 버리는 마음은 어떤 것일까? 경제가 힘이 없으면 교육도 힘이 들고 쓰레기가 넘치는 존중받지 못하는 도로가 되는 것이다.

옥수수 밭에 옥수수가 누렇게 죽어 있다. 다 키운 옥수순데 밭 전체가 아니 들 전체에 옥수수가 죽어 있었다. 가뭄이 이렇게 극심했는가? 저걸 키운 농부의 마음은 어땠을까? 길을 걷고 있는 사람들이 많이 있었다. 그 옛날 한국에서 마을 사람들이 읍내에 장이 서는 날이면 아침 일찍 한복으로 갈아입은 어른들이 이십 리, 삼십 리(12㎞) 밖에 있는 장에 가기 위해 신작로를 따라 걸어가던 풍경들이 이 사람들의 모습과 겹쳤다. 동전 한닢이 아쉬운 시절이었다. 막걸리 한 잔 잡숫고 불콰해진 얼굴로 짚으로 묶은 고등어 한 손 사서 돌아오시던 어른들. 장에 간 남편이, 혹은 아버지가 돌아오는 길을 마중 나가던 아낙네들과 아이들의 손에 들린 등불. 불과 어제 일이었다.

16㎞를 달려 언덕 정상에서 나는 길가는 청년을 붙잡고 물었다. 모래 먼지가 지독히 날리고 있었다. 다리도 아프고 배도 고프고 추웠다.

"여기 밥집이 어디야?"

"뭘 먹고 싶어?"

"밥에다가 고기 먹으면 좋겠는데."

그래서 이 친구를 따라 갔더니 소고기 스튜에다 밥이 있다. 이 친구가 통역을 했다.

"얼마요?"

"2,000실링(1,000원)."

허겁지겁 한 그릇 먹고 나니 사람들이 제대로 보인다. 내 밥 먹는 것을 지켜보고 있던 길을 가르쳐준 친구에게 물었다.

"오르막이 대체 언제 끝나나?"

"4㎞ 정도 더 올라가면 다음부터 아루사카진 내리막이야."

그 4㎞는 왜 이렇게 긴 거야? 35㎞를 지나서야 제대로 된 내리막이 나타났다. 내리막을 타기 시작하면 주위도 제대로 살필 수 있고 속도가 사람 마음을 시원하게 해 명랑해지기 시작하는 것이다. 비로소 생각 머리도 돌아간다.

달리다 일단 처음 보이는 호텔에 들어갔다. 와이파이는 되는데 하룻밤 60달러란다. 와이파이가 번개처럼 빠르다 해도 여긴 내가 잘 곳이 아니다. 거기서 잠시 인터넷을 하다가 나와서 다른 호텔을 찾았다. 비포장 골목으로 꼬불꼬불 300m쯤 들어가 있는 호텔이었다.

"30달러예요."

와이파이도 되고 객실도 마음에 들고 정원도 좋았다. 키수무의 임페리얼

보다 넓고 좋았다. 퍼질러 앉아 이런저런 얘기하며 5달러 깎아서 25달러에 이틀을 머물기로 합의를 봤다. 지금 탄자니아는 우리로 치면 겨울이다. 사람들은 두터운 겨울 옷을 입고 있었다. 아침엔 10도 아래로 떨어졌다. 6~8월이 그렇단다. 물론 낮엔 반팔도 입는다. 땀에 젖어가다가 쉰다고 조금만 서 있으면 추웠다. 이럴 때 망토가 편리할 것이다. 마사이 족들이 걸치고 다니는 망토는 추위도 막고 더우면 벗으면 되고 깔개도 되는 편리한 다용도의 복식문화가 아닌가 하는 생각이 들었다. 일단 찔찔거리며 나오는 뜨거운 물이었지만 샤워를 하고 나니 살 것만 같았다. 빨래부터 한다. 요즘 나는 싼 숙소만 고집하지 않았다. 아프리카에선 아프리카 방식을 따라야 한다.

바람만 휑하니 부는 언덕 위
여기 레스토랑으로 찾아 들어갔다.

통역을 해준 친구가
입고 있는 옷이 날씨를 말해 준다.

07.11. 월요일 췌장암

어제 도착하자마자 탄자니아를 인터넷에서 다시 검색해봤었다. 케냐에서 찾아 본 것을 그 사이 다 잊어버렸기 때문이다. 방에서 검색을 했는데 인터넷이 깜빡깜빡했다. 랩탑을 꺼내 접속을 하니 아예 뜨지를 않았다. 할 수 없이 리셉션룸으로 나오니 접속이 되었다. 아침부터 아예 리셉션룸에 진을 쳤다. 일단 내게 온 소식부터 본다. 친구들의 카톡을 확인하고 나니 자형이 췌장암으로 사경을 헤맨다는 소식이 생질로부터 와 있었다. 일기고 뭐고 물려놓고 정원으로 나왔다. 자형과 함께했던 지난 세월들이 바람처럼 지나간다. 벌써 세월이 그렇게 흘렀나? 부드러웠지만 강한 분이었고 신사였다. 나도 참 무던히도 자형의 속을 썩였다.

솔로몬의 말을 빌리지 않더라도 인생은 허무한 것이요 바람을 잡는 일이다.

"사랑할 때가 있고 미워할 때가 있으며 전쟁의 때가 있고 평화의 때가 있다."

- 코헬렛 3장 8절

"모두 한 곳으로 가는 것, 모두 흙으로 이루어졌고 모두 흙으로 되돌아간다."

- 코헬렛 3장 19절

내가 사랑했던 많은 사람들이 지금 이 세상에 없다. 할머니, 할아버지, 어머니, 아버지, 가족 친구들. 과거는 지나갔고 미래는 오지 않았다. 오늘이 있을 뿐이다. 자전거를 타고 밖으로 나왔다. 슈퍼에 가기 위해서다. 식품을 준비해야 했다. 생각은 배가 부를 때 나는 것이다. 배고파 봐라 무엇이 눈에 보이는가. Naku 마트를 찾아 들어갔다. 가는 길의 아스팔트는 죄다 파이고 뜯겨져 나가고 서리에는 먼지가 하염없이 날리고 쓰레기도 날린다. 저승도 그럴까? 조그만 도시에 웬 사람들은 이렇게나 많은가? 과일이 눈에 띄어 포도며 사과, 귤을 조금씩 사고 빵, 주스, 물도 샀다. 콩 통조림도 사고…. 죄다 먹을 것이다.

"얼마요?"

"122,000실링입니다."

헐, 가만 있어보자. 탄자니아 물가를 너무 얕봤나? 대체 우리 돈으로 얼마야? 100,000실링(50,000원)을 찾았는데 돈이 모자랐다. 총액 6만 원이다. 돈을 찾았다.

돌아올 때는 길을 못 찾아 헤맸다. 가방도 하나 사야 한다. 그리스에서 사서 식품을 넣어 다니며 수시로 꺼내먹던 가방이 다 찢어졌기 때문이었다. 이번에는 비닐이 아니라 베로 된 가방을 사자. 벌써 몇 번째 가방을 버렸다. 생질은 갈피를 못 잡는 내게 말했다. 그 말이 귓가를 맴돌았다.

"외삼촌은 여행을 계속 하세요."

자형의 병세가 달라질 건 없다는 말이었다.

우간다와 케냐, 탄자니아의 슈퍼에는 독특한 서비스가 있었다. 물건을 사서 계산대로 오면 계산원이 계산을 하는 동안 고객이 산 물건을 정리해서 비닐에 넣어주는 사람이다. 그런 사람이 있는 반면 문밖으로 나오려 하면 영수증 확인을 또 했다. 물론 들어갈 때 몸 검색은 필수였다.

호텔 앞 풍경

컴퓨터가 클라우드에 사진을 올리는 것을 거부하는 바람에 컴퓨터 용량이 꽉 차서 솎아내야 하고 거기 있는 사진들을 폰으로 옮겨서 다시 클라우드에 올려야 하는데 이 작업은 만만찮게 시간이 걸린다. 어제 하루 종일 걸어 놓았는데도 올릴 것이 많이 남았다. 하루를 더 묵기로 했다. 날씨도 아침엔 비가 잠시 왔고 잔뜩 흐리고 추웠다. 옷을 하나 더 껴입었다.

폰을 인터넷이 되는 리셉션룸에서 사진을 올리도록 해 놓고 가방을 사기 위해 자전거를 타고 밖으로 나왔다. 내가 원하는 가방은 숄더백. 비닐백보다는 질길 것이고 다른 가방보다는 쌀 것이기 때문이다. 시장 통을 뒤지다가 찾지를 못해 결국 베로 된 마사이 족들이 입고 다니는 망토 무늬의 배낭을 하나 샀다.

"얼마요?"

"20,000실링(10,000원)"

"10,000실링에 주든지."

근데 가방을 호텔로 가져와 식품을 넣어보니 많이 들어가지를 않았다.

거리.

호텔 정문 앞 가게.

거기다가 인터넷은 끊겨 있었다. 그럼 옷을 수선하자. 자전거를 탈 때 입는 바지가 실밥이 터져 벌어졌다. 슈퍼에서 돌아오다가 봐둔 수선가게로 가서 박아 달라고 하니 옆에 있던 아가씨들이 1,000실링(500원)이라고 값을 매긴다. 3㎝쯤 실밥이 터진 것이다. 놔두면 그나마 더 터져 못 입을까 걱정이 되어 수선을 하는 것이다.

저녁엔 술이 몹시 고팠다. 여러 가지 상념들에 머리가 어지러웠다. 그래도 그냥 잤다.

07.13. 수요일 · 일망무제

Arusha를 출발했다. 도시를 빠져나와 아루사 공항을 지나 달린다. 길은 순조로웠다. 15㎞쯤 달렸는데 이슬비가 내리기 시작했다. 피할 곳도 없어서 계속 달리다가 주유소가 있기에 들어갔다. 이슬비가 내리는 동안 주유소 직원과 이런저런 이야기를 나누다가 마침 삶은 계란을 팔러온 아주머니에게 계란 5개를 샀다. 2,000실링이었다. 비가 그치자 다시 페달을 밟는다. 길은 끝없는 평원이었다. 마을은 멀어서 보이지도 않는데 그 평원을 달리다 보면 어디선가 '무종구' 하면서 그 벌판 숲 뒤에서 아이들이 뛰어나왔다. 아이들이 뛰어나오면 우선은 반가우면서도 무섭다. 아이들이 끈질기게 알아듣지도 못할 말을 지껄이며 따라붙기 때문이다. 서너 살 먹은 입만 붙은 아이들이 저 멀리서 눈빛을 번뜩이며 '무종구' 할 때는 기가 찼다. 아니 이 녀석아 네가 뭘 알고 그러니, 하하. 그러면서 나를 향해 뛰어오는 것이다.

그렇게 달리다가 너무 오래 달렸다 싶어서 쉬려고 차를 세웠는데 길 건너에 열 살쯤 되어 보이는 아이가 당나귀와 염소를 먹이고 있는 것이 눈에 띄었다. 혼자였다.

"얘, 이리와."

자기 혼자여서 그런지 경계의 눈빛을 보이다가 아이가 뛰어왔다. 나는 계란을 꺼내 일단 한 개를 주고 빵과 과일도 하나씩 줬다. 아이가 허겁지겁 먹는다. 이 광활한 벌판에 혼자 나와 소들을 돌보는 것이다.

"얘, 물도 좀 먹어라."

호텔에서 얻은 작은 물병을 줬다. 소년이 입을 대고 벌컥벌컥 마신다. 목이 말랐을 것이다. 하지만 대화는 거기까지다. 아이와 사진을 찍으며 잠시 놀고 있는 데 아이가 말했다.

"우리 엄마예요."

저쪽에서 서너 살 먹은 아이와 같이 오는 아주머니를 손짓한다. 아주머니와 아이에게도 계란과 빵을 조금 나눠줬다.

"돈 한푼 줄 수 있어요?"

아이가 조심스레 말했다. 그래, 한푼 주마. 동전 한닢 주고 아이는 소가 다른 데로 가자 냅다 뛰어가더니 못 가게 막아놓고 나를 불렀다. 돈값을 하고 싶은 것이다. 나귀에 얼른 올라타더니 사진을 찍으라는 것이다. 조심해, 다칠라. 그래 고마워.

진짜 탄자니아의 목동들을 만나다

아이와 헤어져 다시 페달을 밟는데 길 앞에 가는 두 청년의 얼굴이 가면을 썼다. 흰색으로 알록달록한 가면이었다. 나는 자전거를 세웠다. 헤이, 만나서 반가워. 말을 붙였다. 하지만 돌아온 대답은 여기 말이다. 가까이서 보니 청소년들이다. 일단 엄지를 쳐들어 멋지다고 한 다음 크게 웃으며 한국말로 이 말 저 말을 해서 혼을 어지럽게 한 다음 재빨리 카메라를 들이대

소년은 내게 고마움을 표시 한다고 나귀를 타는 모습을 보여주며 사진을 찍으라고 했다.

고 몇 장을 찍었다. 소년들의 얼굴은 가면을 쓴 것이 아니었다. 분장을 한 것이었다. 관광객을 상대로 사진을 찍는 사람들이 아니었다. 소를 몰고 지나가는 목동이었다.

이 또래의 아이들이 가장 위험하다. 감정의 기복이 심해서 태도가 돌변할 수 있다. 아이들이 서서히 이 상황을 인식하고 짜증을 낼 기색이 보였다. 이럴 때는 빨리 피하는 게 상수다. 아이들이 사진을 찍고 나선 계속 무슨 말을 지껄이는데 뭘 달라는 말인 것 같은데 줄게 없어서 나는 언덕 위에까진 같이 걷다가 언덕 위에서 자전거를 타고 줄행랑을 놓았다. 잘 있어, 고마워. 귀한 사진을 건졌다. 킬킬 거리며 내려와 한동안 달리다가 나는 또 아이들을 만났다. 얼굴에 까만 덧칠을 해서 온통 새까맣다. 맙소사!! 그냥 지나갈 수가 없다. 또 차를 세우고 우선 악수부터 나누고 엄지를 쳐드는 치사한 짓을 한 끝에 사진 두어 장 찍고 같은 수법으로 도망쳤다. 미안해, 이 녀석들아. 그러다 보니 점심 때가 훌쩍 지났다. 잠시 쉬기 위해 차를 세워놓고 그늘을 찾아가 빵을 먹고 있는데 소가 하필 그 길로 온다. 피할 수도 없어서 그냥 있었더니 또 아이들이 오더니 소는 팽개치고 나를 노려보곤

목축과 농업은 탄자니아의 생명줄이다.

서 있다. 가라 하니 가나. 어쩔 수 없이 먹던 걸 포기하고 자전거를 몰고 내가 그 자리를 피했다.

우간다에서부터 케냐, 탄자니아까지 도로 곳곳에 경찰들이 바리케이드를 쳐놓고 검문을 하는 곳이 있었다. 남녀 경찰들이 지나가는 차량을 검문하는 것이었다. 나는 한 번도 검문을 당한 적이 없다. 경찰들은 내가 지나가도 눈길조차 잘 주지 않는다. 물론 내가 먼저 인사하면 일부러 외면하는 척 하다가 궁금함을 못 참고 다가와서 여러 가지를 묻는 경찰도 있었다. 아예 처음부터 유령을 본 것처럼 무시하는 경찰들이 대부분이었다. 그게 내 눈에는 나는 일반인들과 다른 특별한 사람이야 라고 억지를 부리는 것처럼 보여 좀 민망했다. 여행 잘하라고 덕담 한마디 건네고 서로 말 좀 하면 좀 좋아. 외로운데 말이야. 내가 하하하.

그렇게 또 가다가 오르막을 만나서 쉬려고 차를 세우고 고개를 드니 언덕 위에 바오밥 나무가 보였다. 나는 깜짝 놀라며 감격했다. 탄자니아 여행을 계획하며 가장 보고 싶은 것이 바오밥 나무였기 때문이다. 그래 탄자니아에 온 것은 오직 바오밥 때문이었어. 그 바오밥 나무를 처음 만났다. 이

바오밥 나무
아래에서.

아니 좋을쏘냐. 마침 지나가는 소년에게 저 나무가 바오밥 나무냐고 물었더니 그렇단다. 근데 저게 바오밥 나무가 맞는 거야? '어린왕자'에 나오는 바오밥 나무와 어째 좀 모양이 다른 것 같았다, 아마 종류가 다른 것이겠지? 사막 한 가운데 서있는 바오밥 나무를 만나면 나는 거기서 두어 시간쯤 놀면서 시간을 보내기로 스스로에게 약속을 했었다. 나는 소년과 같이 바오밥 나무 아래로 가서 잠시 놀았다. 사실 나는 이 아이를 소년이라고 하지만 소녀인지도 모른다. 목소리로도 분간이 되지 않았고 옷도 머리카락도 남자인지 여자인지 분간하기 힘들었기 때문이었다. 아무렴 어때!! 근데 여자애인 것 같아. 바오밥 나무 아래 서서 뒤를 돌아보니 최순우의 '무량수전 배흘림 기둥에 기대서서'에 나오는 표현 '사무치는 고마움으로'와 '일망무제'란 말이 바로 이런 것도 포함되리라 싶은 탄자니아의 무한한 평원이 펼쳐져 있었다.

바오밥 나무는 다른 모든 나무가 나무는 이렇게 생긴 것이 정상이야 라고 할 때 이런 정상도 있어 라며 말하고 있는 듯 보였다. 생각해 보자. 소나무가 멋지다고 세상에 소나무밖에 없다면 그 얼마나 끔찍할 것인가. 밥맛이 좋다고 매일 밥만 먹어보라. 그게 맛이 있겠어? 국수도 먹고 죽도 먹어야지. 생각도 마찬가지다. 내 생각이 아닌 다른 생각, 소수이고 엉뚱한 것 같지만 다른 생각들도 그래서 귀한 것이다. 그러니 누구든 한 가지 생각을 강요하지 마라. 좋은 게 좋은 게 아니고 옳은 것이 좋은 것이야. 그 말도 몰라. 죽어라고 자전거만 타면 이런 것을 놓친다. 그래서 생각하면서 쉬어가는 것이다. 바오밥 나무가 얼마나 좋아. 자전거 여행의 묘미다. 비록 몸은 고되어도 충분한 보상을 받고도 남을 일이다.

곧 Nakuuni란 마을이 나올 것이다. 거기 가서 잘까? 자전거를 세우고 카메라를 끄집어내는데 한 친구가 인사를 했다. 자전거 여행자였다. 아프리카에 들어와 자전거 여행자는 처음 만났다. 어어, 반가워요. 노르웨이 사람이었다. 우리는 6㎞쯤 같이 달렸다. 그리고 나꾸유미에 있는 식당으로 들어갔다. 게스트하우스도 있는 식당이었다.

"나는 여기 잘래."

출발하고 80㎞ 지점이었다.

"나는 바바티까지 가야겠어요."

그래 그건 자네 생각대로 하게. 그는 38살이었다. 헤비스모커. 앉은 자리에서 담배 3대를 연달아 피웠다. 그는 나도 담배를 꺼내 피우자 몹시 기뻐했다.

"자전거 타면서 담배를 피우는 사람을 처음 만났어요."

거 참 별게 다 기쁘군. 그러면서 이 친구가 서양인답지 않게 밥값을 자기가 내겠단다. 에그 프라이 하나에 감자와 토마토, 티를 한 잔씩 했다. 값은 6,000실링(3,000원). 더치페이를 하려다 깜짝 놀라 내가 내었다. 나의 약한 곳을 건드리다니. 내가 좀 전에 찍은 얼굴에 분장을 한 목동들 사진을 보여주자 이 친구가 놀라며 말했다.

"이 친구들 나도 만났어요. 내가 사진을 찍으려 하자 돌팔매질을 해서 도망쳤어요."

그러면서 동영상을 보여줬다. 아이들은 찍지도 못했다. 푸하하, 그래? 아마도 내가 자네한테 사진을 못 찍도록 한 것 같아. 그러면서 잠자리를 보기 위해 게스트하우스를 들어갔다가 나는 놀라서 뛰쳐나왔다. 10,000실링(5,000원)이 뭐고. 제정신으로는 여기 못 자겠어. 사자밥이 되더라도 나는 텐트에 자겠다고 맹세했다.

"어때요?"

나는 목소리를 낮춰 대답했다.

"끔찍해!"

식당에서 같이 나와 그를 먼저 보냈다. 그는 짐도 단촐했다. 속도가 차이가 나니 빨리 먼저 보내는 것이 그나 내 마음이 편하다. 27㎞를 더 달려 초원 한가운데를 점 찍어 자전거를 몰고 들어갔다. 시간은 오후 6시였다. 107㎞를 달렸다. 바로 앞에 조그만 동네가 있는 곳이었다. 하지만 저 동네를 지나려면 어두워질 것이고 그럼 장소를 물색하지 못한다. 다리도 아팠다.

초원엔 작은 가시나무가 곳곳에 서 있었지만 자전거를 가려주기엔 작은 나무들이었다. 도로에서 너무 떨어진 곳으로 들어갈 수도 없다. 해 빠지기 전에 텐트를 치면 지나가던 사람들이 구경을 올 것이 뻔했기에 해 빠지기를 기다려 텐트를 쳤다. 팬티만 입고 침낭 속으로 들어갔다. 오매 좋은 것. 새벽 1시에 오줌을 누러 텐트 밖으로 나오니 그 사이 달은 지고 하 많은 별들이 하늘에 박혔다. 도대체 신은 얼마나 덩치가 크기에 저 수억 광년 떨어진 곳의 별들도 만들었을까? 저 별 어디쯤 에서도 누군가 자전거를 하나 세워 놓고 지금쯤 오줌이 마려워 나와 같은 생각을 할지 모르지. 암, 모르고말고.

아이들의 도움을 받다

07.14.
목요일

아침에 해가 뜨니 아니나 다를까 종달새가 울기도 전에 아이들이 찾아와 재잘거리는 소리가 들린다. '무종구' '무종구'.

"왔어? 학교 가는 길이야?"

녀석들이 다소 두려운 눈빛으로 있다가 웃으며 말을 거니 아이들도 따라 웃었다. 귀여운 것들. 아침에 이 애들이 오지 않았다면 나는 자전거를 세팅하는 데 곤욕을 치렀을 것이다. 차를 기대어 세울 곳이 없었기 때문이었

아침에 찾아 온 아이들.
조금 있자 더 몰려 들었다.

다. 내가 텐트를 걷고 자전거에 짐을 장착하기 시작하자. 그중에 애살 바른
아이 하나가 나서서 자전거 핸들을 잡아 줬다. 모두 초등 저학년 아이들이
었다. 그중 똘똘한 여자아이 하나는 내가 짐을 싸자 그걸 도와준다. 그래서
무사히 짐을 장착하고 동전 한 닢씩 나눠줬다. 내 자전거를 잡고 묵묵히 있
어준 아이에게 젤 많이 주고 나머지는 친구를 기다려 줬으니까 한 닢씩 주
고. 고마워 애들아. Minjingu라는 마을 앞이었다. 아이들과 작별을 하고 페
달을 밟는다.

　근처 동네에 들러 짜파티 두 장에 차 한 잔 마시고 다시 페달을 밟았다.
오늘은 또 무엇이 기다리고 있을까? 55㎞ 지점에서 악질 같은 고개를 하
나 만났다. 길이 2.4㎞, 경사각도 높아서 1시간 죽을힘을 다해 오르고 나니
아무 생각도 나지 않았다. 더 이상 못 가겠어. 잠자리를 찾자. 적당한 장소
를 물색해 찾아 들어가서 해지기를 기다렸다. 건기가 텐트 치기에 좋은 것
은 비 걱정이 없기 때문이다. 폐가나 다리 밑을 찾지 않아도 되는 것이다.
하지만 개활지에서 텐트를 치면 사람들에게 노출이 되기 쉽다. 사람들이
찾아오면 난감해진다. 옮겨야 하나 말아야 하나? 갈등이 시작되는 것이다.
물론 사람들은 대개가 순박한 사람들이다. 그렇지만 위치 노출은 아무래도
꺼림칙한 것이다. 텐트를 치고 누워서 앱을 검색해보니(오프라인에서도

되는 앱) 바바티가 바로 앞에 있었다. 내일은 저기 들어가서 배터리도 충전하고 쉬자. 에너지도 보충을 하고 말이야. 여기가 어딘가? 여긴 내 집이지. 탄자니아에 있는 오늘의 내 집이다. 아주 근사한, 고국에 돌아가서도 텐트를 치고 살까?

바바티로 들어가다, '기브 미 어 마니'를 다시 만나다

07.15.~17.
금~일요일

Babati는 약 9㎞ 앞에 있었다. 바바티 시 입구에 있는 몇 개의 호텔에 들어가 보고 결국 와이파이가 된다는 White rose란 호텔에 들었다. 30,000실링(15,000원). 들어가자마자 밥을 시켰다. 너무 배가 고팠다. 밥을 시켜놓고 빨래부터 했다. 하면서도 생각한다. 내가 언제부터 이렇게 부지런해졌을까? 미뤄봐야 결국은 내 할일이고 일에는 우선순위가 있으니 빨래를 먼저 하는 것이지만. 그래도 변하긴 변했다. 그러나 여기의 인터넷도 사진 한 장 밀어 올릴 힘이 없었다.

강바닥은 먼지가 폴싹폴싹

07.18.
월요일

탄자니아의 아이들, 시골 아이들은 어릴 때부터 가축들을 돌본다. 새끼 양만한 쪼그만 아이들이 회초리를 들고 소들과 양떼들을 몰고 풀을 찾아다니는 것이다. 근데 우간다나 탄자니아나 내 눈엔 형편이 그게 그것인 것 같았는데 탄자니아에서는 아이들이 신을 신고 있었다. 이들 나라의 국민소득은 우간다가 620딜러(2015년), 케냐가 1,388딜러, 탄자니아가 942딜러란다. 세계에서 가장 가난한 나라에 속한다. 탄자니아에선 맨발인 아이들이 없었다. 왜? 300달러의 차이가 만들어 낸 것일까? 이는 아마도 탄자니아의 자연과도 상관이 있는 것이 아닌가 하는 생각이 들었다. 들판은 아카시아와 가시풀들이 많아서 신을 신지 않으면 다닐 수가 없었다.

물 사정은 우간다보다 더욱 열악한 것 같았다. 강은 말라서 먼지가 폭삭폭삭 나고 집집마다 하루 일과 중 가장 중요한 것은 물을 뜨러 가는 것이다. 바짝 마른 강바닥에 어디라도 물기가 조금 보이면 구멍을 팠다. 그렇게 수십 개의 우물을 파서 물을 찾고 있는 모습이 눈에 띄었다. 저 구정물을 어떻게 먹을까? 그런 걱정은 말자. 물만 있다면 어떻게 해서든 먹을 수 있다. 아마도 여기만의 노하우가 있을 것이다. 물을 뜨러 몇 ㎞나 멀리 가서 무거운 물통을 집으로 옮기는 것이다. 그 시간을 다른 곳에 투자를 한다면? 하지만 물이 없다. 그러니 며칠 야영을 하면서 얼굴을 못 씻었다는 걱정 같은 것은 사치에 속하는 것이다. 물론 종일 길 위에 사니까 휴지로 얼굴을 닦으면 누런 황토가 배어나왔다. 콧구멍 안에도 피부에도. 하지만 물이 없다. 이상한 것은 간혹 있는 작은 우물 가장자리(웅덩이)에 집들이 없는 것이다. 우물가에 집을 못 짓는 것일까? 물 사정이 그러하다 보니 아이들 다리를 보면 씻지 못한 것이 눈에 보였다. 때가 꼬질꼬질, 다리 곳곳에 상처는 곪고, 그 귀한 물로 목욕을 한다는 것은 엄두를 못 낼 것이다.

그간 나는 짐 위에 기본적으로 물 1.5L짜리 2~3병씩 싣고 다녔다. 가다가 보면 많은 사람들이 물을 달라 했다.

"물 좀 줘."

나는 주지 않았다. 물을 어떻게 줘? 나는 자전거 여행자이고 야영을 한다 말이다. 이 흐르는 땀이 보이지 않아? 물이 없으면 곧 죽음인데 어떻게 물을 달라는 소리를 하나? 너희들 집은 근방에 다 있잖아. 나 같으면 내가 물을 챙겨주겠다. 하지만 그런 말을 몇 번 더 듣고 나니 의문이 드는 것이다. 그리고 집에 물이 없을 수도 있다는 생각도 들었다. 물 1.5L 1병은 1,000실링(500원)이다. 어떤 곳은 1L짜리도 1,000실링을 받았다. 그들이 이것을 쉽게 사먹을 수 있을까? 700실링(350원)이면 짜파티 2장에 차 한 잔이다. 한 끼가 해결되는 것이다. 그렇게 생각하고 나니 물이 모가지에 걸렸다. 목마른 자에게 물 한 잔이 어쩌고 하면서 나는 떠들지 않았던가. 그래, 이젠 물을 달라면 물을 주자. 이날 오르막 끌바를 하고 있는데 한 무리의 소년들이 나를 따라붙었다. 마냥 귀여워하기에는 좀 자란 아이들이라 내리막이 나왔을 때 그냥 냅다 달려서 떨어졌겠지 했는데 오르막 앞에서 쉬고 있으니 또 나타났다. 학교를 가는 거냐? 집으로 가는 거냐? 가늠이 안 되는 시간이었다. 이들과 8㎞가량을 같이 걸었다. 말도 잘 통하지 않았다. 겨우 단어 몇 개 더듬거리는 수준의 아이가 하나 있을 뿐이었다. 근데 이 녀석이 내게 찰싹 붙어서 한국으로 따라가겠다는 것이었다.

"나 지금 '신기다'로 가는데?"

"네. 거기도 같이 가요."

"거기서 '도도마'로 가는데?"

"물론 거기도 같이 가야죠."

아이는 덩치가 제일 작았다. 피부도 뽀얗고 옷도 맵시 있게 입은 아주 귀엽게 생긴 녀석이었다. 거참, 야 이놈아 내가 너를 우째 데리고 간단 말이야. 이 녀석이 만화책을 너무 많이 봤나? 나는 제자가 필요 없단 말이다. 나는 말이야 만화에 나오는 재주가 신기한 도사나 슈퍼맨 등 그런 사람이 아니거등. 그러니 제발 그따위 소리를 하지 말아. 나를 피곤하게 하지 말란 말이다. 이 녀석아, 알았지. 우리는 빵도 나눠 먹고 물도 나눠 마셨다.

'기브 미 어 머니'의 부활

'기브 미 어 머니'라는 말이 케냐를 건너뛰어 탄자니아에서 부활했다. 아이들은 그렇다 치더라도 나이 지긋한 어른들이 그럴 때는 이상했다. 어른들이 바라는 것이 동전 한 닢일까? 신데렐라의 행운일까? 그런 동화에 젖기에는 너무 때가 묻은 나이잖아! 도무지 납득할 수가 없었다. 만나서 이야기를 잘하고 있다가 그럴 때는 씁쓸하기도 했다. 나중에는 사람들과 이야기하는 것이 겁이 날 지경이 되었다. 좋은 감정으로 대하다가 그런 말을 듣는 것이 겁이 나는 것이다. 물론 대부분의 사람들은 그러지 않았다. 제발 그러지를 마라. 나도 돈이 남아 하는 여행이 아니란 말이다. 알고 보면 부러워할 것이 없다는 말이지.

이날 나는 뉴질랜드에서 케이프타운으로 와서 나이로비까지 가려는 청년을 만났다. 나와 마주보고 달리는 청년이었다. 그는 내가 한 촌락을 통과하며 잘 곳이 있을까 찾고 있는 중에 만났었다. 그때가 마침 촌락 한복판이었고 나에게 게스트하우스를 가르쳐 준다며 앞장서 자전거에 물건을 싣고 가고 있는 탄자니아 사람을 따라가고 있는 중이었는데 그가 길 건너편에서 반가워 소리치며 내게 다가왔다. 반바지에 손에는 봉투를 들고 있는 백인이었다. 관광객인가? 내가 멀뚱히 바라보자 그가 소리쳤다.

"한국인이네요. 나도 자전거 여행자예요."

이날 나는 이 친구와 어이없게 헤어졌다. 그는 근처에 숙소를 잡아 놓고 무얼 사러 나온 모양이었다. 몇 마디 말을 나누다가 나는 뒤차에 밀리고 앞의 사람에게 끌려서 그만 그 자리에서 나오게 되었다. 하지만 조금 가다가 생각하니 몹시도 아쉬운 것이었다. 같이 가서 잘걸 그랬어. 케이프타운까지의 길 정보도 좀 알아보고 무엇보다 술 한잔을 나눴으면 하는 생각이 간절했다. 대화를 하고 싶어. 나와 말이 통하는 인간이 간절히 필요했다.

하지만 이미 지나친 길이 5㎞ 정도가 되었다. 돌아가는 길은 더구나 오르막이다. 돌아갈까 생각해도 엄두가 나지 않아 그대로 달렸지만 섭섭했다. 말이 그렇지 아프리카의 어느 지점에서 각기 다른 곳에서 출발한 자전거 여행자들이 서로 만난다는 것이 쉬운 일인가? 지난번 친구도 그냥 헤어졌는데. 인연이란 것이 만들기 나름인데 우린 더구나 말이 통하고 감정이 통할 수 있는 사이가 아닌가. 탄자니아의 시골로 나오면 거의 말이 통하지 않았다. 버벅거리는 내 영어도 더 이상 쓸모가 없어지는 것이다. 상대가 영어를 잘하면 대화가 쉽게 풀리는데 상대가 못하면 나도 덩달아 더 버벅거리게 된다. 내 말이 상대에게 제대로 전달된다는 느낌이 없을 땐 말을 하고 싶겠어? 상대가 스와힐리어를 쓰면 참다가 나도 한국말을 한다. 왜냐하면 너도 내 말 못 알아듣겠지? 하는 것을 알려주는 것이다. 사람들은 내게 열심히 자기 나라 말로 설명을 하는데 내가 못 알아들으면 곤혹스러운 표정을 지었다. 그땐 나도 내 말인 한국말로 하는 것이다. 봐, 이 친구야 너도 내 말을 못 알아듣겠지? 그렇지만 말이 유일한 교통수단은 아니다.

저녁 어스름이 깔리는데 나는 아직 잘 곳을 찾지 못했다. 6시 30분이었다. Babati를 출발해서 64㎞ 지점인 Nangwa라는 곳이었다. 일이 급해졌다. 이 촌락을 통과하면 시간상으로 어둠이 사정없이 깔릴 것이다. 그럼 잘 곳을 아예 찾지를 못한다. 어둠 속에서 가시나무와 가시풀들을 내가 어떻게 피할 수 있나? 길가에 있는 벽돌을 찍고 있는 집으로 찾아 들어갔다.

"아저씨, 나 여기 옆에 텐트를 치고 좀 잘 수 없을까요?"

말이 안 통한다. 휴대폰 내어 텐트 사진을 보여주고 자는 시늉을 반복하니 알아들었다. 옆에 고등학생(?)으로 보이는 딸이 나와서 몇 마디 지껄이며 아저씨를 돕는다. 아저씨가 말했다.

"노 프라블럼."

그럼 다 된 거다. 그리고 그 순간, 나는 이 벽돌공장 사람들과 관계가 형성이 된 것이다. 이제 누가 와서 나를 궁금해 하면 이 사람들이 나설 것이다. *그*들이 나의 보호자가 되는 것이다.

　시골을 지나다 보면 참으로 많은 순박한 사람들을 만난다. 온 얼굴에 환한 미소를 띠고 혹시나 불편한 것이 없는지, 무엇이라도 도움이 될게 없을까를 살피는 것이다. 그런 사람들을 만나면 나는 나를 돌아본다. 간혹 지나다 보면 휘파람을 불면서 희롱을 하는 사람들도 있다. 킥킥킥 웃어가면서. 그럴 때 대개는 그냥 지나가지만 간혹 심술이 나면 나는 자전거를 그런 애들이 있는 곳으로 들이댄다. 그리고 말을 건다. 그러면 그때부터는 태도가 온순해지며 내가 묻는 것이 무엇인지 파악해서 도움을 주려 하는 것이다. 그러니까 그가 한 말은 그냥 여행하는 사람이 부러워서 한 말일 것이다. 물론 심술도 조금 섞여 있겠지. 하지만 그게 사람이잖아. 그래, 그게 사람이야. 부리나케 텐트를 치고 짐을 정리하고 있으니 벽돌공장 아저씨가 영어를 하는 사람을 데려왔다. 어디로 가느냐? 어디서 왔느냐? 당연히 궁금하겠지. 나는 성실히 대답했다.

　"여기서 1㎞만 나가면 술도 있고 음식도 있다. 거기로 안내해 줄까?"

　"아니, 나는 지금 피곤해. 쉬고 싶어. 내일 일찍 떠나야 해. 고마워요."

　벽돌공장 댁. 딸인 여학생도 내 텐트가 궁금해서 주위를 맴돌았다. 애야, 여기 와서 텐트 안을 구경해봐, 괜찮아. 아침엔 이 가족이 차를 끓여놓고 나를 불렀다. 차 한 잔 하고 가요. 그 환한 웃음에 소박하고 아름다운 인간의 따뜻한 모습이 보이는 것이다.

도움

아침에 일어나니 텐트가 축축하게 젖어 있었다. 이제까진 없었던 현상인데, 물이 한두 방울 텐트 속으로 떨어졌다. 물기를 말리고 가려면 해가 뜨고도 한참 동안 기다려야 하기에 그냥 접고 출발을 했다.

지평선은 끝이 없었다. 지평선을 처음 본(전에 봤던가?) 나는 지평선을 보고도 저게 다음에 넘어야 할 구릉인가 하는 두려운 마음만 들었었다. 산과는 다른데, 산이 저럴 리는 없잖아, 결국 결론을 내린 것이 아하!! 저게 바로 지평선이구나. 산이든 지평선이든 있으면 넘어가는 수밖에 없다. 서둘면 힘만 더 들어간다. 열 번 쉬어 못 넘어가면 스무 번 쉬면 되고 스무 번 쉬어 못 넘어가면 자고 가면 되는 것이다. 이백(李白)의 醉來臥空山(취래 와 공산)하니 天地卽錦寢(천지즉 금침)(취하여 와 빈산에 누우니 천지가 곧 베개와 이불일네라 라는 이태백의 시가 있다)이라는 말마따나 천지가 곧 내

나귀가 싣고 가는 물. 뒤의 친구가 내 자전거를 끌어주려 했다.

십이고 베개와 이불인데 걱정할 것이 없다.

그러나 그렇게 가다가 정말 새까맣게 높은 고개를 만났다. 그럴 때는 말이 그렇다는 말이지 나도 기가 죽는다. 그대의 인생길은 어땠는가? 힘들고 고통스럽지 않았나? 그러나 그 순간을 넘어야 한다. 고개도 마찬가지다. 그렇게 켁켁 거리며 자전거를 끌고 올라가고 있는데 자전거에 물을 길러 오는 세 사람과 동행이 되었다. 둘은 자전거에 물통을 실었고 한 사람은 빈 자전거를 몰고 올라가다가 뒤에서 나귀에 물을 싣고 오는 사람과 만났을 때 청년이 말했다.

"제가 좀 끌어 드릴게요."

내가 몹시 힘들어 보였나? 자기 자전거는 나귀를 모는 사람에게 맡기고 내 자전거를 끌어주겠다는 것이다. 4㎞쯤 되는 오르막이었다. 나는 거절했다. 돈을 달라 할까 봐서가 아니다. 돈을 달라 할 사람은 아니었다. 청년의 얼굴과 행동거지를 보면 나는 안다. 어떻게 아느냐고? 이 나이가 되면 저절로 알게 되는 거다. 거절한 것은 명색이 내가 자전거 여행을 나선 사람인데 자전거를 남에게 맡기고 걷다니 그건 안 되지. 그럴 정도가 되면 집에 가서 발 닦고 잠이나 자야지. 그렇지만 나는 정말 흐뭇한 마음으로 언덕을 올랐다.

그 사람들과 헤어지고 다시 다른 고개 정상에 올랐을 때는 배가 고파 눈에 아무것도 보이지 않을 지경이었다. 동네 언덕에 사람들이 모여 있고 한 무리의 여자들이 좌판을 벌리고 있기에 자전거를 바로 밀어 올렸다.

"나 뭐든지 먹을 것 좀 주세요."

점심으로 수박 반 통과 빵 한 개를 먹었었다. 아주머니가 가져온 짜파티 두 장에 차 한 잔 마시고 다시 출발했다. 음식은 너무 맛있었다. 다음에 들어갈 도시는 Singida라는 도시다. 거기 가서 전기를 공급받고 다시 식품을 준비해야 한다. 신기다는 정말 그 이름 같이 신기한 도시일까? 나는 서둘러 언덕을 내려와 잘 곳을 찾기 시작했다. 그리하여 맞춤한 아카시아 나무 밑을 찾았다. 여긴 이슬이 맺히지 않겠지. 자전거를 세워놓고 있으니 아니나 다를까 열 살 내외의 아이 서넛이 내게로 다가와 10m쯤 전방에 진을 치고 나를 감시하기 시작했다.

부담스럽지만 자기 땅에서 자기 소 먹이면서 일하는 아이들을 내가 불편타 하여 쫓을 수는 없다. 어디까지나 주인은 그 아이들인 것이다. 그래도 얘들아 좀 가주면 안 되겠니? 한 시간을 관찰 당하고 나면 나도 짜증이 났지만 아이들에게 내 속마음을 들킬 수가 없었다. 부끄러우니까. 목구멍까지 올라오는 말을 참아야 했다. 내 마음 밑바닥까지 들여다보고 있는 것 같은 아이들의 깊은 눈길. 내가 잘못없이 부끄러워진다. 하하. 그렇지만 아이들도 해가 빠지면 집으로 돌아갈 것이다. 그때까지 참자. 아이들도 결국 가고, 초저녁에 누워 잠을 부르고 있는데 아이들이 부모님을 데려왔다. 왜 데려왔을까? 나는 텐트 문을 빠꼼히 열고 아이들의 부모를 만났다. 낮에 아이에게 매달려 있던 동생은 그 어머니 가슴에 안겨 있었다. 물론 부모들도 말이 안 통하니 나는 내 말하고 그쪽에선 자기 말하고 하지만 그 뜻은 대강 통해서 우리는 서로를 격려하고 헤어졌다.

"잠보."

신기다
도착

아침에도 또 손님들이 왔다. 두 청년이 찾아왔다. 탄자니아는 평균수명이 50살 이하다. 그들은 아주 나지막한 음성으로 예의를 차리며 이것저것 물었고 나는 이미 텐트를 걷고 출발을 하려던 참이라 곧 그 자리를 벗어났다. 가면서 뒤돌아보니 그들이 내가 남겨놓은 쓰레기를 뒤지고 있었다. 이는 물론 먹을 것을 찾는 것이 아니라 나의 자취를 검사하는 것이다. 수박 껍질과 휴지에 통조림 깡통이 모두이지만 그래도 찜찜한 기분이었다. Singida를 출발하고 32㎞쯤 뒤에 있었는데 황야의 평원이 끝나고 돌무더기들이 나타나기 시작했다. 들어가는 입구와 시내 곳곳에 큰 바위와 돌들을 일부러 모아 놓은 것 같은 무더기가 산재해 있었다. 그걸 꾸며 놓으면 충분히 볼거리가 될 것 같은데 그냥 버려져 있었다. 시내 몇 곳에 그런 무더기와 거암들이 있어서 찾아가 보면 집이나 가게 길 등이 경관을 헤치고 있는 것이었다. 아직까진 먹는 것이 최우선이어서 그렇겠지.

신기다의 도시 입구는 급격한 내리막길이었다. 시원하게 내려가다가 아차 싫어서 나는 속도를 늦췄다. 천천히 주위를 둘러보기 위해서였다. 몇 군데의 롯지를 거쳐 샤이닝스타 롯지에 짐을 풀었다. 25,000실링(12,500원). 일단 샤워부터 하고 빨래를 해서 널었다. 인터넷을 하면서도 생각해보면 정말로 인터넷이 이처럼 필요할까 라는 의문이 드는 것이다. 쓰고는 있지만 내가 이처럼 목매달 필요가 있을까 하는 그런 의문이 드는 것이었다. 와이파이 때문에 지출도 심하다. 누가 나의 소식을 궁금해 할까? 모두가 나의 필요에 의해서다. 그 필요란 것이 또 나의 버릇에 의한 타성이 아닌가. 하지만 결론은 없으면 안 된다 였다. 이미 사람들의 생활은 인터넷에 맞춰져 있는 것이다.

무스타파

샤이닝 스타 롯지의 무스타파는 몸이 날렵하고 애살 바른 청년이었다. 나는 호텔을 내 나름으로 고르는 방법이 있다. 첫째 친절이다. 손님이 오는데도 불구하고 소 닭 쳐다보듯 한다거나 손님을 기다리게 하고 전화를 한다거나 딴짓을 하면 나는 돌아서 나온다. 내가 상대해야 하는 사람들은 사장이 아니고 그 사람들인데 그런 사람들과 상대할 자신이 없는 것이다. 물론 둘째도 셋째도 친절이다.

무스타파는 내가 아침을 맛있게 먹으면 짜파티를 몇 개 더 만들어줄까요? 하고 묻고는 곧 주방에 시켜서 짜파티를 만들어 가져오고 내가 오늘 어디에 가고 싶다면 말로 가르쳐 주는 것이 아니라 스스로 나서서 길안내를 하는 것이었다. 이는 물론 그가 해야 할 의무조항이 아니다. 나도 그런 것을 바라지는 않는다. 그는 내가 슈퍼를 물으면 바로 나서서 무엇을 살 것이냐고 묻고는 그런 슈퍼로 안내를 하는 것이었다.(여기 슈퍼는 취급품목이 모두 다르다) 그는 혼자 있는 시간에는 영어책을 펴놓고 열심히 공부를

무스타파.

했다. 내가 자전거에 짐을 실으면 몸을 아끼지 않고 거드는 것은 물론이었다.

"무스타파. 너는 앞으로 성공할 것이야!"

물론 미래야 알 수가 있나. 성공의 개념도 사람마다 다를 것이니까.

21일 슈퍼에서 장을 보는 김에 10,000실링(5,000원)짜리 포도주 한 병을 샀다. 술이 몹시 고팠기 때문이었다. 침대에 앉아 홀짝홀짝 마시며 주특기인 이리저리 카톡을 날렸다. 술을 마시면 눌러놓았던 감정이 슬슬 고개를 들기 시작하고 더불어 감성도 깨어나는 것이다. 나는 그걸 소중히 생각한다. 거칠고 메마른 여정에 촉촉한 단비가 되는 것이다. 하지만 대작하는 사람이 없으니 아무래도 쓸쓸하다. 결국 술이 모자라 다시 한 병을 더 사와서 마시고 허공에 삿대질 몇 번 하다가 잤다.

 07.23.
토요일

무스타파의 짜파티

샤이닝 스타의 짜파티는 지금까지 먹어 본 짜파티 중에 그 맛이 최고였다. 얇게 부쳐서 그런가? 아침을 먹고 나니 무스타파가 하나 더 싸 드릴까요 한다. 그럼 좋지. 가다가 어차피 짜파티는 사야 한다. 빵은 항상 가지고 다니지만 같은 밀가루로 만들었어도 그게 금방 구운 짜파티와 견줄 수는 없다. 그래서 가다가 짜파티를 굽는 낌새가 보이는 가게가 나오면 나는 차를 밀어넣었다. 그리고 뜨거운 차 한 잔과 짜파티를 먹는 것이다. 그때가 만일 식사를 한 지 얼마 되지 않았으면 몇 개를 사서 배낭에 넣어 다음 끼니를 준비하는 것이다. 뜨거운 차 한 잔도 열사의 나라 이 아프리카에 와서 더욱 사랑하게 되었다. 농경국가의 음식은 따뜻한 음식이다. 빵은 찬 음식이다. 땀을 철철 흘리며 들어와 뜨거운 차 한 잔을 마시면 온몸이 시원해지는 느낌을 받았다. 이날은 가게가 보이지 않아 가시나무 아래서 잠시 쉬면서 식빵을 먹었다. 나무 아래는 시원하다. 황야엔 쉴만한 나무가 그리 흔치 않다. 있다고 해도 도로와 멀리 떨어져 있으면 그림의 떡이다. 거기까지 자전거를 끌고 갈 수 없기 때문이다. 그늘 아래 누워 있으면 만사를 잊어버리고 졸음이 절로 오지만 긴 잠을 자지는 못한다. 잠깐 눈을 붙이고 다시 출발해서 6시 30분쯤 가시나무 옆에 텐트를 쳤다. 일부러 가시나무를 찾은 것이 아니다. 길 옆으로 내려서면 가시나무 관목이 주종을 이루기 때문이다. 79㎞를 달렸다.

가시나무
아래

07.24.
일요일

이날 가다가 신기다를 출발한 지 139㎞ 만에 처음으로 바오밥 나무를 만났다. 혹시나 이 나무가 마지막 바오밥 나무가 될 수도 있다는 생각에 자전거를 세워놓고 한참 동안 시간을 보냈다. 셀프로 사진 몇 장을 찍었다, 그러고 나서도 바오밥 나무 아래 텐트를 치고 자고 가고 싶은 마음이 들었다. 나무 아래는 땅도 평평하고 도로로부터 조금 떨어져 있어서 여러 가지 조건이 좋았다. 밤하늘을 배경으로 한 바오밥 나무는 어떤 모습일까? 별들이 쏟아지는 그 밤 한가운데에 있는 바오밥 나무는? 그때 내게는 어떤 생각이 떠오를까? 아침 햇살을 받은 바오밥은? 더구나 이 나무는 수형도 아름답고 엄청 컸다. 그런 것을 생각하는 것만으로도 가슴이 뛰었지만 시간이 오후 4시였다. 시간이 이르다. 두 시간은 더 달릴 수가 있다. 가다가 보면 바오밥 나무가 더 나오겠지. 행운에 맡기자. 나는 자리를 떴다.

탄자니아의 집들은 직사각형 필동같이 생겼다. 흙벽놀로 담을 치고 그 위에 서까래를 엊고 그 위에 천을 깔고 흙을 덮어놓은 것이다. 특이한 것은 지붕에 경사가 없었다. 비를 신경 쓸 일이 없다는 말이겠지. 출입문 하나 내고 창문 두어 개 달면 집 완성이다. 집 안 바닥도 그냥 흙이다. 집 앞에 가시나무 교목 한 그루쯤 있어서 그늘을 만들어 주면 더할 나위가 없다. 거기에 사랑하는 가족이 있다면 그럼 홈 스위트 홈이 되는 것이다. 벽돌의 색깔은 그 지방 흙의 색깔과 동일했다. 황토가 있는 곳은 황토색으로, 회색은 회색으로 집 색깔이 결정되는 것이다. 저녁 무렵 가다가 저기서 잘까 하고 한 곳을 찾아 들어갔더니 숯을 구워서 저장해 놓은 곳이었다. 곧 숯의 주인이 와서 의심의 눈초리로 어디로 가느냐고 물었다. 응 알았어요. 나는 당신의 재산에 아무런 관심이 없어요. 다른 곳으로 갈게. 그렇게 나와서 가다가 보니 고개 정상까지 올랐는데 해가 졌다.

더 이상 지체할 수가 없어 고개 정상에서 자리를 잡았다. 가시나무 관목이 늘어선 곳이었다. 찬물 더운물 가릴 처지가 아니었다. 텐트를 치고 나니 7시 10분. 해는 벌써 떨어졌다. 오르막을 올라오는 트럭들의 숨가쁜 소리만이 정적을 깬다. 출발한 곳으로부터 80㎞ 지점이었다. 어김없이 여기도 별들이 쏟아져 내렸다.

물구나무서기를 하는 소년과
자전거묘기를 보이던 소년

목동 둘이 내게 말을 걸었다.

아이들과 **점심**, 그리고 **돈 좀 줘**

아침에 일어나니 텐트 안이 개미들의 세상이다. 대체 너희들은 어디로 들어왔니? 그동안 아프리카에서는 이런 일이 없어서 개미는 생각도 않았었다. 먹거리 가방 안엔 개미들이 버글버글했다. 내가 배낭 지퍼를 열어 놓았네. 텐트 문을 열고 지난밤 먹다가 남은 수박을 텐트 바깥에 놓아 둔 것이 생각이 나서 비닐을 벗겼더니 수박의 붉은 과육 위로 수많은 까만 점들이 열심히 움직이고 있었다. 빵도 포기하고 수박도 숲속으로 던졌다. 많이 먹어라 이놈들아. 이 개미는 무슨 종이야? 개미 크기가 머릿니처럼 작다. 그래서 텐트 안으로 들어올 수가 있었나? 어쨌든 너희들은 계속 잔치를 벌여라. 나는 간다.

고개 정상이다 보니 자전거에 오르자 자전거가 쏜살같이 내려간다. 경사를 내려오니 끝없는 황야가 펼쳐졌다. 사방은 가시나무 관목들의 숲이다. 여긴 이런 작은 나무들이 주종을 이루는군. 맞바람이 거세다.

가다가 큰 바오밥 나무가 있어서 자전거를 끌고 내려가 쉬고 있으니 자전거를 탄 열예닐곱으로 보이는 아이들 두 명이 내 눈치를 보면서 내 앞을 왔다갔다 하기에 오라고 불렀다. 그래도 이 녀석들은 염치가 빤해서 바로 손을 내밀거나 기브 미 마니를 외치지 않았다. 아이들이 내 앞에서 자전거 묘기도 보이고 물구나무도 서고 했다. 내가 줄 게 뭣이 있나? 빵과 과일을 꺼내 하나씩 나누어주고 내가 가는 방향으로 집으로 간다기에 같이 길을 나섰다. 근데 아이 하나가 내 타이어를 가리키며 펑크났다는 시늉을 했다. 펌프질을 해서 출발했다. 그러나 얼마 가지 않아서 바람이 꺼진다. 확실한 펑크다. 아이들과 같이 나무 아래 들어가서 짐을 풀고 타이어를 분리해 냈다. 근데 아이는 펑크를 많이 때워 본 경험이 있는 아이였다. 눈치도 빨라서 내가 다음에 할 행동을 알고 필요한 공구를 들고 있다가 건네준다던가 하면서 일을 도왔다. 근처에는 성인 목동들 몇 명이 구경하고 있었다. 펑크를 간단히 때우고 다시 출발했다. 오후 2시였다.

"얘들아, 너희 동네 가서 우리 다 함께 밥을 먹자."

아이들의 얼굴에 희색이 돈다. 나도 좋다. 늘 혼자서 밥을 먹다가 여럿이서 밥을 먹는다는 것만으로도 기분이 좋은데 귀여운 아이들과 함께이니 얼마나 좋아. 동네에 가서 식당으로 들어가 밥을 시켜 먹고는 콜라도 한 병씩 안겼다. 펑크를 때우고 나선 용돈도 조금 주었다. 둘이 나눠 해. 동네 사람들이 어떻게 이 사람을 아느냐고 묻는 눈치고 아이들은 그간의 일을 설명하는 눈치였다.

아이들의 배웅을 받으며 동네를 나섰다. 이러다 보니 이날은 50㎞쯤 가니 해가 졌다. 맞바람이 거세서 더 이상 라이딩을 진행하기도 힘들었다. 나무 근처까지 가서 주위를 살피니 가시나무들이 많아 자전거는 접근이 불가능할 것 같아서 돌아서려다가 나무 뒤로 돌아 들어갔더니 길도 있었고 바오밥 나무 아래는 다른 나무 가지가 지붕까지 만들어 놓고 있었다. 여기가 명당이다. 해는 아직 남았다. 어차피 동네가 가까우니 노출은 피할 수 없었다. 보거나 말거나 텐트를 치고 있으니 동네 사람들이 모였다. 동네 사람들과 이런저런 말을 하다가 바이바이 하고 헤어지려는데 아주머니 한 분이 돈을 달란다. 참나. 그래서 모두 들으라고 사람들 앞에서 한바탕 연설을 했다.

"제발 좀 그러지들 말아요. 나는 여행자고 매일 돈이 있어야 돼. 나 돈도 많이 없어요. 그러니 돈 달라고 하지 말아요. 알았어요."

한 여자애가 내 말을 대충 통역했다. 모두가 고개를 주억거리며 바이바이 하고 가는데 제일 뒤에서 가던 그중 늙은 아저씨가 다시 내 앞에 서더니 말했다.

"돈 좀 줘."

헐, 하나마나한 소리를 한 내가 바보지. 사람들이 모두 가고 나는 텐트 속으로 들어왔다. 바람이 몹시도 사납게 불었다. 밤새 바람이 불었다.

탄자니아 수도 **도도마 입성**
1,062㎞를 달리다

아침에 텐트 옆으로 두 사람이 지나가다가 담배를 얻으러 들어왔다. 담배야 줘야지 어쩌나. 어제 저녁 동네사람들에게 담배를 한 개비씩 나눠 줬더니 소문을 듣고 온 것이다. 아이들도 몇 명이 찾아와 나를 지켜보다가 학교로 갔다. 너희에겐 줄 게 없어 미안해.

도도마까지는 40여㎞가 남았다. 아침 일찍 들어가면 좋다. 여러 가지로 좋다. 40여㎞야 크게 신경 쓰이지도 않는 거리였다. 가다가 아름다운 바오밥 나무가 나온다면 나는 그 자리에서 많은 시간을 보내다 가도 될 것이다. 그렇게 작정을 하고 갔는데 출발한 지 6시간이 되는 오후 2시에 달린 거리를 점검해 보니 겨우 21㎞를 왔다. 오르막 내리막이 계속되었기 때문이다. 이러다가 오늘 내로 도도마에 들어갈 수 있을까 하는 걱정까지 되는 것이다. 마음이 급해질 때마다 나는 근처에 가게가 있으면 들어간다. 급해지려는 마음을 누르기 위해서이다. 가게 근처에는 항상 사람들이 많이 모여 있다. 거길 지나다 보면 별 말이 다 나온다. 말뜻이야 못 알아듣지만 눈치까지 없는 것은 아니니까. 그런 걸 아는 아이들은 노골적으로 웃으며 희롱을 하는 놈들도 있다. 그럴 때에 나는 가만히 있지 않는다. 묘한 분노가 이는 것이다.

"알아듣게 이야기를 해! 너거 동네를 찾아온 손님에게 그게 뭐야. 이 썩

탄자니아의 서울 도도마. 은빛 양철지붕의 도시.

을 놈아!"

　그들도 내 말을 못 알아듣지만 그 분위기는 안다. 그럼 말이 쑥 들어가고 조심을 하는 것이 보인다. 그리고 가게로 들어서면 가게 주인 때문에도 더 이상 희롱을 못한다. 나는 내가 하는 짓이 최선의 행동이 아님을 안다. 하지만 나는 그것밖에 모른다. 사람과 사람의 관계는 상대성이다. 짖는 개 한 번 더 돌아보는 것이다, 이런 행동이 싸움으로 발전하지 않는 것은 서로가 말을 못 알아듣기 때문이다. 싸움이 그냥 일어나나? 모두가 말을 시초로 해서 일어나는 것이다. 그러니 어디에서나 나쁜 말은 못 들은 척 하고 말을 하지 않으면 싸움 자체가 성립되지 않는다. 칼보다 무서운 것이 혀라잖아. 빤히 알면서도 나는 못 참는 것이다.

　30㎞쯤 타고 나니 눈앞에 도도마가 보였다. 도도마는 뭐랄까 은빛의 도시였다. 하늘로 은빛을 찬란하게 뿜어대는…. 그 은빛의 발광지는 양철지붕이었다. 슬픈 양철지붕이었다. 토담에 혹은 시멘트 담에, 지붕엔 어김없이 양철 슬레이트를 얹어 놓은 것이다. 도도마의 인구는 약 10만 명이란다.

시내 몇 개의 건물을 제외하고 모조리 1층짜리 집이었다. 땅 넓겠다 위로 올라갈 이유가 없겠지. 도도마는 은빛 슬픔의 시골 도시였다. 도도마 입구에는 난민촌으로밖엔 안 보이는 나지막한 집들이 다닥다닥 붙어서 조악한 물건들을 팔고 있었다. 가난은 슬픔이고 짜증이다. 근데 도도마의 중심은 아직도 15㎞ 정도가 남아 있었다. 길은 또 오르막. 정말 오늘은 왜 이렇게 고된 거야. 나는 헉헉거리며 도도마로 들어섰다. 당당하고 여유 있게 들어가야지 라던 예정은 멀리가고 지쳐서 비실거리며 도도마로 들어선 것이다. 엉덩이까지 까져서 안장에 제대로 앉지도 못하고 엉거주춤하게 앉은 이상한 모습으로 도도마에 들어선 것이다. 그리고 두 집의 롯지를 거쳐 결국 와이파이가 되는 도도마 호텔로 들어섰다. 탄자니아의 롯지는 아직도 와이파이가 뭔지 모르는 곳도 있었다.

"하루에 55달러예요."

우리 돈 3만 원 이상 하면 뛰쳐나와야지 하고 먹고 있던 마음도 피곤에 눌려서 겨우 5달러 깎고 주저앉았다. 돈은 결국 돈 있는 곳으로 굴러간다. 짜파티 1장에 200실링(100원), 차 한 잔에 200실링, 콩 한 접시에 200~300실링, 염소고기와 밥, 3,000실링, 물 1병에 1,000실링, 콜라 1병에…. 이렇게 돈을 쓰다가 호텔로 들어서면 그간에 절약한 돈이 한순간에 좌악 빨려 들어가는 것이다. 50달러면 100,000실링(50,000원)이다. 호텔에선 염소고기에 밥이 18,000실링이었다. 1,000실링을 지불하면서 혹시나 속지는 않았을까 하다가 호텔로 들어와 이런 돈은 아무 소리 못하고 지불하고 나면 허무해지는 것이다. 야영을 하면서 보낸 시간들이 아무런 보상을 못 받는 것 같아서 아까운 것이다. 100실링, 200실링짜리 팔아서 대체 언제 돈을 모아 부자가 된단 말인가?

그래서 언제부터인가 나는 작은 가게에선 돈을 따지지 않았다. 500실링, 1,000실링이 어제보다 더 비싸다고 해도 나는 묻지 않고 그냥 줬다. 들어서자마자 예전처럼 물건 값을 묻지도 않았다. 먹고 나서 달라는 대로 준다는 말이다. 하지만 그게 그 사람들에게 무슨 보탬이 되겠어? 그렇지만 나도 아껴봐야 별 소용없더라는 말이다. 어쨌든 도도마로 왔다. 이날 47㎞를 탔다. 케냐 수도 나이로비에서 탄자니아 수도 도도마까지 1,062㎞를 달린 것이다.

07.27.~28. 수~목요일 | 잠비아 국경으로 가는 길

바바티에서 휴대폰을 만지작거리다가 저장 공간을 넓힌다고 안 쓰는 앱들을 삭제한 뒤 최적화를 시켰더니 은행 공인인증서가 날아가 버렸다. 출금은 되지만 잔고 확인도 안 되고 인터넷으로 결제가 안 된다. 큰일 났다. 발등에 불이 떨어졌다. 비행기 요금을 결제하려면 공인인증서는 필수다. 인터넷으로 예약을 하지 않고 항공사 사무실로 찾아가 표를 끊으면 가욋돈을 엄청 지불해야 한다. 앱을 다시 지우고 새로 앱을 깔고 받으려 해도 전송한 인증번호가 내 폰으로 뜨지를 않는 것이었다. 이걸 해결 하지 않고는 잠비아로 가지 못한다. 여기 인터넷 사정이 이런데 그곳인들 어떻게 믿을 수가 있나. 그걸 여기 도도마에서 해결을 하고 가야 하는 것이다. 도도마 호텔에서 이걸 해결하는 데에 이틀을 보냈다. 은행으로 연락, 임시번호를 받고…. 예전에 쓰던 것을 그대로 두고 쓰면 이런 일이 없지만 사람이 그러면 발전이 있나. 이일저일 당하면서 조금씩 늘어가는 거지.

이틀째 드디어 문제를 해결하고 '도도마에 유명한 곳이 어디요? 볼만한 곳은 없나요?' 하고 물었다. 우간다도 케냐도 여기 탄자니아도 문화유적이라곤 없는 것 같았다. 이런 호텔에서마저 관광지를 안내하는 책자도 없었다. 국립공원 사파리 외엔 다른 볼거리가 없는 것이다. 그래서 '시내 전체가 내려다보이는 곳이 어디요?' 하고 물어서 도도마 대학교로 올라갔다. 호텔에서 오르막 7㎞를 달리니 덩그런 건물 한 채가 있고 경비원이 지키고 서 있었다. 코딱지만 한 슈퍼에도 쇠창살을 만들어 놓은 나라인데 대학교에 경비원이 없을 수 없다. 자전거를 세워놓고 근처에 있던 사람에게 말했다.

"나 저기 올라가서 사진을 좀 찍고 싶거든요."

건물 옥상을 가리켰다. 결국 이 사람의 도움으로 경비원을 앞세워 사진을 찍고 내려왔다.

케냐에서 먹어 본 버섯 통조림을 사려고 무려 10군데의 슈퍼를 들렀다. 하지만 없었다.

"도도마에는 빅 슈퍼가 없어요."

빅 슈퍼는커녕 슈퍼도 시골 구멍가게 수준이었다. 결국 이 상황을 들은 호텔의 한 신사의 도움으로 그를 따라가서 백인 부부가 운영하는 슈퍼에서 버섯 통조림을 구할 수 있었다. 짜파티가 아무리 맛있어도 그걸 어떻게 맨날 먹나? 통조림도 콩 통조림이 대부분이었다. 간혹 있는 물고기 통조림은 비린내 때문에 사서 가지고 다니면서도 뜯기가 겁이 났다. 근데 우연히 산 버섯 통조림이 마음에 들어 그걸 구하려고 헤매고 다녔던 것이다. 하루에 1개는 먹어줘야지 결정하고 7통을 샀다. 그 외 물, 빵 등 여러 가지를 샀다. 70,000탄자니아실링. 잠비아도 가난으로 치면 둘째가라면 서러워할 나라다. 국민소득이 1,350달러(2015년)이다. 한때 잠비아보다도 더 가난했던 말라위(354달러)가 1960년대엔 우리보다 잘 사는 나라였단다. 말라위는 지금 북한보다도 가난하단다. 물론 이는 전쟁이 끝난 직후였을 것이다. 5,000년 역사의 우리가 그들보다 가난하게 살아왔다는 것을 믿으라는 이 말을 나는 신뢰하지 않는다.

잠비아는 죽음의 땅으로 불린다. 에이즈 때문이다. 거기다가 빈부 격차가 심하단다. 하지만 자연환경은 아름다운 곳이란다. 그래? 자연환경이 좋은 죽음의 땅!! 어울리지 않는 그림인데. 그럼 그게 좋은 것이야? 어쨌든 나는 거기로 가야 한다. 애초의 계획은 말라위로 해서 짐바브웨 수도 하라레로 가서 빅토리아 폭포로 가려 했던 것을 비자 문제로 말라위는 포기하고 잠비아 수도 루사카로 해서 빅토리아 폭포로 경로를 변경한 것이다.

짐바브웨는 무가베 대통령이 36년째 권력을 잡고 있는 나라다. 92살이란다. 밉다 하니 더 오래 사는 건가? 절대 권력은 절대 부패를 가져온다. 남의 나라 일이지만 그게 미워서 나는 몇 푼이라도 잠비아에서 쓰기로 한 것이다. 하지만 짐바브웨도 가야 할 지 모른다. 남아프리카공화국 케이프타운으로 가려면 거기를 거쳐야 하는 걸로 나는 알고 있다.

자전거 수리하고
잠비아로

07.29.
금요일

아침에 타이어를 점검하니 바람이 없다. 호텔 마당에 자전거를 놓고 튜브를 바꿔 끼웠다. 호텔 매니저가 옆에서 거들었다.

"루사카까진 얼마나 걸려요?"

호텔 매니저는 내가 한국에서 자전거를 타고 왔다니깐 그때부터 오는 손님마다 붙잡고 내 이야기를 하는 것이었다. 그래서 순식간에 나는 호텔 내 유명 인사가 되었다. 호텔 투숙객들도 나를 보면 미소 띤 얼굴로 인사를 하고 말도 걸었다.

"2~3달 걸릴 걸요."

빅토리아 폭포까지는 약 2,700km 정도가 남아 있다. 거기까지 나는 자전

거로 가고 싶었다. 튜브 갈아 끼워놓고 식당에서 아침을 먹었다. 호텔 조식
은 좋았다. 고기에 과일에 각종 밥, 짜파티, 빵, 특히 국물이 있는 고깃국이
마음에 들어서 나는 그걸 두 사발이나 먹었다. 아침밥은 잔뜩 먹어놓는다.
있을 때에 잘하자는 것이다. 오늘 이 호텔을 나서면 며칠간 나는 짜파티나
빵만으로 먹거리를 해결해야 할 것이다. 마음 같았으면 악어나 곰처럼 몇
달간을 한 번에 해결해 놓고 싶지만 그게 되나. 그렇지만 조금 많이 먹는
다. 너무 배가 부르면 페달을 못 밟으니까.

　도도마를 나서서 국경으로 가는 길은 한산했다. 지나가는 차들이 드물
어서 어떤 때는 한참 동안이나 거리가 적막하기도 했다. 케냐에 비해 물동
량 차이가 많이 났다. 탄자니아의 경제가 어떻든 나야 좋았다. 한적한 아프
리카의 황야를 대형차들을 신경 쓰지 않고 제대로 감상하면서 달리는 것
은 자전거 여행자로서는 행운이다. 콧노래가 절로 나고 햇살은 따스했다.
목동들도 느긋하게 소와 염소 떼들을 몰고 길을 건넌다. 눈앞엔 서부영화
에 나오는 황야가 무한정 펼쳐져 있었다. 저기 어디쯤에서 제임스 딘이, 케
리 쿠퍼나 장고가 장총을 메고 나타날 것 같은 그런 길이었다. 사라졌던 바
오밥 나무도 지천으로 나타났다. 특히 음로와 음로다 구간에는 바오밥 나
무가 숲을 이루고 있었다. 바오밥 나무도 너무 많으니 별 흥미가 없어졌다.
황토 구간도 나타났다. 온통 벌건 흙이 나타난 것이다. 집도 땅도 벌겋다.
평원이다 보니 길도 오르막이 없어서 나무 그늘에 앉아 쉬면서 셀프카메라
를 찍는 여유도 부렸다. 이날 102㎞를 달리고 Seluka라는 동네를 지나 한
적한 곳에 텐트를 쳤다.

펑크
4번 나다

07.30.
토요일

도로에서 보일 듯 말 듯한 곳에 텐트를 쳤는데도 아침에 목동의 방문을 받았다. 하지만 아침이야 상관있나. 오든 말든 나는 이미 하룻밤을 잤으니 볼일은 다 봤다. 담배 한 개피를 주고 "어이 친구야, 자전거 좀 떠밀어 줘!" 모래 길을 지나 도로 위로 오르며 이 친구에게 차를 떠밀어 달라고 부탁을 했다. 그러자 차를 떠밀어 주고 난 뒤 이 친구가 말했다.

"소다(콜라) 그것 날 줘."

먹다가 반쯤 남은 콜라를 두고 한 말이다.

"이건 안 돼. 내가 먹어야 돼."

이건 말이야. 내가 빵이 목구멍에 걸려 안 넘어갈 때 먹는 거야. 그걸 널 줄 수는 없어. 미안해.

근데 9km쯤 달리다 자전거에 펑크가 났다. 앞 타이어 펑크다. 웬일이야? 오랜만의 펑크다. 즐거운 마음으로 때워야지. 길 가장자리에서 짐 다 풀고

이날 4번의 펑크가 났다.

자전거를 거꾸로 세워 놓고 펑크 때우고 다시 짐 싣고, 출발을 하려니 뒷타이어가 펑크다. 뭐 이래? 다시 짐 풀고 펑크 때우고 짐 싣고 다시 출발하는데 앞 타이어가 또 펑크다. 끄응, 뭐가 잘못됐나? 분명 몇 번이나 확인을 했다. 펑크 때우고 타이어에 넣을 때에 공기주입구 나사가 풀렸나? 다시 짐을 풀고…. 다시 출발. 2㎞쯤 달리다가 이상하다 싶은 생각이 드는 순간 자전거가 꼬꾸라진다. 나야 넘어지지 않았지만 자전거는 길바닥에 처박혔다. 앞 타이어 펑크. 분명 확인을 했는데. 이젠 내가 곤혹스러워진다. 이건 문제부터 확인을 해야 한다. 차를 도로에서 떨어진 바오밥 나무 아래로 몰고 가서 세워 놓고 담배부터 한 대 피우고 빵 한 조각 먹었다. 열불을 가라앉히고 천천히 해야 실수를 하지 않기 때문이다. 화가 나면 생각이 흩어지기 때문이다. 분명 펑크인데 공기를 주입하고도 어디서 새는지 확인을 하지 못하겠다. 물이 있어야 확인을 하지. 바람도 불고 차들 소음 때문에 시끄러운 이곳에서 뺨에 대고 실펑크 난 곳을 확인하는 것은 불가능하다는 결론을 내리고 패니어를 뒤져서 튜브를 바꿔 끼웠다. 또 나기만 해봐라 아주 그냥 자전거째로 개골창에다 처박아 버릴 것이다.

저녁 6시쯤엔 자전거를 끌고 텐트 칠 곳으로 들어가다가 가시나무 가시에 얼굴이 찍혀서 피가 주르르 흘렀다. 아프리카의 가시나무들은 악질이다. 물면 놓지 않는다. 피야 곧 멎겠지, 이제 까지 밥 먹여 키워 놓았으면 지혈쯤이야 스스로 하겠지. 흐르거나 말거나 텐트를 치고 들어가 누웠다. 출발지점으로부터 46㎞ 지점이었다. 펑크 때우느라 3시간을 보냈고 사진 찍느라 시간을 보내는 바람에 얼마 타지를 못했다.

밤엔 잠이 오지 않아 컴을 내어 작업을 좀 했다. 별들이 쏟아지는 탄자니아의 밤이다.

배고픈
목동

　이른 아침, 살랑거리는 바람을 맞으며 풀숲에 앉아 수입 가공한 메이드 인 코리아 똥 한 번 시원하게 밀어내고 나면 근심이 싸악 풀린다. 배변의 즐거움이다. 어떤 화장실도 이보다 더 좋을 순 없다. 출발 준비가 된 것이다. 그럼 또 달려보자. 인생은 달리기이다. 앞길이 평안하기만을 바라지는 않는다. 어떤 길이 나와도 즐겁게 받아들일 뿐이다. 고개 너머 또 고개는 당연한 이치다. 이 세상 험하지 않는 길이 어디에 있는가? 35㎞ 지점에서 IZAZI란 동네를 만났다. 이자지이든 음자지이든 밥을 먹자. 자그만 가게로 들어가서 짜파티와 혹시 염소고기 삶은 것이 있느냐고 물으니 그건 없단다. 그 가게 옆집에서 염소고기를 굽는다. 구운 고기를 별로 좋아하지 않지만 마냥 짜파티만으로는 에너지를 충전시키지 못한다. 그걸 3,000실링어치(뼈 붙은 세 토막) 시켜서 라이스와 함께 먹었다. 매운 고추도 함께. 염소고기 굽는 곳엔 동네 청년들이 우르르 붙어 서 있다가 내가 지나가려 하자 다들 한마디씩 했었다. 거기다가 아침부터 술에 취한 젊은이 하나가 내가 가게로 차를 몰아넣자 다른 청년들은 조용해졌는데 이 친구는 얼씨구나 하고 옆에 붙어서 되지도 않는 말을 계속 지껄인다. 너 좀 빠져주라 이 녀석아. 싫은 얼굴에 싫은 말을 해도 계속 따라다닌다. 몇 번 고함을 더 질러 뿌리치고 구운 고기와 밥을 먹었다. 밥은 어디를 가나 예전 촌 머슴밥 모양 양을 많이 준다. 나는 그걸 다 먹지 못하고 남겼다. 고기도 칼로 썬 것만 먹고 뼈에 붙은 것은 그대로 남겼다.

　다 먹었어요? 나의 식사광경을 처음부터 지켜보던 청년들이 물었다. 넵. 그리고 담배 한 대를 빼어 무는데 옆에 있던 청년 셋이서 내 식탁 위에 있던 뼈다귀에 붙은 고기와 먹다 남긴 밥을 빼앗듯이 가져가더니 순식간에 먹어 치웠다. 나는 그걸 보기가 민망해서 고개를 돌렸다. 그렇군. 목동들은 열심히 가축들을 키우지만 그 고기를 먹지 못하고 어부도 잡은 맛있는 물고기는 남이 먹는다. 가난한 목수는 평생 남의 집만 지어주고 정작 자기 집은 짓지 못한다더니. 왜 이런 말들은 틀리지를 않는거야. 나는 얼른 값을 치르고 거기를 빠져 나왔다.

이 지방은 흙이 벌건 황토이고 옥돌이 눈에 많이 띄었다. 길거리에 옥이 이리저리 굴러다니고 있는 것이다. 47㎞ 지점부터 산이 앞을 가로막았다. 경사가 급한 8㎞를 2시간에 걸쳐 밀어 올리고 나니 눈앞이 빙빙 돈다. 고개 첫머리를 들어서며 끌바를 할 때 탄자니아인이 운전하는 승용차 한 대가 내 앞에 섰다. "무슨 문제가 있나요? 내가 태워줄까?" 끌바를 하고 있을 때에 간혹 트럭 운전사들이 태워줄까라는 신호를 보내 온 적은 있어도 승용차를 몰고 가던 운전자가 태워주려 하는 것은 처음이었다. 나이 지긋한 흑인이었다.

"아뇨, 감사합니다. 나는 그냥 내가 올라가겠어요."

그래 어디든 이런 분이 있다. 물론 이 분은 그 고개의 길이가 18㎞라는 것을 알고 있었을 것이다. 그래서 그 거리를 생각하니 내가 가여워 태워주려 했으리라. 물론 나는 이 고개의 길이에 대해선 까맣게 몰라서 거절했던 것이다.

잠시 쉬다 다시 출발을 하려는데 몸에 이상 신호가 왔다. 더 이상 갈 수 없다는 거부 반응이다. 눈앞에 3개의 산모퉁이가 보였다. 여기가 도대체 해발 몇 미터쯤이야? 3개의 산 모퉁이 거리는 목측으로도 5㎞ 정도는 될 것 같았다. 하지만 그 뒤로 얼마나 더 있는지는 나도 모른다. 시간도 오후 5시30분이었다. 여긴 7시면 해가 진다. 1㎞쯤 더 끌다 나는 고개 정상 부근에서 자리를 잡았다. 비탈진 곳이었다. 더 이상은 못 가!! 자전거를 산 아래로 밀어넣고 텐트를 쳤다. 56㎞를 탔다. 이날은 밤새 바람이 지독하게 불었다. 텐드가 찢어질 듯 비명을 질렀다. 고개 정상 부근이어서 그런가? 시끄러워서 잠을 잘 이루지 못했다.

자전거로도 지구는 좁다

2016년
8월

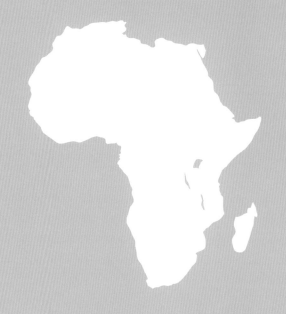

이링가   마핀가   송웨   음펨바   둔두마

이소까   음피카   카피리음포시   루사카

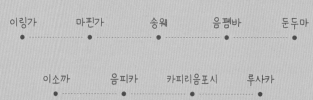

08.01. 월요일 방물장수

이슬람들은 왜 돼지고기를 먹지 않을까? 유대인들도 먹지 않는다. 경전에 따라 그들은 돼지고기를 피한다. 아프리카의 자연환경은 돼지 키우기가 부적당하다. 중동도 그럴 것이다. 그래서 종교 지도자들은 돼지고기를 먹지 마라는 조항을 집어넣었을 것이다. 돼지고기는 이 더운 지방에선 각종 사고를 일으켰을 것이다. 맛난 돼지고기 생각이 난다.

출발부터 끌바다. 그로부터 10㎞를 끌고 나서야 고개가 끝났다. 도도마 호텔의 지배인이 말한 큰 산이 이것을 말한 것인가? 그리 높지도 않은 산인데? 물론 산 속에선 산이 보이지 않는다. 오늘의 목표는 Iringa라는 도시다. 하지만 아침부터 산길 끌바 10㎞에 나는 녹초가 되었다. 높은 산은 더 힘이 들어. 일단 쉬자. 짜파티 가게에 들어가 마침 있는 염소고기 국에 짜파티 두 장, 뜨거운 차 한 잔을 마셨다. 4,000실링(2,000원). 이것만 먹어도 살 것 같았다. 몸이 무거울 때는 무조건 쉬어야 한다. 성질이 급한 나는 조금만 쉬어도 지겨워서 금방 일어선다. 잠깐 쉬면 금방 회복이 된 듯한 착각이 들기 때문이다. 하지만 그건 착각일 뿐이다. 시간이 지나지 않으면 기력이 회복되지 않는다. 적어도 1시간 이상을 쉬어 줘야 한다. 하지만 여행자의 마음은 늘 바쁘기만 하니.

오후에는 자전거에 방물을 싣고 다니며 파는 자전거 행상을 하는 두 청년을 만나서 앞서거니 뒤서거니 하며 달렸다. 그들은 시골을 돌면서 그 물건들을 파는 것이었다. 그들과 헤어지고 나선 길이 순조로워 저녁 무렵엔 이링가에 도착할 수 있었다. 64㎞를 탔다. 앱을 따라 첫 호텔엘 갔으나 문이 닫혀 있었다. 망한 것이다. 두 번째는 방이 없었다. 유럽 대학생들이 단체로 우글거리고 있었다. 결국 한 탄자니아인의 도움으로 MR. HOTEL에

자전거 행상 하는 두 청년.
방물장수다.

칼 좀 들어봐,
청년은 웃으며 칼을 들어줬다.

들 수 있었다. 숙박료는 35,000실링. 와이파이가 된다고 큰 소리쳤으나 역시 문자 수준이었다.

"밥부터 좀 줘요. 그리고 수박은 어디서 팔아요?"

빨래를 해서 널고 배터리 충전을 했다. 밥 먹고 저녁에 나가 수박 한 덩이를 2,000실링(1,000원)에 사와서 갈랐더니 상했다. 결국 못 먹고 버렸다. 어쩐지 꼭지가 너무 말라 비틀어졌더라. 근데 모두가 그런 것뿐이었다. 수박이 비싸서 팔리지를 않는가? 결국 다음 날은 다른 곳으로 가서 갈라보고 상하지 않아야 산다고 먼저 말을 하고 한 덩이를 샀다.

우갈리 (짜파티)

08.02. 화요일

알고 계시겠지만 아프리카인들은 거의 머리를 기르지 않는다. 남자들은 머리카락을 아주 짧게 해서 다니고 여자들도 그렇다. 대머리라고 여기선 부끄러워할 필요가 없다. 머리카락을 기르면 뭉치고 살 속을 파고들어 엉망진창이 된다나. 그래도 기르고 싶은 사람들은 레게머리를 하는 것이다. 남자들은 담배도 거의 피우지 않았다. 이는 경제 사정과도 관계가 있는 것 같았다. 탄자니아 산 담뱃값은 3,000실링(1,500원)정도. 그러니 어떻게 피워? 말보로 라이트가 3,500실링이었다.

5월 16일 카이로에 도착해서 지금까지 술은 거의 입에 대지 못했다. 이는 같이 마실 사람이 없었기 때문이다. 전통주고 뭐고 이젠 별 흥미도 없고 라이딩을 생각해서 입에 대지 않았다. 이술 저술 마셔 봐도 별 특별한 것은 없고 술은 다 같은 술이구나 라는 결론을 내린 것이다. 흥미가 없어졌다. 음료수 대용으로 마시기는 했으나 지금은 그것도 마시기 싫어졌다. 먹으면 뭘 해? 헛소리라도 들어 줄 사람이 없는데. 나는 저녁에는 거의 외출을 하지 않았다. 술집에 대한 궁금증도 없어졌다. 세계 어디나 다를 바가 없었다. 가로등도 없는 이 어둠 속에서도 저녁이면 온 동네가 떠나갈 듯이 음악이 울려 퍼지고 불빛이 번쩍거렸다. 술집으로 사람들이 모이는 것이다.

야영을 계속하다 보니 초저녁이면 잠자리에 드는 것이 버릇이 되었다. MR. HOTEL에 도착하자마자 배가 고파 밥과 치킨, 삶은 야채를 시켰으나 치킨은 예상대로 질기기만 했다. 8,000실링(4,000원)이었다. 그래서 우리 돈 100원짜리 짜파티 몇 장 사와서 통조림 한 개와 곁들여 한 끼를 때웠다. 이 도시에선 짜파티를 사려면 오전 중에 가야 했다. 오후가 되면 그것도 없기 때문이었다. 아마도 반드시 팔리는 수요만을 굽는 모양이었다.

이날도 나는 다시 수박을 사와서 수박과 짜파티로 한 끼를 때웠다. 수박도 도시에서나 살 수 있다. 네팔에서 줄기차게 먹었던 탈밧과 우간다, 케냐, 탄자니아 이들 나라에서는 짜파티가 내겐 주식이었다. 탄자니아에서 먹는 우갈리도 짜파티의 다른 이름이었다. 이름만 다를 뿐 세 나라가 공통적으로 먹는 것이다.

"한국은 정말 먹을 것이 많고 음식도 맛있어요."

한국에서 일했던 네팔리가 내게 한 말이다. 그는 짜장면과 순두부를 그리워했었다. 그러게, 이렇게 다니다 보니 그게 그렇게 좋은 것이었다 라는 것을 이제 알겠군.

오후엔 슈퍼를 수소문해서 통조림 8개와 빵, 물등 필요한 식료품을 구입했다. 담배도 10갑을 샀다. 여기도 담뱃값이 들쭉날쭉이었다. 슈퍼 주인은 오랜만에 큰 손을 만나 몹시 기분이 좋은지 통조림을 담아 가라고 직조 가방을 하나 선물했다. 보통 10,000실링(5,000원)짜리를 내면 잔돈이 없어서 쩔쩔매는 곳에서 64,000실링어치나 샀으니 그랬을 것이다. 나도 탄자니아 슈퍼에선 큰손이군. 그간 여행을 다니면서 몇 번 담배를 잠깐씩 끊은 적이 있었으나, 내가 왜 이러지? 하고 다시 피운다. 나홀로 여행에서 유일한 벗은 담배다.

08.03.
수요일

이링가의
거암

탄자니아에도 나의 흥미를 끌 만한 문화유적은 없었다. 물론 모스크도 있고 교회도 있었지만 여행자가 찾을 만한 볼거리가 되겠나 하는 의문이 들었다. 호텔 직원들에게 물어도 아무도 '여긴 보고 가시지요.' 라는 곳을

이링가의 거암에서 내려다 본 이링가 시.

추천하지 못했다. 그러다 앱을 검색하다가 큰 바위가 있는 것을 발견하고 거길 향했다. 간선도로를 벗어나 4㎞쯤 산길을 올라가니 바위가 있었다. 이링가 시내가 훤하게 내려다보이는 바위였다. 입장료는 5,000실링(2,500원)이었다 남자 직원이 세수를 하다가 내가 도착해 그냥 들어가자 입장료를 내란다. 안내 간판도 없는 곳이었다. 여기가 입장료를 받는 곳이 맞아? 라는 생각이 들 정도였다. 잔돈이 없어 10,000실링짜리를 내니 자기도 잔돈이 없단다. 그럼 내려올 때 줘. 자전거를 맡겨놓고 바위 곁으로 가니 바위 위로 올라가는 계단이 안 보인다. 근데 바위와 바위 틈 사이에 돌을 끼워놓은 것이 보인다. 이게 계단이로군. 차라리 철제계단보다는 운치가 있어서 좋군.

발아래 내려다보이는 이링가시는 수도인 도도마보다 활기차게 보였다. 산악지형이라 산비탈에 집을 지어 도시가 형성되어 있었다. 바위 정상은 30~40명은 수용할 정도의 넓이였지만 입장객은 나 혼자였다. 20~30분 얼찡그리면서 사진도 찍고 바위 위에 누워서 하늘을 바라보기도 했다. 그러다가 내려와 잔돈을 내어 달라니까 이 친구 주머니에서 2천몇백 실링을 내더니 이것밖엔 없단다. 20대 후반으로 보이는 청년이었다. 순진하게 생긴 친구를 가난이 뭉개고 있는 중이다. 야, 이 녀석아, 나는 여행객이야. 나는 케이프타운까지 가야 되거든. 어림 반 푼어치도 없는 소리 말고 잔돈을 내어놔. 이 친구를 앞세워 동네로 내려오며 근처 몇 집을 10,000실링(5,000원)짜리 하나를 바꾸려 다녔다. 그래 사는 것이 이렇게 팍팍하군. 그와 잔돈을 바꾸려고 이집 저집 다니면서 한 대화다.

"이 자전거는 얼마야?"

내 자전거를 보고 그가 물었다. 나는 무심코 사실대로 대답했다.

"미화 3,000달러이야."

패니어까지 한국 돈 400만 원을 지불했었다. 그러니 조금 낮춰 부른 것이다. 그때부터 이 친구가 입이 돌아가며 실실 웃더니 말이 삐딱하게 나오는 것이다. 나는 아차 했다. 이 친구가 그걸 수긍할 리가 없는 것이다. 자기 나라 10,000실링을 바꾸려고 몇 집을 다녀야 하는 상황인 나라다. 미안해, 내가 잘못했어. 용서해줘. 4만 원 줬다.

**08.04.
목요일** 이링가 출발,
독일인 부부 **자동차 여행자**

아침 8시 20분 이링가를 출발했다. 잠비아 국경쪽으로 가려면 도도마에서 T5번 도로를 타고 가다 이링가에서 T1도로로 바꿔타야 한다. 도도마를 출발해 이링가까지 오던 도로는 시골길처럼 한적했었다. 띄엄띄엄 차들이 다녔는데 이링가를 출발하자 물동량이 눈에 띄게 늘었다. 길도 다시 오르막 내리막의 시작이다. 이젠 오르막도 내리막도 별 감정 없이 바라보게 되었다. 오르막이 있으면 끌고 내리막이 있으면 타는 것이다. 몇 ㎞쯤 탈 수 있을 건가 라는 것도 별 관심이 없다. 그건 길에 달려있고 나는 열심히 페달을 밟으면 되는 것이다. 이날 가다가 내 앞에 저 멀리 지프 한 대가 멈췄다. 차에서 한 백인 여자가 내리더니 내가 지나가려 하자 손을 들어 잠시 서란다. 독일인 자동차 여행자였다. 3개월째 다니고 있는데 케이프타운으로 가는 중이란다. 아프리카는 케이프타운이 여행객의 종착역이군. 남자의 나이는 나와 같았다. 내 나이를 말하자 여자가 기겁을 했다.

"젊어 보이는데, 그렇게 나이를 먹었어요?"

그래요. 속절없이 나이만 먹었지요. 무엇으로도 바꿀 수 없는 세월들이 먼 산 쳐다보고 있는데 다 지나 갔다우. 이제 남은 건 그대와 같이 쭈그러

독일인 부부,
서양인들은 동양인의 나이를
잘 가늠하지 못한다.

탄자니아의 전형적인
도로 모습이다.

진 육신뿐이오.

　점심으로 만두와 모양이 같은 밀가루빵 하나, 차 한 잔 마시고 다시 출발했다. 하염없이 페달을 밟다가 보니 시간이 오후 6시를 넘었다. 70㎞ 지점이었다. 안 돼, 잘 곳을 찾아야 한다. 허나 좀처럼 텐트 칠 곳을 찾지 못했다. 마을이 계속 이어지고 있었기 때문이었다. 그렇게 10㎞를 더 달리다 보니 해가 넘어간다. 더 이상은 갈 수 없다. 내 앞엔 제법 큰 도시가 있었고 그 도시를 벗어나 텐트 칠 곳을 찾는다는 것은 이미 그르친 상황이었다. 마침 앞에 보이는 호텔로 들어갔다. 들어가 보니 아직 짓고 있는 호텔이었다. 30,000실링. 호텔은 와이파이도 웜샤워도 안 됐다. 이전 같으면 왜 웜샤워가 안 되느냐 따졌을 것이지만 요즘엔 그러려니 하고 그만이다. 따져봐야 입만 아프고 개선이 안 되는 걸 알기 때문이다. 집은 배수마저 안 되어 욕실 바닥에 물이 넘친다. 그것도 말하지 않았다. 지금 말해봐야 부산하기만 할 것이고 고칠 수 없다는 것을 알기 때문이다. 물이야 빠지든 말든 저희들 책임이니 알아서 하겠지. 찬물로 샤워를 하고 배낭에서 빵을 내어 저녁을 먹었다.

　이즈음 하루에 10시간을 꼬박 탄다. 이전에는 오후 4시가 넘어가면 잠잘 곳을 찾았으나 결국 해지기를 기다려야 된다는 것을 체험하곤 그 시간까지 기다리기가 지겨워 수법을 바꾼 것이다. 그러니까 매일 2시간쯤 잔업을 하는 것이다. 이것이 편하기 때문이었다. Mafinga라는 도시였다.

08.05. 금요일 | 치통의 방문

호텔에서 제공하는 아침을 먹으면서 짜파티를 3장을 담았더니 직원이 옆에 있다가 3장은 안 된단다. 식빵과 짜파티 그리고 달랑 차 한 잔 주는 아침인데 2장만 먹으란다. 나 또 이런 경우는 여행 이후 처음이다. 나 참 치사해서, 사람도 나 혼자인 줄 알았는데 한 사람 더 있는 모양이었다. 식판을 바닥에 팽개치고 싶었으나 대한민국을 위해 참았다.

그러면서 이 친구는 내가 출발을 해서 호텔을 나서는데 인사를 했다.

"또 오세요."

야, 이 녀석아 너 같으면 또 오겠니? 청년은 스무살 남짓이다. 그래도 귀엽다. 치통이 나를 찾아왔다. 여행을 출발하기 전에 몇 주에 걸쳐 신경치료를 받았는데 이 녀석이 또 찾아 온 것이다. 겁이 덜컥 났다. 행패가 보통이 아니기 때문이었다. 이 놈 때문에 여행을 접어야 하는 것이 아닐까 하는 우려가 앞섰다. 아는 분이야 아시겠지만 치통은 끔찍한 고통이지, 하하. 일단 달래는 수밖엔 없다. 하루에 몇 번이고 칫솔질을 하는 것이다. 치약 때문인지 통증이 조금 가라앉는 것 같은 느낌을 받았다. 이런 경우를 예상해서 영덕 강구의 치과원장이 어떻게 하라는 말을 내게 해 줬지만 생각도 안 난다. 별 해결책이 아니었던 것 같다. 근데 진통제가 없다. 누군가 내게 보내 준 게 어디 있을 것 같은데.

호텔 출발 후 1㎞쯤 달렸다. 바람이 너무 차다. 자전거를 세우고 윈드재킷을 끄집어내어 입고 다시 달렸다. 미련 대다가 감기까지 들면 곤란해. 도시를 벗어나기 전에 비포장 도로가 나왔다. 먼지에 소음, 길은 엉망진창이었다. 비포장 도로가 18㎞나 계속되었다. 그리고 잠시 포장 도로, 그리고 다시 비포장이 계속 이어진다. 산악지형이었다. 몇 번인가 용각산 같이 부느러운 흙속에 발이 빠졌다. 자전거도 넘어졌다. 차를 기대어 세울 만한 곳이 없어 신발 속에 철벅대는 흙을 그대로 둔 채 끌바를 했다. 29㎞ 지점에서 밥을 먹었다. 따뜻한 차 한 잔 생각이 간절해서 동네까지 가려 했지만 더 이상 가다간 배가 등가죽에 붙을 지경이었다. 치통은 계속되고 땀이 마르면 추웠다. 71㎞ 지점에서 차를 대나무 밭으로 몰아넣었다.

일단 차를 나무에 기대어 세워 놓고 낮에 산 콩과 야채 밥이 든 비닐봉지를 꺼내어 밥을 먹었다. 이가 맞부딪힐 때는 아파서 깜짝깜짝 놀랐다. 아픈 이가 있는 쪽이 아닌 맞은편 이로 씹는데도 이러니. 그냥 대충 씹고 넘길테니 위장아 네가 알아서 좀 잘 해봐. 이빨이 찡찡대니 어쩌겠니? 달래야지. 좀 영양가 있는 것을 우선 이빨로 많이 보내줘라. 우리가 지금껏 튼튼한 것도 이빨 덕을 많이 본 것 아니겠어? 그렇게 서로 도우며 살아가는 거지.

대나무 잎을 바람이 지나가며 쓰다듬는 소리가 을씨년스럽다. 지나가는 사람들의 말소리, 멀리 아이들의 목소리가 신경 쓰인다. 나 참 인적에 이렇게 신경을 써보기는 처음이다. 어둠이 내릴 때까지 기다려야지 지금 텐트를 치면 아무래도 노출이 될 가능성이 있다. 대나무 잎을 바람이 훑으며 지나가는 소리는 다른 나무를 지나는 바람소리와는 다른 것 같아. 그래, 삶은 바람인 것 같아, 사랑으로 믿었던 것들이 사랑이 아니었음을 노래한 가수가 있었지. 청춘의 고통이 거기까지 이르렀단 말인가? 모두가 바람 같다는 말이 아닌가. 삶의 바닥이 흔들리면 혼돈이 찾아오지, 살아 온 세월이 실 없는 개그와 같이 되는 거란 말이다. 그대는 진지하게 살아왔는가? 자조의 밑바닥은 깊이를 알 수 없는 구멍. 그래, 사람이 다 지나갈 때까지 기다리자. 그때 텐트를 치자. 이제 곧 어둠이 내려 지상의 모든 것들을 삼켜버릴 것이니까.

문 _조향미

밤 깊어

길은 벌써 끊어졌는데

차마 닫아걸지 못하고

그대에게 열어 둔

외진 마음의 문 한 쪽

헛된 기약하나

까마득한 별빛처럼 걸어둔 채

삼경 지나도록 등불 끄지 못하고

홀로 바람에 덜컹대고 있는

저 스산한 마음의 문 한 쪽.

 08.06.
토요일

용각산처럼 부드러운
흙의 **비포장 길**

비포장이 계속 이어진다. 도로는 공사 중이었다. 하지만 공사 인부들이나 차량은 보이지 않았다. 흙먼지가 안개처럼 날리는 도로를 따라 페달을 밟는다. 찌그러진 초막이 하나 나타났다. 짜파티 가게다. 짜파티 가게만 나오면 일단 나는 들어간다. 식사를 한 시간이 얼마 지나지 않았으면 그냥 짜파티를 사서 배낭에 넣고 뜨거운 차 한 잔을 마신다. 거기에 만일 염소 고깃국이 있으면 사서 먹지만 대개는 없다. 이날 들어간 가게는 모녀가 하고 있는 가게였다. 짜파티를 먹고 있는데 가게 아주머니가 무릎을 가리키면서 아프단다. 그 딸이 말했다.

"어머니가 약이 있으면 좀 달래요."

먼지 먼지.

짜파티집.
아주머니는 몇번이나 고맙다고 인사를 했다.
하지만 물파스가….

　이런 경우를 나는 몇 번 당했다. 케냐에서도 호텔 직원인 한 젊은 아주머니가 부은 발목을 절룩거리면서 다니다가 내게 약을 부탁했었다. 하지만 내가 약이 있나. 물파스 내어 주는 것이 고작이었다. 그런 병은 본 적도 없어서 무슨 약이 쓰이는지도 모른다. 선무당이 사람 잡는 게 아닌가 하는 생각이 들었지만 나쁘기야 하겠나 싶어 물파스를 내어 건넨 것이다. 나는 물파스를 여러 병 가져왔다. 혹시나 하는 마음에서였다.

　50㎞ 지점을 넘어서니 자취를 감추었던 바오밥 나무가 나타났다. 마침 수박 몇 개를 탁자 위에 올려놓고 파는 가게가 있었다. 반가워서 바로 들어가 수박 한 통을 시켰다. 2,000실링(1,000원). 그 자리에서 쪼개어 반 통은 우르르 늘어서 나를 쳐다보고 있는 아이들에게 주고 반 통은 숟가락 내어 그 자리에서 다 파먹었다. 여기 수박은 우리처럼 큰 수박은 없었다. 주위에 있던 어른 두 분이 내가 아이들에게 수박을 나눠 준 것에 대해 연신 내게 고맙다고 인사를 했다.

치통이 계속 사람을 괴롭혔다. 심하게 아플 때면 그 부위를 도려내고 싶었다. 하하, 정신이 없어 헛생각을 하는 거지. 그래서 이날은 지난번 사둔 참치 캔도 한 통 먹었다. 좋은 것 자꾸 먹을 테니까 빨리빨리 작업을 해서 무언지 모르지만 치통을 낫게 하는 것을 이빨로 좀 보내라 알았지?

84㎞ 지점에서 텐트를 쳤다. 밤이 오고 별빛이 창문으로 스며들 때쯤이면 아픔도 덜 하려나.

강이 **푸른 들판**을 만들고
08.07.
일요일

탄자니아를 여행하면서 어제 처음으로 맑은 물이 흐르는 강을 만났다. 그리고 오늘 또 그런 강을 만났다. 물론 두 강은 같은 줄기일 것이다. 어제 그 강을 만났을 때는 저녁 무렵이었고 강가에는 여자들이 모여 있었기에 잠잘 곳을 찾던 나는 그리로 내려갈 시간이 없었다.

강가에는 커다란 나무가 넓은 그늘을 만들고 있어서 아주 좋은 잠자리가 될 것이었지만 사람들이 많아서 포기하지 않을 수 없었다.강을 처음 본 소감은 신기하다는 느낌이었다. 아프리카 탄자니아에도 이런 맑은 물이 흐르는 강이 있군. 더구나 아프리카로 들어오곤 처음 보는 맑은 물이었다. 강 이름은 아마 Great Ruaha인 것 같다. 확인해 줄 수 있는 분을 아직 만나지 못했기에 '아마'를 쓴 것이다. 맑은 물을 만난 기분은 아주 좋았다. 많이 좀 흘러서 사람들을 좀 살려라.

이날은 일요일이라 사람들의 옷차림부터 다른 날과는 달랐다. 남녀 모두 성장을 했다. 흙먼지가 풀풀 날리는 길을 검정 에나멜 하이힐을 신고 교회를 가는 날인 것이다. 장롱 속에 넣어 두었던 새 옷으로 갈아입고 노동에서 해방된 날이기도 할 것이다. 이들의 옷차림을 보고 있으니 나까지 즐거워졌다. 그래, 행복이란 것이 거창한 것이 아니지. 가족들과 손을 맞잡고 친구들을 만나고 새 옷을 입고 뽐내는 것도 큰 즐거움이지. 교회에선 찬송가가 울려 퍼지고 있었다. 하지만 나는 출발부터 5㎞ 끌바를 하고 나니 혀가 닷 발이나 빠졌다. 거기다가 DSLR카메라 메모리카드의 쓰기 닫기 스위치가 부러져 사용을 할 수 없게 되었다. 이제 카메라는 폰 하나 달랑 남았다. 35㎞ 지점에선 기진맥진을 해서 가시나무 그늘 아래 들어가 매트를 깔고 누웠다. 장거리 자전거 여행에서 절대 빠지지 않아야 할 품목 중에서 매트를 꼽을 수 있다. 케냐에서 산 이 매트가 그때마다 진가를 발휘하는 것이다. 매트가 없으면 귀중한 시간을 편안히 보낼 수가 없다. 누울 수 있다는 것이 휴식에선 최고의 상태를 제공하는 것이다.

맥가이버 칼도 마찬가지다. 잠자리를 마련할 때나 휴식처에 들어가 쉴 때 아프리카에선 가시나무 아래이고 주변도 가시풀과 나무들일 때가 대부분이다. 이때 나무가 작다고 무시하고 그냥 들어가다가는 악질적인 가시나무의 뜨거운 맛을 보게 된다. 맥가이버 칼에 달린 작은 톱 하나로 가시나무 가지들을 베어내면 안심이지. 이걸 네팔에서 비행기를 탈 때 배낭에 넣는 바람에 공항에서 빼앗겨서 이스탄불에서 다시 구입한 것이다. 그나저나 이런 속도로 가다가는 대체 언제 국경에 닿는단 말인가? 하지만 길은 그렇지 않다. 아침에 빡세면 오후엔 헐렁해지고 아침에 헐렁하면 오후엔 '맛 좀 봐라'가 될 수 있는 것이다. 이 지방은 물이 흘러서 그런가? 사람들의 옷차림도 딴 곳보다 윤택해 보였고 방앗간도 많이 있었고 방앗간마다 양곡들이 쌓여 있었다. 마을엔 공동수도도 눈에 띄었다. 경작을 하는 땅들도 많았다. 대개가 황무지인 채로 버려져 있는데 경작을 하는 곳을 보니 새삼 신기했다. 문명이 발전을 하려면 결국 목축보다는 경작을 하면서 살아갈 수 있는 곳이라야 하는구나. 수박가게도 많았다. 이 지방은 수박도 많이 나는군. 근데 다른 과일들은 겨울이라서 없는가? 그럼 수박은?

이날 뜻하지 않게 자전거 레이스가 벌어졌다. 나야 남이야 뭐라고 생각하든 어슬렁거리며 타는 스타일인데 이곳 아프리카 젊은이들은 속도내기를 좋아했다. 자전거 바디가 틀어져 뒤에서 보면 앞뒤 타이어가 X자를 만드는 자전거를 가지고 나를 추월하면서 뒤를 흘금거리기 시작했다. 나와의 거리를 재는 것이다. 무종구!! 네 자전거가 좋게는 보인다만 자전거가 좋으면 뭘 해! 내가 더 빠른데. 이러는 것 같았다.

탄자니아 사람들의 자전거는 우리보다 컸다. 한국에선 바퀴가 26인치인 것이 대종이다. 여긴 27.5인치나 29인치쯤 되는 큰 자전거를 타는 것이다. 우리와 거의 체격이 비슷한데 왜 저렇게 큰 것을 탈까? 이는 아마도 유럽에서 만든 것일 것이다. 자전거 몸체의 길이도 길었다. 물론 기어도 없는 자전거가 대부분이었다. 자전거는 또한 아프리카 사람들에게는 없어서 안 될 중요한 교통수단에 운송수단이었다. 자전거에 숯을 혹은 옥수수를 싣고 운반을 하고 이웃마을 나들이를 할 때는 사람을 태워가는 것이다. 나는 이런 사람들과도 많이 동행을 했다. 10㎞, 20㎞씩. 이날 결국 흘끔거리며 가는 친구와 레이스가 벌어졌다. 일정거리를 유지하며 달리다가 녀석이 힘이 빠졌다 싶을 때 살짝 추월해 버리는 것이다. 나는 대개 추월 순간을 내리막 전으로 잡는다. 그런 다음 내리막이 나타나면 천리만리 도망가 버리는 것이다. 왜냐하면 내 자전거는 짐이 실려 내리막에서 더 빠르고 브레이크가 잘 듣기 때문에 마음껏 밟을 수 있지만 이 친구들의 자전거는 정크 수준이라 나만큼 속력을 낼 수가 없기 때문이다. 그렇게 한껏 벌려 놓고 나는 딴 짓을 한다. 사진을 찍거나 물을 마시고 휴식을 취하는 것이다. 이때 중요한 것은 나는 한 번도 뒤를 흘금거리지 않는 것이다. 뒤를 돌아보면 나도 신경을 써야 하기 때문이다. 그러다 보면 이 녀석이 또 추월을 하는 것이다. 그걸 몇 번 반복하고 서로 마주보며 한 번 크게 웃어주면 레이스가 마무리되는 것이다. 이날 결국 이 친구 덕분에 84km를 탈 수 있었다. 그는 자기 동네로 들어가고 나는 라이딩을 접고 숲속으로 숨어들었다. 들판에도 초록색이 훨씬 많아졌다. 키 큰 나무들이 많이 보이고 상록수가 많아진 때문이었다.

08.08. 월요일 · 당신은 **스트롱맨**이오

아침으로 짜파티 2장과 수박 남은 것을 긁어먹고 8시에 출발을 했다. 12시까지 4시간 동안 끌바를 한 거리가 13km. 가게에서 짜파티 2장 먹고 차 한 잔 마시고 3장을 더 사서 배낭에 넣고 다시 출발해 오후 3시에 19km 지점까지 끌었다. 마침 가게가 있어 꾸덕꾸덕한 닭다리 1개에 밥을 먹었다. 체력에 한계를 느꼈다. 길도 길이지만 체력이 이것밖에 안 돼 라는 생각에 조금 우울해졌지만 그때부터 길이 트여 저녁 6시쯤 Songwe 국제공항 옆에 도착할 수 있었다. 잘 곳을 찾아야 하는데 사방이 개활지여서 숨을 만한 곳이 없었다. 자전거가 없다면 좋은 잠자리를 얼마든지 찾을 수 있지만 가시들을 피해 자전거를 끌고 들어갈 수 있는 곳이 없다. 공항 옆이다 보니 사방이 트인 곳이다. Mbeya란 곳이었다.

오늘은 개활지에서 자보자. 도로 옆 싸이프레스 나무 밑에다 차를 세워놓고 주위를 둘러보다 보니 앞에 아파트 몇 채가 있는데 사람이 사는 아파트 같지 않았다. 그러나 가까이 가보니 어랍쇼. 지하에 사람들이 살고 있었다. 아파트 앞마당엔 키 큰 가시나무가 있었다. 아파트와 얼마 떨어지지 않은 곳이라 마침 나를 흘금거리며 지나가는 아저씨가 둘이 있어 불러세웠다.

"여기 사세요?"

그렇단다. 반은 벙어리지만 반이라도 통한다. 내 사정을 간략하게 설명하고 여기서 자면 되겠느냐니까 좋단다. 그래서 자전거를 옮기고 부리나케 텐트를 치고 그 속으로 들어가 남은 짜파티를 먹고 있었다. 이미 해는 져서 어둠이 내렸다. 아파트 아주머니 둘이 찾아와서 이야기를 좀 하잔다. 귀찮지만 어떡해? 이야기를 받아주고 있는데 또 세 사람이 더 찾아왔다.

"밖으로 좀 나오시죠. 이야기 좀 하게."

짜증이 나서 나 지금 몹시 피곤하거든요. 이랬더니 경찰이란다. 남자는 사복이고 여자는 경찰관 복장이었다. 그때부터 심문이 시작됐다. 여기에 왜 왔느냐? 여긴 공항 옆이다. 국제공항이라지만 코딱지만한 곳이다. 그러다가 짐을 싸서 자기 경찰서로 가잔다. 거기 가서 자면 안전하니까 거기로 가자는 말이었다. 나 여기서 자고 싶은데, 짐을 다시 싸려면 1시간쯤 걸리는데요. 그래도 기다리겠단다. 경찰서가 얼마 거리예요? 500m쯤 가면 있단다. 화를 삭이며 텐트를 걷어 짐 싸서 경찰관의 플래시 불빛에 의지해 자전거를 끌고 걸어서 2㎞쯤 가니 경찰서가 있었다.

"왜 차를 타지 않고 자전거를 타고 다니느냐?"

"차는 후딱 지나가잖아. 걷는 것이 좋겠지만 너무 시간이 걸리니 자전거를 타는 거야."

아직 탄자니아는 자전거 여행을 이해할 수 있는 단계가 아니었다. 저 힘든 짓을 왜 해? 하는 것에 머물러 있는 것이다. 명성황후가 주한 외교사절들이 땀을 뻘뻘 흘리며 테니스를 치는 것을 주름 뒤에서 구경하고는 말했단다.

'저렇게 힘이 드는 것을 왜 하인을 시키지 않고 자기가 하지?'

경찰관이 물었다.

"언제 한국을 출발했어?"

"지금 1년하고도 5개월째야. 요즘은 세계의 많은 사람들이 자전거 여행을 하고 있어요."

그는 많은 질문 끝에 내게 말했다.

"여기는 안전하니까 여기서 자고 가요. 저기 화장실도 있고."

그러면서 젊은 경찰관 한 명을 소개시키면서 문제가 있으면 이 사람에게 말하란다. 온갖 심문 끝에 인적 사항을 적고 내 서명을 받고는 그가 내린 결론은 이렇다.

"당신은 스트롱맨이오."

경찰관들이 어떻게 알고 나를 찾아온 것일까? 뻔하다. 나를 처음 '여기 서 자세요.' 라고 말한 그 사람들이 신고를 했을 것이다. 물론 신고에 대한 나쁜 감정은 없다. 왜냐하면 신고를 해야 할 의무가 있는지도 모르기 때문 이다. 개활지나 동네 복판에서 사람들 속에 한 번 자봐야 겠다는 생각은 포 기해야겠군. 앞으론 더욱 꼭꼭 숨어야겠어.

08.09.
화요일   치통 종료

송웨 경찰서를 일찍 빠져나와 또 달린다. Mbeya 기차역을 지났다. 역 앞 에서 과자를 파는 아저씨가 말했다.

"여기서 루사카로, 다르에스살람으로 기차가 갑니다."

다르에스살람은 탄자니아의 가장 큰 도시다. 행정수도다. 나는 다르에스 살람을 여행경로에서 배제시켰다. 큰 도시이기 때문이었다.

"둔두마는 여기서 몇 ㎞나 돼요?"

"90㎞쯤 됩니다."

고개 정상에서 짜파티 4장과 차 두 잔을 게 눈 감추듯 했다. 배도 고팠지만 짜파티가 맛있었기 때문이었다. 3장을 더 사서 배낭에 넣었다. 짜파티 1장은 200~250실링(100~125원)이다. 따뜻하게 구운 짜파티와 차 한 잔은 식빵보다 만 배는 더 나았다. 이날은 종일 짜파티만 먹었다.

나흘째 달린다. 몸의 각 부분이 따로 노는 듯한 느낌을 받았다. 페달을 밟아야 할 곳에서 한 박자 늦어지는 것이다. 겨우 나흘에 이 정도로 힘든가? 기분 나쁘다. 세수도 나흘째 못했다. 손도 못 씻었다. 간혹 지나가다 공동 수도가 있는 것을 두 번 봤지만 물이 생명만큼 귀한 이곳에서 차마 손을 씻으러 갈 엄두가 나지 않았다. 깨끗한 물이 흐르는 강을 보고도 자전거를 끌고 내려갈 수가 없어서 씻지를 못했다. 그냥 더러운 새까만 손으로 빵을 먹고 씻지도 않은 과일을 먹었다. 야생이니까 위장 네가 알아서 해. 양말도 하루만 신으면 땀과 먼지에 절어 꾸덕꾸덕해졌다. 그걸 다음 날 또 신었다. 매일 갈아 신지 못하기 때문이다. 일광소독을 하면 탈취도 되고 그걸 비벼서 신으면 부드럽게 되지만 나는 해 뜨면 출발해 해 지면 잘 곳을 찾기에 그도 안 된다. 그러다 생각해 낸 것이 자전거 뒤에 달고 다니는 것이다. 그럼 저절로 햇빛 소독도 되고 바짝 마르게 되지. 그렇지만 먼지가 쌓여.

몸이 고달프고 외로워지면 나는 사랑을 생각한다. 행복을 떠올리며 아름다운 것들을 생각하는 것이다. 그러면 페달을 밟는 데 고달픔을 잊기 때문이다. 부모님의 사랑, 부드러운 여자의 입술, 아이들의 웃음, 형제간의 우애, 우정, 이런 것들을 생각한다. 하지만 곰곰이 생각해 보니 지금이 아주 행복한 시간이다. 이런 장기간 여행을 할 수 있다는 것이 얼마나 행복한 일인가. 또한 내가 사고 싶은 것들도 생각한다. 아름다운 디자인의 기능 좋은 카메라, 수중 하우징도 빠질 수 없다. 재미난 책, 최신 컴퓨터, 자전거 장갑도 하나 샀으면 좋겠다. 다시 시간이 있다면 나는 무얼 해야 할까? 내가 하고 싶은 것들을 하는 꿈을 꾸는 것이다.

물론 먹고 싶은 것들도 생각한다. 갈비찜, 돼지국밥, 서귀포의 자리회, 갈

치국, 전주의 비빔밥, 끝이 없다. 사랑스럽고 아름다운 것들은 이 세상에 셀 수 없이 많다. 누군가 잠비아는 자연경관이 아름답다 했지만 자연이 아름답지 않은 곳이 어디 있으랴. 그러니 사실은 자연의 하나인 나까지도 아름다운 것이다. 근데 거울 속의 나를 보면 생각이 달라진다. 이날 고개 정상에서 혀를 빼물고 헉헉거리고 있는데 Sumcha 라는 글이 이마에 쓰인 버스를 만나 혼자 한참을 키득댔다. 차들도 죽을힘을 다해 오르는 고개였다. 모두가 하도 힘겹게 올라가는 참이라 트레일러 뒤를 따라 자전거를 끌고 올라가다 보면 저 차가 혹시 뒤로 굴러 내리는 것이 아닐까 하는 걱정이 될 정도였다. 그러고 보니 그런 우스꽝스런 이름들이 많았다. 이자지 라는 동네에선 염소고기를 먹다가 뱉어버렸다. 이것도 에너지다 싶어 참고 먹으려다 냄새가 역해서 뱉어버린 것이다. 아마도 상한 모양이었다.

이날 71㎞ 지점에 있는 음펨바란 마을의 음펨바 호텔에 들었다. 더 이상 갈 필요가 없었기 때문이다. 국경까진 10여㎞ 남았다. 국경에서 와이파이가 되든 안 되든 나는 이틀 정도는 머물 생각이었다. 빨래도 해야 하고 충전도, 식품도 돈도…. 여러 가지를 준비하고 지금까지 써놓고도 못 올린 글을 올려야 하기 때문이었다. 음펨바 호텔 숙박비는 20,000실링(10,000원). 주인의 말과는 달리 역시 웜샤워도, 배수도 되지 않았다. 찬물로 하는 수밖에. 결국 감기가 들었다. 그래도 샤워를 하고 나니 살 것 같았다.

이 호텔로 들어서며 물었다.

"와이파이 돼요?"

리셉션룸의 아가씨는 영어를 못해 사람을 데려왔기에 그에게 물었다.

"와이파이? 그게 뭔데요? 이태리 말이오? 영어로 하세요."

와이파이가 뭔지도 모르니 더 이상 말을 할 필요도 없었다. 새벽 1시에 일어나 잠이 오지 않아 새벽 5시까지 글을 쓰다가 겨우 잠들었다. 내일은 오래 달릴 일이 없기 때문에 그 시간까지 노닥거린 것이다. 이곳은 말라위

국경 쪽으로 빠지는 길이 있는 곳이다. 나의 처음 계획은 말라위로 빠져 짐바브웨 수도 하라레로 가서 빅토리아 폭포로 갈 예정이었지만 말라위엔 우리 영사관도 없고 비자 발급도 까다롭다는 글을 읽어서 그 길을 포기했다. 왜냐하면 잠비아나 말라위나 내겐 다 같은 곳이었기 때문이다. 하지만 비자발급이 까다롭다는 말을 지금 생각해보면 그냥 그렇다는 말뿐일 것이다라고 나는 생각한다. 그러니까 그 말 한마디에 나는 코스를 변경한 것이다. 사실은 그렇지 않을 것이지만 말이다. 말라위는 북한보다도 더 가난한 나라란다. 정말? 아프리카에서도 최빈국 중 하나인 것이다. 1960년대엔 우리보다 말라위가 더 잘 살았단다. 그냥 1인당 국민소득을 비교해서 그런 말을 했겠지. 잘 살기는 개뿔, 그게 그거였지. 가난한 나라의 1인당 국민소득은 그 나라 국민 대다수가 누리지 못하는 허울 좋은 개살구일 뿐이다. 빈부격차가 심한 나라에선 물론 더하다. 명목상 그렇다는, 말이 그렇다는 말인 것이다. 스스로 우리나라의 1인당 국민소득을 알아보고 자신을 거기에 대비해 보라.

600달러대인 우간다나 900달러대인 탄자니아나 1300달러대인 케냐나 서민들의 삶은 그게 그것인 것이었다. 그들의 실질 1인당 국민소득은 그 나라 일인당 국민소득의 1/3 정도 될라나? 도토리 키 재봐야 그게 그거지.

아프리카의 남자들은 물건을 머리에 인다.

넓은 땅 두고 산 위에 왜 지었을까?
농경으로 먹고 사는 것이 아니라는 말이다.

국경이 가까워질수록 도대체 나는 탄자니아에서 무얼 봤던가 하는 생각이 들었다. 가난인가? 행복인가? 아직은 유보를 해두자. 정리를 하기엔 너무 이르다. 우리가 말하는 희망이란 눈 씻고도 찾을 수 없었던가? 치통이 어느 순간인지 다 나았다. 그래 고마워. 이놈아, 다시는 찾아오지 마라.

⬤ 08.10. 수요일 탄자니아 둔두마
도착

8시 40분 호텔을 출발, 12㎞를 고개 세 개를 넘고 2시간의 끌바 끝에 Dunduma에 도착했다. 고개 정상 부근에는 트레일러가 1대씩 퍼져 있었다. 우간다나 케냐나 탄자니아의 도시에선 낡은 자동차들이 내뿜는 매연이 대단했다. 시내의 도로 사정은 하이웨이보다 열악해서 중심지에서 조금만 벗어나면 찢어진 아스팔트에 웅덩이, 먼지에 소음까지 더해져서 아주 절창이 나왔다. 그 먼지 속에서 음식을 만들어 팔고 과일이며 옷가지들을 파는 것이다. 둔두마는 산비탈에 형성된 도시였다. 번쩍거리는 슬픈 양철지붕은 여기도 마찬가지였다. 산비탈에 집이 있다는 것은 목축이나 농경이 아닌 다른 것을 생업으로 삼고 있다는 말이다. 두 군데 롯지에 들어갔으나 와이파이가 안 된단다. 결국은 모두가 추천하는 Dunduma Hotel이라는 곳에 짐을 풀었다. 리셉션룸의 젊은 남자 직원에게 말했다.

"와아파이가 제대로 되면 3일을 묵고 인터넷이 느리면 내일 나는 간다."

걱정하지 말란다. 숙박료는 50,000실링(25,000원)이었다. 겉보기 시설도 그만 하고 해서 기대를 걸었다. 제발 좀 터져주라. 하지만 처음엔 되겠다 싶었던 인터넷은 자전거를 방 안으로 들이고 나자 태업이다. 몇 번 모뎀 있는 곳으로 가서 스위치를 껐다 켰다 하고 나서도 놈은 요동도 않는다. 문자 몇 군데 보내고 나는 기대를 접었다.

그나마 더운물이 잘 나와 그것으로 만족하고 밖으로 나왔다. 고장 난 8기가짜리 카메라 메모리칩을 들고 가게마다 다니면서 이게 있느냐고 물었더니 없단다. 그러고 다니다가 포기할까 하는 데 한 남자가 다가와 이걸 찾느냐고 물었다. 보니 4기가짜리 칩이다.

"아니 그것 말고 16기가짜리는 없나?"

이 친구가 전화를 걸어보더니 32기가가 있단다. 얼마야? 60,000실링인데요. 한국에선 얼마 하더라? 기억이 안 난다. 하지만 사야 한다. 좋아 그걸로 줘. 이 친구가 32기가 칩을 가지러 간 사이에 나는 짜파티를 사기 위해 오직 한 군데 있다는 롯지의 레스토랑으로 들어갔다.

"지금은 없는데 구워야 돼요."

"1장에 얼마요?"

"500실링."

일반 식당의 딱 2배다. 하지만 선택의 여지가 없다. 그래도 다른 음식보다는 싸기 때문이다. 5장을 부탁해놓고 나오니 32기가 칩이 도착했다. 돈이 모자라 은행을 두 군데나 들렀으나 내 카드가 안 통한다. 세 번째에야 겨우 돈을 찾아 건넸다. 이 친구 아주 득의만면했다. 그는 거간꾼이다. 그에게 얼마가 돌아가는지는 모르지만 나까지 즐거워질 만큼 그는 즐거워했다. 한 건 했다는 뿌듯함이리라. 그래 귀 밝은 네가 그 순간을 놓치지 않고 오더를 받았으니 그건 순전히 너의 노력이다. 나도 기분이 좋아.

탄자니아의 고구마와 케냐의 옥수수

탄자니아의 고구마는 크고 맛있다. 어른 주먹 두 배쯤 되는 크기의 고구마를 숯불로 구워서 파는데 1개에 500실링(250원)이었다. 당도도 적당하고 맛도 기가 막힌다. 나는 고구마를 수시로 사 먹었지만 파는 곳이 도시에 한정되어 있었다. 시골에선 생고구마를 파는 것이다. 고구마 한 개만 먹어도 한 끼를 때울 수 있었다. 구운 옥수수도 나는 좋아하는데 탄자니아에선 옥수수를 구워서 파는 곳도 많이 없고 케냐보단 옥수수가 부실해서 맛도 없었지만 고구마만은 일품이었다. 옥수수 구운 것은 케냐 산이 일품이지. 고구마 2개를 사서 호텔로 들어가다가 뭔가 허전했다. 짜파티를 받고 10,000실링짜리를 주고 잔돈을 안 받은 것이다. 앗 뜨거워라 싶어서 서둘러 레스토랑으로 갔다. 그 사이 시간이 30분쯤 흘렀다. 비닐봉지를 1장 더 달랬더니 그게 없어서 구하러 갔다가 오는 것을 받아 나오면서 잔돈 받는 것을 잊어버린 것이다. 돈을 순순히 내어 줄까? 레스토랑으로 돌아가 천연스럽게 말했다.

"잔돈 줘."

주인여자가 똥 씹은 얼굴이다. 잔돈 5,000실링을 내어주곤 손을 닦는다. 2,500실링 더 줘. 하면서 또 씨익 웃었더니 여자가 남편인 주방 남자 얼굴을 쳐다본다. 주방 남자가 고개를 끄덕이니 나머지를 내어준다. 세상이 돈 앞에선 너나 나나 이렇게 각박하구나. 호텔로 돌아와 고구마를 먹고 짜파티도 먹었다. 근데 짜파티가 지금까지 먹은 것 하고는 다르다. 찰기가 없어 부서지는 느낌에 맛도 형편없었다. 근데 고구마는 정말 맛있었다. 다시 짐을 싼다. 내일 아침엔 떠나야 한다. 식품은 잠비아로 넘어가서 살 결정을 했다. 거기 가서 다시 와이파이를 찾아보리라. 어차피 이틀을 쉬기로 했으니 그때 나는 너를 만나고 또 너희들을 만날 것이다.

케냐의 횡단에 이어 탄자니아를 종단했다. 755㎞를 11일간 달렸다. 수많은 산과 계곡 강을 건넜다. 한 번도 생각해 본 적이 없었던 아프리카 자전거 여행이 어느 순간 돌연히 결정이 되었고 나는 그 길을 가지 않을 수 없었다. 그리고 그것이 서서히 구체화되어가고 있고 마침내 내 삶의 한 중요한 부분이 되리라는 예감에 나는 전율한다. 내 생애 얼마나 많은 그런 순간들을 나는 놓쳤을까?

잠비아 국경을 넘다

**08.11.
목요일**

　아침에 3구짜리 소켓 수놈을 하나 샀다. 우간다에서부터 콘센트가 3구짜리라 2개짜리인 내 소켓을 꽂으려면 잘 들어가지를 않아 한바탕 직원을 부르고 소란을 피워야 했다. 그게 마침 눈에 띄어 1개를 산 것이다. 5,000실링. 달라는 대로 줬다. 남은 탄자니아 돈을 잠비아 돈인 콰차로 바꾸기 위해 환전소에 들어갔더니 이제까지 내게 여행에 대해서 이것저것 묻던 여자가 따라 들어와 점포 안으로 들어가더니 돈을 받았다. 나망가에서 탄자니아로 넘어올 때 들른 공식 환전소를 생각한 것이다. 그때부터 이 여자가 영어를 버벅 대며 스와힐리어를 섞는 것이다. 속셈이 눈에 보인다. 많은 돈이 아니기에 하는 대로 보고 있었더니 칠판에 적혀 있는 비율에 1/3도 안 되는 돈을 내어놓는다. 결국 돈을 다 받아 나왔지만 그것도 믿을 수가 있나? 아마 얼마쯤은 떼였을 것이다. 이럴 때면 나는 답답해진다. 도대체 도덕 없는 경제적 이익이 무슨 행복을….

　탄자니아 출국사무소까지는 호텔에서 700m쯤 되었다. 출국 도장을 받아 잠비아 입국사무소로 들어갔다. 자전거를 세워 놓고 사무실로 들어가니 백인 선객들이 줄지어 서 있다. 입국심사가 길어졌다. 보통 도장 찍고 한마디 묻고 비자 요금 받으면 그만인데 여긴 출국심사관인 여자가 전화도 받고 이것저것 자기 일을 주로 하면서 짬짬이 물었다. 한 시간쯤 서 있다가 내 차례가 되었다. 근데 탄자니아인 하나가 새치기를 한다. 나는 바로 밀어냈다. 내 뒤로 와. 너만 바쁘냐? 나도 바쁘고 지겨워. 한 시간을 서서 기다렸단 말이야. 사정을 이야기하고 좋은 말로 양해를 구하면 내 뒤에는 사람이 없으니 나도 양보할 수 있지만 너는 안 돼. 오자마자 당연한 것처럼 새치기를 하는 것이 어디 있어. 입국 심사관이 물었다.

"비자 기간은 얼마를 원하세요?"

"90일짜리로 주세요."

루사카로 가서 빅토리아 폭포까지 가려면 1,700㎞ 이상 달려야 한다. 한 달로는 빠듯하다. 쫓기면서 달리면 불안해진다.

"90일은 한 번에 안 되고 한 달이 지나기 전에 연장을 하세요. 두 번 연장을 하면 돼요. 비자료는 50달러예요."

연장요금은 15달러라던가? 비자 종이 붙이고 도장 쾅쾅 찍고 밖으로 나와 계단에 앉아 담배 한 대를 꼬나무니 조금 전에 같이 줄을 서서 이야기하며 심사를 받던 백인 단체여행객 중 한 명이 오더니 여기서 담배 피우면 벌금 물어야 한단다. 헐 고마워요. 지금까지 다닌 아프리카 국가들은 공공장소 식당 호텔 등 거의 대부분 장소에서 금연을 실시하고 있었다. 담배를 피우는 사람들도 드물었다. 건너편 잔디밭 흡연구역에 가서 담배 한 대 피우는데 잠비아인 2명이 곁에 앉아 이것저것 물으며 이것저것 가르쳐준다. 담배 1대씩 주고 '여기 국경에 와이파이 되는 호텔이 있어요?' 하고 물었더니 아, 있다마다요. 그러면서 이 친구들은 그때부터 나를 따라온다. 저희들도 볼일이 있겠지. 그러면서 가다가 그들이 소개한 호텔에 들어가서 신호를 잡아 보니 너무 약하다. 다시 나와서 다른 호텔로 들어갔다. 이들이 계속 따라붙는다. 아프리카의 다른 나라들도 마찬가지이지만 루사카로 가는 루사카 로드를 벗어나면 비포장이다. 호텔로 가는 길도 골목이니 말해 무엇하랴. 황색의 미세한 분말 같은 흙들이 길을 덮고 있다. 그런 길은 얼마 걷지도 않아 자전거고 옷이고 황토 투성이가 된다. 다른 호텔에 들어가 인터넷에 접속을 하니 겨우 뜬다. 그것도 방에서는 안 된다. 노트북을 리셉션룸으로 가져와 접속을 해서 사진 한 장을 올려보니 아예 올라가지를 않는다. 우간다나 케냐나 탄자니아나 한결같다. 밖엔 잠비아인 2명이 서 있다. 직원에게 물었다. 쟤들 얼마를 줘야해? 여기 호텔 숙박료는 230콰차였다. 20콰차(2,000원 정도?)쯤 주란다. 돌려보내지 않은 나도 책임이 있다. 오죽 답답하면 이렇게 살까 싶어 나와서 돈을 주며 말했다.

"나 하고 밥이나 먹으러 갑시다."

두 사람의 나이는 삼십대 후반이었다. 아이도 둘, 셋이나 있단다. 말이나 행동거지로 봐서 염치가 빤한 사람들이었다. 이 사람들의 길 안내로 구운 고구마도 사고 수박도 한 통 샀으면 했는데 시장을 둘러봐도 없다. 일단 ATM에서 잠비아 돈 3,000콰차(300,000원 정도?)부터 찾았다.

"오늘이 대통령 선거일이에요. 그래서 작업을 하지 않은 모양입니다."

군고구마와 수박이 여기는 없느냐고 물었더니 그들이 대답한 말이다. 그러고 보니 거리에는 이곳저곳에 선거 벽보가 붙어 있다.

"밥하고 염소고기 삶은 것을 먹고 싶은데 그런 곳이 있어요?"

하지만 가는 곳마다 밥도 없고 염소고기도 없단다. 이들은 평소에 이런 식당을 이용하지 못하는 모양이었다. 겨우 한 식당에 들어가 소고기와 우갈리(짜파티, 잠비아에선 '마시'라 한다)를 먹었다. 90콰차(9,000원 정도)였다. 식당을 나와 물 3병을 샀더니 자기가 들고 가겠단다. 그들을 앞세워 호텔로 돌아왔다. 그들에게 잘 가라고 인사를 했더니 그중 한 남자가 신세 타령을 앞세운다.

"아이가 셋이나 있고 마누라에…."

돈을 더 달라는 말이다. 같이 왔던 다른 남자가 즉시 그를 제지했다. 신세 타령을 하던 남자가 머쓱해져서 동작을 멈추었다. 그리고 그들은 갔다. 돈이 없다는 것은 남까지 답답하게 만드는 것일까? 우간다와 케냐, 탄자니아 그리고 여기 잠비아도 식당에 들어가 음식을 시키면 먼저 손을 씻을 물을 가져왔다. 주전자처럼 생긴 병에서 물을 붓고 손아래는 그릇을 받쳐 손씻은 물을 받는 것이다. 이는 이들이 손으로 밥을 먹기에 그런 것이다.

밤에는 여행일기를 썼다. 호텔 담장 위에는 전기가 통하는 전선을 쳐서 치안을 확보하고 있었다. 어둠이 내리면 어둠 속에서 활동하는 사람들이 담 위에 전선을 쳐야 할 만큼 있다는 말이야?

 ## 이소까
도착

짐을 챙겨 자전거를 꾸려 놓고 식당에서 아침을 먹었다. 차 한 잔과 식빵 두 조각에 계란부침 한 장이다. 일찍 내가 사 놓은 빵을 먹고 떠나도 되지만 뜨거운 차 한 잔을 먹고 싶어 호텔에서 제공하는 아침을 먹은 것이다. 이 집에도 룸엔 삼성 텔레비전 엘지 에어컨이었다. 어딜 가나 보이는 한국 제품들이다. 하지만 어째서 세계는 저 품목에선 두 제품만 활개를 치는가? 잠비아의 이 깡촌에까지 저 제품이 아니면 안 된다는 말이 아닌가? 일류가 아니면 세계에서 살아남기가 힘이 든다는 말이겠지. 이러다가는 각 품목마다 한 가지 제품만이 살아남는 게 아닐까?

중국에서 구군과 같이 다니며 우리는 사람들에게 들었던 소문으로 아프리카에 대해 이야기했었다.

"하루에 1달러면 잘 수 있단다."

그러면서 우리는 그것이 움직일 수 없는 사실인양 우리의 여행을 축복하는 것으로 생각하며 천지를 모르고 깨춤을 춘 것이다. 그때는 그런 생각만으로 나는 행복했다. 아프리카야말로 여행자의 천국이 아닐까? 오오오!!! 아프리카야 기다려라 내가 가마. 그렇게 생각하며 혼자 즐거워했었지. 하하 아프리카에 도착하기 전까지는 그럴 수도 있다는 생각디 들었다. 왜냐하면 네팔의 안나푸르나 베이스캠프의 해발 4,300m의 롯지에서도 2달러면 잘 수 있었으니까. 하지만 카이로에 들어서는 순간 그런 환상이 분노로 바뀌었다. 1달러로 잘 수 있기는커녕 호스텔도 도미토리가 없으니 유럽의 호스텔보다 더 비싼 가격으로 자야 하는 것이 아프리카였다. 찬물만 찔찔 나오는 제대로 돌아가는 것이 하나도 없는 싸구려 호텔에서 비싼 돈을 주고 자면서 그 생각을 하면 쓴웃음이 나왔다.

국경을 넘어 잠비아라고 풍경이 금방 바뀔 일은 없다. 이날 Isoka까지 120km를 달렸는데 출발하고 50km를 달려 점심을 먹었다. 탄자니아 레스토랑에서 산 짜파티를 먹은 것이다. 가게도 없고 다니는 차도 드물고 사람도 없었다. 소를 먹이는 목동들도 없었다. 이러다 뜨거운 차 한 잔에 짜파티는커녕 굶을 수도 있다는 생각에 급해졌다. 빵을 준비하지 않은 것이다. 잠비아의 음식을 먹어보자는 생각에 그런 것이었다. 인구(1,500만 명)가 적고 땅이 넓으니 동네가 작아서 어디에도 밥 먹을 곳이 없었다. 수요가 없으니 공급이 있을 리가 없는 것이겠지? 60km쯤 달리다가 보니 길거리 가시나무 아래 양동이에 음식을 넣어 놓고 파는 사람을 만났다. 양동이 안에는 딱딱한 빵 같은 것이 들어 있었다. 다행히 여자는 말이 통했다. 오는 동안 만난 사람들 누구도 말이 통하지 않았었다.

"이것 뭐로 만든 겁니까?"

"밀가루로 만들었는데요."

한국에서 어릴 적에 먹어봤던 개떡같이 생긴 딱딱한 빵이었다. 나는 그걸 개떡으로 이름 붙였다. 맛도 개떡이었다. 개떡같이 맛있었다는 말이다. 10콰차를 주니 7개를 주었다. 달리다 보니 이소까까지 오늘 안으로 갈 수 있다는 계산이 나왔다. 길이 좋았기 때문이었다. 이소까는 들러야 한다. 먹을 것을 사야 하기 때문이었다. 하지만 앱에는 아무런 호텔도 등록되어 있지 않았다. 도시라지만 촌과 다를 것이 있을까? 내가 찾는 품목이 없다면 어떡하나? 캔도 남은 것이 두 개쯤 되지만 물고기 캔이다. 페달을 열심히 밟지 않을 수 없었다. 50㎞를 내쳐 달려 점심을 먹었고 71㎞쯤에서 한 번 쉬고는 다시 달렸다. 이소까는 루사카 로드에서 조금 벗어난 곳에 형성된 도시였다. 이소까가 가까워져 가자 마침 자전거를 타고 나를 추월하던 사람이 내게 말을 걸었다. 그는 영어를 잘 했다. 식민지 시대에 교육을 받은 사람인가?

"이소까는 장센에서 오른쪽으로 빠져야 해요."

이소까는 장센에서 오른쪽으로 빠져 4㎞쯤 되는 곳에 있었다. 도시로 들어가는 길은 내리막이었다. 반갑지도 않았다. 내일 아침에는 다시 올라와야 하기 때문이다. 6시 40분, 해가 빠지기 직전이었다. 거리계가 120㎞를 가리키고 있었다. 나는 자전거를 타고 담배를 꼬나문 다소 건방진 태도로 이소까로 입성했다. 길이 평탄하고 적막하다 보니 자전거를 타면서 담배를 피우는 건방을 떨며 온 것이다.

첫 번째 보이는 롯지에 들어갔다. 숙박비는 150콰차, 이곳에는 당연히 와이파이가 없단다. 웜샤워도 안 되었다. 배수도 안 된다. 중국인 2명이 있었다. 대만인과 중국인이었다. 말은 통하지 않았다. 찬물로 재빨리 샤워를 하고 슈퍼를 찾았다. 물과 주먹만한 빵, 우유, 음료수를 샀다. 물도 많이는 살 수 없었다. 마음 같아서는 푸짐하게 사서 걱정 없이 가고 싶지만 물 1병이 1.5㎏이니 그렇게 살 수가 없다. 빵도 배낭에 넣지 않으면 짐을 묶는 바에 눌려서 다 부스러진다. 맛없는 빵이지만 눌린 빵은 더 맛이 없어. 배낭에도 들어가는 것이 한계가 있다. 그렇게 해서 며칠을 달리면서 짐을 쌌다가 풀었다가 하면 결국 부스러진 빵을 비닐봉지에 넣어 잼과 버터를 섞어 흔든다. 비빔밥을 만들어 숟가락으로 떠서 먹어야 하는 것이다. 그 맛이란 안 먹어 보면 모른다. 맛없다. 나빠. 목구멍에 걸려 안 넘어가면 콜라를 조금 마시면 되기는 된다. 그래도 감사히 먹는다.

08.13.
토요일

자전거로
가야해

새벽에 일어나 이런저런 생각에 잠을 이루지 못했다. 나의 계획은 사실 잠비아 수도 루사카까지 갔다가 거기서 빅토리아 폭포로 가서 자전거 여행을 끝내고 비행기나 다른 교통수단으로 케이프타운으로 가서 거기서 한국으로 돌아갈 작정이었다. 물론 여러 가지 사정이 있었다. 케이프타운에 가서 사진만 찍고 며칠 어슬렁거리다 한국으로 돌아가는 것이었다. 하지만 아무리 생각해도 그러기가 싫어졌다. 빅토리아 폭포에서 케이프타운까지는 2,700㎞ 정도 더 달려야 한다. 원래 예산은 항상 모자라고 후원은 끝이 없는 일이 아닌가. 못 넘을 산이 없고 끝이 없는 길은 없다. 자전거 여행자는 자전거로 가야 한다는 결론을 내리고 나니 마음이 시원해졌다. 짐을 다시 꾸려 롯지를 나서서 어제 들렀던 슈퍼로 갔지만 주먹 빵은 없었다. 두어 시간 기다려야 가져온다나. 기다릴 수 없다. 식빵 사고 물을 더 사서 싣고 출발을 했다. 언덕길을 올라 루사카 로드로 들어서서 달린다.

T2 도로인 루사카 로드는 한적했다. 드문드문 차들이 지나 갈 뿐 인적도 드물었다. 차들이 없으니 신경 쓸 일도 없었다. 하지만 동네를 지나갈 때는 달랐다.

"하우 아 유?"

휘파람, 비명. 조그마한 동네에 아이들은 얼마나 많은지. 나는 보이지도 않는 200m쯤 되는 저 어디쯤에서 눈 만 보이는 쪼그만 녀석들이 내가 보이면 온 동네에 사발통문을 돌리는 것이다.

"무종구다, 무종구."

그러면 숲이 부산해지면서 숲속에서 아이들이 비명을 지르며 도롯가로 뛰어나왔다. 고개를 돌리면 손을 흔들고 하우 아 유를 한 아이가 수십 번씩 반복을 한다. 100m쯤 달리면 하우 아 유란 말을 수천 번을 들어야 했다. 가면 갈수록 동네가 나타나면 무서워졌다. 아이들이 하는 말은 그 말뿐이다. 어느 날부터 공포로 다가 온 말 '하우 아 유?'.

"굿모닝 롱 쟈니."

"세이프티 쟈니."

해가 빠져도 굿모닝이고 대답에 상관없이 하우 아 유가 반복된다. 속도가 늦으면 아이들이 따라붙어서 자전거와 같이 뛴다. 맨발에 영문도 모르는 서너 살짜리 아이도 언니 형들을 따라 같이 뛰는 것이다. 얘야 다칠라, 집으로 돌아가라. 짜증이 나지만, 언젠가 이 하늘을 가득 메우는 저 말이 그리워질지도 모른다. 숲속에서 보이는 저 호기심에 충만한 눈빛들. 오오 잠비아여. 아이들이여. '하우 아 유'여, 이들이 아프리카의 미래요 아프리카의 등불이다

오후엔 달리다가 그간 궁금했던 것을 물어보기 위해 길가에 숯을 놓고 파는 사람들에게로 가서 자전거를 세웠다. 숯은 아프리카에서 내가 달린

'숯 한 포대에 35과차(3,500원)이에요.'
청년들은 그러면서 담배 한 대를 원했다.

나라들의 대중적인 중요한 연료다. 일부 호텔을 제외하면 거의 모든 레스토랑에서 연료로 숯을 사용했다. 차를 끓이고 밥을 하고 고기를 굽고 삶는다. 연료 포대는 사람 가슴키만 했다. 대체 저 숯 한 포대는 얼마나 받을까? 수요가 많으니 가는 곳마다 숯을 길거리에 내놓고 팔고 숯을 굽는다. 차를 세우고 인사부터 하자 손을 흔들던 청년들이 우르르 내게 몰려들었다. 인사하고 피우던 담배를 버리며 신발로 밟으려 하자 손이 번개같이 신발 아래로 들어오더니 그걸 주워냈다. 나는 깜짝 놀랐다. 가슴 한편이 묘하게 아팠다. 나는 청년들에게 모두 담배 한 개비씩 권했다. 꽁초를 주운 청년은 새 담배를 주머니에 넣고 주운 꽁초에 내가 켠 라이터로 불을 붙였다.

"이 (숯) 한 포대는 얼마예요?"

"35콰차예요."

우리 돈 3,500원이다. 숯 한 포대는 30~40kg은 실히 될 것이다. 주먹 빵 한 개가 1콰차였다. 싸구나. 하지만 그건 내가 한국과 비교해 생각하는 잠비아 돈에 대한 가치일 뿐이다. 나는 더 이상 할 말도 없어서 그 자리를 얼른 벗어났다. 그렇구나, 그 노고의 값이 그것이구나. 어떤 사람은 홈런 한 방 때리고 몇 억 원을 받고 어떤 이는 나무로 숯을 만들어 한 포대에 3,500원을 받는구나.

다시 달리다 가게 주인에게 먹을 것이 있느냐고 손짓을 했더니 오란다. 짜파티나 고기, 차는 없고 과자와 물을 파는 곳이었다. 탄자니아와는 다른 점이었다. 물 1.5L짜리 한 병은 10콰차였다. 남자에게 가까이 갔더니 가게에서 막대 사탕을 꺼내 보인다. 이런 소견머리 하고는…. 다시 그곳을 나와 달린다. 자전거 짐받이에 자전거 한 대를 옆으로 뉘어 싣고 달리는 청년과 또 레이스가 벌어졌다. 나야 무료한 마음을 잊는 데는 좋다. 79km 지점 숲에 텐트를 쳤다. 이날은 몹시 피곤했다. 그 전날에 120km를 달렸는데도 잠이 오지 않아 밤중에 일어나 새벽 4시까지 글을 쓴 때문일 것이다. 탄자니아 국경 근처에서 이슬비를 잠깐 맞은 것 외에 지금까지 비는 내리지 않았다. 밤이면 어김없이 잠비아에도 별들이 쏟아졌다. 세상 사람들은 이건 네 나라 요건 내 나라 하면서 금을 그어도 우리는 같은 하늘을 이고 사는 거야.

눈

08.14.
일요일

    나는 매일 식단을 짠다. 아침에 주먹 빵을 먹고 콜라를 마셨으면, 점심은 식빵을 먹고 환타를 마시며 사과를 한 알 먹는 식으로 미리 식단을 짜는 것이다. 내겐 중요한 일이다. 아침 8시에 출발해서 달리다가 25㎞ 지점에서 가게를 발견하고 들어가 주먹 빵 8개(8콰차)에 비스킷 2개(6콰차) 물 3개(작은 것 9콰차)와 계란 10개(15콰차)를 삶아 달라했다. 전부 40콰차를 지불했다. 주먹 빵 8개를 실으면 마음이 든든하다. 물론 배낭에는 식빵도 있고 먹다 남은 주먹 빵도 2개쯤 있다. 이날 90㎞ 지점에서 텐트를 칠 장소를 물색하고 숲에서 나와 자전거를 몰아넣으려고 하는데 앞에 가던 자전거에 짐을 실은 아저씨도 멈추고 뒤에선 숲속에서 아이들 둘이 나와서 내가 무엇을 하는지 눈을 부릅뜨고 감시에 들어간다. 물론 이들은 순전히 호기심에서 나온 행동이다. 하지만 나는 그렇지 못하다. 해는 빠져 가는데 도대체 집에 가지 않고 뭘 하는 거야. 궁시렁 거리다가 내가 그 자리를 포기하고 다시 자전거를 밟아서 95㎞ 지점에서 자리를 잡고 텐트를 쳤다.

08.15.
월요일
달리고
달리다

달리다가 가게가 보이기에 가까이 가서 물이 있느냐고 물으니 있단다. 얼마요? 10콰차예요. 내가 자전거 뒤에 실린 1.5L짜리 물병을 가리키며 같은 거지요 했더니 작은 것이란다. 나는 두말 않고 자전거를 돌려 나왔다. 그간 작은 것은 3콰차를 주고 샀었다. 뒤에서 남자가 다급하게 소리를 지른다.

"5콰차, 5콰차."

당신은 가게 창사 이래로 가장 큰 손님을 바가지 씌우려다 놓친 것이다. 나는 다음 가게에서 물과 음료 등을 67콰차어치를 샀다.

그러다 그다음 가게에선 바가지를 썼다. 담배를 한 갑 사기 위해 들어갔다. 잠비아도 담배 가게가 많이 없었다. 어쩌다 있는 담배 가게도 낱담배를 팔았다. 그러니 한 갑을 달라면 가게가 부산해진다. 사람들에게 물어서 가게를 찾아 들어갔더니 욕심이 디룩디룩하게 묻은 인상의 뚱뚱한 젊은 여자가 앉아 있다가 쳐다보지도 않았다. 담배는 팔말밖에 없었다.

"얼마예요?"

아이들 내가 멈춰서면 서고
내가 달리면 같이 따라 달린다.
이 녀석들아 대체 왜 그래?
그래도 아이들은 신난다.

"20콰차."

잠비아로 넘어와선 처음 사는 담배다. 지금까지는 탄자니아 이링가에서 사 놓은 담배를 피웠다. 순간적으로 주먹 빵 1개에 1콰차인데 너무 비싼 게 아닌가 하는 생각과 파란색이어서 박하 담배일 가능성이 있어서 이것 박하 담배가 아니냐고 다시 물었더니 여자가 무슨 말인지 알아듣질 못하기에 열 갑을 사려다가 한 갑만 샀다. 그러나 다음 가게에 물을 사러 들어갔다가 같은 담배가 있기에 값을 물었더니 10콰차란다. 하하, 전부 지뢰밭이군. 대부분의 시골 가게에선 값을 속이지 않았다. 작은 물 한 병에 4콰차를 받는데도 있지만 1~2콰차 정도의 금액이야 내가 양해 할 수 있는 범위다. 사람이 북적이는 작은 도시에서도 값을 제 마음대로 부르는 것이 다반사였다. 담배가 특히 그랬다. 바가지를 씌우기 위해 반들거리는 눈동자는 보기만 해도 피곤했다.

물을 산 가게 아저씨와 이런저런 이야기를 했다. 그는 내가 자전거를 타고 지나가자 먼저 말을 건 사람이었다. 나는 자전거를 세우고 물을 샀다.

"여기 광산에 한국 사람이 있어요. 돌을 깨는 크라샤를 운전하는 사람입니다."

나는 반가워서 이것저것 물었다. 여기서 5㎞쯤 가면 오르막이 나오는데 거기에 있단다. 아마도 옥을 캐는 분 같았다. 그러나 아저씨 가게를 나와 산길을 오르면서 눈여겨 찾아봐도 그런 광산은 없었다. 정확하게 묻고 가게 아저씨 전화기로 통화를 하고 올 걸 하는 후회가 밀려왔지만 돌아갈 수는 없다. 인연이 안 되니 만나지 못하는 것이겠지 하며 페달을 밟아 77㎞를 타고 숲속으로 숨어들었다. 나흘간 계속 잔업을 하며 달렸더니 몹시도 피곤했다. 숲은 내일을 위해 아예 노출이 안 되는 곳으로 찾아 들어갔다. 내일 하루를 숲속에서 쉬기로 결정을 한 것이다. 너무 달렸어. 쉬어야해. 급해지는 마음을 달랬다. 하루를 쉬고 다음 도시엔 무조건 들어가 충전도 해야 한다. 세수도 며칠을 못했다. 손도 까마귀손이다. 하지만 어떤 일이 있어도 빠지지 않는 것은 칫솔질이다. 치통이 와서 그런 건 아니었다. 입이 텁텁하면 말을 할 때 자신이 없어지기 때문이었다.

08.16. 화요일 · 가장 편한 **자세로** **눕다**

　지난밤과 오전 내내 인적이 없더니 오후 2시쯤 인기척이 나면서 '할로' 하고 부르는 소리가 났지만 나는 텐트 속에 그대로 있었다. 이미 온 것을 어떡해? 올 테면 와라. 하지만 몇 번 부르더니 사람들 소리가 멀어졌다. 텐트와 도로 사이에 조그만 길이 있었는데 거기를 지나가는 사람인 모양이었다. 그리고 다시 정적이 찾아왔다. 낮엔 노트북을 내어 그간의 일을 정리했다. 배터리가 다 닳을 때까지. 이젠 빵도 다 먹고 물도 내일 아침이면 바닥이 날 것이다. 내일은 40㎞ 정도만 타면 도시가 나온다. 거기에 가서 식품부터 사야 한다. 그리고 나는 대짜로 뻗어서 쉴 것이다. 이젠 와이파이가 되지 않아도 좋다.

텐트 속에서
하루를 보낸다.

아침에 예상대로 물이 떨어졌다. 빵도 부스러기만 조금 남았다.

08.17. 수요일 음피카

아침에 예상대로 물이 떨어졌다. 도시에 도착하기 전에 가게가 나와야 한다. 잠비아는 국경도시인 나쿤데를 지나자마자 물을 500㎖짜리밖에 팔지 않았다. 4~5L씩 가지고 다니려면 큰 물병이 있어야겠기에 다 먹은 큰 물병을 버리지 않고 그 물병에다 작은 물을 옮겨서 가지고 다녔다. 출발 전에 타이어를 점검하니 앞 타이어가 펑크다. 타이어를 빼서 살펴보니 가시가 박혔다. 가시를 제거하고 튜브에 펑크 난 부분을 찾는데도 애를 먹었다. 물이 없으니 뺨에다 대고 바람 새는 곳을 확인해야 하는데 바람은 불지 자동차 소음이 시끄러워서 겨우 찾아 펑크를 때우고 조립해서 바람을 넣는데 펌프의 압력 게이지가 올라가지 않았다. 어딘가 또 바람이 새는 곳이 있다는 증거다. 다시 분해해서 새는 곳을 찾았다. 한 방 더 때웠다. 그러다 보니 한 시간이 훌쩍 지났다.

억새 사이를 빠져나와 다시 달린다. 하루를 쉬고 난 뒤라 몸이 확실히 가볍다. 이런 상태라면 오전 중에 도착할 수 있을 것이다. 예상대로 12시쯤 도착했다. Mpika란 조그만 도시였다. 입구에 들어섰을 때는 도시가 작고 지저분해서 잘 곳과 슈퍼라도 제대로 있을까 걱정이 될 정도였었다. 일단 롯지를 찾기 전에 먹을 것을 구입하기 위해 입구에 있는 작은 슈퍼로 들어갔다. 주먹 빵을 가리키며 말했다.

"이것 얼마요?"

2콰차란다. 바로 돌아서 나오자 이 녀석이 다급하게 '두 개에 2콰차입니다.' 라고 정정을 했다. 어째 이 동네도 바가지 들고 있는 사람뿐이야. 내가 값을 아는 것만 가리키며 가격을 물었다. 일단 같은 가격이기에 그걸 사고 담뱃값을 물었다. 이건 40콰차, 이건 20콰차. 기어이 한 번 바가지 덮어 보겠다는 말이다. 피곤해서 나는 가게를 나왔다. 여행자를 가장 피곤하게 만드는 것이 이런 것들이다. 더 이상 그 나라에 있기도 싫어지는 것이다. 이 집트의 기자가 심해서 나는 돌아서 나온 것이다. 바보 같은 짓이었지만 그 바보 같은 짓을 하게 만드는 것이 내겐 이런 것들이었다. 동네의 담배를 파는 곳은 가격이 모두 높았다. 지나가는 청년에게 가게를 물으면서 그 이야기를 했더니 청년이 말했다. '담뱃값은 10콰차에서 15콰차예요.' 결국 나는 담배 구입을 포기했다. 가다가 사야지. 아직은 피울 것이 있기 때문이었다.

롯지로 찾아들었다. 대문을 열어주던 직원이나 주인 여자가 친절해서 와이파이가 되지 않는 곳이었지만 눌러앉았다.

"옆에 있는 호텔 와이파이가 되는지 전화를 해서 알아봐 줄래요?"

주인 마담에게 부탁을 했더니 호텔로 전화를 한다. 된단다. 잠시 갈등을 느꼈지만 나는 그 호텔을 포기했다. 이 롯지가 300콰차인데 거긴 더 비쌀 것이고 와이파이가 되더라도 사진을 올릴 힘이 있을지는 믿을 수 없기 때문이었다. 그리고 인터넷도 참아보자. 여긴 친절하고 정직하다. 친절은 사람을 신뢰하게 만들어 편안해지는 것이다. 저녁 무렵엔 생글거리며 문을 열어주고 자전거를 밀어주던 직원을 불러 독일에서 산 이발 기계를 주며 머리를 깎아 달라 부탁을 했다. 드르륵 이발 기계가 머리카락을 자르며 지나간다. 드르륵 드르륵 나는 부드러워져야 한다. 틈만 보이면 속이려는 상인들에게 틈을 보이지 않으려면 부드럽고 지혜로워야 한다. 조금씩 속는 것은 어쩔 수 없다.

시장도 봤다. 빵이 지겹지만 빵 이외에는 먹을 것도 없다. 짜파티도, 따뜻한 차도, 커피도 잠비아는 파는 곳이 없었다.

동네 입구에는 늘 키 큰 나무들이 두 팔을 벌린 채 사람들을 맞이한다.

숨만 쉬어도
돈은 들어간다

08.18.
목요일

    큰 대자로 누워서 손가락 하나 얄랑거리지 않고 쉬고 싶었지만 그건 여행자에겐 해당 사항이 없다. 밀린 일기도 써야 한다. 시장도 봐야 한다. 앞타이어 펑크까지 나 있었다. 미룰 수 없다. 밀린 일기에 매달려 하루를 보냈다. 근데 펑크는 왜 이리 잦은 거야? 오후엔 다시 모자랄 듯한 식품을 구입했다. 숨을 쉬고 있는 한 사람은 움직여야 하고 숨만 쉬어도 돈은 들어가는 것이다. 살아있다는 것이 돈이다.

스위스인
니노

08.19.
금요일

    Mpika를 빠져나와 32㎞ 되는 지점에 차를 세우고 잠시 쉴 차비를 하는데 지나가던 승용차가 앞에 서더니 내게 말을 걸었다.

"무슨 일이에요?"

차 안에는 나이 든 흑인 남자 3명이 타고 있었다.

"저기 뒤에 너 하고 똑같은 놈이 오고 있어."

거지 같은 자전거 여행자가 오고 있는 모양이었다.

"얼마쯤 뒤에요?"

"곧 올 거야."

고함을 지르는 내게
니노가 손을 흔들며 다가온다.
첫 만남.

니노를 처음 만나는 순간이다.
이렇게 많은 짐을 싣고
다니는 녀석은 처음이었다.

아마도 묻는 내 목소리가 떨렸을 것이다. 왜냐하면 나처럼 짐을 실은 자전거 여행자이면 어쩌면 우린 깊은 인연이 될지도 모른다는 기대감 때문이었다. 가슴이 콩닥이기 시작했다. 소실점 부근에 새까만 점 하나가 나타나더니 점점 커졌다. 움직임으로 봐서 자전거 여행자다. 그래, 이 녀석아 어서오너라. 반갑다. 점이 조금 더 커지자 윤곽이 뚜렷하게 나타난다. 나는 손을 흔들었다. 오는 친구도 손을 흔든다. 드디어 만나자 우리는 반갑게 오랜 친구처럼 손을 맞잡고 흔들면서 고함을 질러댔다.

"나 여기서 너를 기다렸어. 너 어디로 가나?"

"루사카로 해서 빅토리아 폭포로 가는데."

나와 같다. 그래? 나도 거기로 간다. 나는 흥분해서 고함을 질렀다. 그가 물었다. 집 나온 지 얼마나 됐어요? 나? 1년 5개월 됐는데. 그래요, 나도 17개월째예요. 그럼 같잖아. 자전거를 길 건너편 말뚝에 세우고 우린 나무 아래 앉았다. 내가 만난 자전거 여행자 중에 네 짐이 가장 많다. 이 친구의 짐은 거의 피난민 수준이었다. 그래요? 당신 짐 무게는 얼마쯤이야? 나 55kg에서 65kg쯤 될 걸. 나는 75kg에서 80kg쯤 될 거예요. 그래, 그렇게 보여. 그렇게 Nino를 만났다. 32살, 독일어를 쓰는 스위스인이었다. 그는 동아프리카 지구대 서부 남단의 탄자니아와 콩고민주공화국 사이의 국경을 이루고 있는 세계에서 가장 긴 담수호인 Tanganyika호수를 배를 타고 Mpulungu로 내려와 자전거를 타고 M2 도로로 내려오다 M1도로로 갈아타고 Mpika에 도착해 내 뒤를 따라오고 있다가 나를 만난 것이었다. 우리 같이 갈까? 나는 속도가 느려요. 그가 걱정을 하며 물었다. 하루에 얼마나 달려요? 평균 80㎞쯤 달리는데. 오오 그럼 나와 비슷하네요. 일단 속도가 같으면 일차 궁합이 맞는 것이다. 어디까지 가는 거야? 빅토리아 폭포에서 나는 나미비아로 가요. 너 나미비아로 가야 할 이유가 있어? 나는 보츠와나로 빠지기로 결심했기 때문이었다. 거기에서 엄마를 만나기로 했어요. 그래? 엄마 좋지. 만날 엄마가 있다는 것은 좋은 일이

저녁 식사 시간은
하루 중 가장 즐거운 시간이었다.

야. 우리는 일단 빅토리아 폭포까지 같이 가기로 결정을 했다. 하지만 가봐야 하는 것이다. 서로가 서로를 필요로 하지만 아직 성질도, 자전거 속도도 아무것도 아는 것이 없는 것이다.

출발을 하려는데 뒤에 니노가 온다고 가르쳐주고 갔던 차가 되돌아가면서 우리 앞에 섰다. 니노와 나는 몇 번이나 머리를 조아리며 고맙다고 인사를 했다. 고맙다고 노래를 부를 만큼 서로가 외로웠던 것이다. 자전거로 혼자 다녀 봐. 말 붙일 상대가 있다는 것이 얼마나 의지가 되는지. 차를 보내고 출발을 했는데 자연스럽게 나란히 달려도 속도가 차이가 나지 않았다. 이렇게만 간다면 서로에게 신경을 쓰지 않고 달릴 수 있다. 니노는 대단히 깐깐한 친구였다. 이를테면 그 많은 짐을 어디에 무엇이 들어 있는지를 알고 있을 뿐만 아니라 시장을 보더라도 아주 깐깐하게 적어가서 일일이 체크하며 본다든지 하루에 80㎞쯤 달리자고 약정을 했더니 80㎞만 가면 보따리를 푼다든지 하는 것들이었다. 쉴 때는 어김없이 노트를 내어 그날의 상황을 수기로 적는 것이었다. 그는 휴대폰도 없고 시계도 없었다. 종이지도에 의지해 가며 태양을 쳐다보며 시간을 가늠하는 것이다. 선사시대의 마인드를 가지고 있남? 저녁 식단도 그날 아침에 결정해서 그날 실행했다. 그건 나와 같네.

"장, 오늘 저녁에는 스파게티에 피쉬를 넣고 칠리소스를 뿌려 먹어요. 어때요?"

"좋아."

"장, 오늘은 라면이 있는데 라면을 끓여 먹어요."

"좋아."

"장, 진져 티 한 잔 하실래요?"

"좋아."

"환상적인 저녁이 될 거예요. 정말 맛있어요."

"어떻게 되든 다 좋아."

스파게티나 여기에서 나오는 라면에 커리를 넣고 끓여서 먹거나 주먹 빵에다 잼을 발라먹는 것이 식단의 전부다. 그는 스스로에게 맛있다고 최면을 거는 것일까? 물론 나도 그의 말에 당장 동감을 표시한다. 그것밖에 없는데 어떡해? 마음으로라도 맛있게 먹어야지. 물론 종일 페달을 밟고 나면 어떤 음식이든지 입에만 들어가면 슬슬 녹았다. 그는 베지트리안이었다. 달걀과 피쉬까지는 먹는 베지트리안인 것이다. 그는 생강과 마늘, 고춧가루, 칠리소스를 좋아했다. 동양에서 온 나를 생각해서 그냥 인사치레로 하는 말인 줄 알았는데 조리하기 전에 물을 끓여 생강차부터 만들고 스파게티 소스를 만들 때에는 마늘과 양파, 고춧가루를 듬뿍 쳐서 만드는 것이었다. 그는 생강을 썰어서 넣어 뜨거운 물로 우려 낸 차를 꼭 내게 먼저 권했다. 뭘 좀 안다는 말이다.

"너희 나라 사람들도 마늘과 생강, 매운 고추를 좋아하니?"

"아니요."

담배를 안 피우는 것이 흠이지, 아!!! 그리고 신경이 예민한지 내 코고는 소리에 텐트를 옮기는 것이 안타깝지 다른 것이야 아직 모르지만 좋을 것 같았다. 식사를 마치면 나는 곧장 설거지에 들어간다. 그가 가진 장비로 그가 조리를 하니까 설거지는 당연히 내 몫인 것이다. 먹고 난 그릇에 병아리 눈물만큼 물을 부어 헹구어내고 휴지로 깨끗이 닦아내는 것이다. 그러고 나면 니노의 이야기가 이어진다. 그는 세계 각국을 다니면서 듣고 본 것들을 내게 이야기하는 것을 좋아했다.

"독일에 Heinz stuecke이라는 사람이 있어요. 알아요? 그 사람은 40년간 전 세계를 자전거로 돌아다녔어요. 독일에선 아주 유명한 사람이에요. 22살 때부터 다녔는데 지금은 독일에 있어요. 82살이라던가."

그는 또 타클라마칸 사막에 대해서도, 중앙아시아의 여러 지역에 대해서

니노는 폰도 시계도 없다.
지도에 의지해 태양으로
시간을 가늠한다.

하루 한끼는 니노 덕분에
뜨거운 식사를 했다.
라면에 커리를 넣어 끓인 것이다.

도 이야기했다.

오후 4시 30분쯤 앞 타이어가 이상한 느낌이 와서 니노에게 타이어를 보라 했더니 펑크란다. 나는 즉시 내려서 타이어를 확인했다. 실 펑크인가? 바람은 아직 조금 남아 있었다. 80㎞ 지점이었다. 궁리를 하다가 일단 바람을 넣고 잘 곳을 찾아가서 해결하기로 결정을 했다. 우리는 곧장 근처 숲으로 들어가서 텐트를 쳤다. 저녁을 지어 먹고 하늘에 총총히 별이 박히자 우리는 각자의 텐트로 들어갔다.

"나는 숲에서 자는 것이 너무 좋아요. 오성급 호텔보다 더 좋아요."

니노가 꿈을 꾸는 듯한 표정으로 밤하늘을 올려다보며 말했다.

"나도 그래."

그런 스타일이니 우리는 자전거를 타고 나선 것이야. 이 조그마한 몸뚱이, 누워 봐야 반 평도 차지하지 못하는 작은 몸뚱이가 평생 얼마나 자연 속에서 뒹굴며 이 넓은 대지를 자기 잠자리로 삼을 수 있겠니.

"굿나잇, 니노!"

"내일 봐요. 장."

08.20. 토요일 인생은 짧다

나는 새벽잠이 없다. 근데 새벽부터 바깥에 인기척이 나기에 꼼지락거리며 조금 더 자자 하며 누워 있다가 텐트 문을 열고 내다보니 니노가 벌써 텐트까지 다 걷었다. 시간을 보니 새벽 5시 30분이다. 아니 이 녀석은 잠도 없나? 대체 이 시간에 뭘 어쩌자는 거야? 아직 밖은 어둠 속이었다. 그러고 보니 어제 저녁 니노가 자기는 아침에 일찍 일어난다고 하기에 나는 평균 8시쯤 출발한다고 했더니 좋다고 했었다. 내가 아직 시간이 이렇게밖에 안 되었다 하며 8시에 출발을 하자 했더니 민망한 얼굴을 하면서 염려 마란다. 그때 출발하면 된다면서. 하지만 조금 더 꼼지락거리다가 나도 일어났다. 자지도 못하고 마음만 불편한 걸 누워 있으면 뭘 해. 일어나 텐트 밖으로 나와 타이어부터 점검해 보니 홀쭉하다. 어딘가 펑크가 났다는 말이다. 타이어를 빼서 작업에 들어가니 니노가 그릇에 물을 떠서 가져온다. 근데 아무리 확인을 해도 펑크 난 곳이 없다. 어찌된 일이야? 우리는 서로를 멀뚱하게 바라보다가 결국 다른 타이어로 바꿔 끼우고 빵 한 조각 먹고 생강차 한 잔 씩 마시고 출발을 했다. 이날도 80km를 타고 숲속에 들어가 저녁을 먹었다.

"세계는 하나인 것 같아."

누구나 다 아는 흔한 말이 되었지만 실제로 그렇게 느낀 사람이야 많지 않을 소리를 하자. 니노가 말했다.

"정말 그래요. 지구는 너무 좁은 행성인 것 같아요. 비자 하나로 전 세계를 개방해 줬으면 좋겠어요."

그러게, 수많은 국경선으로 쪼개져 있지만 지구는 하나다. 하지만 벌써 너에게는 지구가 좁은 곳이구나. 그래 맞아. 그러고 보니 지구는 좁은 것 같아. 자전거로 지구를 한 바퀴 도는 데 얼마나 걸리겠어? 그러고 보니 아프리카의 남단도 얼마 남지 않았다. 걸어 다닐 때는 지구가 지금보다 만 배는 더 컸었다. 니노는 스위스인이다. 그가 나와 여행 경로에 대한 이야기를 주고받을 때 자기는 남아프리카공화국이 무비자라면서 90일간 체류할 수 있다고 자랑했다.

"한국은 어때요?"

"한국도 마찬가지야."

내가 한국이 무비자로 갈 수 있는 곳을 색깔로 표시한 세계지도를 보여주자 감탄을 했다.

"우와, 한국은 러시아도 무비자네요."

허리를 곧추세우고 타는 모습이 아무래도 내게는 낯설다.

"독일이 무비자로 갈 수 있는 나라가 175개국이라던가? 세계 일등 이래. 근데 한국은 172개국으로 나는 알고 있어."

내가 가려고 결정한 곳, 보츠나나도 한국인은 무비자다. 나미비아는 비자를 요구했다. 무비자라는 말은 입국할 때 비자피를 내지 않아도 된다는 뜻이기도 하다.

"스위스 인구가 얼마야?"

"800만 명쯤 될걸요. 한국은요?"

"한국은 5천2백만 명이야. 북한이 2천5백만 명쯤 되지."

그때부터 니노는 남들이 너희들 어디서 왔느냐고 물으면 자기는 스위틀랜드에서 왔는데 작은 나라다. 이분은 사우스코리아에서 왔는데 스위스보다 큰 나라라면서 은근히 대접을 해주는 것이다. 맨날 작다고 설움 받다가 니노에겐 대접을 받다니. 그러게 모든 것이 상대적이다.

휴식을 할 때 그에게 물었다. 그가 내 패니어를 보고 독일 것이라면서도 별로 탐탁하게 말하지 않았다. 그는 캐나다산 Arkel이라는 상표의 패니어를 달고 다녔다. 내가 이 구석 저 구석 살펴본 바로는 좋은 패니어였다. 특히 Ortlieb의 단점인 걸쇠 부분이 알루미늄으로 아주 튼튼하게 만들어져 있었다. 이 패니어는 또한 배낭으로도 사용할 수 있었다.

"자전거는 얼마 줬어?"

그는 몇 번이나 이 자전거(Tout terrain)는 독일산이라면서 은근히 뽐내기에 물어본 것이다. 그의 자전거는 기아 부분이 몸통 속에 감춰져 있는 것이었다. 그게 그리 좋다나.

"15,000US달러요."

어!! 어 얼마? 얼레, 우리 돈 1,700만 원이잖아?!!! 옷은 일주일째 흰 7부 바지를 입어 때가 꼬질꼬질하게 묻은 것을 입고 다니는 니노다. 거지 중에서도 상거지 같은 차림새의 니노다. 그는 용모에 대해서는 그닥 신경을 쓰지 않았다.

"너 애인 있냐?"

"없어요. 자전거가 내 애인이고 자전거와 결혼했어요."

그래, 그렇군. 열정에 휘말려 인생을 사는 것도 행복한 일이지. 자기가 갈 방향을 정해 놓고 매진하는 사람을 보면 아름다워 보인다. 짧은 인생, 좋아하는 모든 것을 경험해 볼 수 있는 시간이 우리에게는 없다.

치통
재방문

새벽 2시 30분에 일어나 양치질을 했다. 치통이 또 찾아온 것이다. 이놈아, 이 오밤중에 왜 왔냐. 너는 예의도 없냐? 나는 입을 쩍쩍 벌리며 볼따귀를 때렸다. 이미 찾아온 이상 달래가며 같이 다니는 수밖에 없다. 잠비아에 들어오고 난 뒤부턴 끊임없이 같은 풍경이다. 국경에서 650㎞를 달렸는데도 도로변 풍경은 한결같다.

"지겨워!"

"나도 그래요!"

나무들의 키가 낮아졌다 조금 더 커졌다 하는 것 외에는 도무지 변하는 것이 없었다. 니노는 휴식을 할 때도 잠 잘 곳을 찾을 때도 근처에 집이 있거나 사람이 있으면 심한 거부감을 나타냈다. 이 친구가 언제 한 번 경을 쳤나?

"동네에 텐트를 치고 잤는데 아이들과 사람들이 한 백 명쯤 나를 둘러쌌어요. 구경을 하는 거지요."

그는 또 지나가는데 아이들과 사람들이 인사를 해도 못 들은 체 그냥 지나갔다. 할 수 없이 그 인사를 내가 다 받아서 대답을 했다. 아이들이 빤히 쳐다보고 웃으면서 혹은 손을 흔들면서 인사를 하는데 어떻게 그냥 지나가나? 휘파람, 하우 아 유, 하우 아 유, 지겹기도 하고 짜증도 난다. 하지만 우짜노? 그렇게 한 이틀을 내가 도맡아 인사를 하고 다니니 그도 슬슬 인사를 시작하는 것이었다. 길 위에 잠시 쉬고 있는데 앞에 싸이프러스 나무가 보이기에 반가워서 물었다.

"저 나무 이름이 뭐야?"

"유컬리투스라는 나무인데요."

"그래. 난 싸이프러스로 알고 있는데."

이 나무들은 키가 30m쯤 자라는 시원하게 큰 나무이다.

"아, 그건요. 두 나무가 비슷한데 싸이프러스는 가시가 있고요. 저건 가시가 없어요."

그는 수목에도 관심이 많았다. 우린 같은 과의 동물이었다. 그러면서 우린 잠비아 사람들 흉을 봤다.

"탄자니아도 케냐도 사람들에게 저희집 마당에 있는 나무 이름을 물어도 몰라요, 몰라요 라던데?"

"맞아요. 나도 그랬어요. 역사도 없고, 박물관도 없고 있어도 볼 게 없고 어쩌고저쩌고…."

환경이 이랬으면 누구나 그렇게 살았을 것인데도 우린 그들의 잘못인양 흉을 본 것이다. 출발한 지 82㎞ 지점인 세렌자란 도시 직전에서 우리는 텐트를 쳤다. 내일은 세렌자로 들어가서 빅슈퍼에 가서 쇼핑하는 즐거움을 맛볼 것이다. 신선한 빵과 야구르트, 피넛츠 버터를 사고 차가운 물과 따뜻한 커피 한 잔을 맛볼 수 있다면 얼마나 좋을까.

과일과 토마토를 먹지 않는 니노,
세균덩어리란다

08.22.
월요일

16km쯤 달리니 세렌자로 빠지는 길이 나왔다. 그 길에도 슈퍼는 있었다. 니노는 쉴 때마다 다음 도시에는 빅 슈퍼가 있을 것이라 기대를 하며 즐거워했다. 나도 덩달아 즐거웠다. 사실 우리가 빅 슈퍼에 들어가 봤자 사는 것은 매양 같은 것이다. 슈퍼에 있는 상품도 같은 것이다. 하지만 기대가 사람을 즐겁게 하는 것이다. 가서 휴대폰부터 파워뱅크까지 충전을 해야 한다.

"루사카에 가면 인터넷을 할 수 있고 블로그도 올릴 수 있을 거예요. 오오, 인터넷. 생각만 해도 좋아요."

니노가 들뜬 목소리로 말하면 나도 맞장구를 쳤다. 케냐 나이로비에서도 탄자니아 도도마에서도 뜨거운 맛을 본 나는 그걸 잊고 또 기대를 하는 것이다. 누가 애타게 나를 기다리는가? 아니다. 그럼에도 나는 누군가 나를 기다릴 것 같은 기대를 하는 것이다. 누군가는 나를 기다릴 수 있어. 나도 모르는 그 누군가가 말이야. 목이 마른 것이 여행자야. 나타샤. 알고있지?

세렌자는 루사카 가는 길에서 4km를 벗어나 있었다. 가는 길은 경사가 심한 내리막길이었다. 다시 올라올 때는 혀까지나 빼물어야 할 것이다. 하지만 우리는 즐거워하며 내려갔다. 정말로 니노에게 간절히 필요한 식품이 슈퍼에 있는 것일까? 나야 그런 기대가 없다. 고추장이나 된장이 여기 잠비아에 있을 턱이 없으니까. 그래도 나는 보물을 찾으러 가는 것이다. 슈퍼를 간다는 행위 자체가 즐거운 것이다. 니노는 경비원이 자전거를 봐준다 해도 기어이 카메라를 내어 어깨에 메고 가고, 두 사람이 같이 슈퍼에 들어가 볼일을 보는 것이 아니라 한 사람씩 들어가자고 고집한다. 한 사람은 남아서 자전거를 지켜야 하는 것이다. 치안이 세계 일등인 나라에서 온 나는 니노가 너무 심한게 아닐까 싶어서 귀찮지만 조심해서 나쁠 것은 없으니까 따른다. 시장을 봐서 다시 주도로까지 올라와서 슈퍼에 들어가니 세렌자 슈퍼보다 더 컸다. 헛 고생만 했잖아. 그 옆의 작은 슈퍼에 들어가 물을 사고 충전을 부탁했다. 충전기를 걸어 놓고 우리는 두 시간쯤 하릴없이 거기에 머물렀다. 나는 뙤약볕 아래 계단 옆 공간에 누워서 잠깐 선잠을 잤다. 물론 니노는 그런 잠을 잘 수 있는 나를 부러워했다.

요즘 채소를 거의 먹지 못했다. 토마토라도 사먹어야지. 그걸 니노에게 말했더니 니노가 '잠비아 토마토에는 박테리아와 바이러스가 버글버글하대요. 누가 내게 말해줬어요.' 이러는 것이다. 그 말을 듣고 사러 가다 포기를 했지만, 다시 페달을 밟다가 길거리마다 있는 고구마와 감자 토마토를 파는 난전으로 들어갔다. 바이러스보단 먹는 것이 먼저다.

"이 한 무더기가 얼마예요?"

바이러스가 버글버글 할 것 같은 고구마를 가리키며 물었다. 4~5kg은 족히 나갈 것 같았다.

"5콰차예요."

젊은 아주머니가 아기를 업고 대답을 했다. 우리 돈 500원어치다. 잠비아의 고구마는 먹어보지 않았지만 한눈에 우량고구마이다. 나는 그중에

고구마, 감자, 토마토.

1/3쯤은 덜어 놓고 가져 나와 차에 실었다. 너무 무거워서 가져가는 걸 포기한 것이다. 걸레인지 돈인지 모를 헤진 잠비아 돈 5콰차를 주고 나오니 유쾌한 기분이 아니었다. 잠비아의 땅덩어리는 남한보다 7곱배 반은 크다. 인구는 1,900만여 명, 경제규모는 한국의 3%이다. 물론 우리도 이런 시절이 있었다. 미안해요. 이걸 키웠을 농부들에게 미안해진다. 구워 먹고 싶지만 그건 못할 것이고 니노의 버너에 삶아 먹어야 할 것이다. 이날은 결국 이렇게 시간을 보내는 바람에 68㎞를 타고 레일 옆으로 들어가 개활지에 텐트를 쳤다. 저녁에는 고구마를 삶았다. 니노가 신기한 눈빛으로 고구마 삶는 것을 구경했다. 달고 맛있는 고구마. 도로 난전에는 고구마와 감자, 토마토 그리고 숯을 파는 곳뿐이었다. 그날 저녁도 니노는 스파게티를 만들었는데 삶은 고구마를 주니 꺼림칙한 눈빛으로 주저를 하는 것이었다. 니노는 슈퍼에서 산 사과나 오렌지를 줘도 받기는 받아놓고 먹는 것을 못 봐서 그다음부터 과일을 주지 않았다. 그는 바이러스가 겁이 나서 먹지 않는 것이다. 물론 나야 무식하니 박테리아든 바이러스든 위장에서 잘 소화하리라고 믿고 먹는다. 잠비아 국민들도 다 그걸 먹는데 무슨 개떡 같은 말이야. 니노야, 너무 조심을 해서 건강을 오히려 다치는 것이 아닐까?

타들어 오는
산불

08.23.
화요일

지난밤엔 치통으로 인해 몇 번이나 잠을 깼다. 낑낑 앓다가 칫솔질 한 번 하고 담배 한 대 피우고 잠을 부르다가 그렇게 밤을 보내다 보니 아침에야 잠들었다. 그러다가 일어나니 이미 니노는 출발 준비를 다 해놓았다. 그는 그래도 나를 깨우지 않은 것이다. 8시에 출발을 했다. 이빨이 맞부딪

히면 아파서 깜짝깜짝 죄지은 사람처럼 놀랐다. 스파게티도 혀와 윗 이빨로 끊어서 그냥 삼켰다. 그래, 위장아 위기 상황이니 불평하지 말고 알아서 해라. 근데 이날은 바람이 순 바람이어서 뒤에서 자전거를 밀어준다. 12시 50분에 점심을 먹었는데 이미 65㎞ 지점이었다. 오늘은 일찍 편하게 잠들 수 있겠구나 생각했지만 그게 그렇지 않았다. 80km 지점에서 우리가 자리를 깐 곳은 파리와 모기가 지독하게 덤벼들었다. 이빨이 아파서 정신이 없는데 귓속으로, 코로, 입으로, 눈으로 들어가려는 파리를 30마리쯤 잡은 것 같다. 저녁을 먹을 수가 없었다. 그래도 이놈들은 끊임없이 결사적으로 덤벼들었다. 이것들을 오오!!!! 모조리 기름에 튀겨서 꼭꼭 씹어 먹었으면 분이 풀리겠구먼…. 하지만 방법도 없고.

"나 도저히 못 참겠어. 텐트 안으로 들어갈게."

근데 밥을 먹고 오줌을 누러 텐트 밖으로 나가니 저기 앞에서 불길이 번져왔다.

"헤이 니노, 저기 봐. 불이 붙어 오고 있어."

불이고 밥이고 나는 일단 치통과 파리 때문에 텐트 속으로 들어와 누웠다. 근데 바깥이 너무 잠잠하기에 내다보니 니노가 없었다. 그러다 한참 만에 나타났다.

"니노 어디 갔었어?"

"불길이 100m 앞까지 왔어요. 불길을 잡는 사람도 없어요."

밖은 이미 어둠이 깔려 불길 외에는 보이지 않았다. 누워있자니 기가 찬다. 50m쯤 앞에서 불길이 꺼지리라는 요행수를 바랄 수도 없다. 불타는 오징어가 되지 않으려면 지금 옮겨야 한다. 니노도 옮겨야 한다는 것을 알고 있지만 나 때문에 망설이고 있는 것이었다.

"니노, 옮기자, 불에 굽혀 죽을 수는 없잖아!"

하필 여기로 불이 번져오다니. 우리는 어둠 속에서 짐을 다시 싸서 도로 건너편으로 옮겼다.

한 시간 반쯤 걸린 것 같았다. 불이 이미 지나간 건너편 숲으로 텐트를 옮긴 것이다. 바닥은 전부 검댕이였다. 불이 지나고 남은 자리다. 우리는 거기에 텐트를 치며 내가 말했다.

"니노, 오늘은 정말 신나는 날이야. 그렇지?"

"그럼요. 이것도 추억이잖아요."

그럼 바로 그것이지 피할 수 없으면 즐기면 되는 거야. 얼마 힘들이지 않고 좋은 추억거리를 만든 거다. 대박이잖아. 화를 가라앉히려니 헛소리를 하는 것이다.

카피리음포시에서
하룻밤

08.24.
수요일

7시 15분, 우리는 다시 출발했다.

"오늘이 계속 달린지 열흘째예요."

그래 나도 6일째군. 이날도 순 바람에 길이 좋아 우리는 63㎞를 달려 12시에 점심을 먹었다. 주먹 빵에다가 땅콩버터 바르고 잼 척척 발라 맛있게 먹는 거지. 그리고 환타를 한 모금 마시면 끝이다. 아프리카의 길에선 그 이상은 사치다.

"잠비아에는 수박이 없어."

"여긴 오직 토마토와 고구마 감자뿐이에요."

뜨거운 차 한 잔 할 곳도, 짜파티를 파는 곳도 없었다. 얼음물은 간혹 있었다. 물론 니노는 얼음물도 먹지 않았다. 바이러스를 싫어하기 때문이다. 토마토, 고구마, 과일, 얼음물. 니노에겐 모두 필요 없는 것들이다. 이날 이

숯을 파는 사람들.

상점은 자전거 여행자에게는 오아시스다.

코스에선 내가 앞서 달렸는데 75㎞쯤 오니 산 아래 도시가 보였다. 카피리음포시란 도시였다. 음피카보단 훨씬 큰 도시였다. 근데 니노가 도시 입구에 롯지가 보이자 바로 자전거를 몰아넣는 것이었다. 82㎞ 지점이었다. 방을 구경해보니 침대 시트가 너무 더러워서 앉을 마음도 나지 않았다. 와이파이는 기대도 하지 않았다.

"웜샤워는 돼요?"

"됩니다."

직원이 된다지만 믿을 수는 없다. 한두 번 속았나. 방값은 100콰차(10,000원)였다.

"니노, 다른 곳도 가 보고 결정하는 것이 좋을 것 같은데…."

근데 니노가 강력하다.

"오늘 여기서 자고 내일 아침 바로 루사카로 갑시다."

그가 고집을 피운다. 루사카는 아직 250㎞나 남았다. 3일을 더 가야 한다. 그래 그럼 자자. 짐 들고 찬물로 샤워하고 나와 식당을 찾았다. 믿을 수 없는 허름한 식당들뿐이었지만 어떡해? 나는 염소고기와 밥을 시키고 그는 밥만 시켰다.

"니노, 오늘 왜 여기서 자자고 했나? 이 도시는 음피카보다도 훨씬 큰데."

"그래요? 나는 작은 줄 알았어요."

니노는 내 뒤에 따라오면서 산 아래 도시를 못 본 것이었다. 이가 아파서 염소고기를 몇 번 씹지도 못하고 그대로 넘겼다.

이날은 파리고 모기고 흔적도 없었다.

"이 숲은 파리 모기가 없어."

"그러게 말이야."

정말 좋은 숲이야.

치통 앞에
체통 없다

08.25.
목요일

간밤엔 치통 때문에 세 번이나 일어나 치약을 물었다. 칫솔질을 잠깐하고 치약 물을 입에 머금고 있으면 아픔이 진정되는 것이었다. 치약에 그런 성분이 들었나? 식사를 하고 출발을 해서 가다가 약국에 들러 진통제 10알을 샀다. 아픈 이 부위에 넣어 깨물라고 했다. 아픔이 간다면야 무엇을 못해. 슈퍼에 들러 오이도 사고 사과와 필리핀 매운 고추도 샀다. 이놈의 이 빨아 너도 매운맛을 한 번 봐라. 오다가 나는 꿀을 한 병 사려고 멈추었다. 열대여섯 살로 보이는 청소년이 길거리에서 작은 환타병 속에 넣은 꿀을 흔들며 서있는 것을 보고 자전거를 세웠다.

"얘, 그것 얼마니?"

"15콰차예요."

우리 돈 1,500원이다. 벌집이 그대로 들어있는 꿀이었다. 그걸 뚜껑도 없는 환타 병 속에 넣어 서 있는 걸로 봐서 전문꾼이 아니고 용돈을 벌기 위해 꿀을 따온 것이 틀림없다. 횡재다. 중국 '따리'인가 '리장'인가에서 저 꿀을 사 먹고 혼이 났었지만 두 번째는 괜찮을 수도 있으니까. 근데 이 녀석들이 잔돈이 없었다. 달러를 줄까 했더니 달러는 안 된단다. 아직 어려서 달러의 위력을 모른다. 그렇지만 어떡해? 나도 니노도 잔돈이 없어서 자전거에 묶어 놓은 꿀을 결국 돌려줘야 했다. 그 이후로 나는 그런 꿀을 파는 사람을 만나지 못했다. 이후에 다른 사람에게 30콰차를 주고 한 병을 샀지만 그런 꿀은 아니었다. 아쉬운 부분이었다. 그때 내게 50콰차짜리가 있었더라면 그걸 다 주고 그 꿀을 샀을 것이다. 근데 100콰차짜리밖에 없었다. 100콰차도 싼 것이다. 그렇다면 100콰차짜리도 안 되는 나의 궁량이야?

콩고와 국경을 맞댄 지점에서 우리는 잠시 쉬었다. 그러다 82㎞ 지점에서 텐트를 쳤다. 저녁으로 니노가 라면을 끓였다. 근데 특이한 것은 라면을 아주 잘게 부수는 것이었다. 물만 끓이다가 다른 그릇에 라면을 잘게 부수고 커리를 넣어 대기하고 있다가 거기에 끓는 물을 부어 기다리는 것이었다. "니노야, 그건 잘게 부수는 것이 아니야. 그냥 넣어 그대로 끓이는 거야. 그리고 뜨거운 물을 부어 기다리지 말고 라면을 넣어서 계속 3분쯤 끓여야 돼." 그 라면을 먹는데도 이빨이 아파 씹지도 못하고 그냥 넘겼다. 참다 보면 낫겠지. 둘이 다니다 보면 여러 가지 좋은 점이 있다. 혼자 다닐 때보다 이상한 야유를 퍼붓는 사람들이 확 줄어든다. 텐트를 쳐도 안심이 된다. 우리는 둘이니까. 그만큼 서로 의지가 되는 것이다. 그래서 서로를 아끼게 되는 것이다. 거기다 여러 가지가 서로 맞아서 충돌이 없으면 금상첨화지. 그래서 서로 곰살맞게 구는 것이다. 슈퍼에서 서로 각자의 물건을 구입하다가도 상대가 좋아할 것을 한 개 더 사서 권한다.

"니노야, 이것 먹어봐."

"장, 이것 먹어."

이렇게 되는 것이지, 여행자의 고독이다.

우리는 쉴 때 서로의 장비를 구경했다. 패니어는 이 세상에서 오이트립

(독일제) 것이 가장 좋다고 생각하고 있던 우물 안 개구리인 나에게 그는 자신에게 달린 캐나다산 패니어를 보여줬다.

"이건 멜빵이 있어서 배낭도 되고 클럽이 알루미늄으로 아수 튼튼하게 제작되어 고장이 없어요. 이 버너는 스웨덴 산 푸리머스인데 휘발유 디젤 케로신 가스 뭐든지 연결하면 불이 붙어요."

버너는 케냐에서 마음씨 좋은 롯지 주인에게 줘버렸다.(고장났었다) 아프리카에서 버너가 필요할까? 라는 생각과 무겁다는 것, 고칠 곳이 없을 것이라는 결론에 롯지 주인에게 주었던 것이다. 그런데 이제 니노와 헤어지면 그나마 라면도 못 얻어먹는다. 그 전에 하나 샀으면 좋겠지만 아마도 카메라처럼 여기 아프리카에서는 구할 데가 없을 것이다. 있어도 내가 찾을 수 없는 곳에 있거나 할 것이다.

그래 이가 없으면 잇몸으로 버티는 거다.

국경선

08.26.
금요일

아침에 일어나 타이어를 점검하니 또 펑크다. 대체 왜 이런 거야? 니노 보기에도 면목이 없다. 이 녀석은 그러지 않아도 일제도 우습게 알고 내 셜리자전거의 바디가 대만에서 만든 걸 알고 그걸 아주 우습게 아는 친구다. 이 녀석아 자전거는 대만제도 좋거든.

"셜리, 그게 브랜드는 캐나다예요."

그래? 나는 미제인줄 알았지.

이 녀석을 만난 지 며칠 되지 않았던 때였다. 어느 날 내가 과일을 꺼내어 오렌지와 사과를 먹으라고 줬는데 그는 받기는 받아놓고 먹는 것을 못

봤었다. 아하, 박테리아, 바이러스, 어쩌고 하더니 그것 때문에 토마토고 사과고 오렌지고 생과일은 일절 먹지 않았다. 그래서 기회 있을 때마다 과일을 사는 나는 과일을 뺏기지(?) 않고 마음껏 편하게 먹을 수 있었다. 그래, 강요할 생각도 없으니 나는 편하게 먹는다. 와자작와자작. 채소를 거의 먹지 못하는 나의 식단에 과일은 밀가루로서는 부족한 무엇을 채워줄 것이다. 니노는 내가 물을 마시는 것만큼이나 콜라를 먹었다. 하루 2L를 마시는 것이다. 거기다가 그는 칩(과자)과 초콜릿을 입에 달고 살았다. 니노는 고기를 먹지 않으니 그것이라도 먹어야지 하고 아무 말도 하지 않았지만 콜라보단 과일이 좋을 듯 싶은데…. 하지만 이건 내 생각일 뿐이다. 먹고 배탈 안 나면 그만인 게지. 잠비아 수도 루사카에 가까워질수록 서서히 풍경들이 바뀌기 시작했다. 대규모 농장들이 나타나고 그 농장에선 스프링클러가 돌아가고 있었다. 곳곳에 커다란 곡물창고가 보였다. 밀인지 보리인지 파란 잎들이 들판을 메우고 있었다. 루사카가 가까워질수록 마음도 부풀어 올랐다. 루사카에 특별한 무엇이 있을까? 있다. 우린 루사카에서 1주일가량 머물기로 합의를 봤다. 휴식이 있는 것이지. 그리고 밀린 빨래며 샤워며, 식료품 구입 같은 것도 있다. 그것이 또 우리를 즐겁게 하는 것이었다. 자전거도 고쳐야 한다. 내 뒷 타이어는 무늬가 다 닳아서 보이지도 않았다. 기어도 콘트롤 부분이 틀어졌는지 톱기어에 놓으면 점프를 해서 건너뛴다. 중간 기어만으로 지금까지 달렸다. 브레이크도 케냐에서 고친 것이 거의 예전 상태로 돌아간 것 같았다. 보온병도 필요하고 컵도 하나 사야 한다. 그걸 할 수 있다는 생각만으로도 행복해지는 것이다. 니노가 말했다.

"인터넷도 되잖아요."

사람들과 인터넷으로 교통하는 생각만으로도 니노는 황홀해 했다. 나도 마찬가지였다. 결국 그것이잖아. 사람에겐 사람과의 관계가 즉 대화가 필요한 것이다. 나는 어릴 때부터 '남자가 부엌에 들어가면 불알이 떨어진다.

루사카를 들어가는 입구에 있던 상점들.

쉬려면 누워라. 처음엔 앉아서 버티던 니노가 나를 따라 눕기 시작했다. 보고 서로 배우는 것이다.

남자는 여자보다 나은 존재다.' 라는 마초 교육을 받고 자랐다. 교육의 담당자는 할머니였다. 그리고 사회였다. 그런 교육은 남자는 밥, 빨래 같은 잔잔한 일을 하지 말고 남자에게 부과된 다른 큰일에 전념하라는 내용이었겠지만 여행에 니서고 보니 밥 짓고 빨래하는 일보다 더 중요한 일은 없었다. 그런 교육을 받은 우리는 사회가 급격히 변화하면서 미처 그 변화를 따라가지 못해서 우왕좌왕한 것이다. 루사카에서도 케이프타운까진 3,500km다. 빅토리아 폭포까지 가서 니노와 헤어지면 3,000km 정도 혼자서 달려야 한다. 그러니까 루사카는 중간 기착지일 뿐이다.

"니노, 루사카에 유명한 곳이 있을까?"

"없을 걸요."

세상에 국경선이 직선으로 그어져 있는 곳이 아프리카밖에 더 있을까? 백인들의 소행이다. 물론 그래서 내가 아프리카에 오고 싶었는지도 모른다. 왜 미개하다면서 비웃으며 인간은 그것을 그리워하는 것일까? 80km 지점부터 잘 곳을 찾았으나 가도 가도 길가에는 펜스를 쳐놓은 농장들뿐이었다. 7km를 더 달렸지만 마찬가지였다.

"니노, 여기는 잘 곳이 없을 것 같은데…."

그러자 그가 길가의 작은 길로 들어가자고 제안했다. 그 길로 1km쯤 달려 가까스로 잘 곳을 찾아 들어가니 온 옷에 도깨비 가시풀들이 붙었다.

"내일이면 루사카로 들어간다."

우리는 고함을 지르며 가시풀을 털어냈다.

 ## 루사카
08.27. 토요일
입성

빵 한 조각과 카카오캔 1개를 나눠 먹고 7시 15분, 우리는 출발했다. 루사카로 가는 길은 계속 오르막이었다. 거기다 맞바람이 불어서 우리는 말 없이 전력을 다해 페달을 밟았다. 그 후 니노가 말했다.

"루사카 들어가든 그날이 제일 힘들었어요."

두 번이나 내게 말했었다. 글쎄? 자전거 타기가 힘들었다는 말을 자전거 여행자에게서 듣는 기분은 묘했다. 나는 그날이 아니었다. 45㎞ 정도를 예상했지만 우리가 예정했던 백패커 호스텔에 1시에 도착해 캠프사이트로 이동을 하니 게이지가 54㎞를 가리키고 있었다. 호스텔 도미토리룸이 최저가가 15US달러, 캠핑사이트는 5달러였다. 당연히 캠핑사이트로 가야지. 호스텔에서 다시 2㎞ 떨어진 캠핑사이트에 도착해 텐트를 치고 샤워장부터 달려들었다. 다행히 뜨거운 물이 콸콸 나왔다. 인터넷 신호는 예상대로 약해서 사진을 한 장 올려보니 올라가지를 못한다.

"키친룸에 웜샤워, 프리 와이파이, 거기다가 사이트 경치가 아름다우니 정말 좋아요."

니노도 블로그를 가지고 있지만 올리는 것은 나중에 생각하고 그는 곧 리셉션룸으로 들어가 랩탑을 내어 페북에 코를 박는다. 그래 기다려 보자. 일단 좀 쉬고 나서 사진 올리는 것이 안 되면 방법을 강구해 보자.

루사카
백패커하우스 본점.

'구하라 그러면 얻을 것이다.'라고 했잖아.

　우간다를 횡단하고 케냐를 횡단, 다시 탄자니아를 종단하고 이제 잠비아 종단도 500㎞ 남겨두고 탄자니아와 잠비아 국경인 나쿤데에서 1,106㎞를 14일간 달려 수도인 루사카에 들어왔다. 감회가 없을 수 없다. 맥주를 한 잔 하고 싶었지만 이제 주저앉기 시작하는 이빨을 화나게 할 수는 없었다. 저녁에는 니노가 스파게티를 만들었다. 칠리소스를 가득 뿌려 입안을 얼얼하게 해서 먹었다. 매운맛은 결코 잊을 수 없다. 사랑도 지독했던 사랑은 결코 잊을 수 없지. 나타샤 그대도 알지? 루사카도 지금까지 본 다른 도시와 별다른 것은 없었다. 입구부터 날리는 먼지와 쓰레기, 숯검댕. 오오 한 나라 수도 입구가 도로 중앙에 조금 아스팔트를 입혀 놓았을 뿐, 나머지는 그냥 쓰레기와 먼지만 날린다. 근데 생각해 보면 지금 세계의 어느 유명한 도시인들 그 옛날에는 그렇지 않았으랴.

중국
레스토랑

　니노와 내가 쉴 때마다 노래를 부르던 차이니스 식당으로 가기 위해 길을 나섰다. Manda hill 쇼핑센터를 찾아 일단 필요한 것을 구입하고 내정하고 있던 동펑이라는 중국 레스토랑을 포기하고 쇼핑센터 내에 있는 중국집으로 갔다. 니노와 내가 의견 일치를 보고 노래를 부르던 것이 마파토푸(마파두부)와 에그 앤드 토마토(시홍스 차오지단)였지만 여긴 그게 없었다. 그는 베지터블 누들을, 나는 포크와 라이스를 시켰는데 가져 온 것은 누들이었다. 됐다. 배고픈데 어떻게 또 기다려? 그냥 먹자. 돼지고기가 입안에서 슬슬 녹았다.

　"중국 공산품은 질이 형편 없지만 음식은 정말 맛있어요."

　니노가 말했다. 캠프로 돌아와 식품을 가져다 놓고 나는 담배를 사러 나갔다. 겨우 찾아간 근처의 슈퍼에선 10콰차에 샀었든 팔말 담배 한 갑이 16콰차를 달란다. 에이, 안 사 하고 나와 다른 집에 갔더니 15콰차. 내일 살까 하다가 다시 나와 다른 빅슈퍼로 갔더니 14콰차. 담뱃값이 상점마다 달랐다. 속았다고 생각했던 20콰차를 불렀던 그 여자도 그럴 수 있군 하는 결론이 나왔다. 슈퍼에 간 김에 닭 한 마리를 사 나오다 수박을 발견, 25콰차를 주고 작은 것 하나 사 와서 니노더러 같이 먹자고 했더니 자기는 안 먹는단다. 그럴 줄 알았어. 수박을 따갰으나 껍질이 탄자니아 수박보다 배 이상 두껍고 맛은 형편없었다.

니노의
화

니노와 나미비아 대사관으로 가서 비자를 신청하고 우리 둘은 다시 잠비아 이미그레이션 센터로 갔으나 아직 신청할 시점이 안 되었으니 가다가 나중에 하란다. 니노가 나오며 욕을 했다.

"갓뎀 잠비아, 정말 싫어!"

어쩌고저쩌고. 이 친구가 화를 내는 걸 처음 봤다. 제법 기세가 세다. 얌전한 줄로만 알았지. 그럴 줄 알았어. 혼자서 자전거 여행하는 사람이 만만한 성질의 사람이 있겠나? 그는 늘 웃었고 그 웃음에 나도 웃음으로 응대를 했었다. 그건 서로가 웃음으로서 스스로 본성의 거친 한 부분을 은폐한 것이다.

루사카의 캠프 부근 길들은 아름다웠다. 각종 수목들이 가로수로 늘어서 있었고 낮은 단층집들이 넓은 터를 차지하고 수목에 둘러싸여 있었다. 역시 나무는 묘하게 사람 마음을 건드린다. 오후엔 노트북을 가지고 2㎞ 떨어진 백패커 본점으로 갔다. 행여나 인터넷 속도가 캠프보다 빠른가 싶어서 갔지만 역시 마찬가지였다. 돌아오면서 다시 슈퍼에 들렀다. 캠프에서의 일과는 시장을 보고 빨래를 하고 조리를 하는 것이다. 그게 쉬는 것이고 그게 체력을 보강하는 것이다. 백패커 캠프는 하루에 한 번씩 전기가 나갔다. 5시부터 9시까지 거의 매일이었다. 그 시간이 되면 배터리로 불을 켰다. 와이파이도 배터리로 가동했다. 하지만 직류여서 키친룸도 사용할 수 없었고 휴대폰 충전도 되지 않았다.

08.30. 화요일 · 리셉션룸
풍경

 아침이 되면 니노와 독일에서 온 자전거 여행자 다니엘 그리고 나는 약속이나 한 듯이 리셉션룸으로 모였다. 리셉션룸의 인터넷 신호가 가장 세기 때문이었다. 각자 자리를 하나씩 차고 앉아 자기 일을 하는 것이다. 니노와 나는 블로그를 점검하고 글을 쓴다. 다니엘은 독서를 몹시 좋아해서 전자북을 가져 다니면서 수시로 글을 읽었다. 나도 독서라면 광이지. 책을 많이 읽은 사람들과의 대화는 즐겁다. 근데 너 하고는 그 놈의 영어 때문에 그렇게 할 수 없으니 그게 안타깝다. 우리는 몇 시간씩 거기에 앉아서 컴에 코를 박았다. 그렇게 하고 있으면 프랑스인 자동차 여행자인 크리스티가 생글거리며 들어와 자리에 끼어 노트북을 만지작거리는 것이다. 첫날 크리스티가 내 노트북 자판을 보더니 물었다.

 "영어로 쳐서 글자를 체인지 하는 거예요?"

 말하자면 중국식으로 글자를 찾느냐는 말이다. 아니 너 크리스티, 대체 그게 무슨 망발이야? 프랑스라는 호랑말코 같은 나라엔 글자라도 제대로 있냐? 우린 세종대왕님이 만든 글자를 쓰고 있는 거야. 세종대왕님은 진정한 천재 중의 천재였지. 동양의 변방이라고 우습게 아는 거야? 하기야 한글의 위대함을 자네가 알 리가 없지. 대체 네 눈에는 이 자판의 한글은 안 보이고 영어만 보이니?

 일기를 끄적거리다가 오후엔 캠프사이트에서 5㎞ 떨어진 곳에 있는 인터넷 카페를 찾아갔다. 니노와 다니엘과 함께였다. 다니엘은 케이프타운에서 시작해 카이로까지 가는 일정을 잡은 독일인 자전거 여행자다. 마른 몸에 어깨마저 꾸부정했지만 열정이 넘치는 마음씨 고운 31살의 청년이었다. 그는 니노와 독일어로 잘 통했다. 맛없는 버거 하나 먹고 그들은 가고 나는 인터넷 카페에서 2시간(20콰차)을 보내며 일기 두 편을 올렸다. 사진은 20장 정도 올린 것이 전부지만 그게 어디야. 저녁에 돌아오니 텐트 폴대가 부러져 있었다. 중국에서 내가 반쯤 부러뜨린 것이었다. 그땐 텐트 치는 방법을 완전히 숙지하지 못해서 일어난 일이었다. 어떡하나? 대책이 서지 않았다. 기다려 보자. 안 되면 텐트를 이불 삼아 덮고 자지 뭐. 저녁에 그간 입맛만 다시던 맥주를 한잔 할까 했더니 다니엘과 니노가 쌍수를 들어 환영했다. 나는 흐뭇했다. 오늘 저녁 한잔 거나하게 먹을 수 있겠구나 하는 마음에서였다. 다니엘이 먼저 3병을 샀다. 화제가 휴가 문제로 넘어갔다.

"스위스는 일 년에 휴가가 며칠이야?"

"4주 무급이야. 독일은?"

"6주 유급이야. 한국은요?"

나는 당황했다. 글쎄 그건 나는 잘 몰라. 나는 더듬거리며 말했다. 왜냐하면…. 나는 작은 사업만 해서 잘 몰라. 그렇지만 우리도 휴가는 있을 거야.

2주 무급인가? 다만 그걸 쓰려면 눈치깨나 살펴야 할 거야. 우리는 일인당 작은 병 2병씩 먹었다. 내가 다시 3병을 더 가져오려니 둘 다 만류했다. 아니 왜? 한 잔 더 먹어야지? 아니 됐어요. 그만 마셔요. 아니 이게 술이야? 얘들은 술을 음료수로 먹는구먼. 술은 취해야 맛인데 대체 술을 왜 먹는 거야? 이걸 마시려고 니노 너는 그렇게 맥주, 맥주 하고 노래를 불렀어? 그것이 얄미워서 니노에게 눈치를 줬지만 니노는 끄떡도 하지 않았다.

원드레스 캠프사이트에서의 생활

아침을 먹자마자 나는 다시 인터넷 카페로 갔다. 진실로 고백하건대 까무룩한 오르막 한 번 더 올라가는 것이 낫지 사진 한 장 올리려 몇 분씩 기다리는 것은 그야말로 고통이다. 2시간 동안 일기 1편에 사진 10장을 올린 것이 전부였다. 몇 분에 한 장씩 올라가다 결국에는 멈췄다. 더 이상 버티다가는 내 정신에 이상이 올 것 같아서 나는 잠시 컴퓨터를 밀어놓았다. 카페를 나와 담배를 피우기 위해 일회용 라이터를 하나 사러 만다 쇼핑으로 갔다. 여기도 작은 슈퍼엔 성냥밖엔 없었다. 일회용 라이터 한 개가 9콰차였다. 한국의 3배다. 1인당 GDP를 생각한다면 엄청 비싸다. 여긴 만드는 곳이 없다는 말일 것이다.

만다 쇼핑 내에도 인터넷 카페가 있다 해서 행여나 하고 찾아갔다. 하루에 한 편씩 올려서 언제 다 올려? 한 편이라도 더 올려야지. 9콰차를 주고 앉았으나 여긴 더 느려 나중에는 화가 나서 패스워드가 적힌 종이를 찢어버리고 스스로에게도 꿀밤 한 대를 먹이고 나왔다. 1장도 못 올린 것이다,

오래된 가로수가 있어
아름다운 루사카시.

캠프로 돌아오니 저녁에는 탄자니아 잔지바르에서 온 오토바이 여행객 인도계 탄자니아인 4명이 와서 같이 텐트를 치고 잤다.

자전거로도 지구는 좁다

2016년
9월

잠비아	잠비아	잠비아	잠비아	잠비아
루사카	쵸마	칼로모	리빙스톤	빅토리아 폭포

	보츠와나	보츠와나	
카중굴라	판다마텡가	나타	마운

여권
파워

자전거 정비를 해야 했다. 타이어를 바꾸기 위해 자전거 가게를 찾아갔다. 캠프 직원에게 몇 번이나 정비를 하기에 마땅한 곳인가? 하고 확인을 하고 7㎞나 되는 곳을 찾아갔더니 좁디좁은 골목에 있는 고물상이었다. 맥이 확 풀렸다. 크다는 것의 개념 차이지.

"헬로우 쟈니, 무슨 문제가 있어? 우리가 해결해 줄게."

거기다 휘파람에, 야유에, 용건을 말하기도 전에 맥부터 풀리는 일이었다. 무슨 일이냐며 모든 것을 해결해 줄듯이 구는 얼빠진 놈의 헛소리만 듣다가 왔다. 잠비아의 일반 생활자전거를 고치는 가게였다. 내게 맞는 것이 아무것도 없었다. 보츠와나로 넘어가면 있을라나? 하지만 보츠와나도 한국보다 6배 넓은 땅덩어리에 인구가 200만 명이다. 기대할 것은 없다고 봐도 무방할 것이다. 오후엔 다시 처음의 인터넷 카페로 가서 이제는 낯이 익은 직원들과 인사를 하고 2시간 동안 2편을 올렸다. 이렇게 올려놓으면 내가 빅토리아 폭포로 가는 도중에 순차적으로 내 아우가 올려 줄 것이다.

저녁엔 남아프리카공화국의 자전거 여행자 웨슬리가 왔다. 그는 우리가 루사카로 들어오는 도중 마주쳤는데 다시 루사카로 돌아올 것이라며 백패커 호스텔의 정보를 준 사람이다. 거기서 만날 것이라고 하더니 온 것이다. 그는 3주째 여행 중이었다.

"한국인은 무비자로 갈 수 있는 나라가 몇 개나 돼요?"

"우리가 172개국 정도 될 걸.(그러면서 내가 지도에 색깔로 표시된 것을 보여줬다)"

그는 남아공인이었다. 케이프타운에 살면서 남아프리카 여권을 가지고 있었다. 그도 지도에 색깔로 표시된 남아프리카 여권으로 갈 수 있는 나라를 보여 줬다.

"우린 80개국이에요. 그 외에는 모조리 비자를 받아야 돼요."

니노는 내가 보여준 색깔로 표시된 지도를 보여주니까 그중에 러시아가 한국인은 무비자로 갈 수 있다는 것을 알고는 부러워했지만 스위스도 우리와 같은 숫자의 나라를 무비자로 갈 수가 있다.

타이어를
바꿔 끼우다

09.02.
금요일

타이어 무늬가 다 닳은 뒷 타이어를 앞 타이어와 교체를 했다. 타이어를 살 곳이 없으니 그렇게라도 하는 수밖에. 펑크도 때웠다. 다니엘도 자전거를 엎어놓고 타이어를 뺀다.

"다니엘 너는 뭐하냐?"

"펑크 때워요. 어제 오늘 다섯 번째예요."

그래? 너도 그 좋다는 독일제 스왈베 타이어이잖아. 나처럼 말이야. 근데 왜 그래? 니노 타이어도 스왈베였다. 그는 수시로 정말 좋은 타이어라고 자랑을 했다. 제 나라도 아닌데 너는 왜 그래? 타이어 교체하고 다니엘에게 부러진 폴대가 그대로 있는 텐트 속을 보여줬다. 그러자 다니엘이 자기 텐트 안에서 가방을 내더니 플라스틱 파이프 하나를 준다. 부러진 폴대에 끼우면 문제없이 사용할 수가 있는 것이다.

"고마워! 다니엘."

자신도 하나밖에 없는 파이프를 내게 준 것이다. 병이 나면 사방에 알리라는 옛말이 그른 것이 없다. 어디선가 해결책이 나오기 마련이다. 다니엘의 여정은 수단을 지나 카이로까지 간단다. 그걸 선뜻 내게 준 것이다. 수단은 원래 다니엘의 계획에는 없었지만 니노가 바람을 넣었다.

"수단 정말 좋아요. 최고야. 사람들이 여행객에게 친절하고 차를 시키면 돈도 받지 않아."

그말을 듣고 나니 카이로의 야비한 인간들 때문에 수단까지 도매금으로 넘긴 나도 후회가 되었다. 여행자가 바라는 것은 친절한 사람들이다.

오후에 쇼핑센터에 들러 다니엘에게 줄 계란 6개를 사서 삶았다. 그저께 내 삶은 계란을 주니 몹시 고마워하면서 먹는 것을 봤기 때문이었다 그는 하루 세 끼를 우유에 과자를 넣어 먹었다. 물과 과자도 줬다. 다니엘 정말 고마워, 한국에 오면 전화해, 알았지? 그도 내일 아침이면 우리와 같이 길을 떠난다. 근데 오후에 니노에게 내일 같이 갈 거지? 했더니. 사실 자기는 빅토리아 폭포에서 3주 정도 보낼 것이라면서 거기서 보내는 것보다는 여기가 싸니 여기서 보내도 된다는 것이다. 거기다 웨슬리가 일주일 뒤에 빅토리아 폭포로 출발을 하니 같이 가도 된다는 뜻을 은근히 비쳤다. 쳇, 그래 너희 두 녀석은 말도 잘 통하고 나이도 같으니 그게 더 재미있을 거야. 그럼 나는 뭐야? 닭 쫓던 개 지붕 쳐다보는 거야? 아니면 잠베지 강의 오리알이 된 거야? 니노는 4개 국어를 한다고 했다. 영어, 스페인어, 프랑스어에다 독일어는 제나라에서 쓰는 말이다. 알았어. 네가 알아서 해라, 섭섭하지만 어쩌냐? 우리가 한 약속도 약속이긴 맞지? 그래도 네가 더 좋은 대로 해라. 네가 같이 가든 안 가든 나는 내일 떠난다. 그리곤 혼자 떠날 차비를 분주히 하는데 저녁때쯤 니노가 '내일 같이 가요 한다.' 그래? 잘 됐다. 원래 그게 맞는 거다 이 녀석아. 우리는 궁합을 이미 맞춰봤잖니. 다니엘도 내일 떠나냐? 했더니 니노가 그도 떠난단다.

다니엘을 처음 만나 몇 시간 이야기를 하고 온 니노가

"다니엘은 참 좋은 사람이예요."

만난 지 몇 시간 만에 벌써 파악했어? 그래서 내가 말했다.

"니노, 너도 좋은 사람이야."

그는 좋은 사람이었다.

"장, 당신도 마찬가지예요."

어째 이상하다. 그 말 들으려고 한 말은 아닌데.

캠프에서의 식사 문제는 각자 제 팔 제가 흔들기였다. 니노와 중국집을 한 번 다녀 온 뒤엔 저녁이면 각자 스스로의 빵을 들고 야외 식탁에 모여서 먹거나 바깥에 볼일을 보러 가면 거기서 해결하고 들어오곤 했다. 아니면 혼자 텐트 안에서 먹었다. 소리소문 없이 그렇게 해결하는 것이다. 그게 나도 편했다. 캠프에 머무는 동안 생닭 2마리를 사 와서 키친룸에서 삶아서 고춧가루 대신 칠리소스를 잔뜩 뿌려 먹었다. 닭은 혼자 먹었다. 니노는 베지트리안이니 신경 쓸 필요가 없었고 다니엘은 아직 이런 음식을 나눌 만

큼 친하지는 않았다. 하지만 나는 셋이 함께 있을 때는 여분으로 사 온 요
구르트나 음료수 등을 이들에게 나눠줬다. 칠리를 잔뜩 뿌려 먹는 걸 본 다
니엘이 니노에게 말했단다.

"장, 저 사람 너무 맵게 먹는 것이 아냐?"

이상한 놈 아니냐는 말이었겠지. 그래도 그 매운맛이 지금 나를 버티게
하는 힘이야. 다니엘아, 한국에는 네가 말하는 이상한 사람이 많아. 해질
무렵 니노가 머리를 깎아 달란다. 내일 출발 날짜다. 크하, 남의 머리를 깎
아 보는 것은 처음이었다. 나는 니노의 머리통부터 탈탈 한 번 털고 나서
이발소 아저씨들이 내 머리를 깎아주던 기억을 되살리며 기계를 들이밀었
다. 머리통 중간에 고속도로부터 하나 낼까? 아프리카 아이들 깎아주려 산
것인데 니노 머리부터 깎는다. 아마도 이게 처음이자 마지막이 될 것 같은
예감이 들었다. 아프리카 아이들 중에 머리 긴 아이들을 못 봤기 때문이다.

사무실로 가서 캠프 피(350콰차)를 지불하고 짐 싸놓고 텐트 안으로 들
어와 누웠다. 아프리카에 들어와서 세운 계획은 빅토리아 폭포까지만 자전
거로 가는 것이었다. 여러 가지 형편상 거기까지 가서 자전거 여행을 마치
고 비행기로 케이프타운으로 가서 한국으로 귀국하는 일정을 짰지만 이소
까에서 마음을 바꿨다. 베어 먹다 만 사과는 애플 하나로 족하다.

 루사카 출발.
09.03. 토요일 **'똥을 쌌다'**는 말의 뜻

먹다 남은 닭을 마저 먹고 아침 8시 캠프를 출발했다. 다니엘 고마워, 조
심해서 잘 가. 다니엘은 우리와 반대 방향으로 올라가고 선도를 내가 잡고
니노가 뒤를 따랐다. 날은 청명하고 길은 좋았다. 우리는 12시에 62㎞ 지

루사카 캠프 출발.

점에서 점심을 먹었다. 일일 80㎞는 이미 다 온 것이나 마찬가지여서 우리
는 느긋하기만 했다. 다시 한 번 이야기하지만 인생사도 그렇듯이 길도 그
렇다. 75㎞ 지점에서 고개를 만났다. 62㎞ 지점에서 출발해 이미 우리는
몇 개의 고개를 넘은 터라 많이 지쳐 있었다. 남쪽으로 내려갈수록 기온이
오른다. 내리 쬐는 열기에 숨이 콱콱 막혔다. 앞 고개를 니노가 내 앞으로
나서더니 악착같이 페달을 밟아 오른다.

　나는 오르다가 어쩨 몸이 이상하다 싶어서 내렸다. 끌바가 시작됐다. 니
노와 같이 타면서 끌바는 처음이었다. 하지만 그런 것을 따질 계제가 아니
었다. 정상 가까이까지 끌어올렸는데 현기증이 오면서 하늘이 빙빙 돌았
다. 자전거를 던져 버리고 드러눕고 싶었으나 그다음에 올 사태의 수습을
생각해서 간신히 버텼다. 자전거를 놓으면 안 돼. 그러나 자전거를 세울 곳
이 있을 리 없다. 길옆은 빗물이 내려가는 물길이다. 물길엔 뚜껑도 없었
다. 혼신의 힘을 다해 스탠드를 세우고 길옆에 드러누웠다. 니노는 보이지
않았다. 아마 정상에서 나를 기다릴 것이다.

　나의 큰누님은 몹시 힘든 일을 했거나 어려운 일을 해결하고 나면 버릇

처럼 힘주어 그 과정을 이렇게 표현했었다.

"똥을 쌌다."

몹시 힘이 들었다는 말인데 그게 내겐 구수하게 들렸었다. 이날 나는 이 말의 진짜 뜻을 알았다. 그래도 니노를 생각하면 마냥 쉬고 있을 수는 없어서 잠시 진정되자 일어나 다시 차를 끌었다. 얼마 남지도 않은 정상이 왜 그렇게 먼지. 헌데 올라가면서 똥을 쌀 것만 같았다. 얼라리오? 나는 아침에 한 번이면 그만인데? 생각을 해 볼 여가도 없었다. 내 자전거 역사에 오점을 기록하지 않기 위해선 똥부터 싸고 볼 일이었다. 참을 수 있는 상황이 아니었다. 마침 서 있는 시멘트 말뚝에 급하게 차를 세우고 길 바로 아래 우수도가 있는 관 앞에서 엉덩이를 깠다. 0.1초만 늦었다면 나는 그대로 바지에 쏟았을 것이다. 누면서 생각했다. 우리가 흔히 쓰는 뼈를 깎는 아픔이라는 말의 본뜻을 나는 자전거를 타면서 알았다. 산악자전거를 타다가 어깨뼈를 다쳐서 저 한없이 깊은 검은 지옥에서 울려서 올라오는 듯한 고통을 맛보았기 때문이다. 그리고 드디어 나는 누님의 그 말, 어떠할 때에 '똥을 쌌다'라는 말을 쓰는지 알았다는 말이다. 그러고는 잠시 쉬고 있는데, 자전거를 타고 언덕을 내려오던 사람들이 '저기 위에서 당신 친구가 기다리고 있다고 전하라고 했어.' 하는 말을 들었지만 그것보다는 내 처지가 우선이었기 때문에 움직일 수가 없었다. 물론 나는 정상에서 기다리던 니노에게 오늘의 이 상황에 대해 말하지 않았다. 내 짧은 영어가 나를 똥 싼 놈으로 만들어버릴 위험성이 있었기 때문이었다. 니노가 기다리는 곳은 정상이 아니었다. 다시 앞을 가로막는 오르막이 있었다.

"니노, 나 오늘 저기 못 올라간다."

니노도 오늘의 상황을 이해했다. 76㎞ 지점이었다. 니노가 길 아래 산속으로 잠잘 곳을 물색하러 들어갔다.

아침 7시 10분, 우리는 텐트를 걷고 출발했다. 간밤엔 평소보다 조금 더 피곤하다고 느낀 것 외에는 다른 신체적 이상은 없었다. 이날 길은 시작부터 업앤다운이 계속됐다. 우리는 말없이 페달 밟기에 몰두했다. 그래도 56㎞ 지점에서 점심을 먹을 수 있었다. 둘이서 달리면 확실히 속도가 빨라진다. 상대를 의식하지 않을 수 없는 것이다. 쉬는 횟수도 적어지고 혼자 가는 것보다 사진을 찍기 위해 멈추는 횟수도 확 줄어들었다. 오르막도 서로가 밀어주고 당겨주는 것처럼 오를 수가 있다.

'If you want to fast, go alone. if you want to far, go together.'

이 같은 서양 격언이 있는데 내가 경험 해 보니 거꾸로 해도 말이 맞는 것 같아.

"니노야 너는 한 달 수입이 어느 정도였나?"

점심을 먹고 난 쉬는 시간이었다. 우린 나무 그늘 아래 앉아 있었다.

"US달러 4,000달러 정도 받았어요. 하지만 방 3칸짜리 집세가(그는 부모님 집에서 나와 혼자 산다) 월 2,000달러에다, 300에서 500달러 정도가 보험료로 나가고 세금에다 먹고살고 확⋯. 매달 모자라요."

"집엔 언제 돌아갈 거야?"

"나도 몰라요. 돌아가기 싫어."

그는 식사를 할 때 젓가락을 썼다. 어디서 구한 것인지는 몰라도 아주 가벼운 금속제를 두 벌이나 가지고 있었다. 그는 저녁 식사 시간이면 내게 젓가락을 줬다. 나는 이제까지 주로 포크를 썼다. 그는 뜨거운 진저티를 아침 저녁으로 마셨다. 그는 찬물도 먹지 않았다. 이 염천에 내가 보온병의 차가운 물을 주면 사양했다. 루사카에서 쉬는 동안에도 몇 ㎞나 되는 쇼핑몰을

잠비아에서
두 번째 만난
바오밥.

걸어 다녔다. 캠프에서 쉴 때면 그는 인터넷을 하거나 책 읽는 것으로 시간
을 보냈다.

짐을 묶는 바(bar)로 쓰고 있는 자전거 튜브가 너덜너덜해져서 짐이 한
쪽으로 쏠려 다시 짐을 바로 묶었다. 이날 우리는 Mazabuka 시 쇼핑센터
에서 물품을 구입하고 80㎞ 지점의 철로 옆에 텐트를 치고 잤다.

또
펑크

출발 전에 타이어를 점검하니 바람이 없다. 재빨리 타이어를 빼어 확인
을 했으나 새는 곳이 없다. 다시 출발했다. 근래에 들어 펑크가 잦아지면서
온 신경이 거기로 쏠렸다. 결국 37㎞에서 펑크 난 곳을 찾아 때웠다. 그리

고 67㎞ 지점 철로 옆에서 다시 펑크가 났다. 슬그머니 니노에게 미안해지고 부끄러운 마음이 들었다. 왜 자꾸 나에게 펑크가 집중되느냐는 말이다. 니노는 혹시나 내가 화를 낼 기색이 보이면 그가 먼저 나서서 나를 진정시키면서 펑크 때우는 것을 도왔다. 아무리 타이어가 닳았더라도 이렇게 펑크가 자주 날 수 있을까? 점검해 보면 펑크가 난 곳이 없는데 아침이면 바람이 꺼져 있는 것을 니노는 이렇게 설명했다.

"날이 더우면 공기가 늘어 나고 아침이면 줄어드는 것이 아닐까요?"

니노야, 그 말도 맞는데 과학은 확대 해석하는 게 아니야. 그게 이처럼 줄어든다는 것이 말이 돼? 그럼 너나, 나의 다른 타이어의 바람도 빠져야 말이 되지. 우리는 가다가 도시의 푯말을 보고 멈췄다. 다음 도시가 5㎞가 남았다는 푯말이었다. 여기서 더 이상 가면 도시를 지나쳐야 되기 때문에 우리는 잘 곳을 찾아 숲으로 들어갔다. 78㎞ 지점이었다.

09.06. 화요일 니노의 펑크

아침 7시 20분, 지난 저녁에 먹다 남은 스파게티를 먹었다. 스파게티 양이 내겐 항상 모자라 전날은 배가 몹시 고프다면서 좀 많이 하라고, 했더니 남은 것이다. 나는 그걸 내 플라스틱 통에다 담아 놓았다가 아침에 먹은 것이다. 그걸 니노 녀석은 아주 신기하게 바라봤다. 그는 물론 남은 음식 따위는 안 먹는다. 그렇지만 나는 돼지처럼 잘 먹는다. 식었지만 그깟 빵보다야 백 번 낫지 하하. 나는 먹으면서 약을 올렸다. 야, 이게 곧 굿 에너지야 하면서 팔의 알통을 보여주는 시늉을 하는 것이다. 니노는 겸연쩍게 웃었다. 이날 아침에도 타이어를 점검하니 바람이 없다. 그렇지만 펑크가 아닌

딴 이유일 거야 라면서 나는 펌프질을 하고 출발을 했다. 근데 정작 71km 지점에서 내가 아니라 니노가 펑크가 났다. 폭염 아래 업앤다운이 계속되는 길이었다. 남쪽으로 내려가는 길이라 계속 조금씩 더 더워지는 거예요. 그래? 근데 적도는 지났잖아.

Choma라는 도시를 지날 때 큰 슈퍼가 있어서 우린 희희낙락하며 들어가 각자 필요한 식품을 구입했다. 나는 밥과 닭다리 하나를 샀다. 니노는 먹지 않는 것이라 눈치를 볼 필요도 없이 나 혼자 뜯을 수 있으니 좋지, 하하. 스파게티를 해서 먹을 때 나는 닭다리와 밥을 내 놓고 스파게티를 같이 먹었다 .

"닭을 정말 좋아하시는군요."

내가 닭을 좋아하는가?

"닭밖에는 없잖아."

빵 만으로 나는 살 수가 없어. 기회가 있으면 이렇게 먹어두는 거야. 이 날 우리는 80km 지점 철로 옆에 자리를 잡고 텐트를 쳤다.

사유지

72km 지점에서 아무런 사인도 없이 니노가 차를 나무 아래로 가져다 댔다.

"무슨 일이야 ?"

"펑크 났어요."

"어느 타이어야?"

"둘 다 났어요."

숨 막히게 더운 날이었다. 니노가 쌍욕을 섞어가며 잠비아 도로에 저주를 퍼부었다.

"잠비아 도로는 정말 싫어요."

"그래도 중국보단 낫잖아."

니노도 중국을 자전거로 여행했었다. 그는 타클라마칸 사막도 가봤단다. 중국의 도로는 교통량이 너무 많아 도로가 성한 곳이 별로 없었다. 쉴 때면 니노는 쉴 사이 없이 이야기를 하는 스타일이다. 그는 그가 만났거나 들었던 자전거 여행자들에 대해 이야기하기를 좋아했다. 나는 그걸 귀담아 들어줬다. 그러면 니노는 신이 나서 이야기를 했다. 니노가 앞 타이어를 맡고 내가 뒷 타이어를 맡았다. 내가 맡은 뒷 타이어는 두 군데나 펑크가 나 있었다. 주범은 철사와 가시였다.

"이미그레이션 센터에는 직원도 없고 펑크는 한 번에 3방이나 나고 갓뎀 잠비아 어쩌고저쩌고…."

니노가 허공에 대고 삿대질을 하며 불만을 토로했다. 우리는 kalomo라는 도시에서 이미그레이션 오피스를 찾아 들어갔으나 문은 잠겨 있었고 주위의 사람들에게 물으니 전화를 해서 오라고 해야 한다. 근데 전화번호를 아는 사람이 없었다. 나의 잠비아 비자 만료일은 9일이다. 니노는 12일이다. 이대로 하루에 같은 속도와 거리를 간다면 9일까지 리빙스톤에 도착할 수 있겠지만 미덥게 하려면 일찍 받아놓는 것이 좋은 것이다. 근데 직원이 있어야 받지. 니노는 그 일도 분한 모양이었다.

"다른 나라는 그러지 않았잖아요. 탄자니아도 케냐도…."

어떡해? 우리가 다니는 모든 나라가 다르다. 그걸 보려고 다니잖아 하하. 한 사람이 화를 내면 한 사람은 달래야 한다.

오후 3시 20분, 81㎞ 지점에서 우리는 차를 멈췄다. 니노는 80㎞ 만 되면 무조건 차를 멈춘다. 욕심을 부리지 않았다. 나는 자전거를 지키고 서 있고 니노가 밀림 속을 다니며 잠잘 곳을 물색해 왔다. 그가 들어간 곳은 개인 사유지였다. 펜스가 처져 있고 철조망 문은 잠겨 있었지만, "쉽게 열려요." 하면서 그는 서슴없이 문을 열고 들어갔다. 나는 내심 엽총을 든 백인놈이 뭐라고 지껄이면서 총을 쏘면서 오는 것은 아닐까 생각했지만 그런 일은 일어나지 않았다.

 ## 09.08. 목요일 적정 공기압

앞 타이어 바람이 다시 빠져 있다. 아니 땐 굴뚝에 연기 날 일이 없지만 나는 바람을 넣고 그냥 나섰다. 그는 내가 넣는 바람의 압력 게이지를 보더니 바람이 적다는 것이다.

"얼마까지 넣어요 ?"

"35kg/㎠ 를 넣는데…."

"40까지 넣어야 해요."

그러고 보니 나는 얼마가 적당한 공기압인지도 모르고 그냥 손으로 눌러 보고 나만의 감각으로 튜브가 안 터질 만큼 넣은 것이다. 주먹구구인 셈이 다 우리가 어렸을 때는 바람을 많이 넣으면 튜브가 터진다고 배웠었다. 그 때가 언젠가? 석기시대다. 과연 그의 말대로 하니 자전거가 부드럽게 도로 위를 구른다. 지금까진 헛심만 뺐잖아. 둘이 하는 라이딩은 단점도 있지만 서로 다른 스타일의 상대를 보고 배우는 것이 많았다.

물이 떨어졌다. 이미그레이션 오피스를 나오면서 물이 떨어졌다. 다음 35km 지점에서 슈퍼를 만나 우리는 각자 물을 샀는데 나는 물을 넣을 수 있는 용기가 한정되어 있었다. 잠비아는 1.5L 이상 들어가는 큰 물병이 없어

펑크는 정말 싫어.

그간 500㎖나 750㎖짜리 작은 물을 사서 그걸 큰 물병으로 옮겨서 가지고 다녔지만 플라스틱 물병이 오래되어 버리고 1병만 가지고 다니는 형편이 었다. 내가 넣을 수 있는 양은 4L 정도였다. 니노는 무려 10L를 샀다. 무게 만도 10㎏이다. 그는 준비가 철저한 사람이었다. 그러니 짐이 그렇게 많을 수밖에 없는 것이었다. 오늘 이대로 달리면 해 떨어지기 전에 리빙스톤에 닿을 수 있을 것이다. 그렇지만 그렇게 할 필요가 없다는 결론을 내리고 오늘은 여기서 자고 내일 아침 여유 있게 도착하기로 결정했다. 우리는 81㎞ 지점에 느긋하게 텐트를 쳤다.

　세상에 저주 받을 게 있다면 그건 흡혈귀들이다. 숲은 파리 모기가 없는 곳도 있었지만 어떤 곳은 아주 많았다. 이날 텐트를 친 곳이 그런 곳이었 다. 모기는 없었으나 텐트를 칠 때부터 파리가 결사적으로 덤벼들었다. 아 마 이 파리들을 독방에 있는 사람에게 투입하면 30분 내에 사람이 죽을 것 이다. 정신이상으로 말이다. 저녁밥을 먹다가 나는 참지 못하고 텐트로 들 어갔다. 온갖 욕을 다 퍼부었지만 자꾸 개짜가 들어가서 개들에게 미안했다.

루사카에서 리빙스톤까지
514km 달리다

아침 7시 20분에 출발해 리빙스톤 입구까지 34km를 1시간 30분 만에 도착했다. 거기서 다시 Jollyboys까지 달리니 38km가 나왔다. 루사카에서 리빙스톤까지 514km를 7일간 달린 것이다. 우리는 자전거를 간판 아래 세워 놓고 쪼그려 앉아 그간의 일들을 반추했다. 각자 감회가 없을 수 없다. 내가 침묵을 깨고 입을 열었다.

"어디부터 갈까?"

"이미그레이션부터 가야지요."

"달리다가 캠프가 먼저 나오면 자전거 가져다 놓고…."

"안 돼요. 이미그레이션부터 먼저 가야 합니다."

그는 단호했다. 리빙스톤은 지금까지 지나 온 도시보다 조금 아주 조금 더 깨끗했다. Dr. Rivingstone은 백인에게 아프리카 침략의 길을 열어 준

리빙스톤은 아직 200km. 잠비아는 이정표에 몹시 인색했다.

사람으로 생각했었으나 그게 아닌 모양이었다. 결과적으론 그렇게 되었지만 그의 개인 생각은 달랐던 모양이었다. 그가 발견한 Victoria Falls는 물론 그 시대 영국여왕의 이름을 붙인 것이다. 리빙스톤 시에서 빅토리아 폭포까지는 10㎞. 나는 그 길을 자전거로 달릴 계획을 세웠다. 근데 내가 이미그레이션 오피스를 지나 내쳐 달렸던 모양으로 뒤에서 부르는 소리가 들려 돌아보니 황급하게 니노가 오고 있었다.

"돌아가야 돼요."

땡볕 속에서 헉헉대며 오르막을 다시 올라 이미그레이션 오피스에 도착했다.

"먼저 들어가세요."

나는 오늘이 비자 마지막 날이었다. 니노가 자전거를 지키고 내가 들어갔다. 직원은 몇 마디 묻고는 도장을 쾅쾅 찍어줬다. 비자 연장료는 없었다. 직원은 내게 지나온 길을 물었다.

"그레이트, 세이프티 롱 쟈니."

오기는 왔다. 지금까지 아프리카에서 몇 ㎞를 달렸더라? 니노가 바통을 받아 사무실로 들어갔다.

저녁 무렵 중국인 여행객 유가 찾아왔다. 그녀는 이미그레이션 센터에서 만났던 여자였다. 우리가 중국 음식 이야기를 하면서 토마토와 에그로 만든 요리를 칭찬했더니 그걸 만들어 주겠다면서 온 것이다. 말하자면 중국 음식의 맛을 제대로 한 번 보여 주겠다는 그녀의 의지였다. 토마토와 달걀 각 3개씩 필요하다기에 급하게 자전거를 타고 가서 사와서 건넸다. 그녀는 그걸로 자기가 가져 온 우리의 국수와 같은 걸로 국수를 만들어 내놓았는데 대체 이게 무슨 맛이야? 그냥 국수만 삶아서 먹는 것 하고 맛이 똑같잖아. 그렇지만 어떡해?

"베리 나이스."

"셰셰, 유, 퍼펙트."

어쩌고 하면서 한 그릇을 다 먹었다. 정말 맛없었다. 다신 먹고 싶지 않아.

빅토리아 폭포

나는 왜곡된 정보에 기대어 막연한 환상을 품고 아프리카로 온 꼴이다. 텐트를 칠 때는 방울뱀을 조심해야 하는 그런 곳이 내가 생각하던 아프리카였다. 하지만 아프리카는 그런 동네가 아니었다. 여기도 온갖 최첨단 문명들이 들어와 사람들의 생활에 스며든지 오래였다. 목동들의 손에는 휴대폰이 쥐어져 있고 여기는 도요타나 벤츠가 우점종으로 굴러다니고 있었다. 물론 그런 환상이 나를 아프리카로 이끌긴 했다.

어제 이미그레이션 오피스 앞에서 만난 중국인 나홀로 배낭여행객인 유가 10시 30분까지 오기로 해놓고 나타나지를 않았다. 캠프사이트에서 빅토리아 폭포까지 차를 태워주는데 거기에 니노 대신 이름을 올리고 가기로 했는데 오지를 않았다. 나는 얼떨결에 니노의 '내일 차를 타고 가시죠.' 라는 말에 승낙한 꼴이 되고 말았는데 원래의 계획은 자전거를 타고 Victoria Falls에 가는 것이었다. 리빙스톤에서 빅토리아 폭포까지는 10㎞다. 번잡하게 굴기 싫어서 그냥 니노의 말에 따르기로 한 것이다. 11시에 차는 출발했다. 손님은 나 하나였다.

"너 여기까지 와서 왜 빅토리아 폭포를 안 보는데?"라고 니로에게 말하자 '나는 물이 싫어요.' 이런다. 거참 이 녀석이 무슨 속셈인가? 나는 더 이상 묻지 않았다. 시계도 안 가지고 다니고 폰도 안 쓰는 녀석이다. 하지만 니노는 랩탑으로 폰의 기능을 다 쓰고 시간은 수시로 내게 물었다. 니노는 생과일도 안 먹었다. 근데 베지트리안은 생과일을 먹어야 하나? 그건 모르겠지만, 그러니 무슨 상식적인 말을 갖다 대봐야 뭐 하겠어? 그냥 제가 노는 대로 보고 있는 거지. 승합차를 타고 몇 ㎞쯤 가다 조그만 하천 같은 잠베지 강에 내려 사진 한 장 찍고 빅토리아 폭포에 도착해서 몇 마디 현장 설명을 한 뒤에 캠프사이트의 운전사는 서둘러 돌아갔다. 지금까지 여러 사람들에게 들은 정보를 취합하면 짐바브웨로 건너가지 말고 다리 위에서 끝내라. 잠비아 쪽에다가 여권을 맡겨놓고 다리 중간에서 실컷 구경하다가 돌아오면 20달러를 절약할 수 있다는 것이었다. 그러니까 빅토리아 폭포은 잠비아와 짐바브웨의 국경선에 걸쳐져 있는 폭포인 것이다. 그 사이를 다리가 놓여 있는데 다리를 건너면 상대국으로 들어가는 것이다. 그 다리를 건너지 말고 중간에서 이쪽저쪽을 다 구경하고 그냥 돌아오면 20달러를 절약할 수 있다는 말이었다. 1일 비자를 끊지 않아도 된다는 말이었다. 하지만 잠비아 쪽에서 들어가서 폭포도 안 보고 올 수는 없지. 200콰차(20,000원)를 내고 입장권을 끊어서 잠비아 쪽 루트를 따라가니 폭포가 나왔다. 폭포는 우리나라처럼 산 높은 곳에서 떨어지는 것이 아니라 들판을 달려 온 강물이 직각으로 갈라진 협곡으로 떨어져 내려가는 것이었다. 그러니까 폭포 위쪽 물이 떨어지는 곳에서 내려다보는 것이었다. 웅장한 물보라를 일으키며 넓은 면적을 차지해 떨어질 때는 우기이고, 지금은 건기라 조그만 물줄기가 가늘게 떨어지고 있었다. 그걸 건너편 폭포의 물이 떨어지는 곳과 같은 높이에서 내려다보는 것이 빅토리아 폭포을 보는 방법인 것이었다. 물줄기가 내려오는 곳은 물이 흐르지만 폭포 아래 물줄기가 없이 고인 물들은 썩고 있어 색깔조차도 보기 민망했다. 고인 물은 예외 없이 썩는군. 결국 짐바브웨로 넘어가는 다리 앞까지 가서 다리로 올라가면 어떤 걸 볼 수 있을까 계산하다가 나는 다리로 가는 것도 포기했다. 다리에서

집바브웨로
넘어가는 다리.

빅토리아 폭포.

도 볼 수 있는 것이 빤하다는 계산이 나왔기 때문이었다. 차라리 물이 내려
오는 건너편으로 가보기로 했다. 수영을 하는 곳도 있다고 호객꾼들이 꼬
드겼지만 돈 때문이 아니라 물 때문에 포기했다. 건기의 빅토리아 폭포는
내게 실망만을 안겼다. 아래에서 올려다보는 것 하곤 맛이 다르군. 위에서
보니 이상해. 아래로 내려가려면 또 티켓을 끊어야겠지만 이런 상황에서
내려가면 뭘 해?

　폭포에 물이 없으니 팥소 빠진 찐빵이지 다른 것 있겠어? 서귀포의 정방
폭포보다 양이 조금 더 많은 물이 흘러내리는 정도였다. 원기 왕성한 사내

의 오줌발보다 가늘 것 같군. 그것 이상은 아니야. 약 2시간 정도 나는 양쪽을 오가며 구경을 하고 나왔다. 물론 오기 전에 건기인 걸 알고 각오를 하고 온 터이지만 아쉬움이야 말해 뭐해. 하지만 어떡하나? 일단 커피를 한 잔 먹자. 쓰면서도 깊은 맛이 우러나는 커피를 한 잔 먹자. 커피 맛도 잘 모르는 나는 혼자 중얼거리면서 카페로 들어갔다. 결국 여기까지 오기는 왔군. 소원대로 자전거를 타고 왔다. 커피를 한 잔 마시고 아쉬움을 달래며 나오는데 택시운전사가 흥정을 한다. 어디 가요? 졸리보이 캠프사이트까지 가는데? 50콰차예요. '40콰차에 가지?' 나도 얼마가 적정가격인지 모른다. 45콰차, 40콰차 아니면 안 가. 좋아요. 빅토리아 폭포까지 태워다 준 졸리보이의 캠프 운전사는 60콰차를 줘야 한다고 말했었다. 내가 그 말을 믿느냐고? 안 믿는다. 그는 자기 조국에 조금이라도 많은 돈을 떨어뜨려 주도록 하는 것이 애국이라고 믿는 사람일 것이다. 근데 돌아온 것까지는 좋았은데 어째 졸리보이가 좀 낯설었다. 집 뒤편에 내려줬나 싶어서 돌아가보니 그것도 아니다. 경비하는 여자가 계속 따라다니면서 여기가 맞단다. 그사이 경비가 바뀌었나? 그때부터 열이 슬슬 올랐다.

　나를 태워온 택시운전사는 가고 없고 이쪽 졸리의 경비원인 여자가 여기가 아닌데 하는 나를 기어코 맞다 해서 내렸다. 거기다가 나중에야 내가 졸리보이의 다른 곳에 머무는 줄 파악한 여자가 택시를 불러 달랬더니 택시값을 얼마 줄 거냐고 묻는다. 그걸 당신이 알지 내가 알아? 여기 졸리보이에서 저기 졸리보이까지 몇 km야? 7km쯤 돼요. 그러나 이도 아니었다. 약 2km 정도였다. 다른 택시가 오고 나는 그 택시를 탔다. 그때서야 상황을 파악한 나는 졸리의 경비하는 젊은 여자한테 큰 소리로 욕을 했다. 결국 30콰차로 약정을 했던 택시 운전사는 길길이 뛰는 내 모습을 보고는 주눅이 들어 20콰차만 받았다. 하하하 나도 앞뒤가 없다. 20콰차도 많다. 여행객이 와서 자신의 나라에 돈을 많이 떨어뜨리면 좋지. 그러나 그것도 방법이 옳아야 한다. 바가지를 쓴 여행객이 그 나라에 대해 좋은 말을 하겠는가? 저녁 무렵 니노가 나를 찾아왔다. 니노는 입구에 텐트를 쳤고 나는 건물 뒤쪽에 텐트를 쳤었다. 잠깐 오라는 것이었다. 니노 텐트로 갔더니 탄자니아에서 만났던 독일인 자동차 여행자 부부가 나를 반겼다.

 ## 09.11.
일요일 리빙스톤의
모기

롯지에 숙박을 하면 야영을 할 때보다 좋은 점 중의 하나가 큰 슈퍼마켓을 갈 수 있다는 것이다. 니노는 슈퍼에 가는 것을 아주 좋아했다. 채식주의자라 선택의 폭이 좁으면서도 마치 자기가 지금껏 먹지 못했던 중요한 것이 거기에 있기라도 한 것처럼 좋아하는 것이었다. 설레는 마음은 나도 마찬가지였다. 우리는 그동안 먹지 못한 분풀이라도 하듯이 잔뜩 식료품을 사들고 돌아오는 것이다. 이 기간에는 뭐든 잔뜩 먹어둬야 한다. 동면에 들어가기 전의 곰처럼 말이다. 수박도 한 덩이 사고 닭도 한 마리 사고 쌀도 사고 요구르트, 우유, 과일, 물, 빵을 500콰차어치(50,000원)를 사들고 나오니 무거워서 걸어갈 수가 없었다. 나는 수박을 살 때 택시를 타기로 마음을 먹었다. 니노는 캠핑장에 도착하면 자전거에 짐을 장착해 둔 채 그대로 둬 버리고 떠날 때까지는 자전거를 타지 않는 버릇이 있었다. 이날도 니노가 말했다.

"그냥 걸어가요."

그래서 걸어 왔다. 카트에 짐을 실어둔 채 택시를 잡아 니노더러 타라고 하니 자기는 걸어가겠다면서 고집을 부린다. 한두 번 더 권하다가 나도 화가 나서 혼자서 타고 와 버렸다. 아니, 이 녀석아 받을 줄 아는 사람이 줄

줄도 아는 거야. 일주일 정도 먹을 기본 먹거리이니 양이 많았다. 캠프사이트에 도착한 첫날 사진을 올려보고 역시 안 올라가기에 어찌 해야 하나 궁리를 하고 있는 도중에 니노가 말했다.

"어제 저녁에 사진을 올리니 늦지만 올라가던데요. 그러니 어떨 때는 되고 어떤 때는 안 되고 합니다."

나는 귀가 번쩍 뜨였다. 올라만 간다면야 늦더라도 여기서 하는 것이 백번 좋다. 그렇게 시작한 블로그 올리기가 블로그 한 편 올리는데 종일 걸릴 때도 있었지만 그것도 감사한 마음이 드는 것이었다. 올라가기만 한다면. 그사이 나도 많이 변했다. 슈퍼에 다녀 온 후 니노와 함께 이탈리안 레스토랑을 찾았다. 나는 내심 중국집으로 가고 싶었지만.

"나 피자 못 먹은 지가 8개월 되었어요. 돌겠어요. 에티오피아에서 한 판 먹은 게 마지막이었거든요."

니노가 그 말을 몇 번이나 강조하기에 이탈리안 레스토랑을 찾은 것이다. 이 레스토랑에 대한 정보는 다니엘이 주고 간 것이었다. 피자 큰 것 한 판씩 시켰다. 큰판 하나를 니노는 내가 1/3도 먹기 전에 다 먹었다. 나도 남으면 싸서 가져갈 욕심으로 큰판을 시켰는데 나도 다 먹었다. 포도주도 한 잔 마셨다. "고마워요." 니노가 고맙다고 인사를 했다. 기어이 제 것은 제가 내겠다고 우기면 어떡할까 하고 걱정했는데 다행이었다. 아니다, 니노야. 나는 매일 저녁 네가 만든 요리를 먹었잖니. 감사해야 할 사람은 나야. 더구나 오늘도 내 건 내가 낸다고 또 지랄을 하면 어쩌나 하고 걱정했어. 이녀석아 그래서 내가 고마워.

저녁에는 밤늦게까지 컴퓨터에 붙어 사진을 올렸는데 무엇보다 괴로운 것은 모기의 무차별 공격이었다. 우리가 리빙스톤으로 오기 전 루사카에서 다니엘이 우리에게 비밀처럼 알려 줬었다.

"리빙스톤에 모기가 너무 많아요."

산에선 모기를 만나지 못했다. 리빙스톤에 도착해서 샤워룸으로 들어서다가 나는 깜짝 놀랐다. 대낮 샤워장 안에는 모기 수백 마리가 우글거리고 있었다. 인터넷에 접속을 하려면 리셉션룸까지 나와야 되는데 거기도 모기 떼가 우리를 기다리고 있었다. 방제도 전혀 하지 않아서 모기들에겐 아주 살판난 장소였던 것이다. 동서양 남녀노소, 뜯어먹을거리가 종류대로 있었으니…. 세상의 저주 받을 것이 있다면 흡혈귀고 그중에서도 모기와 파리다. 파리가 흡혈까지 하는지는 몰랐다.(흡혈파리들이 있다. 이름하여 샌드플라이다.) 여기 파리들은 결사적이다. 죽여도 죽여도 자전거를 타고 가는데도 수 km씩 따라오면서 사람을 괴롭혔다. 눈 속으로 귓속으로 입속으로 목숨을 내어놓고 덤빈다. 나는 정말 이것만은 견디기 힘들었다. 물파스를 온몸에 바르다시피하고 반바지를 포기하고 긴 바지에 양말 긴 것까지 신고 앉아서 결사적으로 글을 올리는데 그래도 텐트 속으로 들어오면 온몸이 벌겋다. 긁고 또 긁어서 모기가 물었던 자리가 발갛게 부풀어 오른다. 텐트 안으로 모기가 들어오면 불이 없어서 보이지가 않아 잡지를 못해 밤새도록 이놈들에게 뜯기고 나면 여행이고 깻묵이고 집어치우고 이놈들에게 전쟁을 선포하고 끝까지 갈음하고픈 마음이 드는 것이었다.

메이드 인
인디아

09.12.
월요일

몇 번을 속고 나니 자전거 가게에 가고 싶은 마음이 없었지만 그래도 확인을 하지 않을 수 없어서 캠프 직원에게 물어서 갔더니만 타이어고 튜브고 쓸 만한 것이 없었다. 자전거전문 숍도 아니었고 잡화점이었는데 '타이어 있어요?' 하면, '몇 인치예요?' 하고 물어서 구석에 처박혀 있는 것을 내어놓는 식이었다. 타이어와 튜브를 보고는 내가 어리둥절해졌다. 이게 리어카 타이어예요 자전거 건가? 튜브는 내가 튜브로 쓸 것이 아니라 짐을 묶는 로프로 쓰려고 아무 말 없이 좋다 하며 가져왔는데 고무 튜브가 늘어나지를 않는다. 탈락. 끈으로도 못 쓰겠다. 메이드 인 인디아였다.

웨슬리와 한잔

09.13.
화요일

니노는 하루 종일 컴퓨터를 하거나 책을 읽었다. 마치 그는 독서를 하기 위해 태어난 사람 같았다. 그냥 코를 박으면 종일이었다. 증세가 나와 비슷하다. 더 악화가 되면 득보다 실이 많아. 야, 이 녀석아 책은 집에서 보지 여기까지 와서 책만 보면 돈이 아깝지 않니? 그는 좀처럼 지금까지 자기가 쌓은 경험칙에선 온 버릇들이나 인식을 바꾸지 않았다. 웨슬리가 피자집으로 가자 해서 그가 앞장을 섰는데 니노는 빠진다. 그야 주머니 사정을 봐가면서 해야지, 나는 이미 포도주 한 병을 나누어 마신 뒤라 웨슬리를 따라나섰다. 자기가 피자 먹을 동안 나는 포도주 한잔을 해야지 라는 속셈이 있었다. 피자 한 판 시키고 내가 포도주 한 잔을 시키려 하자 웨슬리가 한 병을 시키며 말했다.

"한국에도 포도주 있어요?"

"응, 좋은 포도주가 있어. 이름은 까먹었다. 포도도 알도 굵고 맛도 좋아."

나는 채소를 한 접시 시켰다. 채소를 너무 먹지 못했다. 웨슬리도 니노처럼 음식에 대해 갖은 찬사를 늘어놓고는 음식값과 술값을 자기가 계산했다. 크, 서양 애들이 남의 몫까지 돈을 내는 걸 본 기억이 없는 내가 말리자 그는 통 크게 이야기했다.

"뭘 이런 걸 가지고. 내가 낼게요."

남아프리카 애들은 다른가? 돌아오면서 웨슬리와 나는 맥주 한 잔을 더했다. 덕분에 그날 밤은 모기에게 온몸을 헌상했다.

 해장술

09.14.
수요일

어제 돼지고기를 사 와서 고구마 남은 것 넣고 양파 넣고 해서 끓인 국을 믿고 아침부터 맥주를 한 잔 걸쳤다. 어제 먹은 술이 덜 깨서 해장술이 발동한 것이다. 작은 병 5개를 먹고 나니 혼자선 더 이상 재미가 없어 못 먹겠다. 돼지고깃국 한 그릇 먹고 전화질 발동 걸다 잠들었다.

 추석

09.15.
목요일

오전에 블로그를 올리다가 중국집을 찾아갔다. 웨슬리와 함께.

"오늘이 한국에선 큰 명절이야."

"알아요. 중국도 그렇죠. 문케이크라(월병. 달떡)고 만들어 먹는다던데요?"

우리는 마파토푸를 시켜서 돼지고기와 밥을 먹었다. 여행을 떠나 두 번째 맞는 추석이다. 추석이지만 쓸쓸하군. 왜냐하면 명절은 가족을 돌아보는 기회이고 스스로를 돌아보는 기회이기도 한 것이라서 이것저것 마음이 쓰인다. 명절은 대한민국 국민 대반성의 날이기도 하다. 조상님 앞에 죄송하고 가족들은 흩어져 살고 있고…. 늘 하는 말이지만 자책이란 아무런 도움이 안 되는 잡념일 뿐이라 여기서 그치련다. 에헤라디야, 변한 것이 없구나.

삶의 의미
09.16.
금요일

"니노야 나 내일 떠난다. 너희는 언제 출발할 거니?"

니노는 웨슬리와 함께 나미비아로 가기로 약속이 되어 있었다.

"저는 다음 주에 떠날 거예요."

자전거 펑크부터 때우고 쇼핑센터를 찾았다. 내일 싣고 갈 물건들을 사기 위해서였다. 오후에는 캠핑장 마당에 짐을 늘어놓고 다시 짐을 쌌다. 여기 리빙스톤에서 보츠와나 국경까지는 67㎞다. 국경 너머엔 무엇이 어

리빙스톤을 떠나기 전날. 웨슬리와 니노.

떻게 누가 기다리는지 나는 모른다. 모르기 때문에 가는 것이다. 미지는 항상 설레지만 익숙한 것들로부터의 탈출도 쉽지 않다. 누군가 내게 삶의 의미를 물어왔었다. 내 하는 꼴이 뭔가 있는 것처럼 느껴져서 물었을까? 나는 이미 오래전에 그런 생각들을 '잡념'이라는 개념 속으로 넣어버렸다. 답도 없고 끝도 없는 것이니까. 잡념은 생각도 말고 털어버리는 것이 상수다. 가기로 했으니까 가 보는 것이다. 삶에도 의미 따위는 없다. 생각나는 대로 의미를 붙이시게나.

안녕
니노, 웨슬리와 **헤어지다**

새벽 6시 10분, 웨슬리와 니노의 전송을 받으며 나는 Jollyboys campsite를 출발했다. 니노가 자전거를 타고 출발 준비를 하고 있는 나를 포옹하며 말했다.

"조심해서 가요."

웨슬리도 나를 안으며 말했다.

"남아프리카에서 만나요."

"그래 케이프타운에서 만나자."

어제 니노는 내게 살짝 와서 자신이 쓴 엽서 한 장을 내밀었다. 엽서 한 장과 내가 잘 먹는 칠리소스가 든 통조림 한 캔과 피넛 한 봉지를 가져와 쑥스럽게 내밀었다. 그래 얼마 만에 받아보는 소중한 감정의 묶음인가. 고마워 니노. 물 11L를 뒤에다 싣고 음식물이 든 비닐봉지를 마치 니노의 표현대로라면 크리스마스 트리처럼 주렁주렁 옆구리에 달고 캠프사이트를 나서서 Nata로 가는 길로 방향을 잡았다. 졸리보이여 안녕, 모기여 안녕.

잠비아 국경까지는 67㎞ 다. 그리 멀지 않은 거리다. 이제 지나가면 아마도 다시는 돌아오지 못할 것이지만 사람의 앞길이란 알 수 없는 것. 앞일은 그냥 물음표만 남겨놓은 채 나는 간다.

12시에 뒷 타이어 펑크가 났다. 펑크가 일상이 되었다. 도대체 왜 이러는 거니? 땡볕 아래 앉아 뒷 타이어 튜브를 교체하고 다시 출발했다. 국경을 넘어 조금이라도 국경선에서 더 벗어난 곳에서 잠을 자기 위해 서둘렀더니 Kazungula에 도착해 출입국 수속을 끝내고 Zambezi 강 앞에 섰을 때는 시계가 오후 2시를 가리키고 있었다. 잠베지 강은 맑은 물이 흐르는 강이었다. 거길 페리호가 떠나려 하기에 자전거를 끌고 급하게 올라탔다. 운임은 무료. 비자는 90일간을 받았다. 30일을 주려는 것을 자전거로 통과해야 하니까 시간이 걸린다면서 90일을 요구한 것이다. 국경을 건너와 달리다 슈퍼에 들어가서 필요한 물건들을 조금 더 구입하고 다시 출발. 리빙스톤을 출발한 지 역시 80㎞ 되는 지점에서 텐트를 쳤다.

09.18. 일요일 빛 좋은 개살구

출발이 조금 늦어 아침 7시에 길 위로 올라섰다. 피곤했기 때문이었다. 아침으로는 어제 리빙스톤에서 삶아 온 닭다리에다 밥 남은 것과 빵 한 개를 먹었다. 닭다리 국물은 젤리 상태였지만 상관 있나? 여긴 야생의 아프리카이니까. 이젠 빵밖엔 없다. 19㎞ 지점에서 다시 펑크를 때우고 출발을 하는데 기린이 길을 건넌다. 어째 탄자니아로 넘어올 때와 비슷한 상황이 연출되는군. 40㎞ 되는 지점에 오자 길가에서 한참 떨어진 곳에 집이 한 채 있었다. 농가는 아니었다. 여자들 몇 명이 앉아서 대문을 밀고 들어오는 나를 바라보고 있었다. 하지만 누구도 나서서 왜 왔느냐고 묻지 않았다. 결국은 할머니 한 분에게 다가가 가져간 빈병을 내밀어 물 한 병을 물탱크에서 얻었다.

"얼마예요?"

"10플루."

52km 전방에 작은 도시가 있다는 말을 들었지만 믿을 만한 것은 아니기에 물 한 병이라도 확보해 놓은 것이다. 길은 직선이었다. 하지만 평지 같아 보이는 길이 경사가 약간 있어서 평속이 겨우 11km다. 10km 혹은 20km를 가다가 살짝 구부러져 다시 직선이다. 중국도 이처럼 길지는 않았는데. 밟아도 속도는 나지 않고 똑같은 풍경의 직선길이라 마땅히 목표 삼을 것이 없어서 달려도 달려도 늘 제자리인 것 같았다. 거기다가 맞바람이다. 빛 좋은 개살구인 것이다. 도로만 봐서는 신나게 달릴 것 같았는데, 길은 중앙에 포장된 왕복 2차로 길이 있고 그 양가로는 그보다 더 넓은 앞으로 길을 만들 수 있는 길이 같이 뻗어 있었다. 이날은 75km 지점에서 차를 멈췄다. 내일도 있다. 더 가자고 속삭이는 내 속의 악마에게 나는 점잖게 타일렀다. '나 지금 피곤해. 그리고 내일도 있어.' 라고.

평평한 땅, 직선 길, 지평선의 보츠와나

09.19.
월요일

7시 20분에 출발해 Pandamatenga란 소도시를 만났다. 리빙스톤을 출발한 지 120여km 만이었다. 슈퍼에 들어가 물11L와 주먹만한 빵 10개, 과자 한 봉지를 샀다. 145플루. 사람들은 이 한적한 시골 소읍에 나타난 동양인을 보고 짐짓 모른척했지만 내 일거수일투족을 따라오는 수많은 눈빛이 있

오직 지평선.

차량도 뜸해
이러고 혼자 놀아도
지장이 없다.

다는 것을 알 수 있었다. 물과 빵 등 구입한 식품들을 자전거에 싣고 있는 데 나의 서너 배는 됨 직한 옆으로만 딱 퍼진 체격의 한 백인 중년 남성이 내게로 다가와 말을 붙인다.

"Nata로 간다고요? 거기 가면서 캠핑을 할 거죠? 코끼리와 사자를 조심 해야 됩니다. 여기서 나타까진 아무것도 없어요."

집도 절도 없다는 말이다. 그러니 사람이 있을 리 없다는 말이다. 근데 이 작은 나라가 어떻게 지금까지 혼자 살아남을 수 있었을까?

"사자가 나타나면 어떻게 해야 돼요?"

정답이 있을 리가 없다. 나는 이 친구가 나를 놀리는 것인가? 아니면 정말 걱정이 되어서 하는 말일까 를 생각하다가 참고만 하기로 했다. 사자가 나타났다. 그럼 그때 내가 할 수 있는 일은? 카메라를 들이대는 수밖에는 없잖아. 나야 사자 앞에선 뛰어봐야 벼룩이니까. 근데 내 생각에는 사자가 사람을 보면 도망갈 것 같다.

말레이시아 시파단 섬은 보르네오 섬의 동북쪽 상단에 있다. 이른 아침 수중 20m에서 나와 일대일로 마주친 상어는 잠시 눈빛이 흔들리는 것 같더니 이내 방향을 바꿔 도망을 갔었다. 혹시나 나와 마주치는 사자가 있더라도 그때의 상어처럼 영리한 놈이길 바라는 수밖에 없다. 그냥 홀로 들판을 달리는 것. 발가벗고 자전거를 타도 흉 볼 사람 없는 이 적막강산은 좋은 점도 있었다. 도로 한복판에서 카메라를 셀프로 장착해 놓고 별짓을 다하며 시간을 보낼 수 있는 도로가 이 세상에 어디 있는가? 그런 도로가 보츠와나에 있다.

이날 81㎞ 지점에 텐트를 쳤다. 도로 옆 나무 아래였다. 사람이 지나가면서 다 볼 수 있는 자리지만 어때. 지나가는 사람이 없는데. 간혹 지나가는 트럭 운전사들이 경적을 울려대다 내가 쳐다보면 엄지를 치켜들며 응원을 해주는 A33도로였다.

09.20. 화요일 남아공 **배낭여행객들의** 방문

아침 7시에 출발해 35㎞ 지점에서 쉴 나무 아래 찾아 들어가는데 차 한 대가 옆으로 오더니 섰다. 누구야? 차에선 독일인 자동차 여행자 부부가 내렸다.

"하이 장, 어때요?"

어쨌든 이 부부와는 세 번째 만남이다. 탄자니아, 잠비아, 보츠와나. 각기 다른 나라에서 만났다. 하지만 이 부부는 영어라면 손사래를 친다.

"어디로 가는 길이에요?"

"Kasene로 가요. 거기 우리 아들도 기다리고 있어요."

Kasene는 Kazungula에서 서쪽 방향에 있는 도시다. 자동차로 여행을 하니 왔던 길도 되돌아가는구나. 아프리카를 여행하며 나는 많은 유럽인 자동차 여행자들을 만났다. 자동차는 대개가 긴 차체의 짚에 여행에 알맞게 만들어진 것이었다. 이들은 자동차를 타고 아프리카로, 아시아로 여행을 할 수가 있다. 12시 30분쯤엔 난데없이 검역소를 통과했다. 주위엔 인가도 없고 달랑 검역소 하나만이 있었다. 약품이 담긴 발판에 신을 잠시 소독하고 지나가야 한단다. 나타까진 아직 100㎞ 정도가 남았다. 하지만 오늘은 80㎞에서 멈출 수가 없다. 내일 타야 하는 거리를 좀 더 줄여 놓지 않으면 캠프사이트에 도착한다 하더라도 하루를 제대로 쉬지 못하는 상황이 발생할 수도 있기 때문인 것이다. 결국 이날 나는 93㎞를 타고 숲속으로 숨어들었다. 근데 저녁 7시30분쯤 일단의 사람들이 텐트로 다가왔다. 자동차 헤드라이트를 밝힌 체 텐트 바로 앞까지 와선 우르르 사람들이 내리더니 플래시 불빛을 내게로 향한 체로 오는 것이었다. 아마도 저녁 무렵 내가 텐트를 치는 것을 보고 지나가며 손을 흔들던 사람들이 탄 그 차일 것이다.

"불 꺼. 무슨 일이야?"

어둠 속에서 남의 집에 불빛을 비추면 대단한 실례지. 나는 조금 흥분했다. 아직 젊은 백인 아이들이었다. 여섯 명쯤 되었다. 그들이 말했다. 걱정 말아요. 우리는 나쁜 사람이 아닙니다. 우리와 맥주 한잔 하실래요? 맥주? 좋지. 하지만 오늘은 안 돼. 어디서 왔어요? 코리아? 사우스코리아? 우리

나무 아래 텐트 치고,
400km를 달리는 동안 통행인은
단 한 사람도 보지 못했다

는 사우스아프리카에서 왔어요. 사우스는 같지만 우린 슬픈 사우스야. 근데 대체 얘들이 어디에서 왔지? 근처에 텐트를 쳤나? 여기 바로 옆에 있는 엘레펀트 샌즈 롯지에 머물고 있어요.(나는 롯지가 있는지 몰랐다) 나는 텐트에서 나가지도 않고 모기 때문에 텐트 문도 열지 않았다. 텐트의 모기장을 사이에 두고 우리는 대화를 했다. 그들은 몇 가지 궁금한 것을 묻고 내 페북 아이디를 받아서 갔다. 가는 그들의 뒤통수에다 내가 주문을 넣어봤다.

"어이, 먹을 것 있으면 좀 주고 가라."

"지금 맥주밖엔 없는데…."

야, 이 녀석들아 남의 집을 방문할 땐 먹을 것이라도 좀 싸서 올 것이지. 알았어, 그냥 가라. 내가 염치가 없나? 하하. 내가 텐트를 친 곳은 베개만 한 코끼리 똥들이 여기저기 흩어져 있는 곳이었다. 밤에는 큰 짐승의 울음소리가 가까이에서 간헐적으로 들렸다. 코끼린가? 조금 무섭기도 했다.

나타의
무거운 햇살

09.21.
수요일

　7시 10분, 숲을 출발해 11시엔 이미 60㎞ 지점을 통과했다. 이러면 무리가 오는데 라면서도 저절로 페달을 밟는 발에 힘이 들어가는 것이었다. 쉬지도 않았다. 캠프에 들어가서 시장을 봐서 닭을 삶고 밥을 해먹을 생각만 하면 저절로 다리에 힘이 들어가는데 어떻게 해? 5일간 달렸으니 한 이틀 쉬면서 이번엔 고구마도 삶고 감자도 삶아서 다음 여정에 식량으로 해야지. 닭다리도 몇 개 사서 삶고 밥도 소금을 넣은 주먹밥을 만들어 가지고 가자. 그리고 도착하자마자 야쿠르트 차가운 것을 몇 개 그냥 마시자. 나는 야쿠르트가 좋아, 야쿠르트는 아주 좋은 식품이야. 아니지 아무리 야쿠르트가 좋아도 얼음물보단 못하지. 지금은 일단 차가운 물을 1L쯤 바로 마시자. 이 세상에 더울 때 마시는 차가운 물보다 더 맛있는 것은 없어. 미숫가루를 가볍게 타서 먹으면 더 좋긴 하지만 말이야.

　Nata는 나의 다음 기착지인 Maun으로 가는 길옆에 있는 도시였지만 내가 찾는 캠프사이트는 나타에서 5㎞쯤 떨어진 곳에 있었다. 나타도 내가 도시라곤 했지만 한국으로 치면 한적한 면소재지 정도 되는 촌동네였다. 다행히 큰 슈퍼는 있었다. 펠리칸 캠프사이트를 찾아들어갔다. 호텔이 있고 캠프사이트가 있는 전형적인 곳이었다. 근데 캠프사이트엔 큰 나무도 잔디도 없었다. 태양이 뜨겁게 내리쪼이는 모래만이 있을 뿐이었다. 그 뙤약볕 속에 작은 초가가 한 채씩 있었는데 그게 화장실이고 샤워실이었다.

　"키친룸은 어디 있어요?"

　"저건데요."

　여직원이 손가락으로 가리키는 곳에는 시멘트로 만든 소시지 정도 구워먹을 수 있는 조리대만 덜렁 있었다. 냉장고도 없고 키친룸이 없다고 내가

자전거로도 지구는 좁다 | 아프리카편

난감해하자 "버너 없어요?" 여직원이 오히려 의아한 듯이 물었다.

여기를 이용하는 손님들은 거의가 유럽에서 온 자동차여행자들이었다. 와서 충전하고 그 차에서 자고 밥해 먹고…. 그건 그것이고 당장 내 발등에 불이 떨어졌다.

"얼마예요?"

"US달러 12달러쯤 돼요."

7달러짜리 리빙스톤이나 5달러짜리 루사카의 캠프사이트는 여기에 비하면 천국이었다. 일단 나는 뙤약볕 속으로 다시 나왔다. 다른 곳을 알아보기 위해서였다. 방값이 조금 비싸더라도 밥을 해 먹을 수 있다면 그 값을 해낼 수 있으니까. 이 지역의 다른 나타 캠프사이트에 대해 여직원에게 물으니 거기도 나무가 없어요, 한다. 듣고 보니 그렇다. 이 지역의 나무는 키 작은 관목이 주를 이루고 있었다. 이 도시로 들어오면서 봐둔 롯지에 갔더니 와이파이도 없으면서 35달러, 다음 나타 입구의 호텔로 갔더니 역시 와이파이가 고장이면서도 65달러이란다. 키사무의 임페리얼 호텔 값이지만 시설은 촌 동네 모텔 수준이다. 흥. 이 사람들이. 인구 200만 명을, 도시국가 축에도 안 들어가는 것을 땅덩어리 넓다고 나라 대접을 해줬더니 아예 간이 배 밖에 나왔군. 괘씸한…. 비루한 멘트 한마디 남기고 다른 곳으로 가 보자 하고 나왔다. 가격이 높다는 것은 여길 지나는 사람이 많다는 말이다.

덥다. 태양이 온 세상의 모든 것들을 누르고 눌러서 나무고 풀이고 사람이고 동물이고 모두가 헉헉대고 있었다. 거친 숨만을 쉴 수 있는 날이었다. 도대체 어떻게 해야 하나? 닭다리고 뭐고 그건 이젠 둘째 문제고 여기서 자야 하나 말아야 하나? 먹을 것과 물만 조금 사들고 이 도시를 빠져나가도 될까를 다시 생각해 봤지만 멈춰야 한다는 결론이 나왔다. 펠리칸 캠프사이트를 나올 때 여긴 그늘도 없고 냉장고도, 키친룸도 없으면서 돈만 비싸다고 핀잔을 주며 씩씩하게 뿌리치고 나왔는데 거길 다시 들어가게 생겼다. 만면에 웃음을 띠고 다시 펠리칸 캠프사이트로 찾아들어갔다. 그 사이에 스위스에서 온 자동차 여행자 부부가 그나마 유일하게 보따리만하게 남아 있던 나무 그늘에 차를 넣고 있었다. 대낮엔 텐트를 쳐봐야 죽을 결심이 아니라면 텐트에 들어가지도 못한다. 나는 일단 빵이며 음식들을 화장실 샤워장이 있는 건물 세면대 아래 다 집어넣었다. 나행히 샤워장은 깨끗했고 물도 잘 나왔다. 그나마 지금은 이 시설을 나 혼자 쓸 수 있지만 사람들이 오면 이도 비켜줘야 할 것이다. 일단 배부터 채우자. 짐을 내려놓고 자전거 타고 되돌아 5㎞를 다시 나가 슈퍼로 찾아가니 치킨 스튜와 라이스를 팔았다. 다행이었다. 치킨스튜에 라이스, 치킨스튜에 누들 해서 도시락 2개와 사과, 빵, 물 5L짜리 등 먹을 것만 잔뜩 사들고 캠프사이트로 돌아왔다.

　화장실 변기통 위에 앉아 도시락을 먹는다. 밥과 치킨 위에다 칠리소스를 잔뜩 뿌려서 먹는다. 근데 매운맛이 영 장난이다. 특별히 매운맛이라고 쓰여 있는데 이게 매운 맛이야? 물론 그래도 맛은 좋다. 샤워실은 나무 그늘 아래보다 시원했다. 암냉소 역할을 하는 것이다. 근데 언제부터 밥 한 끼에 행복이 왔다 갔다 할 정도로 본능에서 나오는 감정으로 나는 행복을 저울질하게 됐을까? 사람의 행복이란 것이 오감을 통해 전해오는 느낌이라는 말인가?

대프리카보단
덜 더워

Pelican Lodge campsite의 리셉션룸 인터넷 속도가 나를 감동시켰다. 사진 한 장 클릭을 해서 2분쯤 기다리면 철커덕 올라가는 것이었다. 일찍이 아프리카에서는 경험해 보지 못한 속도였다. 그건 좋았다. 근데 모기가 양말에 신발에 물파스로 무장을 해도 여지 없이 공격해대는 바람에 텐트로 돌아올 때면 사정없이 긁어야 했다. 텐트 안에서 모기 걱정 없이 인터넷을 할 수 있다면 오죽이나 좋아. 하지만 리셉션룸에서도 간들간들 하며 올라가는 것이 천 리나 떨어진 텐트에서 될 리가 없다. 모기가 없는 산속에선 인터넷이 안 되고 모기 구덩이인 캠프사이트에서 해야 하는 것이 인간사의 꼬여진 균형의 슬픈 현실인 거다.

근데 아침에 다시 슈퍼에 가기 위해 자전거를 점검하니 또 펑크다. 아니 어제 멀쩡하게 슈퍼에 잘 갔다 와서 타이어를 점검해 보고 세워둔 자전거가 왜 또 펑크냐? 간밤에 누가 물어뜯었나? 어제 펑크 두 방에 이어 다시 펑크다. 이젠 아침에 가장 먼저 하는 일이 타이어 점검이 되었다. 가장 불안한 일이었다. 확인 작업에 들어갔다. 1㎝도 안 되는 가시가 타이어에 박

Termites mound 흰개미 집.

작은 흰색 꽃을 피우는 나무.

혀있었다. 그러니까 캠프사이트에 도착해서 텐트가 쳐있는 내 자리까지 오는 10여m 구간에서 박힌 것이다. 확인하는 김에 튜브에 펑크를 때운 횟수를 세어보니 열다섯 번이다. 20번까지 때워도 되려나? 너무 많이 때웠다. 시작한 김에 튜브 2개를 더 내어 다시 점검을 하고 펑크 난 곳을 때웠다. 근데 튜브를 찾다보니 멀쩡한 스왈베 튜브 3개가 더 있었다. 한국에서 준비해 온 것이다. 이 튜브가 있는 줄 모르고 나는 그토록 애타게 튜브를 사야한다며 찾아 헤맸던 것이다. 치매가 온 것인가? 어디론가 향해 커다란 소리로 부르짖고 싶어졌다. 아프리카의 요즘 날씨는 좋은 게 있다. 낮엔 햇볕에 눌려 사족을 못 쓰다가도 저녁에 해만 떨어지면 선선해지는 것이다. 해만 떨어지면 바로 텐트 속으로 들어가 누워도 덥지가 않았다. 저녁에 모기를 피해 텐트에 들어가 있을 때 땀이 줄줄 흘러봐. 끔찍하지. 한여름 한국이 그렇잖아. 여긴 대프리카(대구)보다 시원해. 낮에도 그늘에 들어가면 온도가 확 낮아지는 걸 느낀다. 습도가 낮아 온도는 높지만 끈적거림은 없다.

나타를 출발해 마운으로

09.24. 토요일

　새벽 4시에 일어나 짐을 싸고 6시 15분 롯지를 출발했다. 새벽은 선선하다. 선선할 때 목적지를 향해 한 걸음 더 가까이 다가서려는 것이다. 65㎞ 지점에 도착했을 때는 12시 15분이었다. 이날 나는 98㎞ 지점까지 가서 자전거를 멈췄다. 일단 앱상으로 Maun까지의 거리는 310㎞이다. 플러스 10~30㎞를 더 준다고 해도 하루 80㎞를 달린다면 사팔이삼십이(4×8=32) 해서 나흘이 꼬박 걸린다. 그러나 도착하는 날 여유를 주기 위해서 하루 10㎞를 더 탄다면 도착해서도 쫓기지 않을 수 있을 것이다. 그래서 조금 더 달린 것이다.

어제 슈퍼마켓에서 물건을 살 때 남자 직원이 내가 마운까지 자전거로 간다고 하자 당장에 라이온과 엘레펀트에 대해 큰 걱정을 했다. 그래!! 정말 그런가? 나도 따라 걱정을 하다가 내가 왜 이래? 하고 금방 생각을 바꿨다. 내 생각엔 사자를 만난다면 축하를 할일이 되지 않을까!!! 걱정 마 이 친구야. 그것 말고 여기와 마운 중간에 물과 음식을 살 수 있는 곳이 있어? 없어요. 아무것도 없어요. 가게도 사람도 아무것도 없어요. 그래!!! 그게 사자보다 더 무서운 것이야. 그래서 물을 12L나 준비를 하고 하루에 얼마만큼만 먹어야겠다고 계산까지 했는데 가다가 보니 이정표가 나오는데 마을 이름 몇 개가 있었다. 마을이 있다는 말이다. 물론 몇 가구가 살지 않는 곳일 수도 있다 하지만 사람이 있는 곳이면 가게가 없다 하더라도 물과 음식은 구할 수가 있을 것이다. 과연 집은 도시에서 수십km씩 떨어져 있어서 나는 그냥 통과했지만 물을 구할 수 있다는 것은 큰 위안이 되었다. 그래 현지인의 말이라고 그 말을 다 믿을 수는 없다. '카더라'는 통신일 수가 있기 때문이다. 확인, 확인이 중요하다. 그들은 자전거 여행자가 아닌 것이다.

09.25.
일요일

함께
살아가는 것

텐트 안 침낭 속에서 눈을 뜨며 아침 새소리를 들어본 적이 있는가? 새들이 내는 소리는 인간이 만든 어떤 악기로도 그 소리를 재현해 낼 수 없을 거야. 그걸 어떻게 흉내를 내? 토라진 듯 칭얼대는 소리. 아침에 일어나 눈을 뜨고 들판을 바라보며 삶의 환희를 노래하는 듯한 절제된 귀여운 목소리. 그 소리를 들으면 온몸이 배배 꼬이는 듯한 싱그러움을 느끼지. 그렇게 지저귀는 숲속의 새들의 아침 수다를 듣고 있노라면 세상의 모든 것들이 신비롭고 유쾌해지지. 그 목소리는 더 이상 새소리가 아니야. 바로 아기 천사들의 속닥거림, 옹알거림이다. 귀여운 투정이 있다면 바로 저런 목소리일 거라는 상상을 하게 만들지, 오직 이 세상에선 아기들과 새들만이 저런 소리를 낼 수 있을 걸? 근데 그걸 총 들고 잡아보겠다고 설쳐대었으니…. 오오, 누구라도 내 젊은 날의 천방지축을 용서하소서. 아프리카의 새들은 아프리카답다. 목소리만이 그런 게 아니야. 부리도 이상하게 생긴 새들이 많아. 겁도 없어서 각종 새들이 사람 아주 가까이까지 와서 놀아. 마치 무릇 생명이라는 것은 같이 살아가야 하는 존재인 것을 아는 것처럼 말이야. 개미를 봐봐. 텐트를 치면 일단 개미들이 모여들어. 어디에 있었는지 하도 작아서 눈에도 보이지 않던 개미들이 단 냄새를 맡아 자기 키의 몇 만 배도 넘는 거리를 기어서 뚫어진 텐트바닥을 찾아내어 그 구멍으로 들어와서 다시 배낭을 타고 올라 기어이 음식물 곁에 도착하는 것을 보면 정말 신기해. 그걸 보고 있으면 개코는 코도 아니라는 생각까지도 드는 거야. 어느 건축가가 집을 짓는다는 것은 거기에 살 개미, 땅강아지, 바퀴벌레 등의 집도 같이 짓는 것이라고 하던 말이 생각나더군. 그렇게 같이 살아가야 하는

물을 구하러 들어간 동네의 교회는 아침 설교시간이었다. 일요일 오전이었다.

가보다 싶어서 이젠 개미는 별 신경도 쓰지 않아.

그렇지만 개미랑은 같이 살아도 체체파리와는 같이 못살아. 자전거를 타고 가는 데도 한 번 달려들기 시작한 파리는 수㎞씩이나 따라오면서 사람을 못살게 굴더군. 물파스를 잔뜩 발라도 잠시뿐이야. 얼굴 부분만을 집중 공격하는데 눈, 코, 입, 귀로 죽어라고 파고들지. 도대체 무얼 먹겠다고 그러는지. 악마가 있다면 바로 이것이 악마야. 너무 짜증나고 싫어. 태양이 작열하는 도로 위를 달리는데 파리까지 공격을 해대면 이놈들에게 향한 증오에 드디어 내가 없어져 버리면 될까라는 한심한 생각까지 들게 만들지.

이날은 너무 더워서 그늘을 찾는데 마침 키가 작은 관목들의 숲이라 마땅히 찾을 곳이 없었다. 그래서 몇 ㎞를 더 달리다보니 지칠대로 지쳤다. 열사의 사막에서 태양을 피할 곳이 없다는 것은 기가 막히지. 그렇게 달리다 마침 보이는 그늘이 있어 눈길을 줬더니 황소만한 숫양 한 마리가 급히 자리를 피해주어 그 자리에 들어가서 쉬었다. 근데 그게 내가 동물임을 깨닫게 해줬지. 백수의 제왕보다 먹이사슬의 더 위에 있는 나를 숫양이 알아본거야. 별로 좋은 기분은 아니더군.

이날 92㎞까지 달리고 도로 아래로 내려섰다. 사방이 훤히 보이는 곳이지만 사람이 지나다니지 않는데 어때? 텐트를 치고 빵을 먹었다. 더위를 먹었나? 빵맛이 모래를 씹는 것 같았다. 콩 캔 하나 내어 먹었다.

09.26.
월요일

거듭되는
펑크

자고 일어나 출발 전 타이어를 점검하니 또 펑크다. 펑크가 일상사가 되니 아침이 겁날 지경이다. 짐을 모조리 풀고 펑크 때우고 출발을 하니 이미

8시 10분이다. 아침의 이 한 시간을 메우려면 더운 오후 2시간을 달려야 한다. 내가 모르는 펑크의 비밀이 있다.

찬물에 대한 갈증은 날이 더워질수록 더욱 강렬해졌다. 내가 가진 보온 병은 1L짜리인데 마음 같아서는 몇 병을 더 가지고 다니고 싶지만 그러려면 그 무게가 나를 더욱 큰 찬물에의 갈증으로 보답할 것이기에 그럴 수도 없다. 목이 탈 것만 같을 때 나는 찬물 한 잔을 부어 아주 조금씩 입안에서 굴린다. 달리다가 갈증이 날 때 싣고 다니는 다른 물을 마시면 이미 뜨거워질 대로 뜨거워져 내장이 녹는 듯한 섬뜩한 마음까지 드는 것이다.

빵은 비닐봉지에 넣어 짐에 묶어 다닌다. 로프로 묶지 않는다. 부스러지기 때문이다. 하지만 태양이야 피할 수 없다. 며칠을 싣고 다니다 보면 이게 맛이 간 건지 괜찮은지도 가늠이 잘 되지 않았다. 그럴 때는 통조림을 하나 꺼낸다. 콩 통조림, 피쉬 통조림, 과일 통조림 그리고 햄이 그 종류다. 스파게티나 마카로니를 만들 때 같이 넣으면 훌륭한 맛을 내지만 캔 그것만 달랑 따서 먹으면 곧 질린다. 하지만 달리려면 먹어야 한다. 출발 후 9㎞ 지점에 있는 동네 슈퍼마켓으로 들어가서 0.5L짜리 물 4병을 샀다. 여기도 큰 병은 없었다. 급하게 입으로 들이 부어 봤지만 냉장고에 넣은 시간이 얼마 되지 않는지 물은 아직 차지도 않았다. 나의 행색과 하는 꼴을 보고 있던 슈퍼의 주인 아주머니가 줄을 서서 기다리는 다른 사람들 계산을 뒤로 미루고 내게 병의 반쯤 얼어있는 큰 물병을 가져다주었다. 살것만 같았다. 고마워요, 지혜롭고 배려심 깊은 아줌마. 거기에 물 부어 흔들어 차게 해서 일단 보온병에 넣고 길을 나섰다.

63㎞ 지점에서 소똥 없는 가시나무 아래 앉아 과자를 우적거리며 씹고 있는데 지프 한 대가 도로에서 내려와 내 바로 앞에서 멈췄다. 뭐야? 중년의 백인 남자였다. 운전석에도 백인 남자가 타고 있다.

"어디서 오는 길이에요?"

가보로네는
보츠와나 수도다.

Maun의 올드브릿지 롯지,
캠프사이트의 쉼터.

"나타 쪽에서 오는 길인데요."

그는 매우 정중하게 몇 가지를 더 물었다. 어디서 출발했느냐? 얼마나
되었느냐? 뭘 도와줄 것이 없느냐? 어디까지 가느냐? 그러면서 연신 감탄
사를 흘린다. 아니 필요한 것은 아무것도 없어요. 내가 필요한 것을 당신은
줄 수 없어요. 그래도 고마워요. 간혹 굳이 이렇게 확인을 하는 사람들이
있다. 그들도 아마 자전거를 타는 사람일 것이다. 어디로 갈 거냐? 는 말에
올드브릿지로 갈거다 라는 말만하고 올드브릿지에 대해서나 다른 것들에
대해서 더 이상 묻지는 않았다. 운전석에 앉아 나를 노려보고 있는 백인 남
자가 신경이 쓰였기 때문이었다.

이날 82㎞ 지점에 텐트를 쳤다.

09.27. 화요일

마운에 도착하다

　7시 20분, 텐트 걷고 출발해 12시에 Maun에 도착했다. 앱을 찍어보니 내가 가려는 캠프사이트는 마운에서 무려 17㎞나 떨어져 있었다. 그 위치도 내가 가려는 다음 도시인 Ghanzi와는 반대 방향이었다. 일단 오늘 다시 나오지 않기 위해 식료품과 도시락 2개를 구입했다. 그래도 이 땡볕에 17㎞는 너무 멀어. 가까운 곳에 다른 롯지가 있으면 그곳으로 가자. 택시 기사를 비롯해 여러 사람에게 물어봐도 다른 캠프사이트도 내가 가려는 Old bordge lodge campsite 근처에 모두 몰려 있었다. 그렇다면 굳이 다른 곳으로 갈 일은 없다. 거기에 무언가가 있다는 말이다. 그렇다면 거기가 Okavango일 가능성이 가장 크다. 급해지려는 마음을 누르고 69㎞ 지점까지 달려 조그만 삼각주에 있는 올드브릿지 롯지에 도착했다. 롯지로 들어가는 길은 여럿 있었는데 나는 하필 끊어져 겨우 이어놓은 올드브릿지로 들어서는 길로 들어가 외나무다리를 건너고 모래사장을 넘느라고 거의 진이 다 빠진 상태로 올드브릿지 캠프로 들어갔다. 올드브릿지에는 손님들이 많았다. 주로 유럽의 자동차 여행자들이었다. 지프에 살림살이를 싣고 다니며 지프 지붕 위에 있는 맞춤 텐트를 펼쳐 거기서 자는 것이다. 여기 올드브릿지도 자동차 여행자들을 주로 상대해서 도심에서 10~20㎞ 떨어진 거리는 영업에 큰 문제가 아닌 모양이었다.

　아니다. 여기는 오카방고 사파리를 떠나는 관문일 수도 있다. 다시 알아보니 여기가 오카방고로 들어가는 문이었다. 물론 자전거 여행자는 나 혼자였다. 캠핑사이트에서 내게 내어준 자리는 모래먼지가 폭삭폭삭 일어나는 나무 아래였다. 요금은 70플루(7,000원). 와이파이, 키친룸, 샤워실, 모두 갖춰진 곳이었다. 일단 나는 텐트 치는 것을 뒤로 미루고 사 온 도시락부터 먹었다. 오후 3시였다. 배가 너무 고파. 누가 뭐래도 밥부터 먹어야 했기 때문이었다. 오카방고도 식후경이야.

09.28. 수요일
올드브릿지
캠프사이트

아침에 마운 시내로 가서 도시락과 다른 것들을 살 생각이었으나 텐트에서 어제 산 식빵 한 조각을 먹고 엉금엉금 기어 나왔다. 아침에 햇살이 비치기 시작하면 텐트 안은 바로 지옥으로 변하니까. 피신을 한 것이다. 리셉션룸 옆의 레스토랑 겸 바의 긴 의자에 앉자마자 나는 깊이 가라앉았다. 꼼짝도 못하겠다. 그렇게 시체처럼 누워서 오전시간을 보냈다. 온몸이 물먹은 솜같이 무겁고 머릿속은 텅 빈 것 같았다. 생각도 하기 싫어. 감기 몸살인가? 움직이기는 더 싫어. 오늘은 이대로 누워 있고 싶어. 시내까지는 왕복 30km다. 아프리카 수천km를 겁 없이 달려왔지만 여기서 시내까지 왕복 34km는 무서워. 가기 싫어. 그래 오늘은 꼼짝하지 말고 여기서 쉬자. 밥값이 아무리 비싸더라도 여기서 사 먹고 다운 시내는 내일 나가자.

"메뉴판 좀 줘 봐요."

직원이 메뉴판을 가져왔는데 예상대로 2~3배 비싸다. 치킨 위드 라이스의 슈퍼가격은 20플루, 여긴 같은 것이 50플루(5,000원)다. 2.5배다. 물론 양도 슈퍼 것이 더 많다. 그래도 좋아. 나

롯지의 창구.

도 여기서 그것 한 그릇씩 먹으며 오늘을 보낼래. 남이 해주는 밥을 말이야.

의자에 누워있는데 캠프사이트의 깜둥이 흰둥이들이 지나가며 손을 흔들며 누워있는 노란둥이에게 인사를 한다.

"헬로 스트롱맨."

그래, 오늘 스트롱맨이 퍼졌다. 갈 길이 구만리나 남았는데 오늘 이렇게 퍼진 것이다. 마치 오늘이 마지막 목적지에 도착한 것처럼 말이야. 하지만 오늘은 케이프타운이고 개뿔이고 말뿔이고 다 싫다. 나는 쉬고 싶어.

 세이록

09.29.
목요일

새벽 4시에 일어나 짐을 다 싸고 그저께 사다 놓은 크림빵을 아침으로 먹고 일어서는데 현기증이 나며 속이 울렁거렸다. 어라? 이건 뭐야? 왜 이러지? 다시 앉아서 이곳저곳 몸을 움직여보다 나는 출발을 포기했다. 가다가 퍼질 것이면 안 가는 것이 맞다. 쉬어야 한다. 몸은 마음과 달리 주인을 속이지 않는다. 거짓말을 하지 않는다는 말이다.

크림빵이 잘못된 거야? 나는 더 이상 먹지 않고 속을 비웠다. 리셉션룸으로 나와 긴 의자에 드러누워 내 몸의 이곳저곳을 점검해 보았다. 그렇군. 리빙스톤에서 니노와 헤어져 나타에서 오른쪽으로 90도 각도로 꺾어서 마운까지 740여㎞를 달려왔군. 많이도 달렸어. 이젠 고국산천도 눈앞에 어른거린다. 돌아가고 싶어진 것이다. 가족도 동기간도 친구도 보고 싶다. 한번도 못 안아 본 해온이를 안아보고 싶어 몸살이 날 지경이다. 그렇구나. 난장꿀림, 동가식서가숙, 풍찬노숙을 한 지 어느새 1년 7개월째다.

사우나도 하고 싶고 늘어지게 잠도 자고 싶다. 소줏잔 앞에 놓고 쓸데 없는 말이라도 다정스레 하고 싶어진 거다. 나의 삶을 확인하고 싶어진 것이다. 산도 타고 바다 물질도…. 아아 고국에 두고 온 그 모든 것이 보고 싶어진 것이다. 하지만 케이프타운도 가고 싶지. 그래 지금은 케이프타운을 가야 하는 시점이다. 당연히. 하지만 나는 그리 한가한 팔자가 아니다. 타이어와 브레이크 패드를 교환하려면 자전거 가게를 찾아야 한다. 캠프장 직원에게 물어 마운 시내로 나와 직원이 찍어 준 가게로 갔으나 그런 가게는 없었다. 30여㎞나 타고도 헛일이 될 때는 맥이 풀린다. 이제 남아공으로 가서 해결하는 수밖엔 없다.

저녁에는 한국인 여행자와 맥주 2병을 비웠다.

뜨거운 밥이
필요해

09.30.
금요일

축구를 보려 했더니 아침부터 텔레비전의 방송이 전과 다르다.

"오늘이 무슨 기념일이야?"

직원이 대답했다.

"오늘이 보츠와나 독립50주년 기념일이에요."

방송에선 대통령과 그 외의 높은 양반들이 스타디움에서 의장대 행진이랑 아이들이 하는 매스게임을 보고 있었다. 나와 약간 떨어진 곳에서 이 방송을 보고 있던 유럽인이 수군거리는 소리가 들렸다.

"저거 김정일이 하는 짓이잖아."

아이들이 땡볕에서 매스게임을 하는 것을 보고 하는 말이었다. 노스코리아 어쩌고 하는 말도 들렸다.

마누엘과 목각공예가 세이록과 미국인 매튜 마누엘의 애인 등.

　나는 종일 빌빌거렸다. 온몸이 물로 된 것처럼 어디든 앉으면 구겨져 무너졌다. 그러면서 다시 생각한다. 이래선 안 돼. 마음 편히 쫓길 것 없이 밥 좀 더 잘 먹고 좀 더 쉬다 가자. 태양이 너무 뜨거웠어. 다시 뜨거운 태양 아래 나가려면 뜨거운 밥이 필요해.

자전거로도 지구는 좁다

2016년
10월

오카방고
마운   한지   강   샤봉   복스피스

샤우스 아프리카   샤우스 아프리카   샤우스 아프리카   샤우스 아프리카
어핑톤   스피링 복스   비트폰테인   반얀스드롭

시장 보기

10.01.
토요일

마음을 편히 먹으면 몸이 한결 편안해지지. 다시 시내로 나가서 도시락도 사고 물도 사서 들어왔다. 슈퍼에 가는 것은 주부들이 시장을 보는 것과 마찬가지다. 쉴 때도 매일 가야 한다. 낮이면 한가하던 롯지도 저녁이 되면 분주해졌다. 사파리를 갔던 여행객들이 저녁에 돌아오기 때문이었다.

"오카방고 일일투어가 얼마예요?"

매일 사파리 손님들을 관찰하고 있다가 이날 여직원을 보고 물었다. 죽어라고 자전거만 탈 수 없다는 생각에서다. 오카방고도 가보자.

"770플루(77,000원)예요."

나는 이 말을 370플루로 알아들었다.(어쨌든) 300플루이든 500플루이든 좋아. 투어를 신청하려면 돈을 찾아야 한다. 돈을 찾으려면 시내에 나가야 한다. 내일 시내에 나가서 돈을 찾자. 투어를 결정하면 일정을 다시 짜야 한다. 점심 무렵에 목각 공예품들을 든 한 남자가 롯지로 들어와 테이블 하나를 빌리더니 전을 폈다. 사자, 코끼리, 버팔로, 악어, 하마 등을 조각한 것이었다. 내게는 그 무엇보다 이런 것들이 흥미로운 것이어서 곁으로 가서 이것저것 만져보며 물었다.

"이건 얼마예요?"

이 광경을 보고 있던 한 친구가 내 곁으로 와서 말을 걸었다. 독일인 자동차 여행자 마누엘이었다. 그는 애인과 자동차 여행 중이었다. 나중에 그의 차를 사진 찍으며 내가 물었다.

"이 차는 얼마쯤 해?"

그의 지프를 가리키며 물었다. 자동차 지붕 위에 텐트를 설치할 수 있는 차였다.

"이 차는 두 달 렌트한 차예요. 렌트비가 3,000유로(360만 원?)예요."

그는 아직 29살의 청년이었다. 마누엘과 목각 공예를 하는 짐바브웨인 세이록과 미국인 매튜와 함께 저녁에는 맥주와 포도주를 마셨다. 독일인들이 우리와 정서가 비슷한가? 나는 독일인들과는 스스럼없이 잘 어울려 금방 친해질 수 있었다.

마누엘은 가고

**10.02.
일요일**

Shoprite(슈퍼마켓)에 볼일을 보러가며 마누엘과 작별을 했다. 잘 가라 마누엘. 독일에 오면 전화해요 장. 그래, 내가 또 갈 기회가 있다면 전화를 하마. 은행에 갔다가 롯지로 돌아왔다. 17km의 거리지만 이런 길은 오고 가는 것이 괜히 억울하다. 헛심을 쓰는 것 같아 마음이 내키지 않는 것이다. 투어비용 770플루를 지불하고 카메라 배터리를 충전하고 다시 짐을 싼다. 내일은 오카방고 투어다.

오카방고 투어

**10.03.
월요일**

Okvango Delta는 그 넓이가 25,000㎢란다. 여의도(8.35㎢)의 200배가 넘는다. 앙골라에서 발원하여 내려오던 오카방고 강은 바다로 흘러들지 못하고 오카방고 삼각주에서 스스로 소멸해 버리고 만다. 강이 없어지면서 세계 최대의 내륙 습지 오카방고 델타로 살아난 것이다. 보츠와나는 국

여행객들을 늪지대로
안내하는 보트맨들.

보트맨들.

토의 대부분이 평지다. 끝없는 직선길이 나오는 이유다. 잠비아의 리빙스
톤에서 시작해 Nata에서 Maun으로 90도로 꺾어서 다시 Chanzi로 해서
Kang이라는 소읍으로 1,361㎞를 달렸지만 끝없는 평지였다. 그러니까 오
카방고 강이 내려오다 보츠와나의 이 지역에 들어서면 물이 한곳으로 모여
들어 흐르지 못하고 사방으로 흩어져 소멸해 버리는 것이다. 물이 귀한 아
프리카에 이런 습지가 형성되면 거기에 기대어 많은 생물들이 살아가는 것
은 당연하다. 오카방고 일일투어는 그 생태계의 현장을 보러가는 것이다.
아침에 일어나 어제 사다가 끓여놓은 닭죽을 퍼먹었다. 닭 한 마리 사와서
끓이고 거기에 맞추어 밥을 할까 했는데 그릇도 모자라고 해서 닭을 삶으
면서 거기에 쌀을 대량 투하한 것이다. 그러면 근사한 닭죽이 되겠지? 근

데 쌀 양이 좀 많았던 모양, 닭떡죽이 되었다. 솥뚜껑 운전 10년이 넘었는데 아직도 실력이 이렇다. 생각이 치밀하지 못한 까닭이다. 아래 부분은 새까맣게 탔다. 거기에 물 좀 부어 덮혀서 탄 부분을 제거하고 한 그릇 먹고 롯지 앞 오카방고 강에서 보트를 타고 출발했다.

파워 보트는 여섯 명의 손님을 싣고 약 45분간에 걸쳐서 오카방고 강을 빠른 속도로 거슬러 올라갔다. 약 18㎞ 거슬러 올라가 보트 정류장에 도착했다. 사람들이 모두 내리고 각자 고무신 닮은 보트 한 대를 배당받았다. 부부가 온 팀은 둘이서 한 대, 혼자 온 손님들은 혼자서 보트맨 한 사람과 조를 맞추는 것이었다. 내겐 깡마른 중년의 사내가 배정이 되었는데 나는 만족했다. 오랜 경험이 있는 사람일 것이고 나이 든 사람이라면 그에 따른 지혜가 있기 마련이다. 그냥 하는 대로 두고 보아도 좋은 길로 인도를 할 것이다. 과연 그는 능숙한 솜씨로 노를 저어 습지를 따라 여행을 시작했다. 늪지대 전체가 갈대로 뒤덮여 있었고 갈대 사이로 배들이 다녀서 생긴 길들이 있었다. 우리는 약 1시간 20분에 걸려서 습지 중간에 있는 한 섬에 도착했다.

"코끼리가 무척 크군요. 하마도 크고…."

나뭇잎 같은 보트를 몰아 코끼리나 하마 근처로 갈 때는 사람들이 탄성을 질렀다. 섬을 대충 한 바퀴 돌고 우리는 처음 도착한 자리로 돌아왔다. 점심을 먹기 위해서 였다. 내가 주섬주섬 롯지 측에서 나눠준 도시락을 꺼냈다.

"밥 같이 먹죠."

근데 이 친구 밥이 없단다.

"나는 보트정류장으로 돌아가서 먹어요."

보트정류장은 그의 동네다. 아직도 돌아가려면 몇 시간을 더 있어야 한다. 젠장, 대체 이게 무슨 경우야? 혼자서 어떻게 먹어? 내가 받은 도시락에서 삶은 달걀과 바나나 한 개를 내어주고 샌드위치는 내가 먹었다. 돌아오는 길에도 엄청난 크기의 코끼리를 만날 수 있었다. 코끼리가 귀를 펄럭이며 소리를 지르며 우리 쪽으로 달려들 기세를 취했다.

"쟤가 왜 저래요?"

"화가 났어요."

보트에 서서 비틀거리며 사진을 찍는 나를 앉으라더니 이내 보트는 거기를 벗어났다.

보트정류장에서 롯지로 돌아갈 보트가 오기를 기다리는 동안 나는 보트맨과 함께 동네를 둘러봤다. 가게에서 콜라를 사면서 보트맨에게도 한 캔 마시라고 했더니 자기는 안 먹겠단다. 말을 하고 나니 아차 싶었다. 내가 사겠다는 말인데 그는 당연히 자기 돈으로 먹는 것으로 알 것이다. 그는 돈이 필요한 것이다. 나는 팁으로 콜라값까지 보태서 조금 많은 돈을 그를 위해 내놓았다.

안녕
오카방고

불가리아 소피아에서 받은 내 등산화가 너덜거렸다. 그래도 얼마간 더 신을 수 있으려나 싶어서 신을 빨아서 펑크 때우는 본드로 너덜거리는 부분을 붙여 놓았으나 오카방고 투어를 돌아 올 때는 뒤쪽이 또 너덜거렸다. 버릴 때가 된 것이다. 고어텍스에 방수 신발이다. 오래된 신이다. 여행 전 대부분의 시간을 신발장 안에서 놀고 있었지만 말이다. 그러고 보니 여행 떠난 이후 두 번째 버리는 신이다. 텐트를 걷으며 나무 아래 신을 벗어 놓고 자전거를 몰고 롯지를 나왔다. 사람들이 많이 드나드는 롯지라 누가 오든 가든 아무도 신경을 쓰지 않았다. 특별히 인사를 하고 가야 할 사람들도 없었다. 독일인 마누엘 커플도 이미 떠났고 내 자전거를 자신에게 주고 가라며 매일 조르던 목각 공예사인 짐바브웨인 세이록도 이날은 아직 오지 않았다.

모래 털고 누구와의 인사도 없이 롯지를 나섰다. 마운으로 길을 잡아 그간 눈에 익은 길을 지났다. 다음 기착지는 Chanzi 라는 소읍이었다. 보츠와나의 이런 동네는 그 규모가 너무 작아서 사실 읍이라는 말을 붙이기도 적당하지 않았다. 집들이 드문드문 몇 채가 서 있고 거기 Shoprite나 다른 슈퍼마켓이 하나 정도 있으면 그걸 일단 나는 도시라고 불러주었다. 그런 동네마저 수백㎞ 달려야 만날 수 있을 때가 있었다.

Komana란 곳을 지나며(동네는 보이지도 않고 간판만 있었다.) 나무 아래 잠시 쉬었다 나오는데 펑크가 났다. 그늘 아래 피하려고 차를 세우려면 나무 곁으로 가야 한다. 땡볕 아래 펑크를 때우는 일은 고역이었다. 시간도 그럭저럭 한 시간을 잡아먹었다. 짐을 풀었다 다시 싸야 하기 때문이다. 1시간이면 10㎞에서 15㎞를 갈 수 있는 시간이다. 내가 일일 주행거리로 잡고 있는 80㎞를 맞추려면 1시간 더 달려야 함은 물론이다. 범인은 가시였다.

이날은 마운의 올드브릿지 캠프를 출발해 마운 시내를 나와 다시 두 군데의 슈퍼를 들르는 바람에 또 1시간을 까먹었다. 그래도 Toteng을 약간 벗어난 85㎞ 지점에 텐트를 치고 잠들 수 있었다.

바오밥 아래 텐트 치고

7시 10분, 텐트를 걷고 출발. 12시 15분, 60㎞ 지점 쉼터에서 쉬고 있는데 홀랜드에서 온 노부부 자동차 여행자를 만났다. 70세가 넘은 분들이었다. 사람이 살아가는 모습이 나이대에 따라 거의가 비슷하다. 나는 지나가다가 내가 궁금해 잠시 멈추는 차가 있으면 여지를 주지않고 말했다.

"어이, 물 좀 있어요?"

그리곤 먹던 물이라도 받아 내는 것이다. 깡패다. 여행을 빌미 삼은 깡패인 것이다. 이날도 게이트를 통과하며 게이트의 경비에게 물 있냐고 물었더니 따라 들어오란다. 탱크에서 물 한 병을 받아서 다시 출발해 가다가 멋진 바오밥 나무를 만났다. 82㎞ 지점이었다. 잠시 망설이다가 나는 결정을 내렸다. 90㎞를 가는 것보단 이게 더 중요한 일이야 라고 말이다. 바오밥 나무 아래 텐트를 치고 사진을 찍으며 2시간가량을 혼자 놀다가 텐트 속으로 들어갔다. 바오밥 나무 위로 휘영청 밝은 달이 걸렸다.

한국에 이 정도로 멋진 바오밥 나무가 있다면 아마도 세계적 명소가 되었을 것이다. 하지만 여긴 그냥 버려져 있다. 보츠와나라고 바오밥 나무가 흔하지는 않다. 아침에 일어나 밝은 햇살 속에서 나는 다시 바오밥의 수천

바오밥 나무 아래 텐트를 치고.

년 역사가 새겨진 울퉁불퉁한 근육들을 즐길 것이다.

사자를 조심해

10.06.
목요일

보츠와나의 도로는 그냥 일직선으로 뻥 뚫려 있다. 거길 달리는 자동차들이 얌전히 달릴 리가 없다. 차도 뜸하고 행인도 없다. 차는 마음껏 속도를 높이는 것이다. 가끔씩 가축들이 지나가는 것을 제외하면 적막강산이었다. 너무나 조용해 이명이 생길 정도였다. 가축도 목동 없이 저희들끼리 풀을 찾아 다녔다. 대체 어떻게 저 가축들을 관리 하나?(정부에서 관리한다) 어떤 소들은 귀에 인식표를 달고 있었지만 어떤 소들은 아무 표식도 없었다. 건기라 싱싱한 풀을 못 먹어 그런지 소들은 깡말라 있었다. 당나귀와 말, 소와 양들이 무리를 지어 여기는 내 땅이야 하며 여유 있게 도로를 건너는 것이다. 차들이 속도를 줄이는 것은 가축들이 도로 위에 나타날 때다. 그 길을 차들은 시속 150㎞는 예사로 달렸다. 자동차 여행자들의 차와 트레일러가 주를 이루었다. 여기 아프리카는 대중교통이 발달해 있지 않았다. 한 번은 사람들이 도롯가에 서 있기에 지나가다 궁금해서 물었다.

"여기서 뭐해요?"

"히치하이킹을 합니다."

간혹 지나가던 차들이 나를 보고 섰다. 자전거를 타는 내가 신기했기 때문일 것이다. 그리고는 어디서 와서 어디로 가느냐고 묻는 것이다. 그래, 나는 코리아에서 왔고 케이프타운으로 가는 길이지만 사실은 길은 잘 몰라.

"물이 필요해?"

"당연하지. 물 좀 주고 가요."

그러면 사람들은 먹던 물이라도 내려놓고 행운을 빌어주며 가는 것이다.

"사자를 조심해."

사자를 어떻게 조심해? 여기 이렇게 많은 양들과 소와 말들이 있는 데 굳이 맛도 없는 늙은 이 몸을 먹으려 할까? 늙으면 고기도 질기다잖아. 그러니 나는 그런 걱정은 하지 않아. 그러나 길에서 빤히 보이는 곳에 텐트를 치면 자동차를 세우고 사자가 나온다고 걱정을 하고 가는 사람이 더러 있었다. 그렇다면 이는 사자가 실제로 나온 예가 있다는 말이다.

85km 지점에 텐트를 치고 낙조를 바라본다. 텐트 바닥은 개미들이 물어뜯어서 이제 여러 곳에 구멍이 숭숭 나 있다. 거기로 개미와 벌레들이 들어오고 모래와 흙이 들어온다. 흙바닥에서 들잠을 잔지가 6개월은 되었지 아마. 개미든 벌레든 이젠 별 신경을 쓰지 않고 같이 잠이 든다. 너희들은 저기 빵 있는 곳에서 그거나 뜯어 먹으면서 놀거라. 나는 여기서 잘 테니까 말이야. 내 몸 위로 올라오지는 마라. 그럼 그 길로 너는 흙으로 돌아가는 거야. 이놈들아, 알았지. 맹수의 허풍이다.

**10.07.
금요일**

음식과
생명

한지는 큰 도시인가? 물론 큰 도시라는 말은 아프리카에 어울리지 않는다. ATM이 있고 큰 슈퍼마켓이 있느냐는 말이다. 거기다가 와이파이가 되는 캠프사이트가 있는가도 큰 관심사이다. 슈퍼에 들어가자마자 나는 차가운 물 한 병을 벌컥벌컥 마시리라. 그리고 그보다 더 차가운 요구르트 한 컵을 게 눈 감추듯 먹어 치우고 치킨이나 비프 스튜에 매운 칠리소스를 듬뿍 쳐서 라이스와 함께 먹을 것이다. 그리고 그때 나는 먹는다는 것이 이 세상 그 무엇보다도 성스러운 행위임을 그대들에게 느끼게 해줄 것이다. 밥 먹을 생각을 하니 페달을 밟는 다리에 힘이 실린다. 그래, 이까짓 더위쯤은 개도 안 먹을 걸. 슈퍼에서 밥을 먹고 오오 그리고 빵과 과일 등을 잔뜩 사 들고 캠프사이트로 돌아가서 텐트를 치고 텐트 창문 사이에 걸린 달을 바라보며 또 그걸 먹을 것이다. 말하자면 디저트인 것이지. 기회만 있으면 뭐든지 먹어둔다. 그것이 에너지가 되어 자전거를 움직일 것을 믿어 의심치 않기 때문이다. 한지가 5~6㎞쯤 남은 지점에서 나는 캠프사이트를 발견했다. 그래 저기로 가자. 근데 입간판에 쓰인 안내문에 거리가 5.8㎞다. 멀다. 하지만 마운의 캠프보단 시내에서 가깝잖아. 가 보자. 차를 그 길로 몰아넣으려고 보니 모래가 많다. 비포장 길일 것이다. 라는 것은 짐작하고 있었지만 모래가 많잖아? 아니나 다를까 몇 10m를 가지 못하고 자전거를 쳐박았다. 자전거에게 모랫길은 가파른 경사보다도 더 힘든 길이다. 방향을 트는 순간 앞 타이어가 미끄러지며 균형을 잃은 것이다. 마지막 순간까지 자전거를 넘어뜨리지 않으려고 하면 나까지 넘어진다. 모래가 많으면 끌바도 어렵다. 들바를 해야 한다. 짐이 실린 자전거를 들바 한다는 것은

모래길로 들어서자마자 자전거는 넘어졌다.

나무 아래 그늘은 좋지만 그늘과 잎을 찾아 온갖 곤충, 소,양,말 등 동물들이 모여든다. 벌레, 새, 심지어 나까지.

불가능하다.

아득한 비포장 모랫길을 바라보다 나는 그 롯지를 포기했다. 이 길은 자전거로는 가지 못하는 길이다. 끝까지 간다 하더라도 나는 아마 초주검이 될 것이다. 다른 롯지를 찾거나 다소 비싸더라도 게스트하우스로 가는 수밖엔 없다는 결론을 내리고 그 길을 나와 시내로 달렸다. 61㎞ 지점에서 Shoprite라는 슈퍼를 만났다. 아프리카 전역에 있는 슈퍼체인이다. 그래 일단 슈퍼에 들어가 필요한 물건을 구입하고 만약 게스트하우스나 기타 숙박업소가 턱도 없이 비싸면 한지를 그대로 통과해 Tsabong으로 가자. 까짓것 며칠 더 이어 달리면 되지.

Shoprite는 벌판 한복판에 덩그러니 있었고 사방을 살펴도 건물들이 보이지 않는다. 땅이 넓으니 집의 터를 크게 잡아 집을 세우지만 누가 이 슈퍼를 이용할까 싶을 만큼 주위에 집들이 보이지 않았다. 그래 그건 나중에 생각하고 일단 배부터 채우자. 슈퍼에 들어가 찬물부터 허겁지겁 마셨다. 언젠가 니노가 말했다.

"더운 곳을 달리다가 갑자기 찬물을 많이 먹어 죽은 라이더가 있대요."

내가 찬물을 마시는 걸 보곤 한마디 거든 적이 있다. 그는 아무리 더워도 찬물은 마시지 않았다.

"그래!! 나는 마시다 죽어도 좋아."

정말이다. 오늘은 이 갈증만 가실 수 있다면 뒤는 생각하기도 싫어. 살면서 요즘처럼 먹는 것이 절실했던 적은 없었다. 하지만 슈퍼엔 고대하던 라이스도 비프도 없었고 조리한 음식이라고는 조그만 프라이드 치킨밖엔 없었다. 빵도 개떡같이 생긴 식빵이다. 정말, 오늘은 돼지처럼 먹으며 황제처럼 즐거워지고 싶었다. 맥이 쭈욱 풀렸지만 우짜노? 병아리 튀긴 것(나는 한국에선 프라이드 치킨은 먹지 않았다) 한 마리 사들고 물 13.5L를 샀다. 1.5L짜리 9병이다. 이틀을 견딜 수 있는 양이다. 180㎞ 정도 달리는 동안 가게가 없어도 견딜 수 있는 양인 것이다. 그 전에 가게가 있어야 된다는 말이기도 하다. 빵과 함께 요구르트를 잔뜩 사 들고 슈퍼를 나올 수밖에 없었다. 사람들이 그 많은 물병을 자전거 어디에 싣는지를 지켜보며 신기해 했다.

"어디서 왔어요?"

"코리아에서 왔어. 동방의 아름다운 나라야."

그나저나 이걸 어디서 먹지? 배가 너무 고팠다. 주위를 살폈지만 주위엔 사람들에게 구경거리가 될 장소밖엔 없었다. 나무 아래로 가자. 달리다 맞춤한 장소로 가서 먹자. 짐을 다 꾸린 나는 거기를 나와 다시 달린다. Chanzi에서 다음 마을인 Kang까지는 270㎞였다. 3일이면 도착할 수 있는 거리다. 거기까지 달려 강에 만일 롯지가 있다면 거기서 하루 쉬고 나서 달리자. 한지를 벗어나 다시 달린다. 잠시 우울했던 마음도 결정을 하고 나자 조금씩 즐거워지기 시작했다. 한지를 벗어나 강으로 가는 길로 들어서는데 롯지가 보였다. 캠핑사이트가 있단다. 잘까 말까 갈등을 하면서 가까이 갔더니 문을 닫은 롯지다. 문이야 닫았던 말든 그늘을 찾던 나는 롯지 앞 경비실 처마 아래 그늘에 앉아 슈퍼에선 산 음식으로 점심을 먹었다.

이날 90㎞를 달려 나무 아래 텐트를 쳤다. 10㎞를 더 탄 것은 강에 도착할 때의 시간을 조금 당기기 위해서 였다.

**10.08.
토요일**

달빛 아래
소들의 행진

닭 우는 소리, 개 짖는 소리는 세상 어디에서나 같구나. 귀에 익은 정겨운 소리이기도 하다. 텐트 속에 앉아 어스름한 달빛 속에서 들려오는 그 소리. 개 소리, 닭 소리. 주위에 집이 있으리라고 생각할 수 없는 곳인데도 밤이면 어디선가 그 소리가 들렸다. 인가가 숲속 어디엔가 있다는 뜻이다. 휘영청한 달빛 아래 소들이 텐트 곁을 지나간다. 목동은 없었다. 고개를 내미니 소들이 가던 걸음 잠시 멈추고 물끄러미 나를 바라봤다. 마치 너는 이 한밤에 거기서 뭘 하고 있느냐고 묻는 것처럼 말이다. 가끔씩 차량의 전조등이 텐트를 훑으며 지나간다. 그리곤 적막. 우리가 한 번 세상에 태어나 잠시 있다가 스러져가는 것이 이런 것이로구나. 솔로몬의 말이 아니더라도 너나 나나 다를 게 하나도 없구나. 그래, 그만큼 눈을 맞췄으면 가던 길 가게나. 그리고 한세상 잘 살다 가게나. 소님아.

출발을 하고 나니 빗방울이 조금씩 떨어졌다. 비가 가끔씩 그리울 때도 있었지만 비가 오니 또 걱정이다. 한참 빗방울을 맞으며 달리다 차를 세우고 짐을 풀어 우의를 내어 배낭에 넣었다. 그리 많이 올 비 같지는 않으나 만일에 소나기가 오면 그에 대비하기 위해서이다. 하지만 비는 많이 오지 않았다. 1시 40분. 벌써 71㎞ 지점이다. 내가 자꾸 서두는 것이다. 둘이서 달릴 때는 상대를 배려해서 서로가 브레이크를 잡지만 나는 지금 브레이크 없는 차다. 일단 점심을 먹고 다시 달려 90㎞ 지점에 도착했다. 며칠 쉬었다고 사타구니가 까져 쓰렸다. 소똥을 피해 텐트를 쳤다. 큰 그늘 아래에는 소똥이 무지 많다. 소들이 그늘에 들어와 쉬면서 볼일을 본 것이다. 근데 쌀알만한 새까만 벌레가 낙엽처럼 텐트 위로 떨어져 어느새 텐트 속으로 들어온다. 대체 이게 무슨 벌레야?

물을
얻어서

7시 15분에 출발을 했는데 날씨도 쌀쌀하고 맞바람이 거세다. 버프를 내어 쓰고 달린다. 평속이 10㎞다. 바람 때문이다. 오후 1시에 겨우 51㎞ 지점에 도착했다. 점심은 먹고 다시 달린다. 어디든 물을 좀 구해야 했다. 내가 싣고 다니는 물은 13L 정도다. 내게 하루에 필요한 양은 5~6L정도다. Lone Tree란 동네를 찾는데 이정표만 있고 동네가 보이지 않았다. 마침 근처에 서 있던 트레일러 운전사에게 물었다.

"저기 탑 보이죠? 저기로 가보세요."

송수신탑인가? 숲속에 서있는 탑을 가리킨다. 숲속으로 들어가 탑 아래 가까이 가니 펜스로 길이 막혀 있고 군용차량인 듯한 차 몇 대가 마당에 서 있었다.

"헬로."

나는 잠겨 있는 문 너머에서 마침 보이는 사람을 소리쳐 불렀다. 그가 가까이 와서 내 이야기를 듣더니 "파는 물은 없고 물통이 있으면 물을 채워줄게요." 한다.

이런 걸 대비해서 큰 물통을 버리지 않고 다 마신 물통을 달고 다녔었다. '물 4병을 채워 고맙습니다.' 하며 몇 번이나 머리를 조아리고 다시 달린다.

오후 5시. 83㎞ 지점에서 차를 세우고 모래 숲으로 차를 밀어넣었다. 텐트는 제쳐두고 우선 빵부터 허겁지겁 먹었다. 점심을 부실하게 먹은 탓이었다. 빵을 먹고 텐트를 치고 나니 지나가던 승용차가 차를 세우더니 경적을 울린다. 보츠와나에선 길도 넓고 다니는 차가 없어서 길가에서 20~30m를 들어가 텐트를 쳤다. 아스팔트를 제외하고도 길폭은 50m는 족히 되어 보였다.

Kang 에서 묵은
Nkisi GUEST HOUSE.

"왜 그래?"

"여기 라이온 있어."

그래? 고마워. 하지만 나 여기서 잘래. 그리고 이 친구야 자네는 라이온

봤어?

강 도착.
칼라하리 부시맨

7시 10분, 텐트를 출발했다. 짐을 꾸리는데 가방의 솔기마다 벌레들이 가득이다. 아래깨 짐 위에 떨어져 내린 벌레들이 가방 그늘 아래 숨어 있다 내게 들킨 것이다. 그것 다 털어내고 콩 한 캔을 먹었다. 빵이 떨어졌기 때문이다. 80㎞ 지점에서 Kang을 만났다. 이정표가 있는 입구에 주유소와 게스트하우스가 있었지만 일단 나는 사람들에게 물어서 4㎞ 저편에 있는 쇼핑센터부터 찾았다. 조그만 슈퍼였다. 물건을 사들고 캠프사이트를 찾았지만 예상대로 캠프사이트는 없었다. 입구에 봐둔 게스트하우스로 향했다.

"얼마예요?"

그렇고 그런 방을 보며 물었다.

"680플라(68,000원)예요."

와이파이도 있단다. 일주일을 계속 달렸다. 하지만 가격이 너무 비싸다. 여기 그 돈을 바치려고 일주일간을 달렸나 생각하면 왠지 서글픈 느낌이 드는 것이다. 그냥 다시 달려 버릴까. 다음 들러야 하는 Thsbong까지는 400㎞던가? 매니저도 마음에 들지 않았다. 이 지방의 땅은 거의가 모래였다. 아프리카가 대부분 그렇지만 강우량도 적고 토양이 척박해서 작물이 자랄 수 없는 땅이다. 이 지역과 지금까지 달린 곳이 바로 칼라하리 사막이다. 비행기에서 던진 콜라병과 부시맨 영화의 배경이 칼라하리 사막이다. 보츠와나, 남아공, 나미비아에 걸쳐있는 칼라하리 사막은 그 넓이가 약 93만㎢다. 한국의 약 10배 면적이다. 길이가 4,000㎞이다. 나는 거기를 뭣도 모르고 달려온 것이다. 모래가 많이 쌓여 있는 곳은 차를 끄는데 온힘을 쏟아야 했다. 건너편 한 군데 더 가보자. 파워뱅크도 휴대폰도 배터리가 없다. 건너편에 있는 게스트하우스로 발길을 향했다. 500플라란다. 와이파이도 된단다. 180플라 차이에 나는 주저앉았다.

강에 도착한 것이다. 은키시 롯지였다. 나는 우선 샤워고 뭐고 밥부터 시켰다. T BONE 스테이크에 피자 하나를 시켰다. 피자는 저녁 대용으로 밤에 먹을 생각이었는데 그 자리에서 다 먹어 치웠다.

칼라하리 사막의 경찰관

10.11.
화요일

롯지 옆에 있는 은행으로 가서 돈을 인출해 숙박비 1,000플라를 지불하고 짐을 꾸리고 리셉션룸으로 가서 와이파이를 열었지만 느려 터졌다. 잔고 확인도 안 된다. 먹는 데에 집중하자. 자전거를 손보고 있으니 지나가던 롯지 고객이 말을 걸었다. 여러 이야기 끝에 그가 물었다.

"왜 가보로네(보츠와나 서울) 쪽으로 안 가고 이쪽으로 왔어요?"

"칼라하리 사막을 지나 케이프타운으로 가려고요."

"어느 쪽으로 가실 건데요?"

그는 자신이 경찰관이라고 신분을 밝혔다. 40대로 보이는 중년 남성이었다. Thsbong으로 해서 Upington으로 가려고 한다고 했더니 더 구체적으로 물었다. 앱으로 내가 갈 길을 보여주자 그가 다른 길을 가리키며 말했다.

"이 길은 자전거로 못 갑니다. 오프로드에 돌과 모랫길입니다."

그러면서 그는 길을 상세히 설명을 해줬다.

"복스피스로 가야 합니다. 복스피스에서 어핑톤으로 가야 합니다. 거기가 칼라하리 사막이에요."

그러면서 그는 자기 지프를 가리켰다.

"내가 자주 다니는 길이에요."

쩝. 복스피스에도 국경검문소가 있단다. 칼라하리 사막은 부시맨 민족이 사는 사막이다. 그곳이 보츠와나에 있다.

이즈음 나는 점심을 먹거나 저녁에 잘 곳을 찾기 위해 숲으로 차를 몰아넣을 때는 신경이 바짝 곤두섰다. 아스팔트를 내려가면 숲은 모랫길이었다. 거기에 가시가 도사리고 있다. 모래밭으로 내려서면 자전거와 씨름을 해야 했다. 그래서 가급적이면 가까운 나무 아래로 차를 가져가 그곳에서 머물렀다. 모래밭은 자전거를 끌기에 너무 힘들었기 때문이다.

거듭되는
펑크

10.12.
수요일

7시 45분, 롯지를 출발. 62㎞ 지점에서 30분 만에 두 번의 펑크가 났다. 뙤약볕 아래 길가에 차를 세워놓고 짐을 풀고 펑크를 때웠다. 두 번째는 어디서 펑크가 났는지를 확인할 수 없었다. 새 튜브로 교체를 했다. 다음 기착지로 가서 물통에 물을 부어 확인하는 수밖에 없다. 펑크 두 번에 2시간을 소비했다. 그래도 다시 10㎞를 더 달려 72㎞ 지점 어둠 속에서 텐트를 쳤다. 펑크 때우느라 바쁜 하루였다. 그래도 하루는 흘러갔고 케이프타운은 그만큼 더 가까워졌다. 이제 여정은 얼마 남지 않았다. 하루하루를 더욱 아끼며 가고 싶었다. 왜냐하면 내일을 모르기 때문이었다.

10.13. 목요일 | 펑크 원인이 뭐야?

어제의 거리를 보충하기 위해 7시에 출발을 했지만 10㎞ 지점에서 펑크가 났다. 징조가 이상했지만 성질을 누르며 펑크를 때우고 다시 출발. 24㎞ 지점에서 다시 펑크. 이번엔 아예 성질을 꾹꾹 밟으며 튜브를 교체하고 출발했으나 30분 후에 또 펑크다. 이젠 못 간다. 성질도 없어졌다. 걱정만 남았다. 길가에 차를 세우고 코펠을 내어 물을 가득 붓고 펑크 난 튜브들을 확인했다. 예상대로 가시나 철사에 의한 펑크가 아니었다. 3개의 튜브가 모두 같은 자리에 펑크가 난 것이다. 튜브와 공기주입구가 만나는 접합 부분이 벌어져 있었다. 이건 때우지도 못한다.

이제 어떡하나? 나는 일단 작업을 중지하고 생각에 잠겼다. 과적인가? 타이어가 너무 닳아서? 아니면 공기주입구 너트를 꼭 잠그지 않아서 그런가? 하지만 두 번째 펑크가 났을 때 나는 맥가이버 칼을 내어 그 부분을 꼭 잠갔었다. 새 튜브 3개가 모두 못쓰게 된 것이다. 어떤 이유든 이제 더 이상 자전거를 타지는 못한다. 가다가 한 번 더 펑크가 나면 그땐 그 자리에서 꼼짝도 못한다. 일단 자전거 가게를 찾아서 자전거부터 고쳐야 한다. 자전거 가게는 어디 있나? 있어도 내게 필요한 것이 있을까? 결국 결론은 남아프리카공화국의 어핑톤까지 자동차를 이용해 가야 한다는 결정을 내렸다. 근데 과연 고치면 될까? 서울의 바이클리에 물어보고 싶었으나 어핑톤까지 가야 인터넷에 연결하지. 자전거 다시 조립하고 길가에 서서 히치하이킹에 들어갔다. 강에서 100㎞ 남짓 달렸으니 다음 마을인 세코마까지는 50여㎞가 남았다. 물론 그 마을에 자전거 가게가 있을 리는 없다. 30분쯤 지나 화물칸이 있는 지프 한 대를 세울 수 있었다.

"나 좀 도와줘요."

펑크, 펑크.

여기서 어핑톤까지는 약700㎞다. 샤봉까지가 270㎞다.

"샤봉에서 어핑톤으로 가는 버스가 있습니까?"

"샤봉에서는 없고 복스피스로 가야 할 걸요."

웨슬리는 샤봉에 가면 버스터미널이 있다고 했었다. 물론 이를 틀림없다고 믿지는 않았다. 개인의 기억이나 경험은 당시에 기록한 것이 아니면 믿을 수 없다. 정거장은 세월 따라 변한다. 사회 환경은 고정불변이 아니다. 버스정류장에 자전거와 짐을 내린 뒤 나를 태워준 친구는 내게서 물 한 병을 받고 덕담을 남기고 떠났다. 버스정류장엔 한 사람의 승객이 차를 기다리고 있었다. 그녀가 Lizzy였다. 나는 그녀에게 여러 가지를 물었다. 그녀의 대답도 마찬가지였다.

"샤봉에서는 어핑톤으로 바로 가는 버스가 없어요. 복스피스로 가야해요."

"여기서 샤봉까지 가는 버스는 어디 있어요?"

그녀의 대답에 따르면 그게 버스 시간이 있는 게 아니고 여기서 기다리다 샤봉 가는 차가 있으면 흥정을 해서 타고 간다는 것이었다. 그러면서 그녀는 자기도 샤봉으로 간다고 했다.

"샤봉까지는 얼마예요?"

바가지를 쓰지 않기 위해 물어 놓는 것이다. 70플라쯤 주면 될 거예요. 70플라면 7,000원이다. 그래도 270㎞인데, 너무 싸잖아. 내가 말을 잘 못 들었나? 나는 우선 목이 타서 그녀에게 짐을 좀 봐 달라고 부탁을 하고 근처의 노점으로 가서 찬물 두 병을 통째로 목구멍으로 부어 넣었다.

곧 한 대의 화물칸이 있는 지프가 우리 앞으로 왔다. 샤봉으로 가는 개인 용달차였다. 리찌가 흥정을 했다. 앞자리에 리찌가 타고 나는 자전거와 함께 화물칸 바닥에 앉아 3시간을 버텼다. 기다림도 없이 전광석화처럼 이루어진 일이었다. 보츠와나의 대중교통은 차를 가진 각 개인들이 담당하고 있는 것 같았다. 용달차는 무지막지하게 달렸다. 나는 현기증을 느꼈다. 이 속도는 지난 몇 달간 경험해보지 못한 빠른 속도였다. 그게 나를 어지럽게 한 것이다. 지난 몇 달간이 허무해지는 듯한 착각도 느꼈다. 사람마다 알맞은 속도가 있을 것이다. 중간에 한 번 쉴 때 나는 가게에서 이들에게 음료 한 깡통씩을 돌렸다. 그리곤 내쳐 120㎞ 이상의 속도로 샤봉을 향해 달렸다. 샤봉이 가까워질수록 지형이 바뀌기 시작했다. 오르막 내리막이 나오고 길이 곡선으로 변하는 것이다. 그래, 보츠와나를 떠날 때가 되었군. "여기에서 오늘은 어핑톤으로 가는 차는 없어요." 샤봉에 도착해 두 분이 한 말이었다. 자고 가는 수밖에는 없다. 안내를 해 줄 수 있어요? 싼 롯지를 나는 원해요. 거기 내 물건 내려주고 가시면 안 될까? 그랬더니 리찌가 오늘 롯지에 같이 갔다가 내일 아침에 내가 롯지로 픽업하러 갈게요. 한다. 이 여자는 차가 있는 모양인데 정말 올 건가 하는 의문이 들었다. 이미 아프리카는 내게 호의를 베풀 만한 여건이 못돼 하는 부정적 인식이 머리에 박혀 있었던 것이다.

네 군데의 샤봉 내 롯지와 게스트하우스를 돌았다. 화물차 주인은 이 과정을 짜증 한 번 내지 않고 운전을 했다. 세 군데는 빈방이 없었고 한 곳은 700플라(70,000원)나 달라고했다. 갈수록 태산이다.

"내겐 너무 비싸요."

지난 들잠이 억울해지려는 마음이 들었다. 그렇다면 어디에서 자나? 근처에 잘 만 한 곳이 있을까? 이때 리찌가 내게 제안했다.

"우리 집에 가요."

지프는 리찌의 집에 나를 내려놓고 떠났다. 나는 떠나는 화물차 주인에게 100플라를 지불했다.

"정말 고맙습니다."

그녀의 집은 대지가 600평쯤 되었고 펜스로 사방을 둘러놓았다. 펜스를 따라 커다란 나무 10여그루가 둘러싸고 있었다. 리찌의 집 마당과 동네 전체의 땅이 흰 모래였다. 리찌가 자는 본동 옆에 몇 채의 건물이 있었고 그 가운데 하나의 문을 따며 이 방에서 잘 수 있겠느냐고 물었다. 잘 수 있고 말고. 하지만 짐을 들이면서 보니 뜨거운 태양 아래 달구어진 양철지붕에서 뿜는 열기가 대단했고 모기가 득실거리는 곳이었다. 그러면서 그녀는 내가 돈 이야기를 꺼내자 '돈은 안 받습니다.' 라며 웃었다. 그건 고마운데 이제 곧 어스름이 내리고 더위 속에 모기에게 뜯길 생각을 하니 아득해졌다. 침대가 있으면 뭘 해? 그녀의 호의를 무시하는 것이 아니었다. 나는 그녀를 불러내었다.

"나 마당의 나무 아래 텐트를 치고 자면 안 될까요?"

저녁에 그녀가 목욕물을 준비했다면서 자신의 집 베스룸으로 나를 안내했다. 자는 것도 감지덕지인 판국에 목욕물이라니. 나는 그냥 자도 좋은데요 무슨 이런 환대까지. 그렇지만 이미 물을 덥혀 놓았는데 더 이상 거절하는 것도 실례다 싶어서 나는 욕탕 속으로 들어갔다. 욕탕에 수도는 있었으나 물은 마당에 있는 수도에서 길러다가 부엌에서 덥힌 것이었다. 이것 참 고맙기가 한량이 없소. 리찌가 이어서 말했다.

"화장실도 여기 실내에 있는 것을 쓰세요."

마당에 있는 화장실은 푸세식이었고 실내는 수세식 양변기였다.

이리하여 그녀의 집에서 며칠을 머물게 되었다.

사막의 검은 천사
리찌

아침에 일어나니 리찌가 아침을 준비했다면서 먹으라고 성화다. 나는 슈 퍼에서 산 도시락으로 아침을 먹을 것이라고 어제 이야기했잖아요. 그것보 단 "오늘 하루 더 머물면 안 될까요? 동네도 구경하고 자전거 가게도 찾아 보고 싶어요."라고 했더니 "노 프라블럼."하면서 걱정말고 계시라는 것이 다.

나로서는 서둘 이유가 없었다. 잠자리가 해결되었으니 하루라도 더 머물 고 싶었기 때문이었다. 어디를 가나 내가 가장 궁금한 것은 현지인들이 생 활하는 모습이었다. 하지만 지금까진 아프리카에서 그걸 마주할 기회가 오 지 않았다. 쌀독에서 인심이 난다고 먹고살기도 어려운 환경에서 그런 기 회가 내게 오기란 쉽지 않았다. 모처럼의 기회를 서둘러 뿌리칠 필요는 없 었다. 리찌는 유창한 영어에 차분한 성격을 지닌 이지적인 여성이었다. 그 녀에겐 3명의 딸이 있다고 했으나 집에는 막내 하나를 데리고 있었다. 나 는 개인적인 일은 일절 묻지 않았다. 그녀는 막내딸을 데리고 학교로 일을 나가고 강에서도 학교일을 나가는 모양이었다. 왜냐하면 그녀가 일요일 새 벽에 출발해서 9시까진 강에 도착해야 한다고 말을 했기 때문이었다. 그녀는 볼일을 보러 나가고 나는 자전거로 동네 구경에 나섰다.동네를 구경하고 슈퍼에 들렀다가 집으로 돌아오니 곧 리찌도 들어왔다.

"저녁엔 내가 프라이드 치킨을 만들어 드리겠어요."

저녁을 혼자서 먹지 마세요 라는 말이었다. 그리고 제안했다.

"제 정원으로 가보시겠어요?"

정원!! 그게 뭐요? 마당이 정원이 아니고? 하여간 뭐든 가봅시다. 리찌의 딸과 셋이서 자동차를 타고 정원으로 갔다. 리찌가 말한 정원은 모기장(?)을 쳐놓고 채소를 키우는 밭이었다. 모기장을 닮은 하우스는 뙤약볕과 바람과 동물들로부터 채소를 보호하는 역할을 했다. 사막에서 싱싱한 푸른 채소를 본다는 것은 놀라움 그 자체였다. 리찌는 밭에다 물도 주고 하우스의 자물쇠도 확인했다. 약 5평 크기의 밭이었다. 5평의 밭은 한 사람이 관리하기엔 빠듯하다. 5평에서 나오는 채소는 아마 연중 내내 리찌의 식탁을 풍요롭게 할 것이다. 리찌의 얼굴에는 자부심이 가득했다.

저녁에 그녀는 나를 식탁으로 불렀다. 나는 낮에 슈퍼에 가서 필요한 물건을 구입하면서 그녀와 딸을 위해 그들이 필요할 것 같은 식품 몇 가지를 사서 선물을 했다. 빤한 살림살이를 알고 있으면서 눈만 껌벅거리며 얻어먹을 수 없는 일이었다. 근데 나와 리찌의 딸 접시에는 닭고기가 있는데 리

리찌의 정원에서 키우는 채소.

리찌의 정원 모래땅 위에서 크는 싱싱한 채소.

찌의 접시에는 없었다. 당혹한 얼굴로 내가 쳐다보자 말했다.

"나는 베지트리안이에요."

나는 복도 많다. 앞으로 식품을 구입할 때 리찌를 위해 무슨 고기를 사야 할까 염려하지 않아도 되는 것이다.

해가 지면 나는 텐트 속으로 들어갔다. 텐트 속이 한결 쾌적하기 때문이었다. 선선한 바람, 텐트 창밖을 내다보면 가시나무 가지 끝에 걸린 달, 더구나 이 지방은 밤이 되면 달빛이 흰 모래에 반사 되어 온 천지가 눈이 내린 것처럼 보였다. 텐트 안에서 나는 한 겹 천을 바닥에 깔고 누워 아프리카 대륙의 흙에서 나는 정기를 온몸으로 받아들이는 것이다. 무엇을 더 바라랴.

10.15. 토요일 · 칼라하리 사막의 BAR

새벽에 일어나 짐을 꾸렸다. 오후 2시에 있다는 복스피스행 버스를 타기 위해서였다. 리찌가 준비한 아침을 먹고 텐트를 말끔히 걷고 마당을 청소했다. 그리고 현관 안 의자에 앉아 밖을 본다. 나는 그렇게 앉아 두세 시간을 꼼짝 않고 보냈다. 이는 나로서도 나를 이해할 수 없는 행태를 이즈음은 아무렇지도 않게 할 수 있었다. 그럴 때면 나는 지금까진 너무 설치며 살았던 것이 아닌가 하는 생각을 해보는 것이다. 그때는 설쳐야 하는 시기였고 지금은 이렇게 앉아 있어야 되는 시기일까? 그렇게 앉아 보내는 시간들이 새삼 즐겁고 편안했다. 아무 생각도 없이 넋 놓고 앉아있는 시간이면 나는 자연 속에 있는 모든 것들과 한 치의 틈도 없이 자연 속으로 녹아드는 것을 느끼는 것이다. 사람도 별것이 아니다. 이렇게 티끌처럼 있다가 티끌로 돌아가는 것, 다른 모든 것처럼. 그게 보츠와나든 코리아에 있든 무슨 의미가 있는가.

오후 1시30분. 리찌가 버스정류장으로 가자며 길을 나선다. 자전거를 차에 싣기가 마땅치 않아 리찌가 차를 가지고 앞장을 서고 나는 자전거로 뒤를 따랐다. 얼마 멀지 않은 거리에 정류장이 있었다. 하지만 2시간을 기다렸으나 버스는 오지 않았다. 버스정류장에는 티켓을 파는 사무실 따위는 없었다. 리찌도 딸과 함께 나와 같이 기다렸다. 시간이 지나면서 나는 점점 불편해지기 시작했다. 리찌도 할일이 많은 사람인데, 이게 뭐야? 그렇게 기다리다가 버스가 오지 않자 여러 사람과 이런저런 이야기를 나누고 온 리찌가 말했다.

"오늘은 차가 오지 않는 대요."

"그럼 차는 언제 있대요?"

내가 긴장하며 물었다.

"내일 새벽 2시에 가보로네에서 오는 차가 있대요."

잠시 생각을 해보고 내가 말했다.

"나는 여기서 기다리다 타고 갈 테니 집으로 들어가세요."

"아뇨. 집으로 갔다가 내일 새벽에 다시 옵시다. 염려 말아요."

감사한 일이었다. 물론 사실은 속으로 바라던 일이기도 했다. 여기서 그 시간까지 기다린다는 것은 끔찍한 일이 될 것이기 때문이었다. 우리는 다시 집으로 돌아왔다.

볼일을 보러갔던 리찌가 일군의 아줌마들을 데리고 집으로 돌아왔다. 리찌가 커다란 트렁크를 내더니 거기에서 여자의 옷과 구두를 꺼냈다. 여자들은 거기에 있던 하이힐을 신어보고 옷을 입어보며 즐거워했다. 아마도 리찌는 옷을 파는 일도 하는 모양이었다. 일을 끝낸 리찌가 같이 온 아주머니들과 함께 차에 오르면서 내게 말했다.

소고기,
고기는 무척 싸다.

BAR에 놀러온
동네 사람들

"같이 나가지 않을래요?"

물론 나는 즉각 따라나섰다. 어디를 가든 거긴 내게 흥미로울 것이니까.
우리가 간 곳은 동네 얕은 언덕 위에 있는 Bar였다.

"여기에 저녁이면 사람들이 모여서 고기를 먹고 술을 마시며 춤을 춰
요."

바는 나무로 엉성하게 지어 놓은 물품창고로 드럼통을 잘라 만든 바비
큐대와 의자 몇 개가 있는 것이 전부였다. 한쪽에선 모닥불이 피어오르고
있었다. 물론 바닥은 모래였다. 휘영청 밝은 보름달이 하늘에 걸렸다. 밤
이 찾아 온 것이다. 벌써 몇 사람이 춤을 추고 있었다. 승용차 문을 열어 놓
고 스피커에서 흘러나오는 음악에 맞추어 저 혼자 남이야 보든 말든 흥에
겨워 추는 것이다. 전조등을 밝힌 승용차와 지프가 몇 대 모여들었다. 바를

찾아온 동네의 고객들이었다. 리찌가 나를 소개했다.

"이 분은 코리안인데 여기까지 자전거를 타고 왔어요."

사람들이 탄성을 지르며 내 주위로 몰려들었다.

"하이 장, 이 사람들에게 당신 사진을 좀 보여줘요."

나는 폰을 꺼내어 여행사진을 보여줬다. 놀라는 사람, 질투가 섞인 질문을 하는 사람, 내게 자신을 비교해보는 사람. 정말 여행은 이 세상 모든 사람들이 한 번쯤 꾸어보는 꿈같은 일일까?

11시 30분쯤 되어 우리는 거기를 빠져나왔다. 우리는 이 바에서 맥주 한 캔과 구운 소고기 한 점을 먹었다. 돈은 리찌가 지불한 모양이었다. 우리가 음료 한 병을 사기 위해 다시 들른 한 군데의 바에는 귀가 찢어질 듯한 음악과 함께 젊은이들이 만당을 이루고 있었다. 나는 발 디딜 틈도 없는 바를 가로질러 들어가 리찌의 딸이 먹을 음료 한 병을 사 들고 나왔다. 어디든 젊음을 발산할 수 있는 곳이 거기의 형편에 따라 만들어지는 것이구나. 집으로 돌아온 리찌가 야참을 차려줬다. 그리고 그녀는 다시 덥힌 목욕물을 준비했지만 이번엔 정말 사양했다. 1시 30분쯤이면 버스정류장으로 가야 하고 복스피스에서 다시 국경을 넘어 남아공의 어핑톤으로 나는 가야 한다. 이미 잠을 자기는 그른 상황이었다. 1시 40분까지 그녀는 공부를 하고 나는 소파에 앉아 꾸벅꾸벅 졸다가 다시 리찌의 차를 타고 정류장으로 향했다. 모래바람이 심하게 불었다. 더구나 맞바람이었다. 자전거 타기를 포기하고 앞 타이어를 빼서 자전거를 차에 실었다.

"돈을 바꿔야 할 거예요. 남아공 돈으로 말이에요."

리찌의 말에 의하면 복스피스에는 ATM도 없고 환전소도 없다는 것이었다. 보츠와나 돈으로 차비 정도만 가지고 있던 나는 리찌의 차를 타고 은행에 들러 약간의 돈을 찾아 리찌에게 환전해 줄 것을 요청했다. 리찌가 동네 사람에게 돈을 환전해 줬다. 남아공 돈과는 1대 1이란다.

새벽 2시5분. 오지 않을 것 같던 버스가 왔다. 버스는 기사의 식사를 위해 여기서 30분간 머문단다. 리찌의 차에서 자전거를 내어 버스에 싣고 패니어를 넣은 가방 2개도 실었다. 버스요금은 55플라(5,500원. 일단 1대1로 적지만 사실 1대1이 안 된다, 4,800원?) 화물료는 없었다. 보츠와나는 좋은 나라군. 샤봉에서 복스피스까지는 260㎞다. 리찌가 얼음을 넣은 물 두 병을 줬다. 고마워 리찌. 한국에 나오면 전화해요, 알았지 하며 할 말이 생각이 안 나서 하나마나한 소리 한 번 하자 리찌가 나를 안으며 두 뺨을 맞췄다.

"언젠가 한 번 더 만났으면 좋겠어. 리찌."

그렇지만 그걸 인생이 허락할 것인가는 나는 모른다. 그녀는 집으로 돌아가 잠시 눈을 붙이고 오전 9시까지 강으로 가야 한단다. 샤봉에서 강까지는 400여㎞다.

2시 40분, 버스는 샤봉을 출발했다. 리찌로 인해 보츠와나는 내게 아프리카에서 가장 가고 싶은 나라로 남았다. 터키가 그렇게 남았듯이…. 결국은 그 나라에 대한 호불호도 그 나라 사람과 나의 관계에 달린 것이다.

South Korea냐 Nouth Korea냐
시비가 붙다

새벽 5시 40분. 버스는 복스피스에 나를 내려놓고 떠났다. 나는 버스에서 잠들지 못하고 거의 뜬눈으로 시간을 보내다 복스피스에 도착했다. 아직 해가 뜨기 전이어서 사방이 옅은 어둠 속이었다. 차장은 내가 게스트하우스를 찾자. 여기 정류장에 내리지 말고 게스트하우스가 있는 곳에 내려줄게요 하면서 정류장에서 몇백m 떨어진 곳에 나를 내려 줬지만 벌판에 집만 몇 채 있는 곳이었다. 어디가 게스트하우스야? 아직 행인들도 없었다. 일단 나는 자전거를 조립했다. 그리고 모닝 똥을 한 수 했다. 도로 옆 모래땅에 재빨리 하루의 근심을 해결한 것이다. 어떡해? 나는 배변의 신호가 오면 오래 참지 못한다. 바로 이 시간인 것이다. 물론 모래로 살짝 덮었다. 누가 밟아도 할 수 없다. 설마 메이드 인 코리아라고 알겠어? 이걸 밟은 사람은 재수가 옴 붙었다고 길길이 뛰겠지만 이걸로 액땜을 하고 그날 하루 운수대통할지 누가 알아? 인생이 그런 것이잖아.

아침 해가 떠올랐다. 나는 자전거를 타고 가다 게스트하우스로 보이는 건물이 있는 곳에서 나오는 한 청년을 만나 길을 물었다. 청년은 동양인을 닮았다.

"여기 캠핑사이트가 어디 있나요?"

그는 내게 몇 마디를 묻더니 자기를 따라오란다. 이른 아침이었지만 그는 출근길이란다. 도로를 내려 선 후부터는 비포장이고 모래길이었다. 청년이 자전거를 밀고 나는 끌었다. 모래길이어서 불과 몇백m를 가며 우리는 숨을 헐떡였다. 처음 간 집은 캠핑사이트도 게스트하우스도 아니었다. 민가였다. 나무 아래 모래밭에 잘 수 있다고 했지만 여긴 아니다. 청년은 내게 그가 잘 아는 사람 집을 소개시키려 하는 것이다. 나는 사양하고 게스트하우스로 가자고 했다. 다시 차를 끌고 나와 인근의 게스트하우스로 갔다.

"전화를 했으니 주인이 곧 올 거예요."

곧 고물 자동차 한 대가 나타나고 산적 같이 보이는 중년 남성이 타고 있었다. 흑인도 아니고 혼혈인가? 나는 그의 얼굴 모습을 보고 청년에게 물었다.

"너의 형이야?"

얼굴의 윤곽이 닮았다.

"아니요, 삼촌입니다."

삼촌은 왼쪽 다리를 심하게 절었다. 게스트하우스는 몇 개의 방이 있었다. 그가 열쇠로 문을 열었지만 열리지 않았다. 이 친구가 주인이 맞는 거야? 방도 한눈에 봐도 창고 방이다. 어떡하나?

"여기서 어핑톤으로 가는 버스정류장은 어디에 있어요?"

"여기선 어핑톤으로 가는 버스는 없어요."

이건 또 뭔 말이야? 그럼 버스는 어디 있어? 국경을 넘어 아스콤으로 가야 해요. 그럼 나는 아스콤으로 가고 싶어. 어제 잠을 한 숨도 못 잤다면서 괜찮겠어요? 리찌는 내가 네팔의 안나푸르나봉의 사진을 보여주자 리찌가 복스피스의 지형과 닮았다고 하기에 나는 그곳에서 한 이틀 머물 계획을 짰던 것이다. 하지만 리찌가 닮았다고 한 것은 복스피스로 오는 도중의 멀리 보이는 언덕과 비교한 것임을 알 수 있었다. 나무 그늘이 있었지만 낮에 텐트에서 자진 못한다. 여기서 얼쩡거리느니 어핑톤으로 가야해. 나는 결론을 내렸다. 일단 아스콤으로 넘어가자. 아스콤으로 넘어가는 길은 히치하이킹을 해야 한단다. 맞춤한 차를 잡고 가격을 흥정하는 것이다. 청년의 삼촌이 제안했다. 내가 어핑톤까지 태워줄게 300플라만 줘요. 260㎞를 55플라에 왔지만 아무리 생각해도 삼촌의 말을 듣는 것이 상책인 것 같았다.

"그래 갑시다."

한시바삐 어핑톤에 도착해서 자전거부터 손봐야 한다. 이리하여 이 친구와 국경을 넘게 되었다.

여행을 다니면서 지겹게 질문을 받은 것이 한 가지 있었다. 어디서 왔느냐? 코리아라고 대답하면 South Korea에서 왔느냐? Nouth Korea에서 왔느냐고 묻는 것이었다. 그럴 때면 당혹을 넘어 분노와 설움 등 몇 가지 감정이 뒤섞인 미묘한 기분에 휩싸이게 된다. 이 친구야 보면 모르냐? 라는 기분에다 울컥하면서 살짝 서러워지게 되는 것이다. 어쩌다 우리는 이런 말을 들으며 살게 되었는가? 강대국 사이에 끼여 이리 터지고 저리 터지다가 결국은 쪽발이의 식민지가 되었고 그 식민지에서 해방도 온전한 제힘으로 못했다. 거기다가 아직도 미국놈 바짓가랑이를 잡고 안보를 구걸하는 형편이다. 그걸 보노라면 왜놈, 되놈, 로스케, 양키놈 우리는 이놈들 사이에서 갖은 수모를 당하며 지금까지 살아왔다. 고만고만한 이웃나라들을 만났으면 우리는 지금 같은 발전이 없었을까?

근데 이 친구와 출국을 위해 보츠와나의 국경사무소에 들렀을 때 여권을 훑어보던 여직원이 이러는 것이었다.

"비자가 왜 없어요?"

"무슨 비자?"

그러면서 내 여권을 뒤적이며 말했다.

"여기 이렇게 네팔 중국 등 다른 나라의 비자는 있잖아요. 근데 보츠와나의 비자는 없잖아요."

그녀는 내 여권에서 내가 받은 비자를 보여주며 말했다. 나는 띵 하고 받쳤다. 이건 또 무슨 뚱딴지 같은 소리야? 글쎄 왜 그럴까? 보츠와나에서 비자를 받은 기억이 없다. 그냥 도장 쾅쾅 찍고 나왔을 뿐이다. 직원은 이리저리 왔다갔다 하며 보츠와나 비자가 없으면 안 돼요 이런다. 게스트하우스 친구는 어리둥절한 표정으로 보고 있다. 나는 흥분을 가라앉히고 가만히 생각해 봤다. 왜 그렇지? 그렇다!!!! 대한민국인은 보츠와나와 사우스아프리카는 무비자잖아!!!! 나는 색깔별로 무비자인 나라가 표시된 사진을 폰에서 찾아내어 여직원에게 의기양양하게 보여줬다. 근데 여직원이 잠시 당혹해하며 다른 남자 직원들과 상의를 하며 서류를 뒤져보다가 다시 이러는 것이다.

"이게 사우스코리아 여권인지 노스코리아 여권인지 어떻게 알아요?"

조마조마하며 기다리던 내가 드디어 폭발을 했다.

"야, 그걸 내가 어떻게 알아야 돼? 네가 알아봐야지. 네가 직원이잖아 이 썩을."

고함을 지르다 나는 밖으로 나왔다. 잠시 성질을 가라앉히기 위해서였다. 내 목소리는 너무 크다. 아니 대체 너는 거기에 왜 앉아 있니? 너희 나라에 입국할 때 그 여직원은 다 알아서 도장을 찍어줬다. 모르는 네 무식을 왜 내게 그래? 아마 이 사무소에서 국경을 넘어간 한국인은 없었다는 말이다. 그러니 모르지.

결국 잠시 뒤 무비자라는 것을 알게 된 여직원에게 쏘리라는 한마디를 듣고 그래도 탱큐 한마디는 하고 나왔지만 기분은 영 씁쓸했다. 나의 나라가 하필 두 개로 나눠져 있어서 아직도 그걸 통일시키지 못한 내가 부끄러웠던 것이다. 루사카의 캠핑장에서 만난 독일인 자동차 여행자 부부는 우리는 1990년에 통일을 했어 라며 내게 자랑스레 말하던 것이 얄미웠던 기억이 났다.

보츠와나 출국사무소를 나와서 사우스아프리카 입국사무소에 들렀다. 근데 거기 있던 직원이 또 같은 말을 하는 것이었다. 사우스아프리카는 그래도 아프리카에서는 가장 앞서 있어 선진국 대접을 받는 나라. 당연히 알 것이라 생각하고 별 생각 없이 여권을 내밀었다가 다시 뒤통수를 맞은 것이다. 내 인상이 험악해지자 게스트하우스 친구가 눈을 껌뻑거리며 검지를 입술에 갖다 대며 말하지 말라는 시늉을 한다. 직원이 내 여권을 가리키며 말했다.

"리퍼블릭 오브 코리아가 사우스코리아인지 노스코리안인지 어떻게 알아요? 여기 사우스라고 적힌 글자가 아무 곳에도 없잖아."

그러면서 비자가 없으면 입국이 안 된단다. DPRK는 노스코리아고 ROK는 사우스코리아야. 그것도 몰라. 위대한 사우스코리아는 너거 나라에 무비자야 알았어. 그러면서도 머릿속으로 생각한다, 이 친구가 돈을 원

하나? 입국을 못하면 못했지 돈을 줄 수는 없다. 정말로 이 녀석이 비자를 받아오라면 나는 여기서 다시 보츠와나 수도 가보로네로 가야 한단 말인가? 근데 간다고 무비잔데 비자가 어디 있어? 내 폰은 전화가 안 되니 대사관에 전화를 할 수도 없다. 가보로네로? 그건 절대 안 돼. 그렇게 빡빡 우기고 통과를 안 시키면 나는 너희 뭣 같은 나라는 포기야. 마음속으로 배짱을 정하자 거칠 것이 없다.

"사우스, 노스 나눠 놓은 건 너희 나라에서 나눴지 우리가 나눴나? 리퍼블릭 오브 코리아는 이 지구상에 하나뿐이야. 내 여권이 사우슨지 노슨지는 네가 검색해봐라."

고함지르지 말라고 친구가 계속 눈을 껌뻑이며 손가락으로 나의 허리를 찔렀지만 그런다고 터진 봇물이 막히나.

"너는 여기 직원이잖아. 그리고 무비자는 너희 정부와 우리 정부가 맺은 계약이잖아."

근데 흥분을 하면서도 나는 생각한다. 나는 왜 냉정하고 멋있게 이런 일을 처리하지 못하고 늘 흥분이 앞설까? 이는 나의 성질이 문제다.

게스트하우스 친구도 사우스아프리카에 들어가려면 일일비자를 받아야 한단다. 내 기세에 직원이 전화기를 잡더니 어디엔가 묻는 눈치다. 진즉에 그럴 것이지. 통화내용으로 봐서는 아마 일본대사관에 연락을 하는 것 같았다. 남아공엔 우리 대사관도 있을 텐데? 그러면서 30일 비자를 준다. 야, 대한민국인은 90일이야. 근데 이게 뭐야? 친구가 제지를 하고 이놈이 또 눈꼬리가 올라간다. 30일이면 여기서 갈수 있을까? 국경사무소 직원에겐 비자일수를 결정할 수 있는 권한이 있는 건가? 그래 좋아, 한 달이면 갈 수 있을 거야. 그럼 됐어. 모자라면 한 번 연장하지. 결국 비자를 받아 나왔다. 다시 건너편의 경찰관 사무실로 갔다. 짐과 자동차 검색이 있는 것이다. 경찰관 2명이 나오더니 짐을 모조리 뒤진다. 처음 있는 일이다. 지금까지의 여행 중에 국경을 넘어면서 사우스 노스라는 시비도 처음이고 짐 검색도 처음이었다.

"이 약은 뭐야?"

패니어 바닥에 아직도 많이 남은 당뇨약을 보고 물었다.

"디아베트스(당뇨약)다."

"그게 뭐야?"

"(당뇨약이라고 말해도 모르면서 뭘 또 물어?) 슈가 피 메드신이다."

그러면서 나는 고추를 가리켰다. 경찰관 2명 중 점잖아 보이는 한 경찰관은 당장에 알아먹었다. 그러면서 그는 그냥 보기만 할 뿐인데 한 녀석은 내 짐 오만 가지를 다 뒤적인다. 그는 검색이 아니라 내 짐을 구경하는 것이었다. 이건 뭐? 저건 뭐? 하면서. 한가한 오전, 손님도 없는 국경에서 무료한 시간을 내 짐 구경으로 보낼 심산인 것이다. 물론 이것이 그의 공식임무이니 나야 뭐라 할 수도 없다. 그러다 그가 땅콩 봉지를 찾아내더니 내게 보이며 그걸 제 주머니에 넣는다. 나야 웃으며 고개를 끄덕였지만 속으로는 하이고 이 치사한 녀석아. 알라 궁디에 붙은 밥띠거리(밥풀)를 떼어 먹어라. 궁색한 자전거 여행자에게 물 한 잔은커녕 대체 이게 무슨 짓이야. 그들은 이미 게스트하우스 친구와 자기들 말로 이야기를 나누며 내가 어디서 왔고 어디로 가는지를 알고 있었다. 이 친구야, 내게 호의를 베풀어라 라는 말이 아니다. 너의 직업윤리를 한 번 생각해 보라는 말이다.

보츠와나와 남아공 국경사무소를 거치는데 두어 시간이 소요됐다. 차는 쭈욱 뻗은 하이웨이를 달린다. 도로의 형태도 보츠와나와는 달리 오르막 내리막이 계속되었다. 주위는 칼라하리사막이다. 도로 아스팔트 양옆으로는 10m 정도의 공간만 남겨 둔 채 펜스가 쳐져 있었다. 이는 후에 수백 km를 달려도 마찬가지였다. 도대체 왜? 전 국토에 단 한 치의 틈도 없이 철조망을 쳐놓았나? 왜 누굴 막으려고? 이상해. 차를 타고 가면서 생각한다.

어디에 텐트를 치고 자나? 그늘을 만들 만한 나무는 아예 없었다. 그동안 은 도로에서 숲으로 바로 들어가 텐트를 치면 되었다. 도로와 철조망 사이 의 공간엔 무릎 아래 키의 풀과 그만한 키의 가시나무들뿐이었다. 아무리 봐도 텐트를 칠만한 장소는 도로 아래를 지나가는 수로인데 대부분 수로의 터널 높이는 사람의 앉은키다. 두고보자. 가다가 다급하면 무슨 수가 나겠 지.

게스트하우스 주인 친구가 내게 제안했다.

"여기서 어핑톤까지 바로 갑시다."

"얼마면 가는데?"

"1,000플라(나는 이렇게 알아들었다.)."

"8(800플라)로 하면 안 될까?"

그렇게 해서 그냥 어핑톤까지 달리기로 했다. 세콤에서도 버스가 바로 있는 것은 아닐 테고 하루를 자야 한다면 그 돈이 그 돈이다 라는 계산이 나왔기 때문이었다. 친구는 내게 호의도 베풀었다. 그는 내가 국경사무소 에서 주눅이 들지 않고 큰 소리를 친 것을 마음에 들어 했다.

"당신 성질은 나와 같아."

어, 아닌데 너는 몹시 침착했잖아. 내가 흥분하려는 것을 막으면서. 그러

어핑톤까지 태워준 게스트하우스 주인.

UPINGTON CAMPSITE.

니까 그는 나처럼 하고 싶었다는 말이다. 여기도 민이 관을 보는 눈이 예전의 우리나 다름이 없는가?

"가다가 사진을 찍고 싶은 장소가 있으면 말해요. 차를 세울 테니까."

가다가 나는 3~4번쯤 차를 세웠지만 똑같은 풍경에 어디다 카메라를 들이대야 하는 거야? 하며 주저하다가 어핑톤에 도착했다.

어핑톤은 지금까지 지난 나라의 도시들과는 달리 땟국물이 확 빠진 도시였다. 국경을 넘었다고 이렇게 다를까. 거리엔 쓰레기 하나 날리지 않았고 건물들은 깨끗했다. 그래 여기엔 내 차에 맞는 부품들이 분명히 있을 거야. ATM에 들러 돈을 찾아 그가 안다는 캠핑사이트를 찾아갔다. 캠핑사이트는 지금까지 만난 곳과는 규모부터가 달랐다. 잘 가꾸어진 잔디와 나무들, 그 사이엔 마음껏 텐트를 칠 수 있는 공간이 있었다. 근데 택시요금 결제 과정에서 문제가 생겼다.

"나는 10사우전트라 했는데…."

"뭐라고? 10사우전트? 아니 10사우전트라면 US달러로 1,000달러야.(1,000달러면 우리 돈 100만 원이 넘는다.) 이건 뭔가 잘못 됐어. 다시 생각해봐." 그도 택시로 전문 영업을 하는 사람이 아닌 게스트하우스 오너다. 자기 차로 여기까지 말하자면 알바를 뛴 셈이다. 옥신각신. 나는 그간 그와 나 사이에 오고갔던 말을 그대로 재현을 했다. 여러 가지를 생각해 보던 그가 결론을 내렸다. 500플라만 더 줘. 합이 1,500플라다. 둘 다 손해를 (?) 입을 수밖엔 없는 상황이다. 이봐 친구, 우리 둘 다 큰 이익을 얻었다 생각하자. 그가 덕담을 남기고 떠났다.

근데 상황은 그때부터 이상하게 변해갔다. 캠프사이트 사무실에 들어가 체크인을 하려고 물었다.

"여기 와이파이 비밀번호는요?"

"여기 와이파이 없어요."

"헉 그럼, 배터리 충전은 어디서 해요?"

"화장실에서 하세요."

공중화장실에서 충전을 시키면 충전될 때까지 화장실 앞에서 보초를 서야 한다. 아마도 여긴 어핑톤 시민들이 주로 이용하는 캠프장이라서 와이파이의 필요성을 못 느끼는 모양이었다. 그나저나 내가 발등에 불이 떨어졌다. 와이파이와 전기 때문이다. 하루 130플라지만 결제를 하려다가 나는 손을 거두어 들였다. 전기까지 제대로 쓰지 못한다면 여기에 있을 이유가 없어진 것이다. 텐트와 물건을 캠핑장에 그대로 둔 채 나는 시내로 나와 방을 알아보기 시작해서 저녁이 되기 전에 겨우 방 하나를 구할 수가 있었다. 다시 캠핑장으로 가서 텐트를 걷어서 자전거에 싣고 내가 묵을 곳으로 돌아왔을 때는 몹시 지쳐 있었다. 하루 500플라. 하지만 아침이 포함되지 않았고 롯지 내에는 레스토랑도 없었다. 주인은 치과의사 부부. 방은 달랑 4개. 치과가 본업이고 롯지는 부수입쯤으로 삼는 모양이었다. 주택 옆 쪽의 창고로 쓰려던 것을 방으로 만들어 손님을 받는 곳이었다.

이제 남은 거리와 도로의 사정을 고려해서 일수를 조절해가면서 케이프타운으로 가야 한다. 어쩐지 기쁜 마음이 들면서도 씁쓸해졌다.

타이어 교체

10.18. 화요일

자전거숍을 알아보기 위해 롯지를 나섰다. 숍으로 나서기 전에 서울에 있는 바이클리 숍으로 문자를 보내서 자문을 구했다. 점장님은 자전거 상태에 대한 내 말을 듣고 진단을 내렸다.

"있다면 2.1인치짜리 MTB 타이어로 교체를 해보시죠."

자전거숍은 어핑턴의 기아자동차 대리점 근처에 있었다. 그간 아프리카의 나라에선 전무하다시피 하던 한국산 자동차 대리점이 사우스아프리카의 변방에 자리하고 있어서 그나마 반가웠다.

"타이어 바꾸고 브레이크 패드 체크하고 핸들에 테이프 감아줘요."

그리스의 아테네 자전거숍에서 감은 핸들 테이프가 찢어져 너덜너덜해졌다. 한국에 가서 갈까 했지만 자전거가 거지 같아 보여서 국격을 생각한 것이다. 숍 직원이 중국산 타이어를 보여줬지만 나는 그걸 거절했다. 그걸 피해 여기까지 왔어, 이 친구야. 값은 매력적이지만 메이드 인 차이나는 무서워.

숍에 자전거를 맡겨놓고 나와 나는 5㎞ 저쪽에 있다는 와인셀러를 방문했다. 지금도 마찬가지이지만 나는 술은 마실 줄만 알지 모으거나 그 맛을 감별하는 것에 대해서는 흥미도 없고 무식하다. 소주 2병이면 나는 족하고 3병이면 취하고 4병이면 인사불성이 된다.

10.19.
수요일
타이어
교체

수리해놓은 자전거를 찾기 위해 숍에 들렀다. 수리비는 우리 돈 20만 원가량. 대금을 결제하고 나와 자전거에 올라타니 여전히 기어가 컨트롤이 안 된다. 아니 이 친구들이 뭘 고친 거야? 이런 간단한 것도 안 되는 거야? 다시 자전거를 들고 들어가 수리실로 들어갔다.

다시
출발 준비

출발을 하기 위해 준비를 했다. 슈퍼에 들러 물과 음식을 사고 사진을 정리하고 블로그를 점검하고 올렸다. 이제 정말 며칠 남지 않았군. 남은 거리를 점검해 보니 여행이 끝나간다는 것이 실감이 난다. 집으로 돌아갈 시간이 돌아오고 있군. 그리운 곳이지만 고국을 생각하고 나를 돌아보니 쓸쓸하기가 한량이 없다.

잘 곳이 없어
캠프사이트로

새벽 4시부터 일어나 부산하게 움직였다. 짐을 다시 싼다는 것, 매일 반복해온 일이지만 짐을 싸는 데에 걸리는 시간은 거의 일정하다. 한 시간 반에서 두 시간은 꼭 소요가 된다. 그러니까 내가 7시에 출발을 했다면 나는 5시에 일어나 짐을 싸고 밥을 먹고 화장실을 가고 했다는 말이다. 이 시간을 줄여 보려고 순서를 바꿔보고 짐을 다 내리지 않는 등 별 방법을 다 동원해 봤지만 소용이 없어서 지금은 그날 그날에 맞춰서 진행한다. 이러나저러나 걸리는 시간이 비슷하기 때문이었다.

아직 이른 아침이라 아무도 없을 줄 알았더니 직원 한 분이 나와서 자전거에 오르는 나를 보고 덕담을 했다.

"세이프티 롱 쟈니."

그를 뒤로 하고 조용한 롯지를 빠져 나왔다. 길은 어제 슈퍼에 가는 길에 앱을 켜서 출발점과 진행루트를 알아 놓은 뒤라 서슴없이 방향을 잡을 수 있었다. 어핑톤 시내를 빠져나와 교외를 달린다. 서서히 오르막 내리막 길이 나온다. 근데 가다가 보니 속도계가 작동이 되지 않았다. 몇 번을 차를 세우고 주물럭거려 봤으나 되다가 안 되다가를 반복한다. 배터리가 다 됐나? 별 도리가 없어 무시하고 달리기로 결정했지만 불편하다. 현재의 속도도 달린 거리도 아무것도 표시가 되지 않기 때문이었다. 결국 폰으로 앱에서 검색해 거리를 알 수밖에 없었다. 다음 도시에 가면 이걸 고칠 수 있으려나? 이건 자신이 없다. 배터리가 원인이라면 간단한 일이지만, 증상은 그게 아닌 것 같았다.

길은 업앤다운의 반복이었다. 어핑톤을 빠져 나오고 나서도 도로 양 옆으로 쳐진 펜스(철조망)가 끝임없이 이어진다. 도로 양옆으로 10~15m 정도의 공간만 남겨두고는 펜스가 계속 도로와 같이 달리는 것이다. 그럼 텐트는 어디에 쳐? 그 공간에는 무릎 아래 오는 키 작은 풀과 키 작은 가시나무가 대부분이다. 사막이니까. 나는 달리는 내내 흘끔 거리면서 여기선 어디에 텐트를 쳐야 하는 가를 계산을 했다. 하지만 아스팔트로부터 5m내외에 텐트를 친다는 것은 달갑지 않은 일이었다. 다급하면 무엇을 망설일까마는 가다가 보면 좋은 자리가 나타나겠지 하고 기대를 할 수밖에 없었다.

이날 결국 달리다 도대체 얼마나 달렸을까를 체크해보니 82㎞ 지점이다. 여전히 텐트를 칠 곳이 없다. 마땅한 장소가 없을까 하고 달리다 보니 캠프사이트가 있다는 팻말이 나와서 들 잠을 포기하고 비포장길 3㎞를 달려서 캠프장으로 들어갔다. 130플라를 주고 텐트를 친 것 까지는 좋았는데 뒷 타이어가 아무래도 이상했다. 낮에 바람이 빠져 바람을 더 넣었는데도 다시 바람이 없다. 펑크인 것이다. 새 타이어에 새 튜브에 또 뭣이 잘못된 것인가? 또 같은 지점에 펑크가 난다면 더 이상 라이딩을 진행하지 못한다. 길이 길이었던 것만큼 이미 시간이 오후 6시 30분을 가리키고 있었다. 허벅지에 묵직한 부담이 왔다. 무거운 마음을 안고 잠자리에 들었다.

흰둥이 천사

부롬

밤 1시에 일어나 화장실을 가다가 뒷 타이어를 점검해 보니 바람이 폭삭 빠져있다. 아침에 조치를 취하기로 하고 들어가 잠을 청했다. 근데 피곤했던지 잠은 근래에 보기 드물게 6시까지 잤다. 6시에 일어나자마자 나는 자전거 뒷 타이어부터 빼서 화장실로 들어갔다. 세면기에 물을 가득 채우고 펑크 난 곳을 찾아보니 다행히 같은 자리는 아니다. 펑크를 낸 가시도 만져졌다. 기분이 확 좋아졌다. 별것 아니군. 근데 그래도 그렇지 하루도 안 돼서 펑크야? 근데 이상해. 타이어를 빼니 푸른 액체가 타이어에 일부러 발라 놓은 것처럼 묻어 있었다. 이게 뭐야? 이건 분명 숍에서 튜브와 타이어를 갈다가 부주의로 묻은 것이 아니다. 그럼 왜? 일단 물로 튜브와 타이어 안쪽에 묻어있는 젤과 같은 푸른 액체를 씻어 냈다. 튜브를 확인 해보니 Kenda 튜브인데 중국에서 만든 것이다. 애꿎은 차이나 욕 한 번 하고⋯. 그럼 푸른 액체는 뭐야? 이는 아마도 펑크를 저절로 때운다는 약품일 것이다 라는 결론을 내렸다.

8시 20분 출발, 비포장길을 빠져나와 도로 위로 자전거를 올렸다. 걱정했던 부분의 펑크가 아니어서 기분이 한결 상쾌해졌다. 길은 직선길인데 폰으로 확인을 해보니 평속은 10㎞도 안 된다. 끝이 살짝 들린 오르막인 것이다. 이런 길은 정말 지겹고 힘들다. 거기다가 맞바람이다. 가도 가도 제자리인 것 같다. 설 곳도 없어서 결국 그늘도 없는 도롯가에 차를 세우고 앉아 뜨뜻하게 달궈진 물 한 잔 마시고 곧 일어서 30분쯤 달렸는데 뒷 타이어가 주는 느낌이 또 이상하다. 마침 건너편에 초막이 있는 쉼터가 나와 차를 그리로 대었다. 뒷 타이어의 바람이 반쯤 빠져 있다. 또 펑크가 난 것이다. 나는 하늘에다 팔을 휘두르며 크게 한 번 욕을 했다.

Upington
자전거 가게.

마음은 급한데
오르막은….

"대체 이 허허벌판에서 어쩌라는 거야. 이 XX야."

확인에 들어갔다. 코펠에 물부터 채우고 타이어를 빼서 확인을 하니 새는 곳이 없다. 다시 한 번, 그래도 없다. 세 번째에야 이전에 때웠던 자리에서 공기가 조금씩 새어 나오는 것을 확인했다. 확인을 위해 전에 때웠던 고무를 뜯어내니 이전에 난 구멍에서 역시 푸른 액체가 부글부글 기어 나온다. 다시 때울까 싶어 바람을 빼니 공기흡입구로 또 푸른 액체가…. 튜브를 제쳐 놓고 새로 산 다른 튜브로 바꿔 끼우고 바람을 넣으니 바람이 안 들어간다. 도무지 이 망할 것들이 한꺼번에 파업을 하기로 작정을 했나. 다시 타이어에서 튜브를 빼어내 확인을 하니 공기주입구가 눌리지를 않아 아예 바람이 안 들어간다. 헌데 어째 한결같이 주둥이가 말썽이냐? 사람이나 물건이나.

이런 일련의 과정들을 인내하며 마치고 나니 오후 2시 20분이다. 배도 고프고 무엇보다 머리가 아팠다. 그대로 출발을 할까 하다가 몸 상태를 점검하니 이대로라면 죽을 수도 있다는 생각이 들어 시멘트로 만든 테이블 아래 돗자리를 깔고 드러누웠다. 조금이라도 쉬다 가야해. 생각해 보니 아침 6시부터 지금까지 끊임없이 움직였다. 아무리 마음이 급해도 쉬다가 가자. 더 이상 표현할 수 없는 피곤함이 나를 덮쳤다. 그래, 쉬다 가자. 이전처럼 일일 80㎞를 고집할 지형이 아니다. 새 술은 새 부대로. 하루에 얼마를 가던 거기에 신경을 쓰지를 말자. 이제 남은 거리는 1,000여㎞. 바퀴가 구불러 가는대로 가도 목적지는 얼마 남지 않았다. 그러면서 눈을 감고 잠속으로 빠지는 찰나 Braam이 왔다.

내가 누워 있는 코앞까지 차를 들이밀었다. 그럴 수밖에 없는 것이 도로가 좁아서 교통을 방해하지 않으려면 차를 그렇게 댈 수밖에 없었다. 누워서 막 잠이 들려던 나는 위협을 느꼈다. 엔진소음도 불쾌했다.

"뭐꼬?"

"어이, 어디서 왔어? 자전거 타고 왔나? 어디 가나?"

"야(이 녀석아) 보믄 모르냐. 자전거를 타고 오지 들고 오냐? 나 지금 몹시 피곤하니까 좀 꺼져줄래."

말하기도 귀찮을 만큼 나는 피곤했다. 이 녀석은 어지간히 할일이 없군. 그 따위 걸 물으려 반대편 차로에 차를 세우다니. 테이블 아래 누워 있는 나를 어떻게 봤을까? 근데 눈을 반쯤 뜨고 가만히 그의 모양새를 보니 몹시 선량하게 생긴 녀석이었다.

"자전거에 무슨 문제는 없어?"

"있지. 펑크가 나서 때웠는데, 뽐뿌가 고장이 나서 고민이다."

가다가 한 번 더 펑크가 나면 자전거를 메고 가야 할 형편인 것이다. 그러자 녀석이 제안했다.

"내가 스프링복스까지 태워 줄게."

스프링복스는 여기서 270㎞ 저편이다. 내가 지나가야 하는 다음 도시인 것이다. 나는 잠시 망설였다. 또 차를 타야 하나? 이러다가는 케이프타운에도 자동차를 타고 들어가는 것이 아닐까 하는 불안한 마음도 들었고 거기에 대한 반감과 함께 이게 웬 떡이야 하는 마음이 동시에 났다. 어떡하나? 그는 스프링복스에 산다고 했다. 스프링복스는 스프링처럼 탕탕 튀는 주법을 가진 사슴의 일종이다.

"좋아."

그는 내가 그러자고 하자 당장 차에서 내리더니 도요타 프라다의 뒷문을 열고 뒷좌석을 접었다. 엇, 이 친구 자전거를 많이 실어 본 솜씨다. 나는 재빨리 짐을 풀고 차 안에 짐을 실었다. 짐을 다 싣고 내가 그의 옆자리에 오르는 순간 그는 폰으로 사진 한 장을 보여주며 자랑했다.

"내 딸들이야. 4명이야."

어허, 이 녀석도 딸 바보로군. 응 그래, 귀여운 아이들이군. 나는 사진이 잘 보이지도 않는데도 그냥 건성으로 대답했다. 아이들은 보나 안 보나 귀여우니까.

차는 구릉과 계곡 산과 산 사이를 뱀처럼 처억 얹혀져 있는 길을 잘도 달린다. 이렇게도 쉬운 길을 나는 참 어렵게도 가고 있구나 하는 생각이 잠깐 들었다.

"어디 갔다 오는 길이야?"

장사꾼인가?

"조아네스버그에 갔다 오는 길이야."

"자동차로?"

"아니 비행기 타고 일을 보러 갔다가 어핑톤에서부터 차를 몰고 오는 길이야."

"장사꾼이야?"

"아니, 나는 변호사야. 마누라는 약사고 스프링복스에서 약국을 하고 있어."

응 그래?!! 등 따시고 배부른 친구군. 나는 사짜 달린 덜 떨어진 놈들이 보이는 선민의식을 아니꼬워 하는 사람이다. 그러면서 그가 말했다. 오랜 여행기간에 어려운 점이 많을 거야. 어디 아픈 데는 없어? 우리한텐 약이 있어. 아픈데 있으면 말해 내가 다 줄게. 그래 그것 참 좋긴 좋은데 이럴 때 나는 왜 이렇게 건강한 거야? 이럴 때 어디 아픈 데가 있으면 공짜잖아. 나는 재수가 없는 편이군. 피곤을 약으로 풀 수 없는 것이 아쉽군.

"잠은 어디서 자?"

"숲에서 자지. 때로는 호텔을 이용하고. 근데 여기는 숲이 없어서…. 스프링복스에는 자전거 숍과 캠핑사이트가 있나?"

"있지."

"그럼 거기로 좀 태워줘. 나는 거기서 잘 거야."

그는 가다가 경치가 좋은 곳이 있으면 차를 세웠다. 내게 사진 찍을 시간을 주는 것이었다. 햇빛을 보고 역광이면 일부러 차를 한 바퀴 돌려 세우기도 하고 내가 관심을 가지는 몸짓을 하며 눈빛을 보내면 몇 번이고 세우는 것이었다. 아니 뭐 이런 녀석이 다 있어? 천사라도 아주 알짜 천사잖아. 나는 슬슬 부끄러워지기 시작했다.

"케이프타운으로는 언제 갈 거야? 내일 바로 갈 거야?"

"아니야. 스프링복스에서 쉬었다 갈 거야."

자동차를 이용한 덕분에 일정이 앞당겨지는데 서둘 이유가 없다.

"그래 잘 생각했어. 내가 스프링복스의 좋은 곳들을 구경시켜 줄게."

"그래. 어쨌든 나를 캠핑사이트에 좀 내려줘."

"알았어. 내일 우리 집으로 올 수 있지? 내가 점심을 대접하고 싶어."

응 점심? 귀가 확 뚫리는 말이다. 야, 이 친구야 아주 잘 생각했어, 나 시간 많아. 나 시간밖에 없는 사람이야. 내일 당연히 참석을 해야지. 오늘 저녁에 초대해도 좋아. 아프리카에 와서 연타로 가정에 초대를 받는 행운이 터진 것이다. 스프링복스에 들어서면서 내가 다시 말했다. "캠핑사이트에 좀 내려줘."

"아니 그러지 말고 내가 방을 잡아줄게. 거기서 쉬는 것이 좋을 거야. 내 친구가 하는 롯지가 있어. 당신 돈은 안 내어도 돼."

그러면서 그는 동네에 들어서서 자기 집을 가르쳐 주고 자기 집을 지나 친구가 있는 레스토랑에 도착했다. 여기 친구가 레스토랑과 서점 그리고 롯지를 한다는 친구였다.

"일단 샤워를 하고 짐을 정리하고 있으면 내가 집에 갔다가 다시 올게, 이 근처를 한 번 둘러보자고."

나는 서점을 흘깃거리며 생각했다. 정말 오랜만에 서점으로 들어 왔군. 술집 다음으로 내가 많이 이용한 것이 서점이다. 서점은 서점만이 가지고 있는 분위기가 있다. 잘됐어. 여기서 아프리카의 나무들에 대한 도감을 한 권 사야지. 아프리카의 신기한 나무들을 보면서 그 이름을 모른다는 것은 슬픈 일이었어. 나는 그게 궁금해서 어떡할까 하다가 니노가 사 온 작은 식물도감을 보고 나도 한 권 사야지 하고 결심을 하고 있었던 것이다. 그는 스프링복스에 도착해 먼저 아내에게 갔다. 오면서 전화로 간단히 나를 소개한 터이라 그의 아내가 나를 반갑게 맞았다. 그러면서 그는 검은 비닐 백을 내게 내밀었다. 세탁할 것을 전부 싸두면 자기가 저녁에 와서 가져다가 세탁을 해서 말려 주겠다는 것이다.

보츠와나부터는 피부색이 먹물처럼 까만 사람들은 잘 보이지를 않았고 동양인과 혼혈 혹은 백인과의 혼혈들로 보이는 사람들이 많았다.

"밥은 이 집에서 먹어요. 여기 음식이 맛이 좋아요."

롯지의 방은 트윈베드에다가 뜨신 물이 콸콸 나왔다. 샤워하고 옷을 갈아입고 물건을 정리하는데 부롬이 왔다. 그리고 그가 이끄는 대로 동네 근방을 그의 차로 한 바퀴 둘러보고 돌아왔다.

저녁에 그가 아이들과 함께 내 세탁물을 받으러 왔다.

"이것밖에 없어요? 모조리 다 줘요."

그렇다고 신발까지 어떻게 맡겨? 나는 결국 팬티까지만 내어줬다. 그는 세탁물을 들고 집으로 가면서 내게 사과했다.

"미안해요. 우리 집으로 모셔야 되는데 그렇게 하지 못해서…."

야. 부롬. 괜찮아. 내가 다 이해를 해. 내일 너희 집에 점심 초대를 한 것이나 잊지 말고 실천을 해. 알았지.

그가 가고 나는 그가 말한대로 롯지의 주인이 하는 식당으로 내려가 음식을 시켰다. 티본 스테이크 500g짜리와 밥, 그릭 샐러드, 차가운 코카 한 병을 시켜 단 한 톨도 남기지 않고 다 먹었다. 특히 그릭 샐러드는 오래간만에 먹는 야채인지라 그 맛이 황홀할 지경이었다.

어핑톤을 출발해 첫날 찾은 캠핑사이트.

튜브와 타이어를 갈고 24시간도 지나지 않아, 펑크.

"여기 얼마예요?"

부롬의 친구인 롯지와 식당의 주인인 키다리에게 물었다. 그가 웃으면서 대답했다.

"이건 부롬이 내는 거예요."

그래요?!!! 나는 홀린 기분이었다. 부롬, 너 정말 사람을 혼란스럽게 만드는군. 그래도 모른다. 저 녀석이 이렇게 친절한 척 해도 사실은 백년 묵은 너구리일 수도 있지. 경계를 늦출 수는 없지. 사방에서 뜯어먹으려고 하는데 저런 녀석이 또 있으니. 세상은 왜 이렇게 혼란스러운 거야.

흰둥이 천사2
**10.23.
일요일**

책을 본다. 어제 저녁 나는 식사를 끝내고 레스토랑과 함께 붙어있는 서점에서 책 4권을 샀다. 론니플래닛에서 발간한 South Africa와 문고판 사우스아프리카 식물도감, 바오밥 나무가 너무 멋지게 나온 조그만 사진집 한 권, 케이프타운 지도 한 장을 산 것이다. 물론 나는 대만족했다. 롯지로

Springbox.

결정을 하자 재빨리 그와 사진을 찍었다.

돌아오는 발걸음은 경쾌했고 기분은 황홀했다. 독서는 나에게 말할 수 없는 기쁨이다. 이제 여행도 끝나가려 하는 판에 뭔가 기분 전환이 필요하지 않겠어? 나타샤.

오전 9시 부룸이 왔다. 그는 39세의 네 딸 아버지였다. 일단 점심 전에 인근을 한 바퀴 돌기 위해서였다. 부룸과 셋째딸 얀나가 함께 왔다. 얀나는 아주 점잖은 아이에다가 호수처럼 깊은 파란 눈을 가진 아이였다.

"다른 아이들은?"

"어젠 같이 가자고 해놓고 아침에 깨우니까 첫째는 다리가 아프다고 하고 둘째는 잠을 더 자야겠다고 해서 얀나만 데리고 온 거야."

평화로운 일요일 아침 부룸의 집 안 풍경을 상상하며 나는 미소를 지었다. 부룸은 나를 스프링복스에서 30㎞쯤 떨어진 산 위로 데려갔다.

"저기가 바다야, 대서양이지,"

하지만 바다는 너무 멀어 보이지 않았다. 안 보여도 괜찮아. 나 갯가 출신이거든. 내륙에 살 때는 강가에 살았고 여기 여행을 떠나기 직전까지는 바다 곁에서 살았어. 그래서 나는 물쟁이가 되었어. 나는 물쟁이야. 나는 수중사진을 보여줬다. 대한민국은 말이야 어디에 살던 차를 타고 조금만 나가면 바다를 볼 수 있어서 바다가 그리 먼 환상의 어떤 곳이 아니야. 그래서 산골에서도 싱싱한 해산물을 먹을 수 있지.돌아오면서 산길을 휘감아 올라가는 도로를 가리키며 그가 물었다.

"하루에 얼마나 달렸어요?"

"평균 80㎞ 정도를 달렸지."

"여기서 Citrusdal의 산을 넘기 전까진 그렇게 달리질 못할 거예요. 하루 60㎞ 정도 생각하면 될 거예요. Pikeberg를 넘으면 평지예요."

거기까진 오르막 내리막길의 연속이란다. 설명을 들으니 고참 병장의 제대 말년 앞길이 심상치 않다.

"이 길만 해도 내려갈 땐 좋아도 올라갈 때는 죽는 길이에요."

산길은 길고 가팔랐다. 그러게 이런 길이 계속된다면 죽었다고 복창해야 되는 길임이 틀림없다. 부롬을 따라 폐광을 구경했다. 폐광촌 옆으로는 빈민촌이었다. 성냥갑 같은 작은집에 주위엔 나무 한 그루 없는 벌판 위에 흑인과 동양인들의 빈촌이 형성되어 있었다.

"저긴 너무 가난해요."

부롬이 긴 한숨을 쉬며 말했다. 거리를 청소하고 도로 주위의 풀을 베고 쓰레기를 청소하는 사람은 모두 흑인들이었다. 평생 백인들의 수발을 들며 살다 가는 것이다. 흑인들이 없으면 도시기능이 마비가 될 것이다. 대한민국은 다른가? 아니다. 피부색 구분만 없을 뿐이다. 그래 이런 걸 보면 마음이 답답해지지, 그래서 부처님은 보리수 아래로 가셨지.

그의 집으로 갔다. 널찍한 대지 위에 시원하게 지어진 집이었다. 식탁 위엔 음식만 가져다 놓으면 되도록 준비가 되어 있었다. 흑인 아주머니 한 분이 이 상을 차린 것이다. 부롬의 여동생도 있었다. 부롬은 내 여행에 대해 지극히 관심을 보였다. 그는 특히 네팔에서 찍어 온 히말라야의 산들 사진을 보고는 아내를 불러 같이 감탄을 했다. 그의 아내도 내게 여러 가지를 물었다.

"여긴 언제쯤이 좋아요."

"9월 10월이 좋아요."

"추워요?"

"아니요. 반바지로 다녀도 됩니다. 하지만 밤에는 조금 추워요."

음식이 차려지고 부롬이 기도를 한다. 나도 기도를 한다. 제발 고기가 맛이 있기를 기도 하는 것이다. 내 옆엔 첫째 딸 Miana가 앉았다. 아이들이 내게 가끔씩 질문을 던졌고 내가 대답을 하면 그들은 현지어로 말할 때도 있었다. 그럼 부롬이 주의를 주는 것이다.

브롬 집 식당.

"집에선 영어를 써야 해."

"하이 장, 뭐 더 필요한 것 없어요?"

식사를 하기 전에 부롬이 내게 물었다.

"포도주가 있었으면 좋겠는데….."

부롬이 벽장에 쌓아놓은 포도주를 이리저리 골라보더니 "포도주는 지금 먹을 만한 게 없어요."이런다.

야, 이 친구야 나 좋은 것 아니라도 돼. 나 말이야 입이 고급이라서 아무 것이나 잘 먹어요. 그리고 한잔 먹으면 알딸딸한 건 같잖아. 그것이라도 주는 것이 어때? 라고 말이 곧 입 밖에 튀어나오려는 것을 참았다. 부롬이 술을 좋아하지 않는 것 같으니. 그걸 어쩌나. 멋대가리 없는 친구 같으니 결국은 헛물만 켠 것이다.

그날 고기는 맛있었지만 나는 먹는 데에 열중을 하느라 고기 이름을 알아본다는 것을 깜빡했었다. 양고기겠지. 초대하기 전에 부롬이 말했다.

"아프리카 스타일의 고기를 맛보여 줄게요."

혹시 도마뱀이나 원숭이 고기를 맛보는 것이 아닌가하는 어리석은 기대를 했었지. 무엇이든 간에 나는 고기를 두 접시나 먹고 내게 주어진 음식을 단 한 톨도 남기지 않았다. 밥보다 더 귀한 것이 세상에 어디 있는가? 여행에서 얻은 경험칙이다.

식사를 마치고 부롬이 태워준다는 것을 거절하고 걸어서 롯지로 돌아왔다. 나 같은 여행객이 이런 작은 동네에서 차를 타는 어리석음을 저지르겠는가. 부롬이 사는 지역은 부촌이어서 별로 볼게 없었다. 문은 굳게 잠겼고 지나다니는 사람들이 없는 곳이 부촌이지. 스프링복스에도 현대의 자동차 대리점이 있었다. 그 대리점 앞을 타박타박 걸어서 건물 사방에 LG 에어컨이 붙어있는 집들을 지나 롯지로 들어서기 전에 레스토랑으로 들어갔다.

스프링복스 시를
내려다보는 4자매.

싸구려 포도주 한 잔 마시고 롯지로 돌아와 잠깐 눈을 붙였다. 오후엔 부롬이 나를 태워서 다른 곳으로 가기로 약속이 되어 있었기 때문이었다.

오후 5시, 부롬이 아이들 넷을 다 데리고 롯지로 찾아왔다. 우리가 가는 곳은 스프링복스가 한눈에 내려다보이는 앞산이었다. 석양을 보기 위해 가는 것이다. 롯지에서도 바로 보이는 산이었다. 산 위엔 통신탑이 있었고 거길 올라가는 시멘트 길을 보며 저 길을 자전거로 올라갈 수 있을까 하고 볼 때마다 계산해 보던 길이었다. 그길 앞에 서서 내리기 직전에 부롬이 운동화 한 켤레를 꺼냈다.

"이걸 신어 봐요. 당신 신으라고 가져 온 거야."

그는 전날 내 발 사이즈를 물었었다. 슬리퍼 벗고 그 신을 신으니 조금 크다. 오카방고에서 찢어진 등산화를 버리고 태국에서 산 자전거용 클릿슈즈를 신고 다녔는데 불편했었다. 모래 위를 걸으면 클릿 사이로 모래가 올라와 금방 신발 한가득 차는 것이다. 물은 더욱 조심해야 했다. 그래 신발도 하나 얻었군. 이걸 어쩌나, 자꾸 받기만 해서 어떡해? 그는 나를 자기 아내가 사용하는 약품창고에도 데려갔다. 스프링복스에서 2㎞쯤 떨어진 곳에 300평쯤 되어 보이는 대지 위에 100평 정도의 건물을 짓고 거기에 약품을 보관하고 있었다.

"조아네스버그나 케이프타운은 여기에서 너무 멀어서 약품 수급에 문제가 있어요."

그러면서 그는 다시 한 번 필요한 약이 없느냐고 물었다. 감기약이 있으면 좋지. 하지만 고단위 항생제가 섞인 한국의 약을 먹다가 여기 약이 듣겠어? 하는 고도의 의학지식(?)을 동원해서 스스로 처방을 끝내고 달라고 말하지 않았다.

자동차가 산 아래 멈추고 아이들도 다 내렸다. 막내인 4살짜리 Kara가 차에서 내리더니 쪼르르 산으로 올라간다. 신이 났다. 평소에 자주 다녀 본

길인 것이다. 막내는 약간 사시였다. 그게 이 녀석을 더욱 귀엽게 만들었다. 남아공의 산들은 우리나라처럼 나무가 우거진 산이 아니다. 무릎 아래 오는 키 작은 풀(?) 나무들이 듬성듬성 꽂혀 있는 모래로 덮인 돌산이었다. 산 정상에 오르니 스프링복스 시내가 한눈에 내려다 보였다.

"저기 보이는 건 무슨 기념탑이오?"

커다란 탑 같은 것을 보고 물었다.

"아니, 그건 교회예요."

아프리카의 문화유산을 찾아볼 게 없나 하는 마음에 물었더니 역시 나이다. 자연이 아무리 좋아도 사람들이 만든 유적도 중요한 것이구나. 그러고 보니 유적이 있는 곳은 자연환경도 좋은 곳이었다.

10.24. 월요일 네 딸의 선물

아침밥을 빵으로 때우고 어제 눈여겨 봐둔 자전거 가게로 갔다. 사우스 아프리카의 사람들은 지금까지 봐 온 아프리카의 다른 나라 사람과는 사람을 응대하는 방법이 많이 달랐다. 여긴 외진 곳에서 사람을 만나도 인사를 하지 않고 대부분 무시했다. 한국인의 모습과 비슷한 것이다. 어쩌다 인사를 나눠도 질문은 하지 않았다. 분위기의 경직이 싫어서 도로에서 공사를 하는 흑인들 옆으로 지나가면서 '헬로' 하고 먼저 인사를 해도 모기 소리만큼 작은 소리로 입을 달싹거리거나 '네가 나를 알아?' 하는 표정을 보이는 것이다. 왜? 야 도무지 왜 그래? 이런 문화는 전 국민이 공유하는 것이라서 아이들도 마찬가지였다. 혹시나 "어디서 왔어요?" 라고 물어 "나 코리아에서 왔어. 자전거 타고 말이야." 라고 대답을 해도 응 그래? 그래서 어떻다고? 라는 반응을 보이는 것이다.

　나는 그게 재미있어서 묻지도 않는 말을 하면서 표정의 변화를 살펴도 경직된 표정에 감정의 변화를 들키지 않으려 하는 것이다. 문화에는 그 나라 사람들이 살아 온 역사가 녹아 있다. 여긴 얼마 전까지만 해도 '아파르트헤이트'라는 인종차별 정책이 있었던 나라다. 우리도 쪽발이들에게 식민지라는 기간과 이념 대립으로 인한 동족상잔의 비극을 거쳤다. 비슷한 과정이다.

　자전거 가게에 들렀다.

　"뽐뿌 하나 줘봐요."

　하지만 가져 온 뽐뿌는 예쁘장하기는 했지만 메이드인 차이나가 선명하다. 물론 메이드인 차이나가 모두 나쁘기야 하겠나? 사람은 한 번 데이면 이런 반응을 보이게 되는 것이다. 나는 물건을 밀어놓고 내가 가지고 다니는 대만제 뽐뿌를 보여주면서 고장 난 곳을 설명했다. 사장님이 이곳저곳 살피더니 수리실로 가져 들어가서 금방 수리를 해서 가져나왔다. 좋아, 이제 남은 거리는 불과 700여㎞다. 그 사이만 견디면 내 나라로 돌아가서 이번 여행에서 경험한 문제점들을 개선할 것이다. 그때까지만 견디어 줘. 자전거야 알았지.

　저녁에 다시 부롬이 왔다. 이번엔 아내까지 데리고 왔다. 내가 내일 떠난다고 인사를 하러 온 것이다. 아이들이 한 명씩 내게 선물을 줬다. 카라와 얀나는 초콜릿과 피넛을 줬고 큰딸은 자신이 만든 카드를 내게 내밀었다. 얘들의 엄마가 그 카드를 설명했다. '이게 글자예요.' 하면서 'HOPE, LOVE.'를 설명해주는 것이다. 나는 아이들을 한 번씩 안아줬다. 고마워 얀나야, 고마워 카라. 귀여운 카라야 너는 사시가 더 귀여워. 그래도 자라면 미워지겠지? 부모님이 곧 고쳐 줄 거야. 부롬이 다시 제안했다. '아이들을 집에 내려주고 내 사무실로 갑시다. 거기 가서 내일 가야 하는 곳의 지도를 프린트해 줄게요.' 물론 나는 앱으로서 그가 해주려는 것을 알 수 있다. 하지만 앱으로서 내가 모르는 것도 있을 수 있고 그의 사무실도 구경하고 싶어서 흔쾌히 따라나섰다.

그는 LG 컴퓨터로 인쇄를 하면서 여러 가지 정보를 알려주었다.

시투리스 달에는 높은 산이 있어요 라든가. 여기 이 지역은 가지 마세요 갱스터가 많아요 라든가. 여기 사이트는 조용하고 좋아요. 그리고 이 구간은 교통이 혼잡하니 자전거는 위험하니 다른 길로 가는 것이 좋을 거예요. 등을 연필로 표시를 해가며 내게 설명을 해줬다. 자신에게 돌아올 이익을 극대화하기 위해 골몰하는 경쟁사회에서 생면부지의 이방인에게 도움을 아끼지 않는다는 것은 어려운 일이다. 그는 아마도 비우는 것이 다시 채울 수 있는 길임을, 비우는 것이 그릇이 더욱 넓어진다는 간단한 진리를 터득하고 있는 것이 틀림없었다. 어떻게 살아가야 하는지에 대해서 아무 생각도 없었던 시절 내가 당한 흔들림을 기억하면서 나는 부신 눈으로 부롬을 지켜봤다. 부롬의 사무실을 나와 우리는 헤어지기 전에 포옹을 하며 인사를 나눴다.

"부롬 너는 멋진 사람이야."

나는 부롬과 헤어져 롯지로 돌아와 짐을 싸기 시작했다. 여행은 어쩌면

변호사 사무실.

부룸과 같은 사람들을 만나기 위해서 하는 것인지도 모른다. 이제 물건도 조금씩 버리기 시작했다. 여러 가지를 버렸다. 아마도 케이프타운에 도착하면 짐도 많이 줄어들어 있을 것이다. 그때 내게 채울 것은 무엇일까? 채울 수 있는 것이 있을까? 나는 또 허전해지기 시작했다.

케이프타운을 향하여.
살 떨리던 고개

**10.25.
화요일**

　오전 7시 30분, 스프링복스를 출발했다. 부룸을 찾아 인사를 하고 갔으면 좋겠지만 그는 아직 사무실에 출근하지 않았을 것이고 집으로 가기엔 부담스러웠다. 왜냐하면 아침에 그를 또 찾아가면 이 친구가 자기 집을 반쯤 썰어서 내 주머니에 넣어주거나 자동차 한 대를 가져가라고 할지 모르기 때문이었다. 그러니 내가 참아야 하는 것이다. 그와의 인연은 어떤 인연일까? 스쳐 지나가는 인연? 그렇구나!!! 스쳐 지나가는 인연이라고 귀중한 인연이 아닌 것은 아니구나. 태어나서 만나 임종까지 가는 인연이 얼마나 될 것인가? 스프링복스 시내에서 남쪽으로 빠져나오는 길은 내리막길이었다. 시작 길은 비교적 수월한 길이었다. 오전 10시까지 달려 30㎞ 지점의 Brand 강 위의 다리 위에서 쉬었고 두 번째 쉰 곳은 43㎞ 지점이었다. 그때가 11시 10분이었다. 그 지점부터 업앤다운의 시작이었다. 50㎞ 지점에 도착해 점심을 먹을 때가 오후 1시였다. 2시간 10분 동안 7㎞를 탄 것이었다. 사람이 쉴 수 있는 그늘을 만들 만한 나무 한 그루 없는 사막. 그늘을 찾아 하염없이 가다가 마침 도로 공사 중임을 알리는 제법 큰 입간판 하나가 있기에 그 아래 손바닥만한 그늘 속에 몸을 구겨 넣었다. 근처에 몇 명의 도로 공사 인부가 지나가다 이상한 표정을 지었지만 나는 개의치 않았다. 그늘 아래서 빵 한 조각 먹고 40분간 선잠을 자고 일어나 다시 출발했다. 오후 4시 20분, 60㎞ 지점에 겨우 도착했다. 10㎞를 두 시간 가까이 탄 것이다. 자전거를 타는 사람에게 오르막 내리막길은 기대와 실망이 교차를 한다. 저 고개를 넘으면 다음은 평야가 펼쳐질 수도 있는 것이니까. 그걸 은근히 기대하지만 정상을 얼마 남겨 놓지 않고 그다음 오르막 정상이 살짝 얼굴을 보이는 것이다. 그런 곳을 10㎞면 1㎞에 고개가 하나 일 때는 10개를 올라야하는 것이다. 고개를 거의 다 올라 다음 고개 정상이 보일 그때의 심정은 막막하다. 하지만 그런 마음이 들면 얼른 내려놓고 다시 오른다. 어쨌든 올라가야 하니까. 그런 고개가 계속되면 마음만이라도 편하게 아무 도움도 안 되는 느낌 같은 것은 스스로 정리해서 버리는 것이다. 내리막이라고 편함은 잠시다. 왜냐하면 내리막은 순식간에 내려와 버리고 오르막은 혀를 빼물고 올라야 하는 긴 시간이니까.

 60㎞ 지점에 도착했을 때는 체력이 거의 바닥이 났다. 잠깐 쉬다가 다시 자전거 핸들을 잡았을 때 바로 앞의 고개와 더불어 저 멀리 가파른 고개가 또 보였다. 그 순간, 나의 오른쪽 허벅지 살이 세 번 덜덜덜 하며 크게 떨렸다. 경련이다. 앗, 나는 깜짝 놀랐다. 이런 경우는 또 처음이었다. 내 살이 먼저 잔뜩 겁을 집어 먹었구나, 살까지 떨리다니. 정말 살 떨리는 고개구나. 그래 미안하다 허벅지야, 그렇게 무섭니? 덜덜덜 하며 크게 떨 만큼 말이야. 이 녀석아 나라고 뭐 아무렇지도 않은 줄 아니? 나도 징그럽지만 어떻게 해? 넘어야 할 산이잖아. 그러니 너무 겁 먹지 마라. 하지만 오늘은 여기서 쉬자, 어딘지 모르지만 그게 무슨 대수니. 더 이상 무리를 하다가는 내일은 푸욱 퍼질지 모르니 오늘은 그만 달려야겠지. 자전거를 길가에 기대어 세워놓고 나는 걸어서 주위를 정찰했다. 사우스아프리카는 철조망으로 전 국토를 꽁꽁 묶어 놓은 나라다. 우리나라 휴전선 근방의 해안선에 철조망을 설치해 놓았지만 그건 여기 사우스아프리카에 비하면 별 것도 아

입간판 아래 그늘에 눕다.　　　　　　　　이런 그늘도 아쉽다. 여기서 휴식을 취하다.

냐. 여긴 단 1m도 빈곳이 없이 전 국토를 묶어 놓았다.

"도대체 왜 저렇게 해 놓았어?"

부롬에게 물었더니 양떼를 보호하기 위해서라고 말했었다. 하지만 나는
그의 말을 100% 수긍할 수 없었다. 양떼도 거의 눈에 띄지 않을 뿐더러 도
대체 무엇으로부터 양떼를 보호한단 말인가? 도로 양옆으로 10m 정도의
공간만 남겨두고 쳐진 철조망은 모든 것의 접근을 불허했다. 지나가는 관
광객이 혹시나 좋은 곳을 발견해도 사진 한 장을 찍을 수도 없고 걷고 싶
어도 걸어볼 수도 없으며 용변을 볼 수도 없었다. 거기다가 수십㎞마다 쉼
터가 있어 작은 그늘이라도 있지만 화장실이 있는 곳은 단 한 곳도 없었다.
그러면 사람들이 용변을 알아서 깨끗하게 처리를 할까? 어떻게? 자신이
본 용변 싸가지고 가지 않는 이상 안 된다. 그래서 쉼터 주위는 용변 흔적
천지다. 억느른다고 될 문제가 아닌 것이다. 내 말은 텐트 칠 곳도 없다는
말이기도 하다. 용변 때문에. 하지만 어떻게 해?

뻐덩거리며 앙탈을 부리는 다리를 다독여가며 로봇처럼 걸어서 근처 낮
은 동산에, 지나가는 차량이 주의를 기울이지 않으면 보이지 않는 곳에 텐
트 칠 장소를 마련했다. 1㎞를 자전거를 끌고 옮겼다. 꽃들과 작은 나무들
을 베어내고 그 자리에 텐트를 쳤다. 그리고 퍼졌다. 행복 속으로 들어간
거지.

황량한 산
텐트 칠 장소도 마땅찮다

지도에 표시된 대로 7시에 출발해 얼마 달리지 않아 농네가 나오고 슈퍼가 보였다. 물을 사야 한다. 근데 빤히 보이는 동네 슈퍼를 바로 가지 못하고 철조망을 2㎞ 정도 돌아서 들어가 물과 기타 필요한 것들을 샀다. 철조망만 없다면 몇 발자국 움직이지 않아도 살 수 있을 것인데 돌아가야 하는 것이다. 산악지대가 계속되고 오르막 내리막이 끝도 없이 이어졌다. 12시5분, 마침 보이는 쉼터의 바닥에 매트를 깔고 나는 드러누웠다. 맞바람이 거세게 불어서 자전거가 제자리에서 힘만 빼는 느낌이었다. 다시 Caries란 동네에 들어가 물과 음료 프라이드 치킨 2피스를 사서 나왔다. 피곤이 쓰나미처럼 밀려왔지만 게스트하우스의 유혹을 뿌리치고 다시 달려서 59㎞의 언덕에 섰을 때는 아무 생각도 없었다. 앞을 가로막는 산과 산, 보이는 것은 나무도 없는 황량한 산뿐이었다. 물론 그건 전부 내가 넘어가야 할 산이었다. 거기다가 경사 가파른 오르막이 앞을 가로막았다. 고개 정상 부근의 키 작은 관목에 기대어 차를 세웠다. 오늘은 더 이상 갈 수 없다는 말이다. 도로로부터 5m도 안 되는 길의 노출된 공간에 텐트를 쳤다. 더 이상 좋은 장소를 찾을 확률이 거의 없었기 때문이다. 짐을 실어 놓은 채 자전거를 키 작은 나무에 기대놓았다. 나무가 약해서 자전거를 온몸으로 받고는 그 무게에 흔들거린다. 야, 나무야 미안해 오늘밤 같이 좀 자자. 나 오늘 지쳤어. 자전거를 좀 견디어 줘. 이 밤을 좀

텐트를 칠 마땅한 장소가 없어 길 옆 노출된 공간에 그대로….

견디어 달라는 말이다. 내가 설탕물을 좀 줄게. 내 오줌은 설탕물이란다. 다행히 나무는 자전거를 버티어 내었다. 물론 지나가는 행인은 아예 없었다. 지나가는 트럭의 운전사들이 경적을 울리며 엄지를 치켜세워 주는 것은 감수해야 한다. 자기들은 응원을 한다고 하는 행동이지만 그것도 한두 사람이어야 답례를 하지 몸이 물먹은 솜처럼 늘어질 때는 모든 것이 귀찮다.

심장에 무리가 왔다

10.27. 목요일

아침 6시 50분 출발해 1km쯤 오르막을 타다 나는 길가에 자전거를 세우고 쉬었다. 가슴이 서늘하게 아팠기 때문이었다. 아프리카지만 아침 저녁으로는 날이 차다. 일교차가 20도에서 25도 정도 난다. 낮에 37도 40도이다가 밤이면 17도 15도로 주저앉는 것이다. 그런 날 아침에 버프도 하지 않고 달리다 보면 가슴이 서늘해지며 아픔이 오는 것이다. 폐렴에 걸렸나? 심장에 이상이 왔나? 하여간 뭔가 오기는 왔다. 이날 나는 37km 지점, 오후 2시에 라이딩을 멈췄다. 더 이상 한 발자국도 떼기 싫었기 때문이었다. 지난 이틀을 무리하게 밟은 것이다. 까마득한 오르막도 악착같이 타고 올랐다. 왜냐하면 끌바보다는 타고 오르는 것이 시간을 조금 절약해주기 때문이었다. 마음이 급했기 때문이다. 빨리 한국으로 돌아가고 싶었기 때문인 것이다. 결정을 하면 마음부터 급해지는 이 지랄 같은 병이 나도 싫은데 그것이 무리하게 자전거를 밟게 만들었던 것이다. 조국은 왜 이렇게 먼 거야?

라이딩을 멈춘 곳은 쉼터였다. 더러 지나가는 차들이 멈추어 쉬기도 하

길가 쉼터.

고 밤엔 세워놓고 자기도 하는 곳이었다. 그런 곳에 멈춘 것이다. 여기서
머물자. 사람이 떼거리로 몰려와도 더 이상 움직이기 싫었기 때문이다. 거
기다 날은 왜 이렇게 추워? 쉼터 초막의 응달 아래 누워 있으니 바람이 불
어와 추웠다. 나는 텐트를 양지바른 곳으로 옮기고 들어가 누웠다. 남의 일
에 간섭을 하지 않는 사우스아프리카의 문화가 이럴 때면 좋은 것이다. 차
들이 옆으로 와서 멈췄지만 누구도 말을 걸지는 않았다. 눈이 마주치면 그
냥 손을 한 번 들어 인사를 건넬 뿐이다. 근데 이렇게 가서 언제 케이프타
운에 도착하나? 아직도 600㎞ 가까이 남았을 것 같은데.

10.28.
금요일
수로관에서
자다

새벽에 일어나니 안개가 자욱했다. 안개가 생긴다는 것은 공기가 습하다
는 것이다. 아프리카로 넘어오고 나서는 처음 보는 광경이었다. 안개가 좀
걷히도록 텐트 안에서 기다리다가 출발을 했다. Bitterfontein을 지나자 평

지가 길어졌다. 남아공의 지명에는 끝말이 Fontein과 Breg가 들어가는 지명이 많았다. 분명 이유가 있을 것이다.

"저게 무슨 뜻이야?"

"Fontein은 온천이란 뜻이고 Breg는 산이라는 뜻이에요."

"그래?"

나는 이후 두 번 더 다른 사람에게 이것에 대해 물었었다. 확인을 한 것이다. 하지만 나는 온천에 가보지 못했다. 온천은 대개 내가 가는 방향에서 비껴나 있었기 때문이었다. 가볼 걸. 다시는 가보지 못할 그곳을 무엇이 그렇게 나를 급하게 했을까?

Bitterfontein에 있는 마을 상점에 들어가 물 4병과 음료 1병, 식빵 한 줄을 샀다. 날씨는 쌀쌀했다. 27㎞ 지점에서 점심을 먹고 60㎞ 지점 수로에 텐트를 쳤다. 텐트의 폴대가 부러지기 직전이었다. 그래 이놈아 조금만 더 견뎌줘. 그때는 너를 편안하게 해줄게.

10.29.
토요일

먹고 자고
달린다

새벽에 텐트 밖으로 나오니 비가 내리고 있었다. 나는 이 세상에 태어나 처음 맞아보는 비인 것처럼 몹시 당황했다. 여긴 사막인데? 비가 오면 어떡해? 비를 피할 곳도 없고 비를 맞으면 이 날씨에 체온을 유지하기 어려워진다. 당황스러운 마음을 누그러뜨리고 나는 천기를 살폈다. 날씨는 낮고 흐리게 가라앉아 있지만 그렇다고 소나기나 장마를 몰고 올 것처럼 보이지는 않았다. 그렇군. 너무 오랜만에 맞아보는 비여서 나는 비를 잊고 있었고 어느새 비 없는 아프리카를 당연시하고 있었던 것이다. 걱정

처음 만난 새벽 안개.

길옆은 바로 철조망. 텐트를 칠곳은 수로 뿐이다.

할 것 없다. 달리자. 비가 많이 올 것 같진 않아. 비가 많이 오면 여긴 아프리카가 아니지. 비는 몇 방울 더 떨어지더니 그쳤다. 쳇, 좀 많이 오지. 다음 도시인 Vanrhynsdorp까지는 약 40㎞가 남았다. 낮 12시, 45㎞를 달려 Vanrhynsdorp의 게스트하우스 캠핑사이트에 도착했다. 도시에서 약간 비껴난 곳에 있는 게스트하우스였다.

"와이파이 돼요?"

물론 안 된다고 해도 옮길 마음이 나는 없었다. 이제 얼마 지나지 않아 나는 한국에 도착할 것이고 그땐 다시 지금 이 순간의 불편함을 그리워 할 것이니까. 아직 오지 않은 미래에 대한 편리함으로 지금의 불편함을 업신여기는 바보 같은 짓을 할 마음은 없었다. 젊은 게스트하우스의 주인 남자가 자랑스러운 눈빛을 하며 말했다.

"당연히 와이파이가 되지요."

당연하게 되는 와이파이는 사무실 옆에서만 가능했다. 날씨가 추워 볕도 없는 곳에서 바람을 맞아가며 포털의 제목만 읽을 수 있는 정도였다.

텐트를 치고 게스트하우스 내부에 있는 레스토랑의 주인이 출근하기를 기다렸다. 무엇보다 음식이 필요해. 게스트하우스의 직원들이 4시에 출근을 했고 나는 여섯쯤 출근한 레스토랑 직원에 의해 음식을 먹을 수 있었다.

500g 티본 스테이크에 그릭 샐러드 한 접시에 밥 한 그릇, 콜라 한 잔을 시켜서 허겁지겁 먹어 치웠다. 그릭 샐러드는 정말 맛있었다. 틀림없이 저 신선한 채소가 내 몸으로 들어가 그간 부족했던 머시기를 단번에 보충해 줄 것이란 생각에 먹기도 전에 나는 마음부터 풍족해졌다.

먹고 자고 달리고 이즘 내가 신경을 쓰는 것은 이것뿐이다. 이는 오로지 생존에 필요한 기본적인 것이다. 하지만 나는 그 속에 사람이 살아가는 데 필요한 모든 것이 있으리란 생각을 갖는다. 공맹의 도덕과 세상의 이치와 철학 같은 것이 있다고 믿는 것이다. 그 어려운 것들이 아주 쉬운 형태로 아주 같잖은 모습을 하고 개구쟁이 수달처럼 재바르고 귀여운 모습으로 숨어 있을 것이라고 믿는 것이다. 보이는 사람에겐 보이고 관심 없는 사람에겐 그냥 지나가고 그렇게 말이다.

테이블 마운틴과 같은 산이 자주 보이다

10.30.~31.
일~월요일

게스트하우스에서 보이는, 손에 잡힐 듯 있는 산은 그 모양이 케이프타운에 있다는 테이블 마운틴과 흡사했다. 비단 그뿐이 아니었다. 이 지역 산들의 모양은 테이블 마운틴이라고 이름을 붙여도 어색하지 않은 산투성이였다. 빨래를 해놓고 빵 한 조각 뜯어먹고 동네로 나가 동네에서 가장 큰 슈퍼를 찾았으나 슈퍼는 문이 잠겨 있었다. 동네 규모에 비해 슈퍼 규모가 큰 것 같았는데 아쉬웠다. 예전에는 주민이 많았던가? 슈퍼는 왜 망했을까? 내 입에 맞는 가스가 들어 있지 않는 물을 사기 위해 작은 슈퍼를 몇 군데 돌아 장을 보아 캠프사이트로 돌아왔다. 물건을 텐트 안에 넣고 나니 한가해졌다.

Van에서 보이던 테이블마운틴.

테이블 마운틴으로 가보자. 하루라도 일 없이 그냥 지나가는 것은 싫어. 게스트하우스의 주인을 찾아 멀리 보이는 그 산에 대해 물었다.

"여기서 30㎞입니다."

그러면서 그는 그 산에 대해 입이 마르도록 칭찬을 했다. 하지만 나는 그 산을 가보지 않아도 그려볼 수는 있다. 눈에 보이는 산의 구성은 돌무더기와 모래, 그리고 낮은 키의 나무 같지 않은 나무들뿐이다. 저길 지나 정상에 오르면 고원과 같은 평지가 있을 것이다. 물론 가는 길에 하천이나 우리로 말하자면 유서 깊은 사찰 같은 것은 없을 것이다. 거기다가 멀다. 산 아래까지 갔다가 오려면 비포장 60㎞를 달려야 한다. 거기서 다시 정상을 오르려면 또 몇 시간을 소모해야 할 것이다. 하루로는 부족하다. 아쉽지만 포기해야 했다.

캠핑장으로 들어가 일기나 쓰자. 그리고 저녁에는 다시 티본스테이크를 먹고 그리고 이제 마지막 목적지인 케이프타운으로 가자. 이젠 페달 한 번이 아련한 추억 한 보따리라고 생각하면 애틋한 마음으로 산하가 보일 것이며 그런 마음으로 달릴 것이다. 다시는 주워보지 못할 것들이란 그것만으로도 귀한 것이 아니냐. 나는 인천행 비행기표를 예매했다.

자전거로도 지구는 좁다

2016년
11월

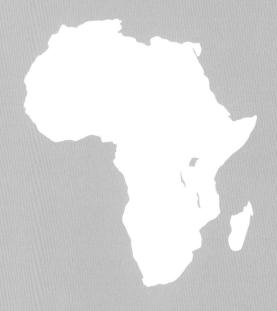

반얀스드롭　반덴브르그　피케브르그　무레스브르그　비르덴부르그

케이프타운　워터프론트　두바이　서울

11.01. 화요일 케이프타운을 향하여

짐을 꾸려 자전거를 몰고 게스트하우스의 문을 나서며 생각했다.

"이제 이게 이번 여행의 마지막 주행이겠지."

이 문을 나서면 케이프타운까지 내처 달려가야 할 것이다. 케이프타운에 도착해선 내게 맞는 캠핑장을 찾아서 거기서 일주일 이상을 기다려야 할 것이다. 왜냐하면 나는 이미 14일자 비행기 티켓을 온라인에서 끊어 놓았다. 두바이에서 한 번 갈아타고 인천까지 가는 에미레이트 에어라인의 케이프타운에서 인천까지 가는 편도 티켓이다.

Vanrhynsdrop 동네를 빠져나와 다시 업앤다운을 시작했다. 아프리카의 풍경은 남쪽으로 내려올수록 키 큰 나무는 거의 없고 밀림도 없었다. 땅바닥에 척 붙은 키 작은 관목과 풀들이 사막 위에 버티고 있었다. 그간에 지나온 나라의 풍경들과는 다른 이질적인 모습이었다. 이제 그 풍경도 눈에 익어 자연스럽게 보이지만 사실 이곳을 벗어나면 흔하게 볼 수 없는 풍경이다. 자연이라는 것이 나무가 많으면 많은 대로, 나무가 없는 황량한 풍경은 풍경대로 저마다 매력을 가지고 있었다. 그렇게 달리다가 63㎞ 지점에 있는 쉼터 옆에 자전거를 세우고 내심 여기서 자야겠다 라고 결정을 하고 의자에 앉아 주위를 관찰하고 있을 때 한 무리의 사람들이 내 곁으로 왔다. 아니, 이 친구들이 여기서 차를 기다릴 작정인가? 일행은 나와 몇 마디 대화를 나누다가 4명 중 3명은 때마침 온 친구의 차를 타고 가고 1명 만이 남았다. 이 친구는 뭐야? 일행이 아닌가? 나는 눈치를 보다가 말을 걸었다.

"나는 여기서 잘 건데 너도 여기서 잘 거야?"

행색을 봐선 녀석의 정체를 특정하기가 어려웠다.

"아니 나는 갈 거야. 조아네스버그로 갈 거야."

조아네스버그는 여기서도 1,000㎞ 이상 떨어진 곳에 있다. 가만히 관찰하니 신발도 신지 않고 양말만 신은 발이다. 거지인가? 그러기엔 옷이 깨끗하다. 조아네스버그에서 자기 어머니가 기다린단다. 그래? 어머니가 계신다고? 너는 거지도 고아도 아니군. 그럼 빨리 안 가고 왜 여기서 얼쩡거리고 있어? 어머니가 기다리잖아, 차를 세워주지 않으면 길 가운데라도 드러누워서 차를 세워 타고 가야지. 자네 행색으로 봐선 돈도 없을 것 같은데…. 시간이 30분쯤 지났다. 녀석이 슬슬 본색을 드러낸다. 내게 물을 좀 달라고 해서 물을 먹더니 근처에 있는 쓰레기통에서 쓰레기를 뒤진다. 녀석이 가기만을 기다리고 있다가 그걸 보고 나는 일어섰다. 귀찮지만 옮겨야 한다. 2㎞를 달려서 길거리에 울타리 대용으로 심어놓은 나무 뒤로 들어가 텐트를 쳤다.

주유소
낙점

다음 도시는 Vredenbreg다. 그러니까 Vreden이라는 산이 있는 동네다. 길은 산이 앞을 가로막고 있고 끝없는 오르막 내리막이다. 11시 20분까지 겨우 29㎞를 달렸다. 평속 6㎞다. 너무 지친다. 젠장, 제대 말년 병장 입에서 거친 말이 툭툭 튀어나왔다. 그렇게 가다가 고갯마루에서 쾅 뚫린 내리막을 거침없이 달리는데 제법 큰 건물이 있는 쉼터가 하나 나왔다. 레스토랑인가? 뭐든지 일단 들어가 보자. 나는 자전거를 건물로 몰아넣었다.

"식사 돼요?"

하지만 나를 맞은 백인 아저씨는 식사는 안 된단다. 그러면서 상점 안에 있는 물건들을 소개하기 시작했다.

"이건 육포, 이건 말린 과일, 이건 어쩌고저쩌고….”

그의 마누라까지 나와서 달랑 하나뿐인 고객을 위해 설명을 아끼지 않는다. 그래 좋아. 여기 다음은 어디쯤 무엇이 있는지를 모르니 커피도 한 잔 끓여주고 말린 과일과 육포도 좀 줘요. 맘씨 좋은 주인 아저씨도 자전거를 타는 사람이었다. 가게 한쪽에 그가 타는 자전거가 놓여 있었다. 뜨거운 커피 한 잔을 마시고 차가운 물 몇 병을 사서 자전거에 싣고 나오는 마음은 부자 부럽지 않았다. 다시 달리다가 사진을 찍기 위해 멈춘 곳에서 나는 전방 2㎞ 앞에 주유소와 쉼터가 있다는 사인보드를 발견했다. 그 순간 나는 결정을 내렸다. 저기까지 달리면 61㎞다. 오늘은 저기서 자자. 물론 전방 3㎞ 지점 앞에 모텔이 있다는 간판은 더욱 나를 주유소에서 자야겠다는 마음을 굳게 만들었다. 왜냐하면 주유소에서 못 잘 형편이 되면 모텔로 옮

주유소에
잠자리를 부탁하다.

물을 한 병 샀더니
백인주인이 따라나오며
어린애 머리만한 오렌지를
하나 선물했다.

길 수 있기 때문이었다. 이 지방엔 길거리에 드문드문 사람도 있고 집이 있어서 철조망 안에 사람의 눈길을 피해 텐트를 칠 장소가 드물 것이라는 판단을 내렸기 때문이었다. 그렇다면 주유소에 들어가서 잘 자리를 얻어야겠다고 나 혼자 결정을 한 것이다. 주유소에 도착해 일단 들어가서 물과 내가 필요한 것을 몇 개 사고 나서 누가 잠자리를 제공해 줄 수 있는 권한을 가졌을까를 관찰한 다음 두어 사람에게 말을 걸었다.

"어이 친구, 나 말이야. 한국에서 자전거를 타고 왔어, 지금 케이프타운으로 가고 있는 중이야. 오늘 해도 빠지려고 하니 저기 나무 아래 텐트를 치고 자면 안 될까?"

주유소의 주유 맨들이 나를 관찰하고 있었고 내 말을 들은 사무실에 앉아 있던 직원이 말했다.

"지금 보스가 없어서 말하기가 어려워. 조금 있으면 보스가 오니까 그때 이야기 해봐요."

땅거미가 지고 주유소의 불이 어둠을 밝힐 때쯤 보스가 왔다. 직원이 나와서 나를 불렀다.

"보스가 왔어요. 나를 따라와 봐요."

나는 그를 따라 보스가 있는 방으로 들어갔다. 물론 그는 중년의 백인이었다. 그는 내 말을 듣고는 말했다.

"한국에서 여기까지 자전거로 왔다고요? 오오 도저히 믿을 수가 없어…. 물론 잠을 자도 좋아요."

그러고는 직원을 불러서 내게 필요한 모든 것을 제공해주라고 지시를 내렸다. 자전거도 안전하게 실내로 들여놓던지 하란다.

나는 주유소 안에 있는 슈퍼의 주방에서 금방 구운 소고기를 넣은 버거를 두 개나 먹었다. 오직 따뜻한 맛으로 먹었다. 따뜻한 음식을 먹으면 어머니가 생각나고 그럴 때면 엄마의 무한 사랑이 나의 몸과 마음을 덥히는 것 같아서 좋다. 내일 아침에도 이 따뜻한 버거를 먹고 출발을 해야지.

끝은 다른 시작점이다

11.03.
목요일

날이 몹시 흐리다. 비가 올 것만 같다. 그러나 경험에 의하면 오지 않을 것이다. 슈퍼 직원이 출근하기를 기다렸다가 따뜻하게 덥힌 고기를 넣은 버거 2개를 먹었다. 1.5L짜리 물 3병과 콜라 1병, 통조림 3통을 사서 싣고 주유소를 빠져나와 페달을 밟는다. 여기는 스프링복스에서 케이프타운 가는 길 중에 가장 높은 산이 있는 지역이다. 스프링복스에서 오는 동안 마음 한 구석에 늘 숨어 있던 걱정거리였던 산인 것이다. 한편으론 그만큼 기대를 했던 산이기도 하다. 그 산을 드디어 넘는 것이다. 8시에 출발해서 산길로 접어들어 3시간 동안 10㎞를 올라 산 정상에 섰다. 정상에 있는 유클립투스 나무 곁에 자전거를 세웠다. 내 몸 안에 있는 에너지란 에너지는 모두 뽑혀 버린 것 같았다. 나는 주위를 정찰했다. 땀도 말리고 무엇보다 편안하게 자리를 잡아 좀 쉬고 싶었다. 산은 이제 끝났는가? 더 이상 업앤다운은 없을 것인가?

사진 몇 컷을 찍고 나는 그곳에 좀 더 머무르다가 가게 할 무엇이 없을까를 살펴봤다. 핑곗거리를 찾는 것이다. 자전거를 길 건너 나무 아래로 옮겨 세운 다음 이제 끝나려는 아프리카 자전거 여행에 이 산의 정상이 나에게 주는 의미를 생각한다. 앞으로 케이프타운으로 가는 여정에 이보다 더 높은 산은 없을 것이고 조감도처럼 볼 수 있는 풍경도 이게 아마도 마지막일 것이다.

'조금 서운하기도 하군.'

이제 며칠만 달리면 더 이상 달릴 곳도 없다. 끝을 본다는 것은 쓸쓸한 일이지만 끝이 없는 것은 없다.

산의 정상을 넘자마자 풍경이 확 달라졌다. 앞을 끊임없이 가로막던 산들이 멀찍이 뒤로 물러난 것이다. 그리고 그 앞에 평야

가 펼쳐져 있었다. 다시 자전거에 올라타고 달린다. 달리고 달려서 45㎞ 지점에 도달했을 때는 그로기 직전이었다. 오전에 산을 오른다고 너무 힘을 뺀 탓일까? pikeberg에 조금 못 미친 곳이었다. 여기 어디쯤 텐트를 치자. 나는 도로 아래로 내려가 철조망 바로 앞에다 텐트를 쳤다. 도로 위에서 지나가는 차들은 텐트를 볼 수 없는 곳이었다. 텐트를 치기엔 이른 시간이었지만 어차피 지나다니는 사람은 없는 곳이다. 여긴 사우스아프리카, 그 하늘 아래 평야가 펼쳐진 곳, 텐트 옆에 오줌 한 줄기 하고 나는 껍질 속으로 들어갔다.

몇 백m 앞 농장에서 트랙터로 작업을 하는 농부가 내가 텐트를 치는 모습을 보고 있었지만 그의 시선을 무시했다.

 **11.04.
금요일**

남아공 수로는
내 자리야

오전 6시 50분, 텐트를 걷고 출발해서 가다가 보니 비가 조금 내린다. 8시다. 무시하고 달리다가 생각해 보니 아무리 적은 비라도 영판 생까고 달

릴 수 없다는 생각이 들어 마침 보이는 쉼터의 지붕 아래로 들어갔다. 날도 새코롬하게 추웠다. 옷이 더 젖으면 감당하기가 어려울 것이다. 비에 폭싹 젖었다가 잠시 한숨 돌리면 다시 에너지가 넘치는 그런 나이는 아니잖아. 생각해 보면 이보다 슬픈 일은 없다. 케이프타운, 그러니까 출발할 때 최종 목적지로 삼은 거기가 이젠 엎어지면 무릎 닿을 곳에 있다. 아마도 2~3일 더 달리면 케이프타운에 닿을 것이고 나는 더 이상 갈 곳이 없을 것이다. 그렇게 생각하니 서둘 이유가 없다. 다시 내가 장비를 꾸려 잔차 몰고 집을 나서는 날은 언제 쯤일까?

금방 비가 그쳤다. 다시 출발했다. 주위는 끝없이 펼쳐진 밀밭이었다. Piketberg를 그냥 지나쳐 간다. 더 이상 슈퍼마켓에 갈일도 없다. 마을

비가 와서
잠시 피한 쉼터.

수로 위 도로에 자전거를 묶어놓고 수로앞으로 가서 잠을 잤다.

은 길에서 멀리 비껴나 있어 꼭 해야 할일이 없으면 들리기도 힘들었다.
Moorreesburg로 방향을 틀었다. 가던 길을 90도 꺾은 것이다. 내가 지금
가는 길은 South Africa의 동부 해안길이다. 스프링복스에서 N7 도로를 타
고 내처 달리면 Capetown으로 바로 들어가지만 나는 Moorreesburg에서
Vredenburg로 다시 올라가서 동부 해안도로를 따라 케이프타운으로 들어
가는 코스를 잡았기 때문이다. 왜냐하면 동부 해안길이 나이스뷰란다. 거
기다가 N7번 길은 케이프타운이 가까워지면 혼잡하기가 이를 데가 없어
위험하니 돌아가라고 스프링복스의 부룸도 루사카에서 만난 남아프리카
공화국 친구도 내게 주의를 주었기 때문이었다. 그래서 100㎞ 정도를 돌아
서 가려는 것이다. 마음 한편에서 돌아가려는 이 제안에 심한 저항을 했으
나 나는 그걸 모질게 밟아 누르고 돌아가는 길을 선택했다. 돌아가자. '삼
인성호' 는 없는 호랑이도 만들잖아. 두세 사람쯤 같은 말을 하면 그건 믿
는 것이 좋은 것이야. 내 예상과는 달리 동부해안길이 입이 떠억 벌어질 만
큼 좋을지 누가 알아.

Moorreesburg 시내로 들어가니 동네의 모든 사람의 시선이 내게로 쏠렸다. 아마도 여기 이 동네에 동양인 자전거 여행자는 처음일 것이다. 쏠리거나 말거나. 마침 보이는 커다란 슈퍼의 유혹을 이기지 못하고 들어가 사람들의 따가운 시선을 받으며 닭 2마리(치킨 프라이드)에 야채 샐러드와 밥, 물과 요구르트 등을 잔뜩 사서 나오니 들어갈 때부터 나를 째려보던 흑인 청년이 계속 나를 째려본다. 마치 '너는 노랭이 주제에 어떻게 그런 여행을 하며 거침없이 물건을 살 수 있는가?' 라는 말을 하는 것처럼. 눈엔 부러움과 함께 증오가 가득 담겨있는 것 같은 복잡한 눈빛으로. 왜 그래 이 녀석아, 기분 나쁘게.

시내를 벗어나자마자 나는 마땅한 장소를 찾아 차를 세우고 닭을 뜯었다. 밥도 먹었다. 근데 지금까지의 여행 중 먹은 밥 중에 남아공의 밥이 제일로 맛이 없었다. 이게 대체 밥이야, 뭐야? 이런 쌀도 있어? 이런 밥이라면 나는 앞으로 남아공에서 먹지 않을래. 그간의 밥 중에 제일 맛있었던 것은 라오스의 밥이었다. 라오스의 밥은 정말 맛있었다. 반찬 없이 밥만 먹어도 될 만큼 맛있었던 것이 라오스의 밥이었지. 값은 또 얼마나 쌌나. 하지만 돌이켜 생각해 보면 언제부턴가 나는 빵에 대한 거부감이 여행 초기보다 확연히 엷어졌다는 것을 느꼈다. 어떤 음식이든 그 음식에 따른 맛이 있었고 먹다 보면 그 깊은 맛을 감지해내는 입맛이 생긴다는 것이다.

오후 3시, 52㎞를 달리고 나는 퍼졌다. 수로 옆으로 내려가 텐트를 쳤다. 남아공에선 수로 앞이 내 잠자리다. 누구든 거긴 놔둬, 내 자리야.

11.05. 토요일 지름길

이날도 6시 50분 출발을 했다. 달리다가 보니 이정표가 나왔다. Vredenburg가 20km 남았는데 옆으로 빠지는 길이 있다. 그럼 내가 굳이 Vredenburg까지 갔다가 다시 되짚어 내려 올 일은 없다. 지름길을 택했다. 8km쯤 달리니 케이프타운으로 내려가는 도로와 마주쳤다. 이제 케이프타운은 거의 다 온 거나 마찬가지다. 길가에 세워져 있는 경찰차로 다가가니 여자 경찰과 남자 경찰이 한 조를 이루어 차 안에 앉아 있다. 우선 길을 묻고 그들이 궁금해 하는 것을 대답하고 나서 길에서 멀리 떨어져 있는 주유소를 가리키며 물었다.

"저기 주유소에 매점이 있나?"

"있어. 레스토랑도 있다."

이게 웬 떡이야. 그 귀한 레스토랑이 있다니.

주유소에 들어가 치즈버거를 하나 시켜 먹고 카푸치노 한 잔까지 우아하게 마시고 물 몇 병을 사들고 나오니 세워 둔 내 자전거를 찍고 있던 백인 친구가 여러 가지를 물었다. 그러더니 자기와 같이 사진을 한 장 찍어 줄 수 있느냐고 묻는다. 당연하지. 나는 내일이면 여행을 끝낼 거야. 내가 아낄 게 뭐 있나. 같이 찍자.

길도 평야이다 보니 여유가 생겨 콧노래가 절로 났다. 78km를 달리고 나는 차를 멈췄다. 이제 남은 거리는 100km 남짓할 것이다. 길이 어떨지 모르지만 평야가 계속 된다면 내일은 케이프타운에 도착할 수 있을 것이다. 텐트를 치고 이번 여행의 마지막이 될 밤을 맞았다. 온갖 생각들이 들불처럼 일어난다.

나타샤여 저기 **케이프타운**의 **불빛**이 보인다

6시 40분에 출발해 점심도 먹지 않고 달린 끝에 오후 5시에 케이프타운의 캠핑사이트에 도착했다. 95㎞를 달린 것이다. 날씨는 바람이 몹시 불고 흐리고 추웠다. 앱에 캠핑사이트에 대한 정보가 나오지 않아 케이프타운을 45㎞ 정도 남겨둔 지점에서 마주오던 자전거를 타는 백인 청년을 길 건너로 호출했다.

"어이 친구, 이리 와봐. 좀 도와줘요."

나는 자전거를 세우고 맞은편에서 오던 청년을 손짓 해서 불렀다. 청년이 길을 가로질러 다가오자 나는 손을 내밀어 악수부터 하고 용건을 말했다.

"케이프타운에 있는 캠핑사이트를 하나 알려줘. 여기 지도를 보고 찍어줘요."

나는 아주 당당하게 명령하듯이 말했다. 나는 그대의 나라에 온 손님이고 그대는 주인이니 당연히 손님에게 친절을 베풀어야지. 아니라고!! 미안해. 그래 어쨌든 찍어줘요. 청년은 세밀하게 검색을 하더니 사이트를 찍어줬다. 고마워, 복 많이 받게나. 자자손손 말이야.

테이블 마운틴이 손에 잡힐 듯 보이고 케이프타운 항구가 아스라이 보이는 지점이었다. 그때부터 캠핑사이트를 찾아가는 길은 무척 힘들었다. 케이프타운 시내가 왜 이리 오르막이야? 번잡한 시내를 무려 40㎞쯤 달렸다. 다행히 캠핑사이트는 단번에 찾았다. 일요일이라 사무실은 문을 닫았고 경비만이 지키고 있었다. 내가 여기 왔어, 처음 계획한 대로. 시작을 할 때는 이룰 수가 있을까 미심쩍었던 일이 어떻게 하다 보니 진짜로 왔다. 여기가 최종 목적지다. 1년 8개월이 걸렸다. 그래, 인생은 닐리리 맘보다.

하루 175랜스, 와이파이는 안 된다. 하지만 나는 옮길 엄두도 낼 수 없었다. 그대로 여기서 머물자. 와이파이는 다른 방법을 강구해보자. 비행기는 11월 14일에 출발한다. 두바이에서 한 번만 바꿔 타고 인천까지 가는 비행기다. 그러니 여기 캠프에서 9일을 머물러야 한다. 할일은 많아. 그 사이 시내를 둘러보고 또 여러 가지를 생각해 볼 거야.

Water front

1. 박스 구입

케이프타운의 캠핑사이트 건너편엔 작은 슈퍼가 있었다. 사이트 정문을 나가서 만나는 도로를 건너면 좌측에 있는 슈퍼다. 캠프에 있는 동안 나는 이 슈퍼를 자주 이용했었다. 키다리 늙은 백인 아저씨와 그의 아내, 직원 두 명이 운영하는 슈퍼였다. 내가 여기를 처음 찾았을 땐 입구의 희미한 불빛 아래 중년의 흑인 아줌마와 아저씨가 백인 주인 아저씨를 보고 불평을 늘어놓고 있었다. 한눈에 봐도 술을 마시고 진상을 지고 있는 듯 보였다. 키다리 아저씨의 난감해 하는 얼굴에는 짜증이 스멀거리고 있었다. 그들에겐 때려주고 싶은 흑인이었겠지만 아파르트헤이트 시대도 아니고 어쨌든 그들도 동네에 사는 슈퍼의 손님일 것이니까. 그러거나 말거나 나는 익숙한 솜씨로 이것저것 주섬주섬 주워 담아 계산대로 갔다. 돈을 지불하며 내가 물었다.

"이 근처에 자전거 가게가 있어요? 나는 자전거를 넣을 수 있는 박스가 필요해서요. 왜냐하면 비행기를 타고 한국으로 돌아가야 하니까."

"오오 한국에서 왔어요? 여기 근처에는 없어요. 어디에 가면 있을까?"

하지만 그는 박스가 있을 만한 자전거 가게를 떠올리지 못했다. 결국, 앱을 통해 검색해 놓은 자전거 가게로 갈 수밖에 없었다. 경험에 의하면 앱보다는 사람의 말을 듣는 것이 더 믿을 만하다. 하지만 어떡해!

케이프타운에 도착을 했지만 아직 나의 여행은 끝난 것은 아니다. 남은 기간 케이프타운 시내도 둘러봐야 한다. Water front도 가봐야 하고 테이블 마운틴도 가봐야지, 그리고 초등학교 시절 배운 아프리카 최남단의 희망봉(Good of hope)도 가봐야지. 희망봉은 케이프타운에서 60㎞나 떨어진 곳에 있었다. 사실 나는 그 기억 때문에 희망봉을 케이프타운인 것으로 착각하곤 케이프타운을 최종 목적지로 결정을 한 것이었다. 하지만 그 모든 것보다 우선은 박스를 구하는 일이다.

캠핑사이트에서 6㎞쯤 떨어진 자전거 가게를 찾았지만 박스는 없었다.

"박스를 구할 수 있는 곳을 알려 주세요."

자전거 가게의 주인에게 물어 다시 1㎞쯤 떨어진 가게로 가서 박스를 구했다. 박스는 새것이었다. 아직 아무런 글자도 쓰여져 있지 않은, 돈을 줘야하는 박스였다. 우리 돈 25,000원 정도를 달란다. 비싸기도 해라. 여행을 계속해야 하는 처지였다면 박스를 그냥 얻을 수 있는 곳을 찾았을 터이지만 지금은 그러고 싶지 않았다. 이미 나는 지쳐 있었고 이젠 돈의 압박으로부터도 벗어나고 싶었다. 고국으로 돌아가게 되면 다시 돈으로부터 시달릴 것이니까 지금은 좀 쉬고 싶어. 25,000원을 군소리 없이 지불하고 택시를 불러달라고 했다. 박스를 구기지 않고 자전거에 싣고 가는 것은 불가능했기 때문이다. 근데 캠핑사이트까지 가는 택시 요금이 처음에는 20,000원 달라더니 다시 직원이 오더니 10,000원을 더 달란다고 택시회사에서 연락이 왔단다. '부를까요?' 하고 묻는다. 순간적으로 열이 올랐지만 그것도 허용했다. 좋아 내가 10,000원 더 쓰고 가마. 자전거를 싣고 간다지만 7㎞에 30,000원이라면 심한 것이 아닌가. 근데 오면서 택시를 탈 생각으로 거리의 차들을 둘러봤지만 택시도 버스도 대중교통은 내 눈에 띄지 않았다. 도대체 어떤 것이 영업용 차량이야?

돌아오는 택시 안에서 기사에게 물었다.

"캠핑사이트에서 공항까지는 택시비가 얼마쯤 나와요?"

공항은 캠프에서 12㎞쯤 되는 곳에 있었다.

"요금은 같아요."

그렇군. 30,000원이면 충분한 금액일 것이다. 좋아, 기사의 전화번호를 받아들었지만 아직 시간이 많으니 다른 곳도 알아보리라. 어느 도시든 처음 들어가면 수업료를 물게 마련이다. 그래 이것이 이번 여행의 마지막 수업료가 될 것이다.

2. 촛불혁명 소식

캠핑사이트에 많은 자동차 여행자들이 있었다. 첫날 나는 자전거를 타고 사이트를 한 바퀴 돌았다. 근데 이미 몇 달이나 이곳에서 거주했을 법한 텐트들이 몇 군데 눈에 띄었다. 아이들까지 일가족이 아예 살림을 사는 것처럼 작업장까지 만들어 놓고 있는 텐트도 있었다. 내 텐트 옆에 있는 방갈로에는 열서넛 먹은 남자아이와 그의 남동생이 살고 있었다. 그 형이 내 자전거를 보더니 눈빛을 반짝이며 슬슬 말을 걸며 다가왔다.

"어디에서 왔어요?"

녀석이 말을 거는 것은 내 자전거를 타고 싶기 때문일 것이다. 나는 자진 신고했다.

"얘, 밖으로 나가지 말고 여기서 타야 돼. 알았지."

나는 아직 자전거를 박스에 넣지 않았다. 여기 케이프타운 시내를 자전거로 돌아보기 위해서였다. 이 아이들과는 내가 캠프를 떠나는 날까지 같이 놀았다. 녀석은 또 내 DSLR 카메라에도 지대한 관심을 보였다. 고물 카

이 녀석은
이런 재주가
있었다.

메라라 아낄 것도 없다 싶어서 마음껏 가지고 놀게 했다. 어느 날 녀석이
맨발로 내 자전거를 받아서는 캠프를 돌아다니다 넘어져 무르팍을 깨서 돌
아왔다. 부모가 뭐라고 하려나 싶어 긴장했으나 녀석의 부모는 나를 만나
고도 인사만 착실히 할 뿐 별말은 없었다.

"너희들은 왜 여기 방갈로에서 사니?"

"지금 방학이에요. 방학 동안만 있을 거예요. 우린 조아네스버그에서 왔
어요."

녀석은 아침이면 내 텐트 곁으로 와서 자전거를 타고 놀다가 또 카메라
를 받아서는 속사로 셔터를 눌러대며 즐거워했다. 이 아이들이 나타나면
어디선지 있던 서너살 되는 남자아이가 뛰어나와 같이 놀았다. 서너살쯤
되어 보이는 이 녀석이 코를 훌쩍이며 내게 말을 걸고는 했는데 나는 이 녀

석의 말은 도대체 알아먹을 수가 없었다. 영어인 것 같긴 한데.

"얘, 저 녀석이 뭐라 그래."

내가 물으면 큰 녀석이 통역을 해주곤 했다. 한심한 내 영어실력이여. 내가 텐트를 친지 나흘 만에 오른쪽 옆에 자동차 여행자가 또 들어왔다. 아들인 20대의 청년, 10대 후반의 소년과 그들의 부모가 들어온 것이다. 그들이 끌고 온 차는 거의 정크 수준이었다. 앞 범퍼도 떨어져 나간 제대로 붙어 있는 것이 1도 없는 차였다. 텐트도 한눈에 궁끼가 주르르 흐르는 낡은 것이었다. 하지만 부부는 만날 때마다 내게 상냥하게 인사를 했다. 여주인은 아직 젊어 보이는 여자였다. 그 집 10대 소년과 나는 가끔 이야기를 나누곤 했는데 어느 날 저녁 소년의 아버지가 내게 오더니 저녁 초대를 하는 것이었다. 나야 물론 땡큐지.

식사는 스테이크에 콘과 빵, 야채 조금이었지만 그게 어디야. 금방 구운 스테이크는 따뜻해서 그 온기만으로도 맛있었다. 나는 한 톨 남김없이 다 먹었다. 아저씨가 말했다. 그는 건설업자라 했다. 노가다 인 거지.

"저기 저 트레일러 있지요. 저걸 내가 사려고 해요. 4,000달러를 달라하네."

그가 그의 옆자리에 서 있는 홈카 트레일러를 보고 말했다. 그래? 그렇군. 당신이 그걸 산다니 내가 기분이 좋군.

다음 날 아침에는 여주인이 태극기로 도안된 비니를 쓰고 내 텐트 곁에 나타났다.

"헐, 그것은 어디서 구했어요?"

"우리 동네에 한국인이 살고 있는데 그분에게 얻었어요."

그녀의 남편은 내가 떠나기 전에 자전거를 박스에 넣을 때 페달이 안 풀려서 애를 먹고 있는 것을 보고는 공구를 가져와 페달을 풀어 주었다. 손등이 까져가면서, 물론 나는 그 전에 남을 통조림과 식품을 그들 가족에게 주었다.

캠프에선 와이파이 시설이 없어서 결국 몇 ㎞ 떨어진 쇼핑몰을 찾아가서 유심카드를 사서 넣었다. 그리고 그날 저녁 텐트 안에서 한참을 가지고 놀았다. 고국엔 2차 촛불집회가 열렸다는 소식이 실려 있었다. 결국 사달이 났군. 누적되어 오던 불만들이 터진 것이다. 식사를 하던 그들이 내 조국 Korea의 소식을 궁금해 했다.

"한국의 대통령은 여자예요?"

"넵."

그들은 놀라는 눈치였다. 나는 한마디 덧붙였다.

"그녀의 별명은 닭대가리예요."

근데 다음 날 아침 다시 폰을 들고 놀다가 보니 연결이 끊긴다. 데이터가 모두 소진되었단다. 떠나기 전까진 쓸 수 있지 않을까 하고 20,000원어치를 넣었는데 하루 만에 끝난 것이다. 뭐 이 따위가 있어? 하지만 더 이상 비싼 요금을 주고 쓸 수는 없다. 그래서 인터넷 가게를 찾아 갔더니 스마트폰에는 연결시켜 줄 수 없단다. 뭐 이런 규정이 있나? 그럼 견디는 수밖엔 없었다.

3. 워터프론트

도시에 도착해서 자전거 짐을 내리고 자전거로 도시를 돌아다니는 것은 큰 즐거움이다. 단언컨대 어떤 교통수단보다도 자전거로 다니는 것이 편리하고 편안하다. 구석구석 가고 싶은 곳마다 주저하지 않고 돌아볼 수 있다. 워터프론트로 가기 위해 자전거를 타고 신나게 달리고 있을 때였다. 캠프에서 워터프론트까지는 24㎞. 가볍게 다녀 올수 있는 거리는 아니다. 지나가던 승용차 한 대가 내 앞을 가로질러 차를 세웠다. 뭐야, 이건? 한 남자가 내리더니 웃으며 내게 말했다.

케이프타운.

테이블 마운틴.

"나는 경찰은 아닌데 여긴 자전거가 못 다니는 길이에요."

"그래요, 어쩐지 이상하다 했지요."

줄곧 나는 혼자 달렸다. 멋모르고 달린 것이다. 도로 입구에서 공사를 하고 있던 사람들이 내가 진입하는 걸 보고도 말리지 않았었다. 그리스에서도 그랬었다.

"어디 가세요? 워터프론트!!!!! 나도 거기를 지나가니 내가 태워 줄게요."

머리가 하얗게 쉰 노년의 백인이었다. 자전거를 급히 차에다 싣고 우리는 출발했다. 그는 여러 가지를 물었다. 나는 여정을 간단하게 설명했다. 한국에서 여기까지? 테이블 마운틴 올라가시려고요? 오늘은 아니고 다음 날 갔으면 합니다. 테이블 마운틴은 4시간 정도 걸리는데 아마 당신 같으면 3시간이면 올라갈 것입니다. 하지만 혼자 가시면 위험해요. 그룹을 만들어 가세요. 왜요? 못된 놈들을 만날 수 있으니까요. 나는 그날 후에 버스를 이용해 다시 워터프론트를 찾았다가 돌아오는 길에 전동기차를 탔는데 기차도 케이프타운 시가와는 어울리지 않게 낡아빠졌다. 더구나 내 앞에 앉은 아주머니가 내가 카메라를 어깨에 메고 있는 것을 보고는 주의를 줬다.

"얼른 배낭 안에 넣으세요. 위험해요."

워터프론트 앞 바다.

이날은 돌아오는 차편을 구하는데 애를 먹었다. 왜냐하면 앱에 대중교통에 대한 정보가 없어서 일일이 사람들에게 물어서 타야 했기 때문이다. 거기다가 차편을 묻는데 흑인 환경미화원 몇 명이 나를 보고 있다가 그중 한 녀석이 괴상한 몸짓을 하며 눈앞에서 나를 놀리는 것이었다.

"칭. 챙. 총."

그걸 못들은 척 하며 피하는 꾀가 내게는 없다. 도대체 저 녀석은 자신을 한 번 돌아다보고 저 짓거리를 하는가?

"야 이 덜 떨어진 새끼야. 왜 지랄을 하는 거야. 이 썩을 놈아."

내가 고함을 지르자 녀석이 멀뚱해졌다. 남아프리카의 치안은 모두가 여행객이 걱정할 만큼 좋지 않은 것이 틀림없다.

4. 선물 갈등

워트프론트(선창가)에 도착해 항구를 둘러보다가 나는 배를 탔다. 항구를 떠나 한 시간쯤 항구 밖으로 나갔다가 돌아오는 배였다. 물고기회가 오래되어 살짝 마른 회초밥도 한 판 먹었다. 그냥 와사비의 콕 쏘는 맛으로 먹었다. 25,000원. 그 레스토랑에선 제일 비싼 것이었다. 된장국 한 그릇과 함께. 나는 부자 흉내를 내며 포도주 한 잔도 마셨다. 아주 건방스럽게. 문밖으로 보이는 항구 앞을 지나가는 사람들을 눈 아래로 내려다보면서 포도주를 마시는 맛이라니. 물론 비리의 항만노조 위원장을 고발하는 오래된 영화 '워터프론트'와 엘리아 카잔 감독 마론 브란도도 생각해 보았다. 근데 말론 브란도를 떠올리니 '대부'가 더 생각이 나더군. 마피아 악당들을 보며 인생을 뒤돌아 보는 것 아이러니 같아.

　나는 시티투어를 포기했다. 자전거를 타고 오가면서 보는 것이 더 낫다는 결론을 내린 것이다. 물론 시티투어 코스를 확인하고 나서다. 테이블마운틴도, 희망봉도 포기했다. 공을 들인 만큼 볼 것이 없을 것이라는 결론을 스스로 내렸기 때문이었다. 그간 내게 물심양면으로 후원을 해 주었던 사람들에게 줄 선물을 사는 것도 포기했다. 한두 사람도 아니고 그들의 수준에 맞는 선물을 살 능력도 없었고, 그렇다고 싸구려를 사는 것은 돈만 버린다고 결론을 내렸다. 사실 이 부분은 내게 큰 짐이었다. 어떡하나? 나는 그걸 사람들에게 물었다. 어쩌면 좋으냐고?

　"사지 말아요. 아무도 그걸 기대하지는 않을 걸요. 냉중에 책이나 쓰는 것이. 거기에 대한 보답 아닐까요?"

　서글프지만, 귀가 솔깃한, 맞는 말이긴 한데 그래도 사람이 그러나 싶어 적당한 것이 없을까 쇼핑몰 몇 군데를 돌다가 결국은 포기했다. 이점은 아직도 미안하다. 하지만 지금부터 그건 천천히 갚아 나갈 것이다.

5.

　11월 14일. 아침 일찍 텐트를 접었다. 짐을 마무리하고 있는데 사무실 직원인 늙은 아주머니가 나왔다. 그녀가 말했다.

　"어땠어요?"

　자기 캠프가 어땠느냐고 묻는 말이었다.

　"딴 건 다 좋았어요. 하지만 와이파이 시설이 없다는 것과 키친룸에 전열기구가 없어 밥을 못해먹은 것은 아쉬웠어요."

오래 된 캠프는 훌륭했다. 우거진 나무에 잔디, 웜 샤워, 깨끗한 화장실.하지만 캠프의 고객들은 거의 나이가 든 사람들이었다. 와이파이 시설이 없어도 별 불편을 느끼지 않는 사람들이기 때문일 것이다. 그러나 젊은이들이 드나들지 않는 캠프는 미래가 없다. 현재도 미래도 세상은 젊은이들 것이다.

공항으로 출발을 하기 전에 폴대가 부러지고 개미에게 뜯겨서 바닥에 구멍이 난 텐트를 버렸다. 매트도 버렸다. 필요 없이 운송료만 줘야 할 것들은 죄다 버린 것이다. 말을 맞춰 놓은 택시 기사에게 전화를 하니 너무 멀리 있단다. 도로에 나가 택시 한 대를 불러 캠프로 들어왔다. 이제 공항으로 가야지. 내가 버린 물건들에 묻혀있는 기억도 결국은 옅어지며 없어질 것이다. 세월이란 모진 것이지.

1) 화물요금 공짜(?)

나를 공항까지 태워 준 택시 기사의 배웅을 받으며 공항 안으로 들어섰다. 일단 항공사 데스크로 가서 폰 안에 들어있는 인터넷에서 구매한 전자티켓을 보여주고 체크인을 한 뒤 먼저 화물을 부쳤다. 패니어를 묶은 화물은 그대로 컨베이어 벨트를 타고 들어가고 자전거는 따로 무게를 재고 거기서 부쳐야 한다. 이를 담당한 항공사 직원은 흑인 남자 직원이었다.

"돈은 얼마를 지불해야 하나요?"

현금을 15만 원쯤 준비를 하란다. 현금? 왜 그래? 의문이 일었으나 돌이켜보니 현금을 준적도 있었다. 그래서 자전거를 한쪽 구석에 세워놓고 현금지급기에서 돈을 찾아 준비를 했다. 근데 이 친구가 돈을 가져가니 그걸 즉석에서 받지를 않는 것이었다. 돈을 지불하고 영수증을 받고 이런 당연한 절차를 이행하지 않고 다른 말을 하는 것이었다. 이 녀석이 왜 이래? 이

상하다. 감이 잡혔다. 이 친구가 뭔가 꼼수를 부리려 하는 것이다. 솔직히 나는 이런 것에 엮이는 것이 싫었다. 설사 화물요금이 그가 말한 예상금액보다 더 많이 나온다고 하더라도 나는 당당하게 내고 싶었다. 내게 돌아오는 그런 비도덕적인 경제적 이익은 싫어. 더구나 나는 이제 여행을 마무리를 해야 하는 시점이다. 물론 나도 철없던 시절에는 곤란한 일이 생겨서 그 일을 해결하려고 할 때는 담당과 연결할 수 있는 비선부터 찾고 적당히 좋은 게 좋다는 식으로 돈이나 권력으로 해결을 하곤 했었다. 그러면서 그걸 한때 나의 파워라고 생각한 적이 있었다. 한국에선 그게 가장 빠른 길이야. 돈과 권력이 있으면 안 되는 일이 어디 있어? 규정이나 규율, 법, 따위는 개뿔. 그런 것을 다 지키려는 것은 바보들이나 하는 짓이라고 생각하던 시절이었다.

이 친구가 하는 행동은 처음부터 수상했다. 돈이 얼마냐고 물으면 몹시 곤란한 표정으로 주위의 직원들에게 신경을 쓰며 작은 목소리로 저기에 가 있으라며 눈짓을 하거나 대합실에 기다리는 나를 찾아와서는 이상한 말을 늘어놓았다. 내가 같이 나란히 해서 말을 하며 걸으면 걷는 속도를 빨리해 나와 간격을 벌리며 동행이 아닌 것처럼 행동했다. 이놈 봐라!!! 그게 이상해서 나는 더욱 큰 소리로 말했다.

"왜 이래? 나는 돈 내고 너는 영수증 주고 하면 되는데…. 아무래도 이상해."

그러면 이 친구는 난감해하면서 눈길도 돌리지 않고 작은 소리로 말을 하는데 도대체가 알아먹을 수가 없었다. 돈을 내라는 거야, 말라는 거야? 이 녀석아, 한국말도 본심을 숨기고 그걸 돌려서 말하면 못 알아듣는데 영어로 그렇게 뱅뱅 꼬면 내가 어떻게 알아듣나 이놈아. 네 놈 뜻을 미루어 짐작할 수 있으나 나는 그렇게 할 수 없어. 이 녀석은 화물요금을 자기 주머니를 채우는 데 쓰려하는 것이다. 그런 돈은 주기 싫어. 그런 돈은 못 줘.

이미 자전거도 컨베이어 벨트를 타고 들어갔다. 물론 이 친구 덕분에 들어간 것이다. 나는 결국 추가 화물요금 없이 비행기를 탔다. 생긴 건 멀쩡한데 왜 그랬어, 이 녀석아. 그는 이미 내게 당당히 돈을 요구할 수 있는 시간과 장소를 떠난 것이다. 다시 한 번 그가 대합실에 나타나 눈짓을 보냈으나 나는 모르는 척 무시해 버렸다. 멍청한 녀석. 나는 다음 기착지인 두바이에서 찾았던 돈을 달러로 바꿨다. 물론 나는 뜻하지 않는 돈을 절약했으나 좋은 기분은 아니었다.

2) 시간

비행시간은 20시간이었다. 케이프타운에서 두바이까지 10시간, 두바이에서 비행기를 갈아타고 인천까지 10시간이 걸리는 것이다. 두바이는 지리적 위치가 환승 공항으로서는 안성맞춤인 것이다. 약 14,000㎞를 비행하는 데 걸리는 시간이었다. 1년 8개월이 걸려서 도착한 길을 비행기는 20시간 만에 원위치로 되돌려놓는 것이다. 과학의 진보는 눈부시다.

3)

비행기는 인천을 향해 날고 있었지만 내 머리는 혼돈 속을 헤매고 있었다. 아마도 도착해선 한동안 이 혼란이 지속될 것이다. 도대체 지난 1년8개월간 나는 무슨 짓을 했는가?

여긴 어디인가?

나는 왜 여기 있는가?

나는 아직도 꿈속이다. 인생은 한바탕 꿈이라는 것이 정말인 것 같아. 아마도 당분간은 이런 머리도 꼬리도 없는 생각들이 내 머리를 혼돈 속으로 빠뜨릴 것이라는 것을 알고 있다. 인천공항에 도착해 수화물을 찾아 나오자 친구들이 마중을 나와 있었다. 내 오랜 벗들의 모임인 라일락 회원 4명과 시인 이은숙 씨, 부라티슬라바에서 만났던 대만 배낭여행객인 미스 윤이 나와서 반겨주었다. 윤은 마침 한국에 나와 있던 때라 공항으로 마중을 나온 것이다. 이들 중 대구에 사는 친구는 내 자전거를 싣고 가기 위해 자기 차를 몰고 와 주었다. 고마워. 그날 마중 나온 친구들과 처음 간 곳은 당연히 식당이었다. 그리곤 소주를 홀짝거렸는데 깨고 보니 대구였다. 여기가 어디야? 내가 도대체 왜 여기 있는 거야? 그간의 일들은 한바탕 꿈이었나?

4)
아름다운 지구, 뭔가 멋진 말로 마무리하고 싶었는데 나는 그 말을 끝내 찾지 못했다.

이은숙님과
대만의 윤.

자전거를 싣고
청하로.

에
필
로
그

이 여행기를 끝낼 수 있었던 것은 수많은 사람들의 도움이 있었기 때문이다. 여행 중 나와 마주친 낯모르던 사람들, 내게 물 한 모금 건네고 밥 한 끼 같이 해 주었던 사람들, 나의 가족들과 내 오랜 친구들의 모임인 라일락 친구들에게도 무한한 감사와 사랑을 보낸다. 이 친구들이 없었다면 아마도 여행을 계획대로 끝내지 못했을 것이다. 거기다가 평생을 물심양면으로 도움을 준 강재현 선생님과 거금을 선뜻 후원해 준 주식회사동성중공업의 박종대 총괄 C.E.O님께도 말할 수 없는 사랑과 감사를 전한다. 아울러 여행 동안 나의 원고를 블로그에 대신 올려준 동생 호철이에게도 고마움을 전하며 경애하는 후배 자수만커텐의 정병무 사장, 사랑하는 여동생 현주와 그 친구들, 스킨스쿠버 수중사진 동아리 '물빛'의 이석근 고문님과 오랜 '물빛' 동지인 윤정탁·김병일, 나를 먹여 주고 입혀 준 네덜란드의 Hans 강님과 박사장, 불가리아 한국 여행객의 대모 Helenne Gang님과 그 부군에게도 무한한 사랑과 존경을 보낸다.

각기 다른 나라에서 무려 5번이나 만나 여행을 풍요롭게 만들었던 자전거 여행자 조강섭군. 시안에서 만난 자전거 여행자 최현석군과 김민혁군, 쿤밍에서 만난 나 홀로 배낭여행자인 순규양과 솔이, 중국 청년 구봉두군,

링바오고고교의 영어선생님 중국인 자스민양, 쿤밍에서 여러 가지 도움을 줬던 장영창군과 태권도 사범 박군, 화산의 중국인 강씨, 라오스의 김기철 씨, 터키의 사랑하는 친구 Cem Enez·Ezgin·Engin 형제와 Pasa, 보츠와나의 lizzy Moepi, 남아프리카의 Broom Prinsloo와 그의 가족, 부산의 헌이와 여행 내내 나와 함께했던 수많은 독자들, 돈은 한푼도 보태주지 않고 입으로만 "돈 떨어지거등 전화 하소, 보태줄텡게"라면서 뻥을 쳤던 다음블로그 왕글빨 전상순님과 내 오랜 친구인 시인 주자천님, 가져가지도 못할 일회용 라이터 200개를 선물하고 마음 졸이며 지켜봤던 고향의 선배 조귀석·조완희님, 멕시코의 Alfredo와 스위스의 Nino. 독일의 Hiller와 그 가족, 네팔의 민속촌 사장님, 이탈리아인인 Luca Greco 커플, 네팔의 포터 사그리아, 히말라야의 오스트레일리안 캠프에서 만난 범린스님, 일면식도 없으면서 후원해 주신 한스 이우영님과 다른 많은 분들, 김기승 사장님, 슬로바키아 브라티스라바에서 만난 대만인 謝鈺鋈양, 그 외 많은 사람들의 도움이 있었다.

나의 휴대폰을 허락 없이 가져가 나를 멘붕에 빠뜨리고 나의 카메라를 슬쩍해 버린 우간다의 소매치기에게도, 중국의 소매치기와 라오스의 사기꾼, 다시 나의 휴대폰을 슬쩍해 버린 중국 오토바이 여자 여행객 카이신에게도 마찬가지로 고마움을 표한다. 왜냐하면 이들은 나의 여행을 재미있게 만들어 준 사람들이기 때문이다.

이 모든 분들이 나의 여행을 끝나게 하고 이 책을 나올 수 있게 한 분들이고 다음 여행을 있게 한 분들이다. 한 세상 같이 산다는 것에 즐거움을 준 이외의 많은 친구들에게도 고마움을 전한다.

여행은 결국 타지에서 타인들을 만나는 것이다. 그 타인들은 그들의 세상 속에서 나의 존재를 확인하고 나를 돌아보게 하며 여행을 풍성하게 해 준다. 여행은 인생을 풍요롭게 만든다.

중국 톈진에서
남아공 케이프타운까지
여행경로

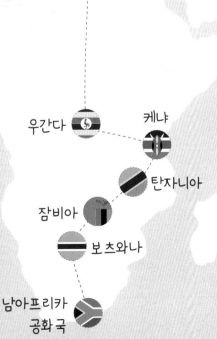

거쳐 온 유럽 국가들

튀르키예, 불가리아,
루마니아,브라티슬라바,
헝가리, 오스트리아,
독일, 스위스, 네덜란드,
크로아티아, 보스니아,
마케도니아, 몬테네그로,
그리스

튀르키예

이집트

우간다   케냐

탄자니아

잠비아

보츠와나

남아프리카
공화국

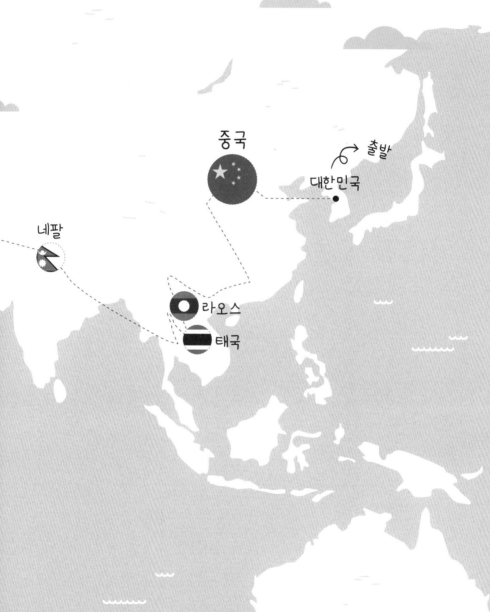

자전거로도
지구는 좁다
아프리카 편

발행일   2023년 9월 22일
지은이   장호준
펴낸곳   매일신문사
          대구광역시 중구 서성로 20
          053-251-1421~3

값 22,000원
ISBN 979-11-90740-31-9